中学数学教学

优秀案例集锦

ZHONGXUE SHUXUE JIAOXUE
YOUXIU ANLI JIJIN

金宝铮　韦　蔷◇主编

北京师范大学出版集团
BEIJING NORMAL UNIVERSITY PUBLISHING GROUP
北京师范大学出版社

图书在版编目（CIP）数据

中学数学教学优秀案例集锦／金宝铮，韦蔷
主编. —北京：北京师范大学出版社，2017.5
（北京师大二附中新课程改革丛书／曹保义，
李煜晖主编）
ISBN 978-7-303-22251-3

Ⅰ. ①中… Ⅱ. ①金… ②韦… Ⅲ. ①中学数学课—
教案（教育）—高中 Ⅳ. ①G633.602

中国版本图书馆 CIP 数据核字（2017）第 084865 号

售 后 服 务 电 话：010—57104501　13366432486
官　方　网　站：http://jspj.bnupg.com
公　众　微　信：（1）京师伴你学
　　　　　　　　（2）京师语文

出版发行：北京师范大学出版社　www.bnup.com
　　　　　北京新街口外大街 19 号
　　　　　邮政编码：100875
印　　刷：三河市东兴印刷有限公司
经　　销：全国新华书店
开　　本：184 mm×260 mm
印　　张：21
字　　数：416 千字
版　　次：2017 年 5 月第 1 版
印　　次：2017 年 5 月第 1 次印刷
定　　价：58.00 元

策划编辑：常月仙　李　颖　　责任编辑：夏海潮　李　颖　张瀚铎
装帧设计：李尘工作室　　　　责任校对：张春燕　任学硕
美术编辑：李诚真　　　　　　责任印制：马鸿麟

序

同样的一条鱼，不同的厨师烹制，会做出不同的味道。同样的一个教学内容，不同的教师有不同的教法。

对于一条鱼，做熟它只是一个基本要求，一般人都能做到。但是做出一道色香味俱佳的美食，且能保持其营养成分，让食客在品尝美味的过程中还能感受饮食文化，就不是人人可及的事情。同一个教学内容，将基本的知识传授给学生，让学生掌握基本的解题方法，相当于把鱼做熟，一般的教师都能做到。如何让学生在掌握知识的过程中，能够对知识有深刻的理解；如何让学生在掌握知识的过程中，丰富已有的知识网络；如何让学生在掌握知识的过程中，领悟其中蕴涵的思想方法；如何让学生在掌握知识的过程中，欣赏数学的美……这些都需要我们共同思考和探索。

许多人都希望教育资源均衡，重要的教育资源之一就是教师，一名优秀的教师希望自己设计的教学案例在传授知识的同时，能够让学生的各种核心素养得以发展和提高。

我们的教研组在不断更新教育理念的同时，一直秉承教学研究的主线，全组教师始终将教材教法的研究放在首位。一批青年教师在研究中成长，在研究中进步，在研究中成为名师。

在研究的积淀中，我们的教师参加各种教学设计活动，我们的目标是：研究第一，成绩第二。每一次的教学比赛，过程是重要的，教师通过参赛的准备过程，教学理念和教学水平都有一个飞跃式的变化和进步。

现将我们的教师近些年参加各级比赛的教学实践成果与各位同仁分享，更希望得到各位同仁的指导和指正。

我们的教师在参加各级比赛的过程中，先后得到北京市、西城区各位专家的指导，在本书问世之时，向帮助我们的各位专家致以真诚的感谢。

金宝铮　韦　蔷

2017 年 5 月于北京

CONTENTS 目录

第三部分　西城区级获奖教学案例

第一部分

国家级获奖教学案例

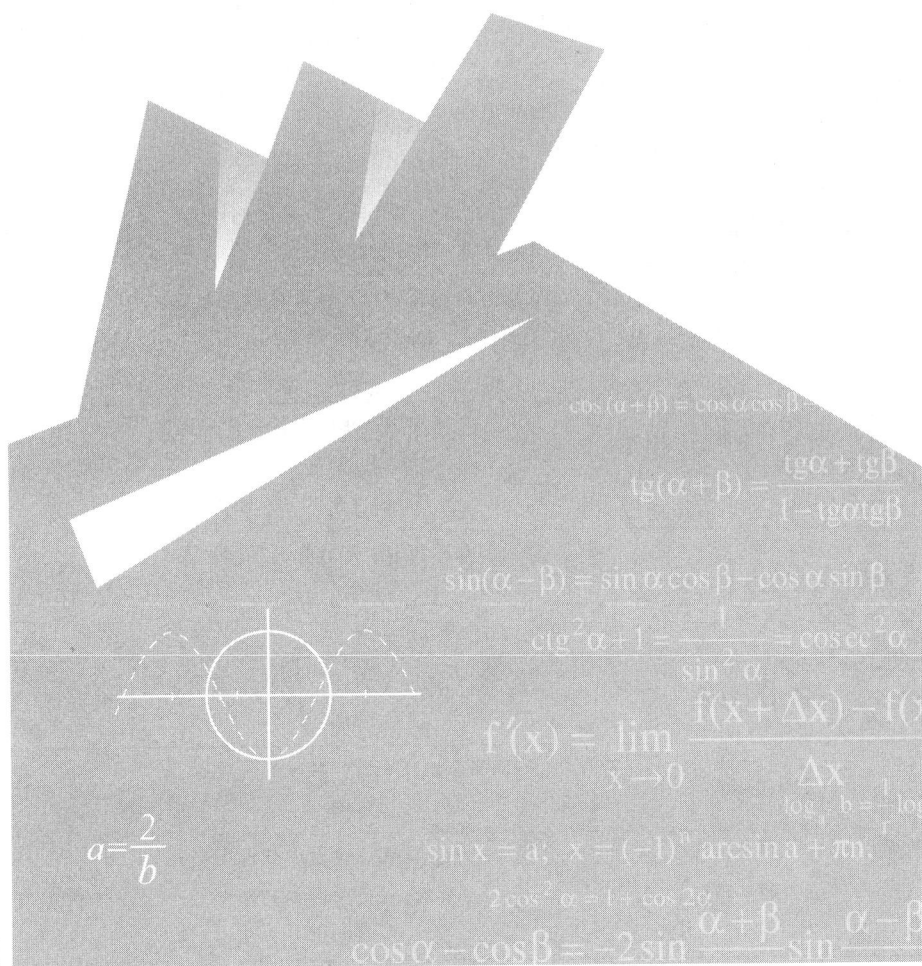

国家级获奖教学案例

（同等奖级按照时间排序）

教师姓名	课题	获奖级别	获奖时间
汪燕铭	导数的概念	第二届全国高中青年数学教师说课 一等奖	2004 年 10 月
崔佳佳	一元一次方程	第四届全国初中青年数学教师讲课 一等奖	2004 年 10 月
赵　昕	圆锥曲线的统一定义	多元智能国际研讨会第四届年会 一等奖	2005 年 11 月
王先芳	全面调查	人教版初中数学课标教材实验优秀课例评选 全国一等奖	2006 年 4 月
耿旭龙	一元一次方程的概念	第五届全国初中青年数学教师说课 一等奖	2006 年 10 月
王张平	简单线性规划（一）	第四届全国高中青年数学教师优秀课 观摩与评比 一等奖	2008 年 11 月
赵　昕	幂函数	人教社 B 版实验教材优秀课例评选 全国一等奖	2009 年 11 月
程　敏	归纳推理	第五届全国高中青年数学教师优秀课 观摩与评选活动 一等奖	2010 年 11 月
王先芳	用样本数字特征估计总体的 数字特征	第六届全国高中青年数学教师优秀课 观摩与展示活动 一等奖	2012 年 11 月
陈立雪	二次函数的图象和性质（三）	第八届全国初中青年数学教师优秀课 观摩与展示活动 一等奖	2013 年 4 月
高雪松	函数的概念	第三届全国初中青年数学教师说课 二等奖	2002 年 11 月
陈　亮	数列的极限	第四届全国高中青年数学教师说课 二等奖	2008 年 11 月
刘建吾	对数函数	第十二届全国多媒体教育软件大赛 Science Word 优秀教案设计组 三等奖	2007 年 10 月

《导数的概念》说课稿

北京师大二附中　汪燕铭

第二届全国高中青年数学教师说课一等奖　2004 年 10 月

各位评委、各位老师：

你们好！

我是北京师大二附中的数学教师汪燕铭．

这次我说课的内容是高中数学第三册第 108 页至第 112 页第三章《导数》第 3.1 节，导数概念的起始课．我所用的课本是人教版全日制普通高级中学教科书数学第三册（选修Ⅱ）．

下面根据我编写的教案，把我对本节课的教学目标、教学方法、教学用具和教学过程等方面的认识做一个说明．请各位专家、老师对我说课的内容多提宝贵意见．

一、关于教学目标的确定

微积分是新教材中新增加的内容．其中导数的概念是微积分的核心概念之一．对它的学习有助于学生更加深刻地认识客观事物相互制约、相互转化的规律，有助于对学生渗透对立统一的辩证唯物主义的观点，提高学生逻辑推理能力和辩证思维能力．但是"导数"的概念比较抽象，如果在教学中仅仅将它作为一些规则和步骤来学习，会使得教学过程变为方法的灌输、技能的操练，而不利于能力的培养．按照新课标的理念——数学教学应该"返璞归真"，应该在数学课程中努力揭示数学的本质，数学教学"要讲推理，更要讲道理"，把数学的学术形态适当地转化为学生易于接受的教育形态，我考虑借助"导数"自身丰富的实际背景，追寻数学发展的历史足迹，通过大量实例刻画现实问题，使学生了解导数概念逐步形成的过程，理解导数的含义，同时感受导数在解决数学问题和实际问题中的作用．

根据教学大纲中关于导数概念的教学要求，结合我校学生的实际情况，我确定了本节课的教学目标：

1. 使学生了解导数概念的实际背景，理解导数的概念，认识到可以用导数来描述函数的变化率．

2. 向学生渗透从特殊到一般的数学思想方法，从具体到抽象的研究问题的方法，提高学生归纳、类比、抽象和概括的能力．

3. 培养学生主动借助信息技术来理解数学概念的能力，加强同学间合作交流的意识．感受数学的文化价值，领悟并欣赏数学的意义和作用．

二、关于教学方法和教学用具的说明

在这部分内容的教学中理解导数概念的实质是教学的重点，同时也是难点．我通过启发探究与学生自主探索相结合的教学方法，力争帮助学生从实例中抽象出导数的概念，进而突破本节课的教学难点．"学起于思，思源于疑"，学生的思维参与往往是从问题开始的，我通过 4 个不同知识领域中的例子创设出问题情境，引导学生带着问题去主动思考、动手操作、交流合作，积极地投入到思维活动中来，从而达到对知识的"发现"和接受的目的．

为配合问题的提出与解决，我借助了计算机的课件演示及 TI 图形计算器的使用．具体安排概括如下：

1. 通过图片演示，创设问题情境，激发学生兴趣．

2. 课件演示竖直上抛小球实验，学生借助 TI 图形计算器分析数据，体会"瞬时速度"的数学含义．

3. 课件演示"曲线的切线"定义，帮助学生从直观上理解概念．

三、关于教学过程的设计

为达到上述教学目标，在具体教学过程的设计上，根据我校学生生源较好的特点，我设计的是两节连堂课，并分为"概念的铺垫"和"概念的形成"两个阶段．下面对每一个阶段进行具体说明．

（一）概念的铺垫

1. 这一阶段要解决的主要问题

通过对具体实例的分析，带领学生经历由平均变化率过渡到瞬时变化率的过程，了解导数概念产生的实际背景，为概念的形成做好铺垫工作．

2. 具体的教学安排

我提出：我们生活的世界在一刻不停地变化着，大家已经知道，利用"函数"概念能够描述在事物的变化过程中变量间的"相依关系"．然而在实际生活中除了要研究变量间的"相依关系"以外，也常常需要描述事物变化的大小、快慢程度．下面我们将研究这几个方面的问题．

问题 1 "瞬时速度"问题

图片演示并请学生思考：

（1）在八达岭高速公路限速为 60 km/h 的路段上，电子眼记录的某小轿车通过时速度为 81 km/h；

违章车辆信息

违章车辆：×××××	违章类型：超速违章	违章速度：81 km/h	超过速度：21 km/h
违章地点：八达岭高速公路进京方向54.5 km处			车道号： 1
违章时间：2004-6-11 5: 27: 24		限制速度：大型车40 km/h 小型车60 km/h	

（2）在赛马最后冲过终点线的一瞬间，它的速度是 66 km/h.

若将事物在瞬间的状态拍成照片，那么显示的就如刚才所看到的是静态的"轿车"和"赛马"，说明不了任何问题．这是大家在物理中学过的"瞬时速度"问题．我启发学生思考怎么理解上述说法的合理性，然后提出：我们借助一个"竖直上抛小球"的实验从数学的角度对"瞬时速度"进行研究．

例1 课件演示"竖直上抛小球"实验（不计阻力），我提供实验数据如下：

t/s	0	1	2	3	4	5	6
h/m	2	29	46	53	50	37	14

学生活动

（1）利用例1中的数据，计算小球在 $t=1$ s时的瞬时速度；

（借助 TI 图形计算器模拟出 h 关于 t 的函数解析式后利用物理公式求出结果）

（1）

（2）

（2）思考如何从数学角度刻画瞬时速度；

（借助物理课上已学过的对"瞬时速度"的直观描述，引导学生设计出如下表格，将"描述"量化）

t/s	h/m	$\Delta t/\mathrm{s}$	$\Delta h/\mathrm{m}$	$\overline{v}=\dfrac{\Delta h}{\Delta t}/\ (\mathrm{m\cdot s^{-1}})$
...	...	...	...	...
0.9				
0.99				
0.999				
1				
1.001				
1.01				
1.1				
...	...	...	...	...

（3）分小组填写表格；

（4）观察表格中的数据，思考如何用数学语言描述数值之间的关系和变量变化过程中的规律.

物理学中的描述和上面计算的结果都说明：当 Δt 越来越接近 0 时，平均速度 $\overline{v}$ 越来越接近一个常数，而这个常数与利用物理公式计算出的在 $t=1$ s 时的"瞬时速度"相等. 此时，我追问："当 $|\Delta t|$ 越来越小时，平均速度越来越接近一个常数，可以用我们学过的什么数学概念加以描述？"学生能够答出"极限". 于是我总结出"小球在时刻 $t=1$ s 的瞬时速度就是小球在 1 到 $1+\Delta t$ 时段内，当 $\Delta t\to 0$ 时，平均速度的极限"，这句话的数学表达式如下：

$$v\ (1)\ =\lim_{\Delta t\to 0}\frac{\Delta h}{\Delta t}=\lim_{\Delta t\to 0}\frac{h\ (1+\Delta t)\ -h\ (1)}{\Delta t}$$

此数学表达式的基本内涵就是"作差，作比，求极限".

三 设计说明

（1）作为研究导数背景的第一个例子，我没有按照教科书上的安排讲解"曲线的切线"，而是首先引入"瞬时速度". 原因有二：其一，学生对"瞬时速度"这个概念比较熟悉，它是高一物理中力学部分的内容，研究起来更容易入手，也更能体现学科之间的联系；其二，作为"导数"概念的由来，它与生活更贴近，研究的过程更容易被学生接受.

（2）为学生活动创设情境，让学生自己动手拟合函数、处理数据，并对数据进行分析，我做好指导工作. 一方面，是为了尽量创造条件，真正让学生去发现结论，而不是我直接给出结果；另一方面，通过学生自己的探索，体会研究问题的方法.

问题 2　药物敏感度问题

为缓解病人的发热症状，需要让病人服用一定剂量的药物（比如，阿司匹林）. 一般来说，服药后所引起的病人体温的变化 $T\ (d)$ 是随剂量 d 非均匀变化的，为研究药物的有效性，必须确定任何剂量 d 下 $T\ (d)$ 对 d 的变化率，从而确定对不同病人所用药物的剂量大小．在医学上称为"药物敏感度"．请看下面的例子．

例 2　已知某种退烧药服用的剂量 d 与病人体温的变化 $T(d)$ 有下面的关系：

$$T(d) = \left(\frac{C}{2} - \frac{d}{3}\right) \cdot d^2$$

其中 C 为正的常数，d 的单位为毫克．

问题　请仿照例1，自己设计一个表格，观察当 $d_0 = 30$ 时，$T(d)$ 相对于 d 的变化率 $s(d_0)$ 的情况．

设计说明

（1）这是一个医学中的实际例子，引用的目的是想使学生看到研究变化率在不同领域都有着非常重要的作用，同时变换了函数的类型，为后面抽象成一般函数做好铺垫工作．

（2）由于有了例1的基础，相信学生不难设计出如下表格：

d/mg	$T(d)/℃$	$\Delta d/\text{mg}$	$\Delta T/℃$	$\overline{s} = \dfrac{\Delta T}{\Delta d}/(℃ \cdot \text{mg}^{-1})$
...	...	...	...	...
...	...	...	...	...

然后我指出：在医学上就是"将药物在使用的剂量为 $d = d_0 = 30$ 时，身体对药物的敏感度定义为服药剂量在 d_0 到 $d_0 + \Delta d$ 内，当 $\Delta d \to 0$ 时，平均增长率 $\dfrac{\Delta T}{\Delta d}$ 的极限"．

写成数学表达式就是：

$$s(30) = \lim_{\Delta d \to 0} \frac{\Delta T}{\Delta d} = \lim_{\Delta d \to 0} \frac{T(30 + \Delta d) - T(30)}{\Delta d}$$

计算病人身体对药物的敏感度可以给医生提供很有用的参考数据，帮助医生制定治疗方案，而其中的 $T(d)$ 则不一定是对体温的观察，也可以是病人身体的其他指标．

问题 3　边际成本问题

在经济学中必须经常考虑成本的投入与产出问题．那么是不是投入得越多就越好呢？显然不是．投入多少还要看收入的情况．我们希望找到一个"分界点"，使投入最为合算．这在经济学中称为"边际成本"．

例 3　若设函数 $C = C(x)$ 表示某种产品的产量为 x 时的总成本，那么影响管理者决定是否增加（或减少）该产品的生产规模的依据是：确定该产品在任意产量 x_0 时的成本，也就是要求出 $x = x_0$ 时函数 $C(x)$ 对 x 的变化率．在经济学中，称之为"边际成本"．你能列出它的数学表达式吗?

在前面两个具体函数的铺垫下,学生能够答出:

$$边际成本\ p（x_0）=\lim_{\Delta x\to 0}\frac{\Delta C}{\Delta x}=\lim_{\Delta x\to 0}\frac{C（x_0+\Delta x）-C（x_0）}{\Delta x}$$

这个数学表达式的内涵与例1相同,仍然是"作差,作比,求极限".

设计说明

借助经济学中的实例背景,让学生体会将函数抽象成一般函数解析式后的研究方法,为定义的得出做准备.

现在,再让我们来研究一个数学问题.

问题4　曲线的切线的斜率问题

我们在平面几何中知道,圆周上在给定点 A 处的切线是一条经过点 A 且与过点 A 的半径垂直的直线.显然,圆的切线与圆有且仅有一个交点.那么是不是对任意曲线都可以用"与曲线有且仅有一个交点的直线"来定义曲线的切线呢?当然不行!抛物线 $y=x^2+1$ 就是一个很好的例子.下面,我们就来谈谈曲线的切线问题.

配合课件演示,叙述曲线的切线定义:

定义 设曲线 C 是函数 $y=f（x）$ 的图象,$P_0（x_0,y_0）$ 为其上一定点,过点 P_0 作割线 P_0Q 与曲线交于点 $Q（x_0+\Delta x,y_0+\Delta y）$,当点 Q 沿曲线无限趋近于点 P_0(即 $\Delta x\to 0$)时,若割线 P_0Q 存在极限位置 P_0T,则称直线 P_0T 为曲线 C 在点 P_0 处的切线.

通过课件的慢动画演示,引导学生发现结论:若设切线的倾斜角为 α,则切线的斜率:

$$\tan\alpha=\lim_{\Delta x\to 0}\frac{\Delta y}{\Delta x}=\lim_{\Delta x\to 0}\frac{f（x_0+\Delta x）-f（x_0）}{\Delta x}$$

学生活动

请学生仔细观察在割线 P_0Q 趋近于切线 P_0T 的过程中,斜率(倾斜角)的变化,思考能否用一个数学式子来表达.并根据自己的发现做下面的题目,可以利用图形计算器进行检验.

例4 求曲线 $y=-5x^2+32x+2$ 在点 $P（1,29）$ 处的切线斜率.

对比例1,学生能够发现:"斜率值"与"瞬时速度值"相等.我指出这之间的联系将是我们后面要研究的内容.

设计说明

1. 在研究了其他领域的问题后,再回到数学问题,为后面揭示这些例子的共性——都可以抽象成同一个数学模型做铺垫.

2. 让学生将例4同例1进行对比,一方面,可以使学生从"形"的角度对导数有一个直观的感受;另一方面,可以为下节讲解导数的几何意义做铺垫.

3. 从研究曲线的切线的斜率来引出导数,也是遵从数学史实的,后面将对此做进一步的介绍.

注:例1～例4在教学中不具有相同的地位.我将主要讲透例1和例4.

（二）概念的形成

1. 这一阶段要解决的主要问题

和学生一起剖析、归纳 4 个例子的共性，得出导数的概念，揭示导数的实质.

2. 具体的教学安排

我将这一阶段又细分成了"概念的得出"和"概念的剖析"两部分.

（1）概念的得出

请学生重新审视上面的 4 个例题，进行比较分析，归纳出它们的共同特征，并试着用数学语言加以描述. 学生可能会答出：研究的都是"变化率问题"等类似的语言. 我进行进一步的总结：以上 4 个例题，虽然分属于 4 个不同的领域——物理、医药、经济、数学，但都具有相同的数学特征，即都是对某一函数进行同一种数学运算——作差、作比、求极限，也就是求出函数值的增量与自变量的增量的比值在自变量的增量趋于 0 时的极限. 如下表所示：

	函数值的增量	自变量的增量	比值的极限	极限的含义
"瞬时速度"问题	小球距离地面的高度增量 Δh	时间的增量 Δt	$v(t_0)=\lim\limits_{\Delta t\to 0}\dfrac{\Delta h}{\Delta t}$	瞬时速度
药品敏感度问题	病人体温的变化 ΔT	药品剂量的改变 Δd	$s(d_0)=\lim\limits_{\Delta d\to 0}\dfrac{\Delta T}{\Delta d}$	身体对药物的敏感度
边际成本问题	总成本的增量 ΔC	产量的增量 Δx	$p(x_0)=\lim\limits_{\Delta x\to 0}\dfrac{\Delta C}{\Delta x}$	边际成本
曲线的切线的斜率问题	函数值的增量 Δy	自变量的增量 Δx	$\tan\alpha=\lim\limits_{\Delta x\to 0}\dfrac{\Delta y}{\Delta x}$	切线的斜率

这种运算十分重要，以至于它的结果有一个自己的名字——导数，它的英文术语是 derivative.

然后，我将介绍导数概念的由来. 它是由英国物理学家牛顿（Newton）和德国哲学家数学家莱布尼茨（Leibniz）分别研究力学和几何学过程中，在前人研究的基础上同时建立的，就像我们前面研究例 1 和例 4 那样. 导数是数学的一个分支——微积分的重要概念，我国的第一本微积分，也是第一本解析几何的汉译本是清朝数学家李善兰和伟烈亚力（英国人）合译的《代微积拾级》.

牛顿（Newton）　　　　莱布尼茨（Leibniz）

下面给出导数的严格定义：

定义 考虑函数 $y=f(x)$，如果自变量 x 在 x_0 处有增量 Δx，那么函数 y 相应地有

增量 $\Delta y = f(x_0 + \Delta x) - f(x_0)$，比值 $\dfrac{\Delta y}{\Delta x}$ 叫作函数 $y = f(x)$ 在 x_0 到 $x_0 + \Delta x$ 之间的平均变化率，即 $\dfrac{\Delta y}{\Delta x} = \dfrac{f(x_0 + \Delta x) - f(x_0)}{\Delta x}$. 如果当 $\Delta x \to 0$ 时，$\dfrac{\Delta y}{\Delta x}$ 有极限，我们就说函数 $y = f(x)$ 在点 x_0 处可导，并把这个极限叫作 $f(x)$ 在点 x_0 处的导数，记作 $f'(x_0)$ 或 $y'\big|_{x = x_0}$. 即

$$f'(x_0) = \lim_{\Delta x \to 0} \frac{\Delta y}{\Delta x} = \lim_{\Delta x \to 0} \frac{f(x_0 + \Delta x) - f(x_0)}{\Delta x}$$

（2）概念的剖析

根据导数的定义，有：

例1 小球在时刻 $t = 1$ 时的"瞬时速度"，就是小球距离地面的高度 $h(t)$ 在时刻 $t = 1$ 处的导数 $h'(1)$（$h'\big|_{t=1}$）；

例2 病人在服药剂量 $d = 30$ 时对药物的敏感度，就是 $T(d)$ 在 $d = 30$ 处的导数 $T'(30)$（$T'\big|_{d=30}$）；

例3 某产品产量在 $x = x_0$ 时的边际成本，就是总成本 $C(x)$ 在 $x = x_0$ 处的导数 $C'(x_0)$（$C'\big|_{x=x_0}$）；

例4 曲线在点 $P_0(x_0, y_0)$ 处切线的斜率，就是曲线 $y = f(x)$ 在 $x = x_0$ 处的导数 $f'(x_0)$（$y'\big|_{x=x_0}$）.

然后由学生来归纳出求函数 $y = f(x)$ 在点 x_0 处的导数的步骤：

①求函数的增量 $\Delta y = f(x_0 + \Delta x) - f(x_0)$；

②求平均变化率 $\dfrac{\Delta y}{\Delta x} = \dfrac{f(x_0 + \Delta x) - f(x_0)}{\Delta x}$；

③取极限，得导数 $f'(x_0) = \lim\limits_{\Delta x \to 0} \dfrac{\Delta y}{\Delta x}$.

▌**练习**▌ 求函数 $y = x^3$ 在 $x = 2$ 处的导数.

（三）课堂小结与布置作业

课堂小结：我带领学生回顾两节课的内容，从知识和方法两个方面引导学生进行总结，我点出：在知识上，学习了一个新的概念——导数，更重要的是在得到概念的过程中所用到的"从特殊到一般""从具体到抽象"以及类比等研究数学问题的方法.

布置作业：教材第109页和第111页的练习

通过对4个实例的剖析，使学生一方面看到导数背景的广泛性和丰富性，为理解导数的概念打下良好的基础；另一方面体会导数实质是瞬时变化率，是平均变化率的极限.

此外，我将在课堂上努力建构一种师生合作教学、学生之间合作学习的多向交流，以创设一个让学生欣赏数学、探索数学的学习环境. 在教学中渗透给学生从具体到抽象，从特殊到一般的研究问题的方法.

以上就是我对这两节课的设计，恳请各位专家批评、指导.

谢谢！

注：为了导数概念的形成，设计了连堂课，有些内容的分析适当省略.

附录   教案设计说明

在这两节课的教学中，通过具体实例，使学生初步理解函数在一点处的导数的定义．导数的定义既是教学的重点也是难点．由于导数的概念比较抽象，为使这一概念能在学生的头脑中形成完整的认识，结合我校学生生源较好的实际情况，安排了两节连堂课．

为了突出教学重点，克服难点，我借助 4 个不同领域的例子创设问题情境，并提出适当的问题，布境设疑，引导学生去主动思考、动手操作、交流合作，进而达到对知识的发现和接受．在例子的设计上，注意体现多学科、多角度，让学生看到导数背景的广泛性和丰富性，为理解导数的概念打下良好的基础．

同时，这 4 个例子有助于学生理解导数概念的实质，体会导数概念的内涵．我所采用的教学方法是：启发探究与学生自主探索相结合，与学生共同探索，充分揭示概念形成的过程，实现设定的教学目标．

《一元一次方程》教案

北京三帆中学　崔佳佳

第四届全国初中青年数学教师讲课一等奖　2004 年 10 月

教材：义务教育课程标准实验教科书（北师大版）七年级上册

教学目标：

1. 通过对多个实际问题的分析，感受方程作为刻画现实世界有效模型的意义．通过观察，归纳方程和一元一次方程的概念．

2. 能对具体情境中的数学信息做出合理的解释，能用方程来描述和刻画事物间的等量关系．

3. 体验数学与日常生活密切相关，认识到许多问题可以用数学方法解决，体验实际问题"数学化"的过程．

4. 体会在解决问题的过程中同学间合作交流的重要性．

教学重点、难点：

教学重点：认识一元一次方程，经历探索等量关系、列方程的过程．

教学难点：分析与确定问题中的等量关系，能用方程来描述和刻画事物间的等量关系．

教学方法与教学手段：

互动式、合作探究；计算机、投影仪．

教学过程：

一、情境导入　回顾概念

1. "猜猜老师的年龄"

给学生提供信息：我是 9 月出生的，我的年龄的 2 倍加上 6，正好是我出生那个月的总天数的 2 倍．请同学们猜猜我的年龄是多少岁．

学生根据老师给出的信息，寻找正确答案．

老师提问：你是怎样找到答案的？

分析：算术方法，运用方程．

设老师的年龄为 x 岁，那么年龄的 2 倍加上 6 就是 $2x+6$，而这个式子等于 9 月的总天数的 2 倍，即 30×2．根据这个等量关系，我们就可以得到方程 $2x+6=30\times2$．

解这个方程求出 x，就知道老师的年龄了．

2. 日历中的方程

游戏：请学生圈出日历中一个竖列上相邻的三个日期，把它们的和告诉老师，老师能马上说出这三天分别是几号．

请学生分析：算术方法，运用方程．

设中间那个日期为 x，则第一个日期为（$x-7$），第三个日期为（$x+7$），可以得到方程（$x-7$）＋x＋（$x+7$）＝a（其中 a 为这三个日期的和）．

解这个方程求出 x，就知道这三天分别是几号．

请学生回顾：像这样含有未知数的等式叫作方程．

3. 比较算术方法和方程

用算术方法解决问题时，列出的算式表示用算术方法解题的计算过程，其中只能用已知数；而方程是根据问题中的等量关系列出的等式，其中既含有已知数，又含有用字母表示的未知数．可以通过今后的学习逐步认识到，有了方程后，人们解决许多问题就更方便、简捷了．从算式到方程是数学的进步．

4. 方程小史

在我国，"方程"一词最早出现于《九章算术》．《九章算术》全书共分九章，第八章就叫"方程"．

12 世纪前后，我国数学家用"天元术"来解题，即先要"立天元为某某"，相当于"设 x 为某某"．14 世纪初，我国元朝数学家朱世杰创立了"四元术"，四元指天、地、人、物，相当于四个未知数．17 世纪，数学基本上符号化，逐步形成了现代"方程"的概念．

二、联系实际　探究新知

1. 根据下列实际问题列方程

例 1　老师新买了一部手机，想在郑州入网，已知两种移动电话计费方式如下表：

	全球通	神州行
月租费	每月 50 元	0
本地通话费	每分钟 0.40 元	每分钟 0.60 元

请同学们计算，一个月内通话多长时间，两种计费方式的话费相同？

解：设累计通话 t min，两种计费方式的话费相同，则方程为 $50+0.4t=0.6t$．

例 2　足球的表面是由若干黑色五边形和白色六边形皮块围成的，黑、白皮块的数目比为 $3:5$，一个足球的表面一共有 32 块皮块，你能说出黑色皮块和白色皮块各有多少吗？

解：设黑色皮块有 $3x$ 块，则方程为 $3x+5x=32$．

例 3　光盘的形状可以看作一个圆环．已知某种光盘的面积约是 116.85 cm^2，外沿大圆的半径是 6.15 cm，问：中间小圆孔的半径是多少厘米？（π 取 3.14）

解：设小圆孔的半径为 x cm，则方程为 $3.14\times(6.15^2-x^2)=116.85$．

2. 归纳一元一次方程的概念

观察前面所列的方程：

$2x+6=30\times2$；（$x-7$）＋x＋（$x+7$）＝a（a 为已知数）；$50+0.4t=0.6t$；

$3x+5x=32$；$3.14\times(6.15^2-x^2)=116.85$．

请学生分析前四个方程的共同点.

归纳得出：在一个方程中，只含有一个未知数（元），并且未知数的指数是1（次），这样的方程叫作一元一次方程.

三、巩固交流　拓展思维

练习1　判断下列式子是不是一元一次方程，为什么？

(1) $7x+5=3x-9$；　　(2) $3x-6$；　　　　(3) $2x^2-4x-5=0$；

(4) $2y+3=-6$；　　(5) $-3x+\dfrac{3}{2}=7y$；　　(6) $3a+9>\dfrac{2}{3}$.

设计意图　让学生巩固一元一次方程的概念.

练习2　根据题意列方程：

今有共买物，人出八，盈三；人出七，不足四. 问人数、物价各几何.（摘自《九章算术》）

大意为：几个人一起去购买物品，如果每人出8钱（古代货币单位），则剩余3钱；如果每人出7钱，则差4钱. 问有多少人？物品的价格是多少？

设计意图　在教给学生数学知识的同时，渗透对学生的人文教育.

练习3　根据方程 $2(x+3x)=40$，设计一道有实际背景的应用题，并进行交流.

设计意图　让学生加深对一元一次方程及其应用的认识.

四、归纳小结　布置作业

以师生共同小结的方式进行.

1. 回顾知识　方程、一元一次方程的概念.

2. 总结方法　列方程的具体步骤：

(1) 认真读题，理解题意，弄清题目中的数量关系，找出其中的等量关系；

(2) 设出未知数，用含有未知数的代数式表示题目中涉及的数量关系；

(3) 根据等量关系列出方程.

列方程的关键步骤：根据题意找到"等量关系".

3. 提炼思想

$$\boxed{实际问题}\xrightarrow{转化}\boxed{数学问题}$$

布置作业：阅读教材相应内容，完成课后习题第151页第1，2题.

思考题　尝试用方程求解下面的问题：

郑州某种出租车的收费标准为，起步价7元（即行驶距离不超过3 km都需付7元），行驶超过3 km以后，每增加1 km加收1元（不足1 km时按1 km计算）. 王明和李红乘坐这种出租车去博物馆参观，下车时他们付了16元车费，那么他们搭乘出租车最多走了多少千米（不计等候时间）？

设计意图　设置贴近学生生活的问题情境，通过对较为复杂的问题的分析，进一步体验实际问题"数学化"的过程. 要求学生尝试解方程，从而激发学生探究新知的欲望，为以后的教学埋下伏笔.

附录1　　　　教学设计说明

一、教学目标的确定

教学目标是从知识与技能、数学思考、解决问题、情感与态度四个方面出发，根据数学课程标准中关于"一元一次方程"的教学要求，结合学生的实际情况确定的．

学生在小学时已经能较为熟练地运用算术方法解决问题，列出的算式表示用算术方法解题的计算过程，其中只能用已知数；而方程是根据问题中的等量关系列出的等式，其中既含有已知数，又含有用字母表示的未知数．通过比较，让学生感受到方程作为刻画现实世界有效模型的意义．通过对实际问题的分析，使学生能够理解问题情境，主动探究情境中包含的数量关系；对具体情境中的数学信息做出合理的解释；能用方程来描述和刻画事物间的等量关系．明确列方程的关键就是根据题意找到"等量关系"．因此，我根据教学内容的特点，制定了教学目标1和2.

通过对实际问题的研究，学生可以初步体验到实际问题"数学化"的过程，可以增强学生学习数学的兴趣和信心，所以我制定了教学目标3.

在解决问题的过程中学会与他人合作和交流是学生的重要能力之一，所以我制定了教学目标4.

二、教学过程的设计

1. 通过设置游戏情境引入方程，激发学生的好奇心和主动参与学习的欲望．

2. 介绍方程的有关历史，让学生了解方程发展的过程．

3. 例题与练习的设置给学生提供了丰富多彩的、贴近学生生活实际的问题情境，培养学生应用数学知识解决实际问题的意识，鼓励学生从不同的角度分析问题，根据不同的设法，列出不同的方程．在学习数学知识的同时，渗透对学生的人文教育．

4. 练习3的安排是通过学生自己设计方程的实际背景，进行交流和评价，加深对方程和方程应用的认识，激发学生学习的主动性和创造性．

5. 通过师生共同小结，巩固学生所学知识，培养学生归纳、概括的能力，使学生的主体作用得到充分发挥．

6. 作业的安排是为了让学生进一步巩固基础知识；思考题是为了让学生进一步体验实际问题"数学化"的过程，要求学生尝试解方程，激发学生探究新知的欲望，为以后的教学埋下伏笔．

附录2　　　　《一元一次方程》评课稿

崔佳佳是我校的一名优秀青年教师，她今天讲课的题目是《一元一次方程》，这一节是新课标教材（北师大版）第五章一元一次方程的起始课．纵观这节课的教学过程，有以下几个特点：

1. 创设问题情境　激发学习兴趣

在教学过程中，使学生体验数学的意义，经历数学知识的形成与应用过程．从实例中激发兴趣．教学过程中首先提出一个问题"猜猜老师多大了"，之后师生共同合作"日历中的方程"的游戏，引起学生兴趣，在活动中回顾方程的概念，对比算术方法与方程方法，认识从算式到方程是数学的进步．

从现实生活中提炼问题，并且注意到数学应用的广泛性．新教材的一个特点是数学问题的生活化．在本节课的教学过程中，教师从生活中的实例"计算手机入网通话费""计算足球表面黑、白皮块的数目""计算光盘中小孔的半径"等问题提炼出方程．通过比较、鉴别、归纳等数学活动，建立一元一次方程的概念．较好地体现了数学来源于生活、应用于生活的本质．

从知识的运用中提升兴趣．课堂上的三个练习，使知识从巩固落实到灵活运用逐步提升．练习 1 的配备旨在巩固一元一次方程的概念；练习 2 选用了《九章算术》的原题，通过实例渗透人文教育，使学生对我国古代的数学成就有直观的、感性的认识；练习 3 对学生提出了更深层的要求，学生自己编写习题，在班级内进行交流和相互评价，亲身体验方程在生活中的应用，强化学生应用数学的意识．

2. 营造探究氛围　引导合作交流

教师在课堂上努力营造学生自主探究与合作交流的氛围，有意识地给学生创造一个探究问题的平台．课程改革的目的之一就是促进学生学习方式的转化，加强主体性和探究性．本节课上通过师生共同探究年龄、日历问题让学生体验到方程的作用．通过老师给出方程让学生编写实际问题、互相讨论，体现了自主学习与合作学习的协调发展，极大地发挥了学生的想象力、创造力，学生通过充分探讨提出了不同的答案，享受成功的喜悦．从列方程到编写问题，从正反两方面开发了学生的思维．

3. 巩固基础知识　训练基本技能

在问题解决的过程中，巩固基础知识，同时训练基本技能．本节课在列方程研究问题的过程中，建立一元一次方程的概念，这也是新教材的特点．遵循这样一条主线，让学生学会将普通文字语言转化成数学符号语言的能力．强调问题中的基本数量关系，既把握通则通法，又鼓励思维的灵活多样．每个例题都让学生抓住问题的核心，不去死记硬背各种题型的解决招数．在概念建立后，让所有学生都掌握认识一元一次方程的方法，体现了人人都能获得必需的数学，让不同学生编出不同水平的问题，体现了不同人学习数学的不同感悟．

4. 传承数学文化　渗透爱国教育

有意识地加强对数学文化的传承．在教学过程中自然传播了方程形成的发展历史．通过比较算术方法和方程方法、方程历史的介绍、《九章算术》中问题的演练，体现了人类对客观世界中数量关系的不断探索和取得的进步，激励学生不断进取的信念，培养爱国主义精神．

5. 理解课程标准　用好用活教材

教案的编写体现了教师的教材观，做到了用好教材、用活教材．在实际问题的研究过程中建立了一元一次方程的概念．教学过程以问题为主线，层层推进，引导和组织学生的思维活动，使学生在问题解决的过程中经历一元一次方程概念的形成过程．问题 1 和问题 2 紧扣现行教材提出了"年龄问题"和"日历问题"的具体情境，注意在前面学段的基础上进行学习，引发学生对用方程解决实际问题的兴趣．"列方程"在本章中占重要地位，也是本章的主线，教学过程中突出体现了这一点，体现新课标倡导的问题解决和数学思考的思想．根据这一观点，通过例 1、例 2、例 3 三个实际问题列方程的过程，展现一系列的一元一次方程，通过两个游戏和三个例题达到建立一元一次方程概念的目的．本节课中体现了教学过程活动化、情境展示生活化、学习方式多样化．

这节课的设计基于教材，又不拘泥于教材．教师利用教材的章前图设计了一个猜数游戏，同时教师还通过丰富的、不同层次的实例，使学生建立一元一次方程的概念，向学生展现方程是刻画现实生活的有效数学模型．在教学过程中，充分利用青年教师的优势，结合初一学生活泼的特征，对信息技术合理、适度地使用，起到了较好的教学辅助作用．课堂上让学生运用方程解决丰富多彩的、贴近学生生活实际的问题，使学生经历"建立方程模型"这一数学化的过程，培养学生的抽象概括能力．

这节课的不足之处是，在研究足球问题时，由于学生不断举手要发表意见，教师为保护学生的积极性，让学生充分讨论，耽误了一些时间，导致最后编写方程问题的讨论不够充分．

以上是对崔佳佳老师课例的分析意见，不妥之处，敬请各位专家、老师指正．

谢谢！

点评人：金宝铮

《圆锥曲线的统一定义》教案

北京师大二附中　赵　昕

多元智能国际研讨会第四届年会一等奖　2005 年 11 月

教学目标	1. 理解掌握椭圆、双曲线的第二定义及圆锥曲线的统一性，并会用第二定义解决一些基本问题，进一步理解、体会解析几何研究问题的基本方法； 2. 渗透数形结合的数学思想及类比的学习方法； 3. 培养学生独立探求新知识，以及科学、系统、严谨研究问题的方法
教学重点、难点	重点：圆锥曲线的统一定义． 难点：椭圆、双曲线的第二定义
教学模式	教师引导

教学过程	设计意图
一、提出问题 通过学生的研究和电脑的演示说明： 椭圆、双曲线上的点到焦点与到准线的距离的比为曲线的离心率． 是否可将椭圆、双曲线看作到定点与到定直线距离的比为常数的点的轨迹？ **二、椭圆、双曲线的第二定义** 求到定点 F 的距离与到定直线 l 距离比为常数 e（$e>0$）的点的轨迹． 通过求轨迹方程的一般方法求轨迹方程． 利用图形计算器中的程序考察上述所求方程表示的曲线． 对方程配方后进一步验证方程表示曲线的类型． 圆锥曲线的统一定义： 到定点距离与到定直线距离的比为常数 $\begin{cases} 0<e<1, \\ e=1, \\ e>1 \end{cases}$ 的点的轨迹 $\begin{cases} \text{椭圆，} \\ \text{抛物线，} \\ \text{双曲线．} \end{cases}$ **三、椭圆、双曲线第二定义与第一定义的区别与联系** 1. 椭圆、双曲线的第一定义和第二定义从不同角度认识了曲线的形成； 2. 第二定义可将圆锥曲线从轨迹形成的角度统一起来，也称为圆锥曲线的统一定义，这也是圆锥曲线统一性的一种体现； 3. 用第一定义比较容易得到椭圆、双曲线的标准方程，而标准方程的几何意义明显，更有利于我们用方程去研究曲线； 4. 椭圆、双曲线的第二定义多数情况作为曲线上的点的性质使用，利用曲线上的点到焦点的距离与到准线的距离的关系，解决一些与距离有关的问题	学生已学习了三种圆锥曲线，但对椭圆、双曲线中准线存在的意义一直存有疑惑，从疑点出发提出问题． 由图形得到的结论需要通过对方程的配方讨论给予严格的证明，体现数形结合的思想． 学生可以很快理解椭圆、双曲线上的点到焦点与到准线距离的比为离心率，但由此就将它抽象为第二定义是不容易理解的．为突破难点，利用图形计算器的编程功能和绘图功能，学生能够直观地看出方程所表示的曲线，较好地解决了难点． 将第一定义、第二定义适当总结，有利于学生对知识的理解、掌握

续表

教学过程	设计意图
四、例题 **例1** （1）点 P 与定点（1，0）的距离和它到直线 $x=5$ 的距离之比为 $\frac{\sqrt{3}}{3}$，求点 P 的轨迹方程. （2）点 P 与定点（2，0）的距离和它到直线 $x=8$ 的距离之比为 $\frac{1}{2}$，求点 P 的轨迹方程. **例2** 椭圆 $\frac{x^2}{a^2}+\frac{y^2}{b^2}=1$（$a>b>0$）的两焦点为 F_1（$-c$，0），F_2（c，0），P（x_0，y_0）是椭圆上任一点. 求证：$|PF_1|=a+ex_0$，$|PF_2|=a-ex_0$. **例3** 过 $\frac{x^2}{3}-\frac{y^2}{6}=1$ 的右焦点 F_2 作倾斜角为 $\frac{\pi}{6}$ 的弦 AB，求 $\triangle AF_1B$（F_1 为左焦点）的周长. **五、小结** 这节课我们主要研究了圆锥曲线的统一定义，在研究椭圆、双曲线第二定义的过程中我们通过对轨迹方程的推导和讨论研究了曲线，这也是解析几何的基本方法，即用方程来研究曲线. 通过对第二定义的研究我们还认识到一个曲线的形成过程很可能有多种方式. 在今后的学习中，同学们还会继续体会圆锥曲线的统一定义在解决问题中的作用. **六、作业** 思考： 1. 如何根据第二定义建立适当的坐标系得到椭圆、双曲线的标准方程？ 2. 推导双曲线的焦半径公式	例1体现了已知焦点、准线和离心率求椭圆或双曲线方程时，要先判断所求曲线的方程是否为标准方程. 例2、例3体现了用第二定义解决问题的优越性

附录 **教学设计的总结与反思**

一、有关教学设计的几点总结与反思

1. 与传统教学的比较

圆锥曲线的统一定义是高中数学教学中的重点，也是难点. 按照传统的教学方法，容易得到椭圆、双曲线上的点其焦点及准线距离的比为离心率，从而教材马上将焦点、准线抽象成定点和定直线，得到椭圆、双曲线的第二定义. 实际上学生对这一定义的理解是一知半解的，对任意的定点、定直线只要给定一个0~1之间的值就能得到椭圆，给定一个大于1的值就能得到双曲线，学生对这一结论感到怀疑. 采取本例的教学设计，学生从一般的求轨迹的方法出发，通过对方程的分析，对圆锥曲线的第二定义有了深刻的理解，较好地突破了这一教学上的难点.

2. 在概念教学中发展学生的思维

数学概念不仅是解决数学问题的基础，同时概念的学习本身也包含着丰富的思维过程. 我们应充分利用概念教学发展学生的思维. 揭示数学概念的形成过程，使学生重新体验数

学家的发现过程，将数学概念的被动接受过程变为对知识的主动建构过程．同时在这一过程中学生的思维得到了锻炼，长此以往，学生不仅对数学概念的掌握更加深刻，思维能力也必将得到提高．

3．现代化教学手段的运用

全面的数学观指出数学不仅是从一般到特殊的演绎过程，更是从特殊到一般的归纳过程．数学概念的产生、发展过程往往是通过实验归纳的思维过程，而这恰恰是我们传统教学所忽视的．图形计算器在数学教学中的参与填补了这片空白，它使得学生的自主探索成为可能．

课例中图形计算器使学生摆脱了烦琐的计算，解决了一些现阶段难以解释的问题，有利于学生对问题的本质进行分析、实验，从而归纳得到一般概念．这一设计使得现代化的教育技术物尽其用．

二、有关教学模式的总结与反思

经过教学实践，在发挥图形计算器的"学具"功能时经常用到本课例采用的授课方法，可将这种模式总结为"问题解决"的教学模式．现将此种教学模式总结如下．

1．适用内容

我们认为运用"问题解决"教学模式进行课堂教学的内容可分为两类：第一类为问题具有较强的开放性，具有较大的探索空间，此类问题多为课本知识的进一步拓展；第二类问题为涉及内容较有深度，问题较为明确，解决问题的过程体现了思维的深刻性，此类问题多为较难理解的课本知识．

本案例问题明确，但具有一定深度，属于第二种类型的问题，在我们的日常教学中也有第一种类型的例子，如：讨论抛物线焦点弦的性质，讨论得到一般三角形的边角关系等．这些问题较为开放．

2．操作过程

对于上述两类内容，分别总结出"问题解决"教学模式的两种操作过程：

①适用于开放性问题的操作过程

提出开放 性问题	→	实验观察 合理猜想	→	讨论探索 理论证明	→	反思交流 拓展研究

②适用于较有深度的数学问题的操作过程

提出问题 引发思考	→	实验观察 分析发现	→	推理论述 揭示原理	→	概念深化 练习反馈

实际上，这种"问题解决"的教学模式就是从问题出发，以数学思维方法为主线，以问题解决为目的，使数学教学成为数学活动的教学，数学思维的教学．针对某些教学内容，采取这种教学模式对培养学生发散思维、创造性思维能力等方面有更好的效果．

三、本课例的几点不足

1．注意回到概念的抽象性和严谨性

学生通过自主探究得到的结论一般不够全面，语言表述不够严谨，我们在引进图形计算器进行概念教学时一定要注意，"技术"不是目的，目的是使用技术让抽象的、严谨的数学语言显得不那么晦涩难懂．但数学的特点就是抽象、严谨，失去了抽象性和严谨性就失去了数学的本质．因此，对每一个概念，我们必须从具体回到抽象，从特殊回到一般，对概念的语言进行科学的讲解，只不过经过学生自主探究的思维过程，这时的概念就显得自然、直观，易于理解了．

本课例在引导学生猜想、归纳方面花了比较大的功夫，在数学严谨的证明方面虽然都有所强调，但还是显得不够充分．

2. 注意因材施教

学生的思维能力是各不相同的，高中数学教育的最终目的也不是要将所有学生培养成数学专业的人才．钱学森教授曾指出："教育工作的最终机智在于人脑的思维过程．"思维活动的研究，是教学研究的基础，数学教学与思维的关系十分密切，数学教学就是指数学思维活动的教学，数学教学实质上就是学生在教师指导下，通过数学思维活动，学习数学家思维活动的成果，并发展数学思维，使学生的数学思维结构向数学家的思维结构转化的过程．但是数学思维能力中不是只有"数学推理能力"，如果从解析式入手因为代数恒等变形能力的差异，使部分学生的学习进程受阻，为什么不可以帮助他（她）换个角度思考，一方面激发探索的兴趣，另一方面得出结论后再证，使目标明确，也同样可以达到锻炼理论推导的目的．在"问题解决"的教学模式中，一般我们只提出问题，而不规定研究方法，学生可根据自己的情况选择不同的途径研究问题，这种方法可以使不同的学生思维得到锻炼．

本课例在研究手段的开放性这一方面做得不够充分．由于本课例的实施对象是文科班的学生，数学的抽象思维能力相对较弱．因此在提出问题后，学生的研究手段基本上是直接使用图形计算器这一信息技术工具．实际上也可以不加以引导，让学生自由发挥，有些抽象思维能力强的学生可能会直接对式子进行变形，发现结论，进行证明，然后再利用图形计算器进行验证，这样不同的学生可能采取不同的研究过程，教学设计更符合不同学生的特点．

由于本人能力有限，本课例必定还存在很多不足，还望专家给予批评指正．

《全面调查》教学设计

北京师大二附中　王先芳

人教版初中数学课标教材实验优秀课例评选全国一等奖　2006年4月

一、指导思想和理论依据

统计观念反映的是由一组数据所引发的想法、能推测得到可能的结果，以及自觉地想到用统计的方法解决问题等，是在亲身经历统计活动的过程中培养出来的一种感觉，帮助学生建立统计观念的一个有效途径是让学生真正从事统计的活动，使学生在收集、整理、描述和分析数据的活动过程中，逐步学会用数据说话，自觉地想到用统计的方法来解决一些问题．

二、教学背景分析

这节课是全面调查的第二节课，学生对全面调查以及问卷设计过程中应该注意的问题有所了解，这节课主要让学生参与到全面调查的实践中来．所以采取师生互动的教学模式．这种模式的确定主要是由于动手收集数据、处理数据并展示自己的成果是一个活动性很强，并且充满乐趣的过程，教学时要让所有的学生都能参与到活动中去，鼓励学生积极合作、充分交流．另外，根据这一学段的教学要求，在描述数据的环节，我充分发挥了计算机辅助教学的优势，实现了信息技术的整合．

三、本课教学目标设计

知识技能：

1. 了解全面调查收集数据的方法；

2. 会设计简单的调查问卷收集数据；

3. 会用表格整理数据．

数学思考：

1. 从事收集、整理、描述和分析数据得出结论的活动，经历数据处理的基本过程，体验统计与生活的联系，感受统计在生产和生活中的作用，培养学生用数据说话的能力；

2. 能利用全面调查的方式收集数据，并能通过数据处理解决一些简单的实际问题．

情感态度：

1. 经历全面调查的过程，培养学生乐于接触社会环境中的数学信息，感受用数据说话的好处；

2. 培养学生的节约意识．

四、教学设计

为了达到以上的教学目标，让学生更直接地参与到课堂活动中来，我设计了三个教学环节：创设情境，提出问题——合作交流，解决问题——课堂总结，布置作业．

（一）创设情境，提出问题

由马克思说过的话"任何一门科学，只有在充分地运用了数学之后，才算是真正地发展了！"入手，渗透人文教育的同时引出这节课的问题．

问题由中队长提出："我们每天都在学校吃营养配餐，经常一起谈论饭菜的质量以及营养．有的时候，好吃就多吃一些，但是不好吃就不吃了，班委会很想了解大家对营养配餐的看法．昨天，我们接触了统计的思想，可以对咱们班的同学进行一次全面调查．所以希望在今天的数学课上大家能够配合老师，用数学的知识帮助班委会解决这个问题．谢谢大家．"这样的问题来源于生活，来源于学生自己，更激发了学生的学习兴趣，激发了他们利用数学知识解决问题的愿望．

（二）合作交流，解决问题

在解决问题的这个环节中我分了四步完成：收集数据、整理数据、描述数据、分析数据．

1. 收集数据

为了解决问题，要对本班同学进行全面调查，首先就是要设计调查问卷，于是师生共同回忆了问卷调查中应该注意的问题，接下来便由学生 6 人一组，以组为单位围绕调查目的设计调查问卷．在设计问卷的过程中教师巡视指导，这一环节的设计有两个目的：其一，落实"会设计简单问卷"的教学要求；其二，培养学生的动手能力及团队合作精神．

学生在讨论之后，我用实物投影展示了其中两组同学设计的调查问卷，肯定其中合理部分的同时指出设计中的不足．在大家共同欣赏的过程中，一方面学生看到了自己设计问卷过程中的不足，另一方面也学会了发现别人优点、宽容别人不足的良好风尚．

这个环节对教师的教学调控能力要求较高，因为学生设计的问卷具有不确定性，在展示过程中，老师对问卷的评价无论是从知识还是情感上都要照顾到，而且像这种师生交流的环节也是课堂教学的核心．评价时，要善于抓住学生的闪光点，以及问卷中出现的"意想不到"，用此来活跃课堂，调动学生学习的热情，使教学气氛和谐自然．比如设计时两个组的同学都把调查的时间写错了，第一组同学写的是 2006.12.8（准确为 2005.12.8），第二组的同学写的是"12.7"，学生们被课堂中不经意间的花絮感染得大笑不止．另外，第二组同学的设计由于时间比较紧，竟然用上了英文，此时教师抓住这些不同寻常的地方加以评价和引导，必然会使课堂氛围焕然一新．

由于是初次尝试问卷的设计，学生在设计过程中肯定存在一些问题，此时我展示了一个和班委会共同设计的调查问卷，并对问卷中的问题做了逐一分析．当然问卷的设计是一个逐渐完善、追求完美的过程，这也给学生留下了思考和学习的空间，课后可以进行完善．下图就是实际让学生填写的调查问卷：

关于营养配餐的调查问卷

调查部门：初一（7）班班委会　　调查时间：2005 年 12 月 8 日

亲爱的同学们，为了更好地了解大家中午吃营养配餐的情况，请你协助我们完成这份调查问卷的填写．请如实填写，谢谢合作！（每题限选一项并填入括号）

1. 你认为我校营养配餐的营养是否均衡？（　）
A. 均衡　　　　　B. 不均衡　　　　　C. 不知道

2. 你在吃营养配餐时，摄取的营养是否均衡？（　）
A. 均衡　　　　　B. 不均衡　　　　　C. 不知道

3. 你最偏爱下列哪种食物？（　）
A. 主食　　　　　B. 蔬菜　　　　　C. 肉食　　　　　D. 不偏食

4. 中午在学校吃营养配餐时，你是哪种情况呢？（　）
A. 每天都吃完　　　B. 有时吃完、有时剩下　　　C. 每天都有剩余

2. 整理数据

在数据的整理环节，学生也应尽可能地参与到教学活动中来，让学生从事整理数据的活动，感受表格的作用．教学中采取了小组先进行整理再全班汇总的方式．考虑到时间的问题，课堂上只针对第 4 题的数据进行整理．学生在整理过程中，教师巡视，加以指导，并展示了其中一组同学整理的表格，强调画记法，落实教学要求．

接着我给出了一个"初一（7）班同学中午吃营养配餐情况调查人数分布表"，以问答的方式，介绍了表格的各部分，让学生进一步熟悉表格，会读表格，借助计算机，数据的整理工作很快就完成了！此时我注意引导学生通过观察表格来获取一些有用的信息，因为表格本身也是数据表述的一种方法．

初一（7）班同学中午吃营养配餐情况调查人数分布表　　2005－12－8

题目	选项	内容	各组人数								占全班人数百分比/%（精确到0.1%）
			一组	二组	三组	四组	五组	六组	七组	总计	
第一题	A	均衡									
	B	不均衡									
	C	不知道									
		合计									
第二题	A	均衡									
	B	不均衡									
	C	不知道									
		合计									
第三题	A	主食									
	B	蔬菜									
	C	肉食									
	D	不偏食									
		合计									

题目	选项	内容	各组人数								占全班人数百分比/% (精确到 0.1%)
			一组	二组	三组	四组	五组	六组	七组	总计	
第四题	A	每天都吃完									
	B	有时吃完、有时剩下									
	C	每天都有剩余									
		合计									

初一（7）班同学中午吃营养配餐情况调查人数分布表　　2005－12－8

题目	选项	内容	各组人数								占全班人数百分比/% (精确到 0.1%)
			一组	二组	三组	四组	五组	六组	七组	总计	
第四题	A	每天都吃完	3	0	0	0	0	0	0	3	7.3
	B	有时吃完、有时剩下	3	2	1	0	3	2	1	12	29.3
	C	每天都有剩余	0	4	5	6	3	4	4	26	63.4
		合计	6	6	6	6	6	6	5	41	100.0

3. 描述数据

根据教学大纲的要求，数据的描述和分析将在今后的学习中重点介绍，所以在这节课的教学中，我充分发挥了计算机的辅助作用，利用 Excel 的作图功能根据实时整理后表格中的数据绘制了条形图和扇形图．实现了教学中现代信息技术的整合，并引导学生通过观察发现两图的特点，条形图通过直条的高度来反映数量关系，而扇形图通过扇形的面积来表示各项所占百分比，为今后的学习做铺垫．

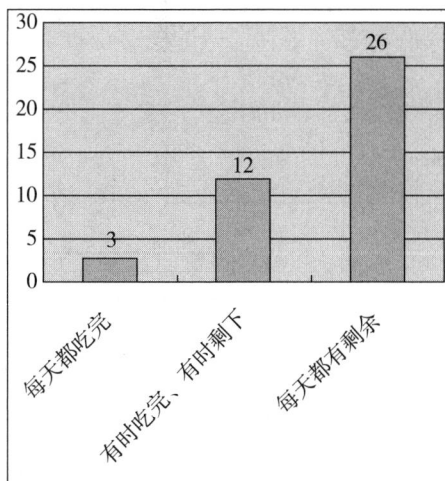

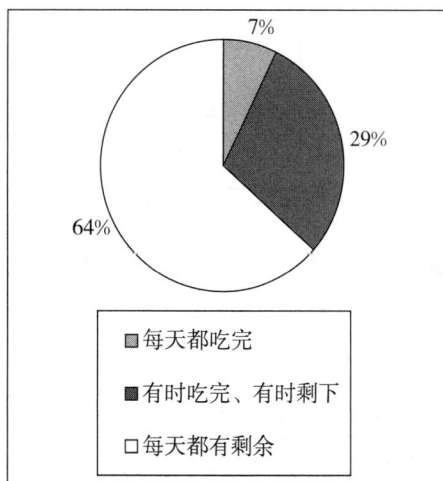

4. 分析数据

引导学生对数据进行简单的分析，学生很容易得出"浪费现象严重"这个结论．

至此，全面调查的四个过程学生都亲身经历了一遍，但是我没有让这节课就此结束，而是从分析得到的结论出发，在接下来的教学中渗透了节约的意识．并以每人每天节约 50 g米饭为出发点，请同学们一起来计算一下．

算一算

如果每天每个同学节约**50**克米饭，

每个班按**30**个同学计算，每个同学每个月在学校吃饭**20**天，每年在校时间是**9**个月，我校有**37**个班，如果一个儿童每天只需要**0.5**斤粮食就能存活，那么我校一年（**365**天）节约下来的粮食能够让多少儿童存活？

据去年的统计，北京市有**2435**所中小学，现在以**2000**所来算，那么北京市中小学一年节约的粮食可以让多少儿童存活？

团结就是力量

$50 \times 30 = 1500(克) = 3(斤)$

$3 \times 20 = 60(斤/月)$

$60 \times 9 = 540(斤/年)$

$540 \times 37 = 19980(斤/年)$

$0.5 \times 365 = 182.5(斤/年)$

$19980 \div 182.5 \approx 109.5 \approx 110(人)$

$110 \times 2000 = 22(万人)$

学生通过计算，比较容易得出 22 万这个数目，学生们惊叹了．而我们再次用数据证明了团结就是力量，只要人人也都有节约的意识和行为，我们的世界将是一片美好．在这样的氛围下，师生共同来朗诵唐诗《悯农》是再贴切不过的了．

悯农

[唐]李绅

锄禾日当午，汗滴禾下土，谁知盘中餐，粒粒皆辛苦。

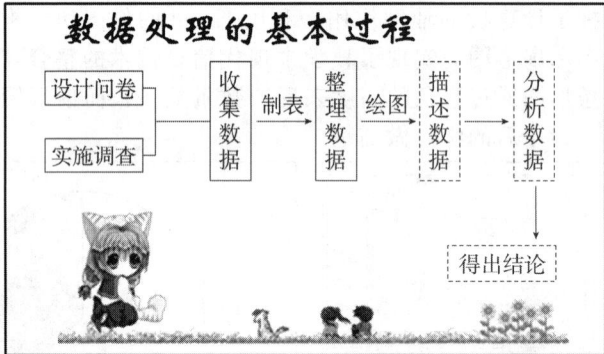

这个环节的设置紧扣全面调查的分析结果，充分渗透了德育意识．

（三）课堂总结，布置作业

1. 在总结阶段，我与学生共同对本节课从以下两个方面进行总结：

（1）知识技能：

数据处理的基本过程

设计问卷／实施调查 → 收集数据 → 制表 → 整理数据 → 绘图 → 描述数据 → 分析数据 → 得出结论

（2）德育渗透：节约意识的培养．

2. 作业一方面为了体现调查的完整性，另一方面为了给学生提供足够的发挥空间，要求学生课后以组为单位在班干部的组织下完成其他几题的数据整理、分析工作．并向配餐公司及学校提出合理化建议．

五、学习效果评价设计

首先，全面调查主要是想让学生能亲身经历整个调查活动，在活动中培养用数据说话的意识，这节课学生活动多，参与性强，每一位学生都经历了全面调查的四个过程．由于时间的限制，在课后的作业中给学生足够的空间发挥他们的能力，并根据分析出的结论，提出合理化建议，用数学的知识来解决生活中的问题．增加了学生对数学学习的兴趣！

另外，由于课堂时间的限制，问卷的设计在课堂上讨论得不是很充分，在今后的教学和实践中要注意多给学生创造讨论的空间和氛围．

《一元一次方程的概念》说课稿

北京三帆中学 耿旭龙

第五届全国初中青年数学教师说课一等奖 2006年10月

尊敬的各位评委、各位老师：

你们好!

我是北京三帆中学的数学教师耿旭龙.

这次我说课的内容是数学七年级上册《一元一次方程》这一章的起始课，我所用的课本是人教版义务教育课程标准实验教科书.

下面根据我编写的教案，把我对本节课的教学目标、教学方法和教学用具、教学过程及教学评价等方面的认识做一个说明. 请各位专家对我说课的内容多提宝贵意见.

一、关于教学目标的确定

方程有着悠久的历史，它随着实践的需要而产生，并且具有极其广泛的应用. 方程是代数学的核心内容，对方程的研究推动了整个代数学的发展. 一元一次方程是最简单的代数方程，也是所有代数方程的基础. 在小学阶段，学生已经学习了用算术方法解应用题和最简单的方程，会用方程表示简单情境中的数量关系. 本节内容是在前面学习基础上的进一步发展，通过对实际问题的研究，引出一元一次方程的概念.

根据《全日制义务教育数学课程标准（实验稿）》（以下简称《课程标准》）中关于一元一次方程概念的教学要求，结合我校学生的实际情况，我确定了本节课的教学目标和重点难点.

教学目标:

1. 通过对多个实际问题的分析，让学生体验从算术方法到方程方法是一种进步，归纳并理解一元一次方程的概念，领悟一元一次方程的意义和作用.

2. 在学生根据问题寻找相等关系、根据相等关系列出方程的过程中，培养学生获取信息、分析问题、处理问题的能力.

3. 使学生经历把实际问题抽象为数学方程的过程，体会方程是一种刻画现实世界的有效的数学模型，体会建立数学模型的思想.

重点难点:

在这节课的教学中，如何使学生理解问题情境，探究情境中包含的数量关系，最终用方程来描述和刻画事物间的相等关系，既是教学的重点，同时也是难点.

二、关于教学方法和教学用具的说明

《课程标准》提出要在课堂上充分发挥学生的主体作用，而学生的参与，特别是思维参与往往是从问题开始的. 我以生活中的实际问题为例来创设情境，引导学生去分析思考和归纳总结,进而达到对知识的"发现"和接受的目的.因而,我主要采用的是启发和讲授式的教学方法.

为配合问题的提出与解决,我借助了计算机的课件演示.

三、关于教学过程的设计

在具体教学过程的设计上,根据我校学生生源较好的特点,我把这节课分为"情境导入　回顾概念""联系实际　探究新知""巩固交流　拓展思维""归纳小结　布置作业"四个阶段.下面对每一个阶段进行具体说明.

(一)"情境导入　回顾概念"阶段

1.这一阶段要解决的主要问题

引导学生分析具体实例,尝试用列算式和列方程的方法解决问题,使学生体验从算术方法到方程方法是数学的进步.

2.具体的教学安排

教师给出引例,直接带领学生进入到实际问题的情境中.

今年进行的德国世界杯足球赛,吸引了全球的目光.你喜欢足球吗?下面我们来看一个与足球场有关的问题.

引例　德国世界杯足球赛莱比锡赛场为长方形的足球场,周长为310 m,长和宽之差为25 m,这个足球场的长与宽分别是多少米?

问题给出后,我请学生尝试解答.学生在小学阶段掌握了列算式解决实际问题的方法,因而通过分析数量关系,可以得到足球场长与宽的和为155 m,又已知长与宽的差为25 m,那么根据和差关系,可以得出足球场的长度为 $(155+25)\div2=90$(m),宽度为 $90-25=65$(m).由于学生在小学也学习过简单的方程,所以还可能想到列方程来解决,只是在具体的解题过程上会有困难.于是,我启发学生,可以设足球场的长度为 x m,那么足球场的宽度能用含 x 的式子表示为 $(x-25)$ m.然后,我再引导学生依据"长方形的周长＝(长＋宽)×2"这一相等关系,从而列出方程 $2[x+(x-25)]=310$.我随后指出,如何解出方程中的未知数 x,是今后要学习的知识.然后,由学生回顾方程的概念:含有未知数的等式,叫作方程.

依据新课程的理念,教师要创造性地使用教材.作为引入本课的第一个例子,我没有选用教科书上安排的行程问题,而是换成了"世界杯足球赛赛场问题",是因为拿它作为第一个例子,可以一上来就激发学生的学习兴趣.而且设置了符合学生认知水平的问题情境,以达到由浅入深、逐步提高的目的.

在学生用算术方法和方程方法给出引例的解答后,我引导学生总结引例的研究方法,启发学生比较算术方法和方程方法的区别:

用算术方法解决问题时,只能用已知数,而用方程方法解决问题时用字母表示的未知数也可以参与运算.

算术方法主要运用逆向思维,列方程主要运用正向思维.

我随后请同学们运用方程知识来研究实际问题.

(二)"联系实际 探究新知"阶段

1. 这一阶段要解决的主要问题

给学生提供三个实际问题的情境,引导学生运用方程的方法研究问题,然后观察所列方程,归纳出一元一次方程的概念,进一步体会实际问题数学化的思想方法.

2. 具体的教学安排

我请同学们一起用方程来研究以下问题.

2006 年 7 月 1 日,世界上海拔最高、线路最长的高原铁路青藏铁路全线胜利建成通车,成为全球目前穿越高原、高寒、缺氧及连续性永久冻土地区的最长的铁路.

例 1 青藏铁路格尔木至拉萨段全长共 1 142 km,途中经过冻土路段和非冻土路段.若列车行驶的平均时速为冻土路段每小时 80 km,非冻土路段每小时 110 km,全程行驶时间约 12 h,你能算出列车经过的冻土路段有多少千米吗?

我引导学生列方程解决问题.

设所求的冻土路段为 x km,然后分析发现两个相等关系:

冻土路段行驶路程+非冻土路段行驶路程=全部行驶路程

冻土路段行驶时间+非冻土路段行驶时间=全程行驶时间

可以利用第一个相等关系,得到非冻土路段行驶路程为 $(1\ 142-x)$ km,再将第二个相等关系用字母和数字表示出来,得到等式 $\dfrac{x}{80}+\dfrac{1\ 142-x}{110}=12$. 这就是我们要列的方程.

设计例 1 的目的:通过设置与青藏铁路有关的问题情境,引导学生关注社会,使学生进一步经历列方程研究实际问题的过程,培养学生将实际问题抽象为数学问题的能力.而列出的方程,是为学生归纳一元一次方程概念服务的.

例 2 学校召开运动会,王平负责给同学们购买饮料.现在要选购两种饮料共 40 瓶,其中矿泉水 1.5 元一瓶,茶饮料 2 元一瓶.王平计划恰好花费 65 元购买这些饮料,那么两种饮料应该各买多少瓶呢?

我先请学生分析问题中的数量关系,找出相等关系:

购买矿泉水数量+购买茶饮料数量=总的选购数量

购买矿泉水的费用+购买茶饮料的费用=总的花费

然后根据相等关系，列出方程．

学生可能得到不同的方程：

预案 1　设购买矿泉水的数量为 x 瓶，根据第一个相等关系，得到购买茶饮料的数量为（$40-x$）瓶．根据第二个相等关系得到方程 $1.5x+2（40-x）=65$．

预案 2　设购买茶饮料的数量为 x 瓶，则购买矿泉水的数量为（$40-x$）瓶，得到方程 $2x+1.5（40-x）=65$．

预案 3　设购买矿泉水 x 瓶，购买茶饮料 y 瓶，可以列出两个二元一次方程 $x+y=40$ 和 $1.5x+2y=65$．

我指出不但预案 1 和预案 2 列出的方程可以解决问题，而且预案 3 的方程也可以解决问题，这方面的知识将在今后进一步学习．

我选择了与学生生活非常贴近的情境来设计问题，引导学生关注生活，培养学生在生活中应用数学的意识．学生设的未知数不同，从而列出不同的方程，有利于培养学生的发散思维．

例 3　将一个底面半径是 5 cm、高为 36 cm 的"瘦长"型圆柱钢材锻压成高为 9 cm 的"矮胖"型圆柱钢材，底面半径变成了多少厘米？（π 取 3.14）

我先请学生回忆小学学过的圆柱体积公式：圆柱体积＝底面积×高．

再通过动画演示使学生注意到锻压前后圆柱的体积不变，然后由学生根据这一相等关系，设底面半径变成了 x cm，列出方程：$3.14\times5^2\times36=3.14\cdot x^2\cdot9$．

我设计的问题情境可以让学生关注生产实践，并且前面列出的方程中的未知数指数都是 1，而本例列出的方程中的未知数指数是 2，可以为归纳一元一次方程的概念提供对比的实例．

在研究了四个实际问题后，我引导学生观察得到的方程：

(1) $2[x+（x-25）]=310$；

(2) $\dfrac{x}{80}+\dfrac{1\,142-x}{110}=12$；

(3) $1.5x+2（40-x）=65$；

(4) $x+y=40$；

(5) $1.5x+2y=65$；

(6) $3.14\times5^2\times36=3.14\cdot x^2\cdot9$．

找出前三个方程的共同特点及前三个方程与后三个方程的不同之处，从而发现前三个方程都只含有一个未知数，并且未知数的指数都是 1，进而归纳出一元一次方程的概念．像这样的，只含有一个未知数（元），并且未知数的指数是 1（次）的方程叫作一元一次方程．

第（4）个和第（5）个方程含有两个未知数，是二元一次方程．

第（6）个方程的未知数指数是 2，是一元二次方程．

得出概念后，请同桌的学生互相举出一元一次方程的例子，进行辨析．

这样设计的目的是，通过观察、思考、分析六个方程的特点，使学生经历概念的归纳和概括的过程，引导学生深层次地参与到概念的形成过程中．

（三）"巩固交流　拓展思维"阶段

1．这一阶段要解决的主要问题

通过练习，巩固一元一次方程的概念，进一步培养学生由实际问题抽象出方程模型的能力．

2．具体的教学安排

由学生完成以下练习．

练习 1　判断下列式子是不是一元一次方程，为什么？

（1）$7x+5=9$；　　（2）$3x-6$；　　（3）$4x^2-4x-5=0$；

（4）$2y+3=-6$；　　（5）$x-7y=5$；　　（6）$2a>9$．

💬 设计说明

练习 1 设计的 6 个式子中，有的不是等式，有的未知数不止一个，有的未知数的指数不是 1，目的是通过练习使学生巩固一元一次方程的概念，把握住概念的本质．

练习 2　列方程研究古诗文问题：

隔墙听得客分银，不知人数不知银．

七两分之多四两，九两分之少半斤．

（注：在古代 1 斤是 16 两，半斤就是 8 两）

首先师生理解古诗文：

有几个客人在房间内分银子，每人分七两，最后多四两，每人分九两，最后还少八两，问有几个人？有几两银子？

然后由学生分析相等关系，设未知数，列出方程．

预案 1　用 x 表示人数，然后根据两种分法总银两数不变，得到方程．

预案 2　用 x 表示总银两数，根据两种分法人数相同，得到方程．

问题解决后，我向学生介绍中国古代数学家在方程发展过程中所做的贡献：

在我国，"方程"一词最早出现于《九章算术》．《九章算术》全书共分九章，第八章就叫"方程"．

12 世纪前后，我国数学家用"天元术"来解题，即先要"立天元为某某"，相当于"设 x 为某某"．

14 世纪初，我国元朝数学家朱世杰创立了"四元术"，四元指天、地、人、物，相当于四个未知数．

💬 设计说明

设计的古诗文应用题，目的是增加数学课的人文色彩，使学生感受数学来源于生活、应用于生活的文化内涵．

而通过介绍，可以使学生对中国古代数学家在方程的发展过程中所做的贡献增加了解．

练习 3　根据方程 $2(x+3x)=40$，设计一道以"2008 北京奥运会"为实际背景的应用题，并进行交流．

💬 **设计说明**

采用小组合作学习方式，以四人小组为单位合作设计一个实际问题，然后在全班进行小组交流．我设计了开放性的问题，目的是使学生开阔思维，充分发挥想象力和创造力．而小组合作，组间交流，还可以培养学生的合作意识．

（四）"归纳小结　布置作业"阶段

1. 这一阶段要解决的主要问题

通过师生共同小结，使学生理清本节课的知识结构，巩固所学的知识，提炼应用到的数学方法，培养学生的归纳概括能力．

2. 具体的教学安排

归纳小结：

我引导学生从回顾知识和总结方法两个方面进行课堂小结．

（1）回顾知识：方程、一元一次方程的概念．

（2）总结方法：分析实际问题中的数量关系，利用其中的相等关系列出方程，是用数学解决实际问题的一种方法．

$$\boxed{\text{实际问题}} \xrightarrow{\text{设未知数 \quad 列方程}} \boxed{\text{一元一次方程}}$$

主要由学生进行总结和互相补充，教师只做适当的点拨，以培养学生的归纳概括能力．

布置作业：

（1）阅读教材相关内容，然后完成教材第 74 页的习题 6，7，8.

（2）选做作业：列方程解决问题

西安白天的出租车收费标准为起步价 6 元（即行驶距离不超过 3 km 都需付 6 元），行驶超过 3 km 以后，每增加 1 km 加收 1.5 元（不足 1 km 时按 1 km 计算）．王明和李红乘坐这种出租车去博物馆参观，下车时他们付了 15 元车费，那么他们搭乘出租车最多走了多少千米？（不计等候时间）

💬 **设计说明**

为了适应学生不同层次的需求，设计了分层作业．教材上的基础题目可进一步巩固课堂所学知识，选做作业则可以发挥学生学习的自主性．

四、关于教学评价的设计

新课程标准提出要加强过程性评价，因而在教学过程中，我注意观察学生在课堂上的语言和行为表现，及时给予肯定性的表扬和鼓励；注意学生在文字语言抽象为符号语言过程中遇到的困难，恰当地给予点拨和提示．在小组讨论的过程中，我一方面参加不同的小组，对各个小组进行评价和调控，另一方面由各个小组互相交流，达到集体互评的效果．课堂小结和布置的作业是对本节课的反馈性评价，通过观察学生归纳小结和完成作业的情况，了解学生在知识技能和数学方法方面的收获与不足，指导我调节后面的教学．

此外，我将在课堂上努力营造一种学生自主探究和合作交流的氛围，有意识地给学生创造一个欣赏数学、探索数学的平台，渗透给学生由实际问题抽象为方程模型这一过程中蕴涵的符号化、模型化的思想.

以上就是我对这节课的设计，希望各位专家批评、指导.

谢谢!

附录　教学设计说明

一、教学目标的确定

本节课的教学目标是从知识与技能、过程与方法、情感与态度三个方面，根据课程标准中关于"一元一次方程概念"的教学要求，结合学生的实际情况确定的.

学生在小学时已经能较为熟练地运用算术方法解决问题，列出的算式只能用已知数；而方程是根据问题中的等量关系列出的等式，其中既含有已知数，又含有用字母表示的未知数.通过比较，让学生感受到方程作为刻画现实世界有效模型的意义.通过对实际问题的分析，使学生能理解问题情境，主动探究情境中包含的数量关系，提高分析问题和处理问题的能力；明确列方程的关键就是根据题意找到"相等关系"，能用方程来描述和刻画事物间的相等关系.因此，我根据教学内容的特点，制定了教学目标1和2.

通过对实际问题的研究，学生可以初步认识到日常生活中的许多问题可以用数学方法解决，体验到实际问题"数学化"的过程，所以我制定了教学目标3.

二、教学过程的设计

1.通过设置"世界杯赛场"这一情境来复习方程的概念，以激发学生的好奇心和主动参与学习的欲望.通过比较算术方法和方程方法，初步体验从算术到方程是数学的进步.

2.设置的例题与练习给学生提供了丰富多彩的、贴近学生生活实际的问题情境，以鼓励和培养学生应用数学知识解决实际问题的意识，并鼓励学生从不同的角度分析问题，根据不同的设法，列出不同的方程.在学习数学知识的同时，还渗透了对学生的人文教育.

3.练习3的安排是通过鼓励学生自己设计方程的实际背景，进行交流，并对设计的问题进行评价，以加深对方程和方程应用的认识，激发学生的主动性和创造性.

4.通过师生共同小结，发挥学生的主体作用，有利于学生巩固所学知识，培养学生归纳、概括的能力.

5.作业安排是为了让学生更进一步落实课堂教学目标，选做题是为了满足不同层次学生的需求，为学有余力的学生提供发展空间.

6.本节课主要采用了启发和讲授的教学方法，以生活中的实际问题为例来创设情境，引导学生关注国家大事、身边小事、生产实践等.在课堂上努力营造一种学生自主探究与合作交流的氛围，引导学生去分析思考和归纳总结，进而达到对知识的"发现"和接受的目的.有意识地给学生创造一个欣赏数学、探索数学的平台，渗透给学生由实际问题抽象为方程模型这一过程中蕴涵的符号化、模型化的思想.

《简单线性规划（一）》说课稿

北京师大二附中　　王张平

——第四届全国高中青年数学教师优秀课观摩与评比一等奖　2008 年 11 月——

各位专家、老师：

下午好！

我是北京师大二附中的数学教师王张平．今天我说课的内容是人教版（B 版）普通高中课程标准实验教科书（必修 2）第三章第 5 单元第二节《简单线性规划》的第一节课．下面我将从教学目标的确定、教学方法和教学用具、教学过程的设计与实施以及教学特点和效果分析四个方面来谈谈我对本节课的认识．

一、关于教学目标的确定

本节课是在讲了二元一次不等式和二元一次不等式组表示的平面区域的基础上，简单线性规划的第一节课．经过仔细研究教材，我确定了由实际问题引入，让学生利用现代信息技术自主探究的教学思路．

线性规划是优化的具体模型之一，新课标中要求学生能从实际情境中抽象出一些简单的二元线性规划问题．经过仔细考虑和研究，结合生活实际，我以"抗震救灾，重建家园"和"营养配餐"为背景编写了两个实际问题来创设情境，激发学生探究的兴趣．

在教学过程中，我注意引导学生体会线性规划的基本思想，借助几何直观解决简单的线性规划问题．根据新课标中对简单线性规划的教学要求，结合我校学生的实际情况，我从知识、能力和情感三个方面制定了以下的教学目标：

1. 让学生理解线性规划的相关概念，初步学会利用图解法解决简单的线性规划问题．

2. 在教学过程中渗透数形结合的基本数学思想；加强学生自主探究、合作交流的意识；进一步训练学生在研究问题中主动借助现代信息技术手段辅助思维的习惯．

3. 让学生体验探究问题的乐趣和解决问题的成就感，通过带领学生解决实际问题及对线性规划相关历史的回顾，感受数学的文化价值．

二、关于教学方法和教学用具

在这一部分的教学内容中，重点是介绍线性规划的有关概念和利用图解法求解，难点是线性规划的实际应用及探究图解法的过程．我通过以学生自主探究为主、教师做适当引导的教学方法，力求让学生通过自主探究得到简单线性规划问题的解决方法．

为了提高课堂效率，配合问题的提出和解决，鼓励学生进行探索和发现，我借助了图

形计算器和计算机软件进行演示，具体安排如下：

1. 通过图片演示，创设问题情境，激发学生探究兴趣；

2. 学生使用CASIO－fx9750型计算器进行自主探究，我使用CASIO－Classpad300计算器和几何画板进行动态演示．

三、关于教学过程的设计与实施

1. 创设情境　探究解法

这一环节主要是利用当前人们比较关心的震后灾区重建问题，结合学校实际情况自编了问题一，激发学生探究的兴趣．

问题一：

前不久四川大地震，牵动了全国人民的心，灾后重建成为当务之急．北京某企业积极响应北京市对口支援什邡市重建的号召，打算对中小学教学楼的重建（包括各项附属设施）提供支援，预算投入资金不超过1 000万元．根据当前实际情况，要求投入中学建设的资金不少于投入小学建设资金的1.8倍，初步估算中学教学楼的平均造价为每百平方米14万元，小学教学楼的平均造价为每百平方米8万元．并且两者的建设面积都不低于1 000 m²．请你帮该企业计算一下，如何分配这笔资金能使得教学楼重建后的面积最大？最大面积为多少？

问题提出后，由学生独立思考，将其抽象成一个数学问题．

学生在上一节课的基础上能够比较顺利地列出下面的条件组：

设建设中学教学楼面积为 x 百平方米，建设小学教学楼面积为 y 百平方米，

满足
$$\begin{cases} 14x+8y\leqslant 1\ 000, \\ 14x\geqslant 1.8\times 8y, \\ x\geqslant 10, \\ y\geqslant 10. \end{cases}$$

学生不容易想到列出"目标函数"，针对学生的困惑我启发学生思考：我们要解决的是什么问题？引导学生设建筑总面积为 z 百平方米，寻求 z 与 x，y 之间的关系，得出 $z=x+y$．在这个问题中，我们要求 z 的最大值及相应的 x，y 的值．

这里我强调了与以往所接触的函数不同，这是一个二元函数．之后问题的解决我采取的是放手由学生去做，鼓励他们利用已有知识主动探究．同时，在探究过程中充分借助图形计算器和计算机辅助思维．

基于平时的训练，学生会主动借助计算器很快地作出不等式组所表示的平面区域．

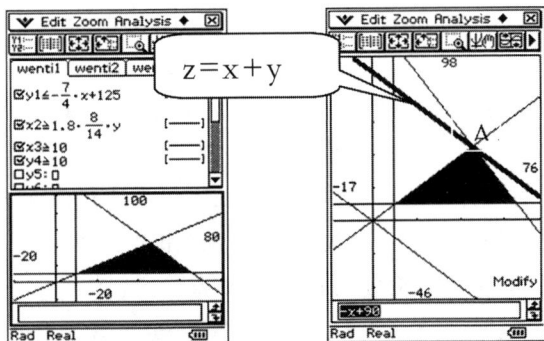

学生在探究过程中，我巡视观察，并做适当引导．学生的探究方法包含了以下三种解法：

（1）取点计算实验猜想：学生利用图形计算器的取点功能作出自由点，并度量其坐标（此时点的坐标出现在屏幕下方），然后在所绘区域内移动该点，由同伴直接计算 $x+y$ 的值进行比较，容易猜想出使 z 取得最大值的点的位置．在此过程中，一些抽象思维较弱的同学也能得到答案，增强继续探究的信心．我在鼓励学生想法的同时，让他们尝试进行严谨的推理说明．

（2）利用直线纵截距的变化解决问题：由于学生刚学完解析几何部分直线的内容，一部分学生会把目标函数转化成 $y=-x+z$ 的形式，并指出这表示一组平行直线，而 z 代表的是直线的纵截距，然后平移直线，与此同时我利用图形计算器演示动画．学生们可以清楚地通过几何直观得知，当直线 $y=-x+z$ 过点 A 时，z 取最大值．最后由学生利用图形计算器求交点的功能计算 A 点的坐标，并计算 z 的最大值．

（3）利用点到直线的距离（教材解法）解决问题：有些学生提前预习了本节课的内容，会提出教材中的解法，利用点到直线的距离公式转化"目标函数"z，我会结合几何画板配合学生的解答演示动态过程，学生通过演示容易看出点 A 到直线 $x+y=0$ 的距离最大，此时 z 取最大值．

说明：在探究过程中，我侧重分析第二种方法．在解决完问题一后，适当地对图解法加以总结，以加强学生对图解法的印象．

2. 类比探究　介绍概念

经过调查后，我自编了一道和学生关系密切的营养配餐有关的食品配置问题．换个领域来研究问题，锻炼学生的类比能力，帮助学生体会线性规划问题广泛的适用性，进一步巩固利用图解法解决简单线性规划问题．

问题二：

营养学家对高一学生中午的营养配餐提出建议：每人至少需要从食物中获取 0.120 kg 的碳水化合物，0.024 kg 的蛋白质，不超过 0.032 kg 的脂肪．现有两种食物 A 和 B，每种食物每千克中所含成分及价格如下表：

	碳水化合物/kg	蛋白质/kg	脂肪/kg	价格/元
A/1 kg	0.120	0.020	0.020	6
B/1 kg	0.096	0.032	0.020	8

为满足上面的饮食要求，并且食物 A 至少需 0.5 kg，则两种食物如何搭配可以使花费最低？最低为多少元？

这个问题由学生在问题一的基础上，利用已获得的方法对该问题独立解决．

学生会比较顺利地将其抽象成一个数学问题，并作出解答．

设食物 A 需要 x kg，食物 B 需要 y kg，花费为 z 元．

则 $z=6x+8y.$

$$x, y \text{ 满足} \begin{cases} 5x+4y \geqslant 5, \\ 5x+8y \geqslant 6, \\ 5x+5y \leqslant 8, \\ x \geqslant 0.5, \\ y \geqslant 0. \end{cases}$$

由图可知，当直线 $y = -\dfrac{3}{4}x + \dfrac{1}{8}z$ 过点 A 时，z 取最小值.

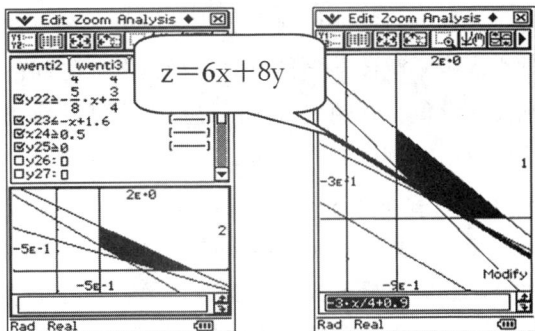

我再结合前面两个实际领域的问题，向学生介绍线性规划的有关概念并总结图解法.

在此过程中我注意强调以下两点：

(1) 强调"目标函数"是涉及两个变量的函数；

(2) 涉及两个变量的线性规划问题可以借助图形解决，当涉及更多变量时图解法并不适用，在中学阶段也不做要求.

3. 巩固知识 实际演练

问题三：设变量 x, y 满足下列条件：

$$\begin{cases} x+y \geqslant 2, \\ 2x-3y \leqslant 4, \\ 3x+5y \leqslant 25, \\ x > 1. \end{cases}$$

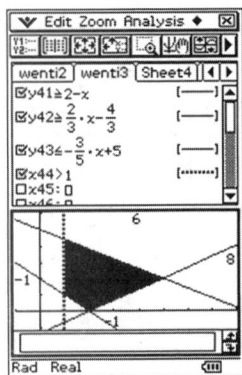

分别求下列目标函数的最小值：

① $z = -y - x$；② $z = 2x - 3y$；③ $z = x + y$.

学生分组合作解决问题，可以借助 CASIO 图形计算器. 本组练习设置的目的是：

(1) 借助练习，落实知识的掌握；

(2) 通过题目中呈现出的最优解的不同情况，给学生一个完整的、严谨的数学概念.

4. 回顾历史 感受文化

在本环节中，我给学生介绍了线性规划的历史起源及其广泛的应用性. 着重介绍被誉为"线性规划之父"的美国数学家丹齐克. 鉴于线性规划在著名的波斯湾战争中的重要作用，那场战争被称作"数学的战争".

线性规划之父

数学的战争——波斯湾战争

通过"对线性规划历史背景简单介绍"的环节，渗透数学文化，体现人文精神．引导学生逐步了解数学学科与人类社会发展之间的相互作用，体会数学的科学价值、应用价值和文化价值；开阔视野，探寻数学发展的历史轨迹，提高学生的文化素养，激发学生在后续学习中继续探究的兴趣．

5. 引导小结　设疑再思

带领学生回顾总结本节课的内容，引导学生从知识与方法两个方面进行小结．训练学生及时总结、概括提升的能力．我们学习了"线性规划"的有关概念和解决方法——图解法，并在解决问题的过程中用到了数形结合、类比等研究数学问题的方法．

布置作业： P94—练习 1，2，3．通过作业进一步巩固本节课所学知识．

思考题： 已知：x，y 满足条件

$$\begin{cases} x - y \leqslant 0, \\ 3x + 4y \leqslant 24, \\ x \geqslant 1, \\ x, y \in \mathbf{N}. \end{cases}$$

求：$z = x + 3y$ 的最大值．

最后，我参考教材对学生的要求设计了针对"整数规划"的一个思考题．目的是让学生在引起了认知冲突后，在课后也能继续独立探究、思考，不但为后面的教学埋下伏笔，也让学生养成不断思考研究的习惯，有利于他们的可持续发展．

四、关于教学特点和效果分析

线性规划主要是解决日常生活中遇到的求最优解问题．有的题目背景远离学生的生活，不同程度地影响了学生的求知欲望．我讲课的时间是 6 月初，当时四川的震情牵动全国亿万人的心．我以灾后重建为背景，编写了问题一，学生感到问题不空洞，数学就在我们身边，学生的求知欲望倍增．问题二也取材于学生的生活，现在我们有 80% 的学生在学校吃营养配餐．在绿色奥运，营养健康的口号下，问题二更体现线性规划的广泛应用，学生在学习过程中，一种亲切感油然而生．

技术的发展促进了学习方式的变革．在技术不普及的时候，学生学习这个内容只能单纯地听教师的讲解．现在学生可以自己动手操作，借助 CASIO 图形计算器可以画出由二元一次不等式组确定的平面区域，然后在限定区域内寻求最优解．学生通过自己的操作，对于问题的理解程度加深了，自我获得知识的成就感也会增加．

我在课堂上注重学生的主体参与，努力创设教师引导下的学生自主探究、合作交流的学习方式．通过课堂练习及课后作业，看到学生基本上能掌握利用图解法求解问题．课前制定的教学目标基本实现．

以上是我对本节课的一些认识．由于经验不足，肯定有不当之处，恳请各位专家老师批评指正．

谢谢！

附录 1　《简单线性规划(一)》教案设计说明

写在前面的话

在准备本节课的过程中，新加坡——麻省理工学院联盟院士、新加坡国立大学企业管理学院决策科学系副教授、《亚太运筹学报》副主编——孙捷的一段话引起了我的思考，他说："在历史上，从来没有哪一种数学方法可以像线性规划一样，在实际生产生活中有着极其广泛的应用，为人类直接和间接地创造出如此巨额的财富，甚至对历史的进程产生影响。"因此我决定对简单线性规划部分的教学做一些尝试：通过实际问题创设情境，让学生体会到数学的应用价值，并借助信息技术主动探究问题的解决方法，进一步让学生体会研究数学问题的基本思想方法。下面针对本节课的整体设计做一些说明。

一、关于教学思路和内容的确定

本节课是在讲了二元一次不等式和二元一次不等式组表示的平面区域的基础上，简单线性规划知识的第一节课。重点是介绍线性规划的有关概念和利用图解法求解，难点是线性规划的实际应用。教育部制定的《普通高中数学课程标准（实验）》中指出："线性规划是优化的具体模型之一，教师应引导学生体会线性规划的基本思想，借助几何直观解决一些简单的线性规划问题。"经过仔细研究教材，结合我校学生的实际情况，我制定了本节课的教学目标和由实际问题引入、学生自主探究的主要思路。

二、关于教学目标的确定

根据《普通高中数学课程标准（实验）》和新课改的理念，我从知识、能力和情感三个方面制定了教学目标。从知识层面上看，本节课与前面的内容联系紧密，是简单线性规划的第一节课，目的是让学生从实际问题出发建立数学模型，从中理解相关概念，并通过学生自主探究、教师总结点拨，初步掌握图解法。从能力层面上看，根据我校学生的实际情况，我确立了放手让学生利用图形计算器探究问题的教学策略，以培养学生体验、感受、掌握独立研究问题的能力。并努力使学生在探究过程中，体会数学的严谨性、系统性，帮助学生建立严谨的科学态度，发展学生的创新意识和实践能力。同时，注意渗透数学的基本思想和方法。从情感态度层面上看，本节课旨在训练学生的探索精神，使其体会独立研究问题的乐趣和成就感，激发学生学习数学的兴趣。在教学过程中渗透数学文化，充分体会数学的文化价值。

三、教学过程的设计

根据教学内容，结合学生的具体情况，我采用了学生自主探究和教师启发引导相结合的教学方式。在整个的教学过程中让学生尽可能地动手、动脑，调动学生的积极性，充分地参与学习的全过程。

[创设情境]

《普通高中数学课程标准（实验）》中要求学生能从实际情境中抽象出一些简单的二元线性规划问题。经过仔细考虑和研究，结合生活实际，我使用了"资金分配"和"食品配制"两个实际问题来创设情境，激发学生探究的兴趣。让学生体会数学与生活的紧密联系。

[合作探究]

问题提出后，教师不急于讲解，而是由学生合作解决，教师适当引导．这一环节中，列出"目标函数"，以及"图解法"的得出，都是学生可能碰到的"难题"．但我采取的是放手由学生去做，鼓励他们自己利用已有的知识主动探究．同时，在探究过程中充分借助图形计算器和计算机辅助思维．

[类比深入、落实双基]

借助"问题二"和"问题三"，帮助学生巩固探究的结果，落实掌握．并在问题层层深入的过程中，涉及约束条件和目标函数的不同情况，让学生体会线性规划问题中最优解的几种不同可能性，使知识更加完整、严谨，落实知识的掌握与方法的理解．此外，在探究过程中，进一步训练学生分析问题、解决问题和总结归纳等能力．

[历史回顾]

在课程的最后，我设计了一个"对线性规划历史背景简单介绍"的环节，并通过让学生课后查阅资料，渗透数学文化，体现人文精神．让学生逐步了解数学学科与人类社会发展之间的相互作用，体会数学的科学价值、应用价值和文化价值；开阔视野，探寻数学发展的历史轨迹，提高学生的文化素养，激发学生在后续学习中继续探究的兴趣．

[小结提升、后续铺垫]

这一环节，主要由学生完成．引导学生从知识与方法两个方面进行小结．培养学生及时总结，概括提升的能力．而思考题是针对"整数规划"的一个设计．目的是让学生在引起了认知冲突后，在课后也能继续独立探究、思考，不但为后面的教学埋下伏笔，也让学生养成不断思考研究的习惯，有利于学生的持续发展．

附录2 《简单线性规划（一）》点评

一、重点突出，教学逐层推进

问题一是本节课的重点，学生充分参与知识的形成过程，教师大胆放手让学生参与讨论．通过讨论，学生对线性规划的认识从零逐步上升到一定的高度．

问题二比较平稳，从知识到方法没有新的突破，目的是让学生巩固刚学习的知识，有一个"消化吸收"的过程．

问题三教师有意设置了一些障碍，但由于有了前两个问题的铺垫，学生通过交流，完全可以掌握．之后，教师在介绍背景资料的同时，进行了人文教育．

二、以人为本，创设教学情境

问题一、二都是教师从现实生活中找到的背景．由于问题的情境与学生的生活贴近，学生感到亲切自然，体现了数学源于生活，服务于生活．教师的这种做法有利于调动学生的学习积极性，激发学生的学习热情．

三、动手操作，技术辅助探索

在知识的形成过程中，教师创设情境，提出问题，学生在开始阶段认为能够用已经掌握的知识解决问题，但当列出二元一次不等式组并画出相应的区域时，思维受阻，感到无从下手．在教师的启发与引导之下，学生开始探索在约束条件下去求 $x+y$ 的最大值．

学生借助图形计算器辅助探究．利用计算器最基本的"上下左右"键，使自由点在不等式限制的区域内移动，从而猜想出了问题的结果，这并不是教师要最终归纳总结的做法，而是学生在探索、试验中独立寻找到的答案．

学生的做法实质是求二元函数最值常用的一个思路．当学生按动"左右"键时，实质是固定了 y 的值．教师在巡视的过程中发现了学生的这种做法，于是及时调整教学方案，在充分肯定学生猜想的同时，步步设问，逐步引导学生论证猜想的合理性．

由固定 y 到固定 x 不难理解，然而话锋一转，教师提出固定 z 会怎样．对于课堂上出现的不同想法，教师通过巧妙的处理，既充分肯定了学生的想法，又将学生的思维引向正确的轨道，体现了教师较强的应变能力．

纵观整个教学过程，信息技术的使用恰到好处．通过信息技术的使用，使得学生能够充分参与到教学的探索过程中．

四、改进之处，增加探究空间

铺垫是必要的，但是我认为教师给学生的空间还可以再大一些．对于问题一，教师在提出背景之后，就可以放手让学生去解决问题，当学生遇到困惑时，教师再给予指导会更好．

对于问题三，教师将题目分成两个部分，先画可行域，之后给出目标函数，能否合二为一？

点评人：金宝铮

《幂函数》说课稿

北京师大二附中　赵　昕

人教社 B 版实验教材优秀课例评选全国一等奖　　2009 年 11 月

各位专家、各位老师：

你们好！

我是北京师大二附中的数学教师赵昕．我说课的内容是《幂函数》，选自普通高中课程标准实验教科书必修 1（人教 B 版）第三章第 3 节．

下面我将从教学内容及学情分析、教学目标、教学重点和难点、教学过程四个方面对本节课的教学设计进行说明．

首先是教学内容及学情分析．新教材将幂函数的位置放到了指数函数与对数函数之后，并且将幂函数研究的对象限定为五个具体函数，通过研究它们来了解幂函数的性质．明确提出幂函数的概念，有助于学生形成完整的知识结构．此外，幂函数是基本初等函数（Ⅰ）研究的最后一个函数，通过幂函数的学习可使学生进一步体会并掌握研究基本初等函数的一般思路．

学习幂函数之前，学生在初中已经掌握了几类基本初等函数，并且在高中阶段独立探究过指数函数与对数函数的图象与性质，基本掌握了研究函数的一般方法与过程．但是由于幂函数的情况比较复杂，学生在对其图象共性的归纳与概括方面可能会遇到困难．

我所授课的班级是理科实验班，学生有较高的数学素养和较强的数学思维能力，对数学充满探索精神，同时对课堂教学有较高的需求．此外，学生能够熟练掌握图形计算器的操作，并具有利用信息技术进行自主探究的意识．

基于以上分析，我制定了如下教学目标：

1. 通过对幂函数的研究，理解、掌握幂函数的图象与性质，并掌握研究幂函数的一般方法；

2. 渗透分类讨论、数形结合的数学思想及类比、联想的学习方法，提高归纳与概括的能力；

3. 培养积极思考、自主探索的学习习惯和科学严谨的学习态度，体会从特殊到一般的思维过程．

下面介绍本节课的重点和难点：

本节课的重点内容是幂函数在第一象限的图象与性质，及研究幂函数的一般方法．

教学难点是幂函数图象共性的归纳．

下面介绍具体的教学过程．

一、创设情境，建构概念

1. 定义的给出

本节课教学任务较重，难度较大，但是所授班级为理科实验班，学生的数学素养较好，因此我采取了由指数式和指数函数直接引入幂函数定义的方法．

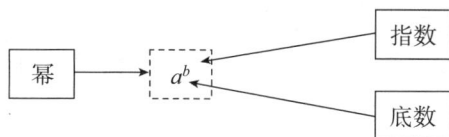

2．概念的辨析

在给出了幂函数的定义后，我请学生举出了大量幂函数的例子，目的在于对幂函数的概念进行辨析，同时针对学生的例子指出了现阶段只研究指数为有理数的情况．

二、联想类比，自主探究

1．自主探究活动

在这个环节中我引导学生自由选择不同的幂函数，通过利用图形计算器画图，探究它们的图象与性质．并将自己的探究结果记录在表格中．在研究过程中，学生会选择幂指数不同的多个幂函数进行研究，分别记录它们的图象与性质，并在探究过程中对幂指数的作用进行初步探索．

2．图象展示

我请学生将他们研究的幂函数从形态上看不同的图象分别画到黑板上，在我的及时纠错和引导下，学生们互相补充得到了十种不同形态的图象．在我补充了学生遗漏的 $y=x$ 的图象之后，最终黑板上一共展示了十一种不同形态的幂函数的图象．

解析式	补充写出根式形式
图象（草图）	
定义域	
值域	
单调性	
奇偶性	
渐近线	

三、深入探究，归纳性质

1．对图象的进一步探究

在得到了十一种不同形态的图象后，我指出，幂函数的情况比指数函数和对数函数的情况复杂得多，继而提出问题：我们该如何去把握幂函数图象的共性呢？

学生提出根据幂指数取值的不同范围，对幂函数进行讨论．在这个环节中针对学生出现的几个问题，我进行了适当引导，并且有效地突破了本节课的教学难点．

第一个问题是：当 $\alpha > 1$ 时，不同幂函数图象的形态是否都是一样的？

经过这个环节的讨论，明确了研究幂函数的图象与性质只需讨论在第一象限内的图象规律即可．这也是本节课的教学难点．

第二个问题是：对于 $-1 < \alpha < 0$ 和 $\alpha < -1$ 的分类

通过这一环节，指出对幂函数图象的讨论只需分 $\alpha > 1$，$0 < \alpha < 1$，$\alpha < 0$，$\alpha = 1$，$\alpha = 0$ 这几种情况即可．这是本节课讨论的关键．

2．对幂函数在第一象限图象的归纳

通过上述讨论，教师引导学生将幂函数在第一象限不同形态的图象画出来，并和学生共同归纳出幂函数在第一象限的图象与性质．

幂函数在第一象限的图象与性质：

（1）图象必过（1，1）点．

（2）$\alpha>1$ 时，过（0，0）点，且随 x 的增大，函数图象向 y 轴方向延伸，图象是下凸的．在第一象限是增函数．

（3）$0<\alpha<1$ 时，随 x 的增大，函数图象向 x 轴方向延伸，函数图象是上凸的．在第一象限是增函数．

（4）$\alpha<0$ 时，函数图象与 x 轴、y 轴无限接近，但永不相交．在第一象限是减函数．

（5）$\alpha=1$ 和 $\alpha=0$ 的情况．（略）

这是本节课的重点内容．

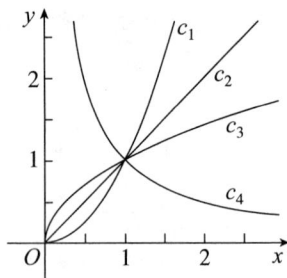

四、练习与巩固

1. 画出 $y=x^{\frac{7}{4}}$ 的草图．

在这一环节中，教师首先选择了学生在课堂初始时举出的一个幂函数 $y=x^{\frac{7}{4}}$ 作为例子，引导学生画出函数的图象．通过此例使学生进一步熟悉一般幂函数的研究方法与过程，也是本节课教学效果的一个反馈．

2. 寻找一个幂函数使其图象类似于 $y=x^2$ 的图象．

学生回答 $y=x^4$，$y=x^{10}$，教师引导学生寻找幂指数为分数的情形，学生给出了 $y=x^{\frac{4}{3}}$ 这个函数．通过画 $y=x^{\frac{4}{3}}$ 的图象，进一步巩固了研究幂函数的一般方法，以及幂函数图象的特征．

五、课堂小结

1. 幂函数在第一象限的图象与性质．

2. 研究幂函数的一般方法．

3. 研究幂函数的一般过程．

六、布置作业

本节课通过对一些具体的幂函数的研究归纳概括出了幂函数的图象与性质．对于理科实验班的学生，这一结论应从理论上加以完善，因此布置了以下作业：

当 α 为有理数 $\dfrac{q}{p}$（p，q 为整数，且 $\dfrac{q}{p}$ 为既约分数）时，对幂函数的图象与性质进行讨论．

引导学生对幂指数为分数的一般情况进行讨论．

以上是我这节课的教学设计，其中难免有很多不足之处，真诚地希望得到各位专家和老师的批评指正．

谢谢！

《归纳推理》说课稿

北京师大二附中 程 敏

第五届全国高中青年数学教师优秀课观摩与评选活动一等奖 2010年11月

各位评委、各位老师：

大家好！

我是北京师大二附中的数学教师程敏．北京师大二附中是北京市示范性普通高中．

这次我说课的内容是《归纳推理》，选自普通高中课程标准实验教科书·数学选修2-2（人教B版）第二章《推理与证明》第1节，这部分内容在课本第53至56页．

下面结合我的教学实践，把我对本节课的教学内容、教学目标、教学过程、教学特点与课后反思等方面的认识做一个简单的说明．

请各位专家、老师对我说课的内容多提宝贵意见．

一、教学内容的认识

[教材分析]

推理是由一个或几个已知的事实（或假设）得出一个新的判断的思维方式．人们在日常活动和科学研究中经常使用的推理有合情推理和演绎推理．合情推理是人类发现新知的一个重要途径．它既有猜测和发现结论的作用，又有探索和启发思路的作用．本节课所学习的归纳推理是合情推理的一种．归纳推理是由部分到整体、由特殊到一般的思维过程，通过归纳推理可以发现新知识，获得新结论．

```
教材内容的结构图

                    ┌─ 合情推理 ┌─ 归纳推理
            推理 ───┤           └─ 类比推理
                    └─ 演绎推理
```

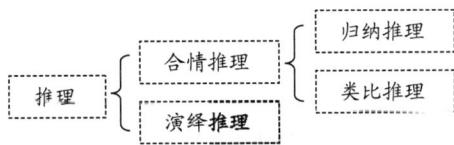

推理与证明的内容属于数学思维方法的范畴，遍布数学知识的每个领域，贯穿数学教学的始终．以往的高中数学课程将其渗透于具体的数学内容中分散处理，如：综合法和分析法放在"不等式"一章，"反证法"作为"简易逻辑"的一部分，"合情推理"更是很少涉及．新课程则是将其以集中的、显性的形式呈现出来，使之更加明确．这对帮助学生更加系统地掌握这种思维方法，并在今后有意识地使用是很有必要的．此外，它对培养学生言之有据、论证有理的习惯以及开发学生的创新性思维、为社会培养创新型人才都有很强的现实意义．

[教学重点与难点]

新课标的教材中，合情推理分为归纳推理和类比推理两讲，本节课是第一课时．所以我把教学重点放在对归纳推理的概念理解和应用上．提高学生从特殊到一般的归纳能力是本节课的教学难点，关键是引导学生自己探索、观察、发现和归纳．

二、教学目标的确定

根据以上想法，结合我校学生的实际情况，我制定了以下教学目标：

1. 了解推理、合情推理的含义；理解归纳推理的概念，能利用归纳进行一些简单的推理．

2. 以丰富的典型实例为研究对象，归纳出各实例的共性并提炼出概念的本质属性，最终形成概念．通过概念的形成过程培养归纳探索能力和严谨的思维习惯．

3. 借助探究型例题和开放性练习，培养创新的精神以及合作交流的意识．

三、教学方法的使用

本节课主要采用的是启发式教学，综合使用了讲授、问答、活动等多种方式．

四、教学过程的设计

为达到上述教学目标，我为本节课设计了五个教学环节：

> （一）问题引入，激发兴趣；
> （二）实例递进，形成概念；
> （三）经典探究，深化新知；
> （四）习题演练，巩固提升；
> （五）引导小结，设疑再思．

前两个环节旨在形成概念，突出重点；后三个环节通过例题、练习和小结，巩固概念，加深理解．下面我将分环节具体说明．

（一）问题引入，激发兴趣

这里我用一个改编的小故事来创设情境：

> 有位老师想辨别他的两个学生谁更聪明．他采用如下的方法：事先准备好两顶白帽子，一顶黑帽子，让学生们看到，然后让他们闭上眼睛．老师给他们戴上帽子，并把剩下的那顶帽子藏起来．最后让学生睁开眼睛，看着对方的帽子，说出自己所戴帽子的颜色．两个学生互相望了望，犹豫了一小会儿，然后异口同声地说："我戴的是白帽子．"
>
> 聪明的各位同学，想想看，他们是怎么知道的？

[第一环节设计意图] 这一环节我通过问题启发学生思考，激发学生兴趣．华罗庚先生的猜帽子颜色的问题，是很经典的推理问题，可以使学生很快进入情境，感受和体会什么是推理．

（二）实例递进，形成概念

这一环节我设计了层层递进的三组实例，从学生熟悉的生活经验出发，逐步过渡到纯数学的问题，分别引出推理、合情推理、归纳推理的概念，明确它们之间的逻辑关系，使概念的形成过程更加清晰．

1. 生活中的实例

实例 1 生活中经常看到

(1) 天空乌云密布，燕子低飞，蚂蚁搬家，我们会想到什么？

(2) 河面的冰融化，柳树发芽，草地泛青，我们又会想到什么？

[说明] 让学生归纳出推理的概念.

2. 生活和数学结合的实例

实例 2 下面哪些是推理？

(1) 我国地质学家李四光发现中国松辽地区和中亚细亚的地质结构类似，而中亚细亚有丰富的石油，由此，他推断松辽平原也蕴藏着丰富的石油；

(2) 1856 年，法国微生物学家巴斯德发现乳酸杆菌能使啤酒变酸，接着他又发现细菌是引起蚕病的原因，据此，巴斯德推断人身上的一些传染病也是由细菌引起的；

(3) 三角形的内角和为 $180°$，四边形的内角和为 $180°×2$，五边形的内角和为 $180°×3$……所以 n 边形的内角和为 $180°×(n-2)$；

(4) 农谚说：瑞雪兆丰年.

[说明] 借助这组实例，对概念的形成分三步进行.

第一步，先要求学生判断其中哪些是推理，以巩固推理的概念.（此处视频节选的是(2)的课堂实录）

第二步，进一步提问这些推理是否正确，引导学生归纳出合情推理的概念.（此处视频节选的是(4)的课堂实录）

第三步，继续追问(1)(3)两个合情推理的异同.引导学生发现合情推理还可以再细分，从而引入归纳推理.

3. 纯数学的实例

实例 3 看下面的例子，试写出一般性结论.

(1) $1+3=4$；$1+3+5=9$；$1+3+5+7=16$；…

(2) 一元一次方程有一个实数根；一元二次方程最多有两个实数根；一元三次方程最多有三个实数根……

[说明] 让学生总结出归纳推理的概念.

[第二环节设计意图] 我以丰富的典型实例为载体，通过提问的形式启发学生思考，引导学生观察、发现共性、归纳结论；鼓励学生发言，尽量让学生说，让学生互相补充，学生思维中的认知冲突，有助于学生将思维引向深入，得出各实例的共同本质属性.在学生讨论的基础上，我及时点评.这样既发挥了教师的主导作用，又充分体现了学生在课堂上的主体地位，使概念的形成过程更加自然.

(三) 经典探究，深化新知

这一环节通过经典的"汉诺塔问题"帮助学生巩固归纳推理的概念.

例题： 如图，有三根针和套在一根针上的若干金属片，按下列规则，把金属片从一根针上全部移到另一根针上．

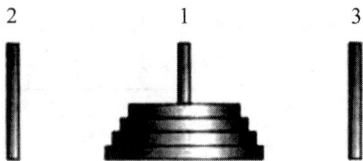

（1）每次只能移动 1 个金属片；

（2）较大的金属片不能放在较小的金属片上面．

试推测：把 n 个金属片从 1 号针移到 3 号针，最少需要移动多少次？

[学生活动]"师生互动，生生合作"

明确题意后，我安排学生分组讨论，动手实践．在探究问题的过程中，我留给学生充分的时间操作、思考和交流，我巡视观察，并做适当引导．

我事先准备了一些硬币和圆纸片，但又故意不够数量．让喜欢动手的学生领取实物操作；让喜欢动脑的学生思考：在没有实物的情况下，如何简捷地表示移动过程．

这样安排是因为我注意到学生能力上的差异，引导他们采用不同的办法解决问题，爱动手的多实践，爱动脑的多思考．这也符合多元智能的现代教育理念，从而最大限度地照顾到每个学生，让他们能按照自己擅长的方式研究问题，感受数学发现的乐趣．

[学生的处理方法]

☆ 圆纸片、硬币

☆ 其他实物（长度不同的笔、大小不同的书等）

☆ 画图

☆ 数字（视频展示）

[学生的成果]

☆ 普遍得到：$n=1$，2，3，4 时，分别至少需要移动 1，3，7，15 次；

☆ 最快的得到：$n=5$ 时至少需要移动 31 次；

☆ 大部分学生发现了规律，归纳出一般性结论：把 n 个金属片从一根针移到另一根针上至少需要移动（2^n-1）次．

[第三环节设计意图] 在这里选用人教 A 版中的"汉诺塔问题"作为例题，主要是考虑到以下四方面的原因．

1. 适应学生的实际情况．由于我校生源较好，大多数学生对 B 版教材中的"哥德巴赫猜想"有一定的了解，结论早已知道，不适宜再做例题．

2. "汉诺塔问题"的探索，完整展现了归纳推理的思维过程．可以帮助学生充分体验从特殊情形出发，发现规律，归纳总结，得出一般性结论的完整经过．

3. "汉诺塔问题"可动手操作，能迅速调动学生的参与热情，而其中又包含了对数学知识的深刻领会和灵活应用，既需要有恰当的判断、合乎逻辑的推理，又需要善于组织自己的思维活动，弄清思想方法．

4. 由于问题的证明不是显而易见的，思维能力较强的学生课下继续探讨的空间较大，可惜这一点是我课后反思时意识到的.

（四）习题演练，巩固提升

> **练习 1**　应用归纳推理猜测 $\sqrt{\underbrace{111\cdots1}_{2n+1}-\underbrace{222\cdots2}_{n+2}}$（$n\in\mathbf{N}^*$）的值.
>
> **练习 2**　设 $f(n)=n^2+n+41$，$n\in\mathbf{N}^*$，计算 $f(1)$，$f(2)$，$f(3)$，…，$f(10)$，并归纳一般性结论.

［**第四环节设计意图**］这一环节设置了两个练习，其中练习 1 是基本的，旨在巩固归纳推理的过程.练习 2 有两个作用，一是同教材一样：得出"$f(n)$ 为质数"的错误结论，以此说明归纳推理所得结论不一定正确，有待进一步证明；二是不同于教材：我将本题改作开放题处理，鼓励学生给出自己的结论，同时还引导他们比较哪些结论更有价值.这样既有助于培养学生严谨的思维习惯，更有助于提高学生的创新意识和思维的深刻性.这也是新课程中加入合情推理这一内容的目的所在.

（五）引导小结，设疑再思

1．引导学生从知识、方法等方面进行小结，明确推理、合情推理、归纳推理的概念及彼此间的关系；

2．以问题的方式引导学生明确推理仅仅是发现结论、得出猜想，启发学生思考"推理"与"证明"的关系，加深对概念的理解，强调推理的作用；

3．布置作业：课本 P56 练习 A，B.

五、教学特点的分析与课后反思

［**教学特点**］

在这节课的设计中，我主要关注了以下几个方面：

1．借助典型实例的剖析，恰当而且有效地推动教学过程，有助于学生对概念的理解；

2．师生共同营造探究氛围，关注不同层次学生的发展；

3．教学过程有层次、有梯度，使学生思维发散而有序.

［**课后反思**］

课后，结合课堂情况，我经过认真反思，发现有些地方可以处理得更好些.比如"汉诺塔问题"的教学中，我主要强调的是从金属片数 n 为一些具体数值时所对应的"移动的次数"的规律这一角度归纳一般性结论.其实，还可以从不同的角度进行归纳：比如我课上巡视时，有的学生观察发现了金属片数从 n 到 $n+1$ 这"相邻两项"的变化规律，归纳出递推关系，从而解决问题.我及时肯定了这种想法，并鼓励他继续思考如何证明这个递推关系.其实也可以处理成交给全体学生课后思考，将课堂延伸至课下.

以上就是我对"归纳推理"这节课的教学设计进行的说明.不妥之处，恳请各位专家和老师多多批评、指正.

谢谢！

《用样本数字特征估计总体的数字特征》说课稿

北京师大二附中　王先芳

第六届全国高中青年数学教师优秀课观摩与展示活动一等奖　2012 年 11 月

各位评委、各位老师：

大家好！我是北京师大二附中的数学教师王先芳．很高兴能有机会参加这次教学研讨活动，向全国各地的老师们学习．这次我说课的内容是《用样本数字特征估计总体的数字特征》，选自人教版普通高中课程标准实验教科书·数学必修 3（B 版）第二章《统计》第 2 节．

下面我将从教学背景、教学目标、教学过程、教学特点及课后反思等方面谈谈我对本节课的认识．请各位专家、老师对我说课的内容多提宝贵意见．

一、教学背景分析

[教学内容分析]

本课题的学习属于"统计与概率"领域．统计是研究如何合理地收集、整理、分析数据的学科，在医疗、教育、经济等方面有广泛的应用．在实际生活中，常常碰到要考察的总体中，个体数目很多或者考察本身带有破坏性，因此，用样本估计总体的思想非常重要．

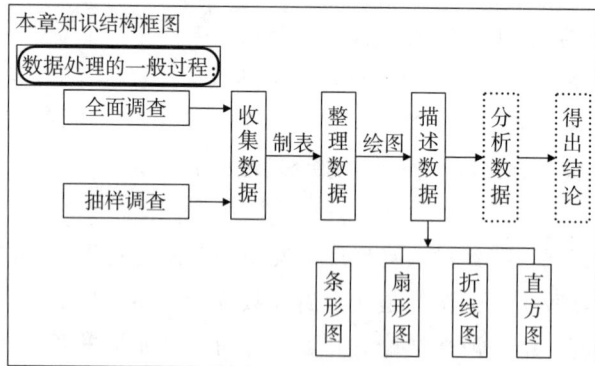

七年级·教参·知识结构

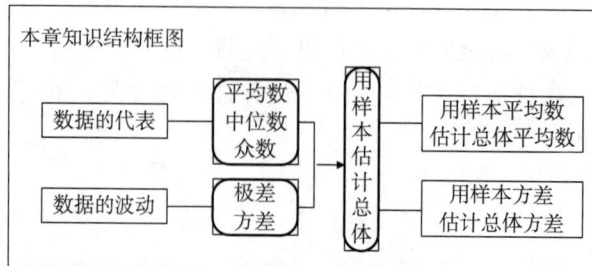

八年级·教参·知识结构

本章知识结构

```
                          ┌─── 简单随机抽样
              ┌─ 随机抽样 ─┼─── 系统抽样
              │            └─── 分层抽样
              │            ┌─── 用样本的频率分布
              │            │    估计总体的分布
   统计 ──────┼─ 用样本估计总体─┤
              │            └─── 用样本的数字特征估
              │                 计总体的数字特征
              │            ┌─── 变量间的相关关系
              └─ 变量的相关性─┤
                           └─── 两个变量的线性关系
```

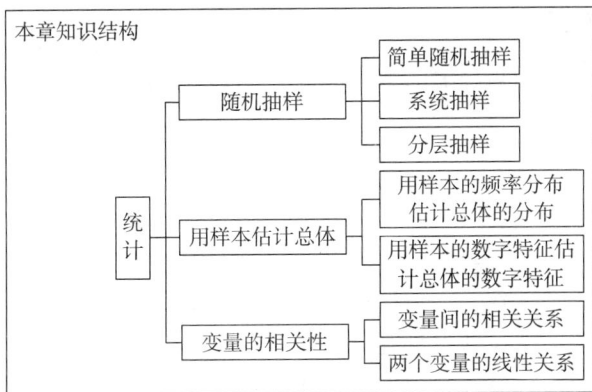

必修 3·教参·知识结构

从内容安排上看，七年级学习了数据处理的一般过程．

八年级学习了数字特征，并接触了用样本估计总体的思想．

高中《统计》一章中，学习了三种抽样方式，以及用样本的频率分布估计总体的分布．

分析初高中教材，结合课标中螺旋上升的理念，我认为，这节课的教学中应更加强调：

1. 抽样方法的选择．

2. 根据实际问题，从样本中提取需要的数字特征．

3. 理解样本数字特征的随机性．

教参中本课题安排了 3 课时．结合我校的具体情况，我设计了层次递进的三节课．

2.2　用样本估计总体	
2.2.1　用样本的频率分布估计总体的分布	2 课时
2.2.2　用样本的数字特征估计总体的数字特征	3 课时

第一课时回顾数字特征，并强调各自的特点．第二课时，教师提供一个案例，让学生体会样本估计总体的思想．这节课是第三课时，综合运用所学知识解决实际问题．

[学生学情分析]

授课班级是我校项目式学习实验班．该班学生思维灵活，对于统计的基础知识掌握较好．另外，学生对图形计算器的熟练使用，能帮助学生简化繁杂的计算．

[教学重点、难点]

教学重点是在实际问题中合理选取样本，并提取需要的样本数字特征，用以估计总体的数字特征．

教学难点是理解统计结果的随机性．

二、教学目标设置

基于以上认识，我制定了以下教学目标．

1. 能根据实际问题的需求合理地选取样本，从样本数据中提取数字特征（如平均数、方差等），会用样本的数字特征估计总体的数字特征，并做出合理的解释．

2. 在解决统计问题的过程中，进一步体会用样本估计总体的思想，理解统计结果的随机性，体会统计思维与确定性思维的差异．

3. 形成对数据处理过程进行初步评价的意识．

三、教学方法的使用

这节课主要采用了教师指导下的讨论法，综合使用了讲授、问答等多种教学方法．

四、教学过程的设计

为达到上述教学目标，我把本节课分为四个环节．

（一）搭建平台，明确问题

这个环节的任务是在"作业"平台上各小组明确要研究的问题．

由期中总结班会上对"作业"问题的探讨，引发班委对大家关心的作业问题进行调查，进一步把这些问题大致分为与"作业时间"相关和与"作业效率"相关的两类，本着难度适中和结合所学知识这两点，班委针对与"作业时间"相关的问题，归纳整理出关注度比较高的五个问题．并针对问题进行问卷设计，从而收集到全班同学连续两周的作业时间的数据．

介绍了相关背景后，学生以项目式学习小组为单位，随机抽取了各自的问题，针对老师面向全班同学留的作业，进行数据处理．

组别	问题	角度
第1组	分析各学科每天的平均作业用时及每天作业时间的稳定性	课程角度
第2组	分析一名同学每天作业时间的平均值	学生角度
第3组	分析不同层次的学生是否在作业用时上有差异	学生角度
第4组	分析男女生在作业时间上的差异	学生角度
第5组	分析第一周7天作业时间的情况与第二周7天作业时间的情况有何差异	日期角度

[第一环节设计意图]

选择与"作业时间"相关的问题作为研究的背景，我认为其优势在于：

1. 现实性．问题来源于学生的生活，作业时间多少、老师留作业的稳定性等，学生和老师都有愿望通过数据来了解．

2. 真实性．学生亲自参与了数据的收集，对数据的真实性无可非议．

3. 合理性．问题的难度适中，学生在课堂上能顺利完成数据处理．

4. 有效性．围绕"作业"提出问题、解决问题，对于培养学生学会用数学的眼光看待我们周围的事物有积极的作用．

（二）小组合作，处理数据

这个环节的目的是希望学生在经历数据处理的系统过程中，体会如何用样本的数字特征估计总体的数字特征．

各小组同学依据本组研究的问题，确定研究的方法，借助图形计算器录入数据并处理数据，得出初步结论．以第2小组为例，请看视频（略）．

[第二环节设计意图]

选择小组合作的方式来解决问题，是考虑到学生在独立思考的基础上，通过交流与合作，互相启发，共同选择合理的抽样方式，寻找更好的统计方法以提取需要的样本数字特征，而不是简单地直接套用现成公式．

（三）汇报展示，归纳提升

由于抽样具有随机性，统计结果在课前难以预设．所以，面对课堂上学生出现的问题，我需要进行恰当的引导，使教学目标的实现水到渠成．

课堂上，由于第 2 组和第 5 组的统计结果产生了差异，所以第 5 组同学紧接着第 2 组进行汇报，实际汇报顺序如下：

问题1 → 问题2 → 问题5 → 问题3 → 问题4

其中，问题 1，2，5 三个小组的汇报引发了更多的思考和争论，我及时抓住汇报中的"意外"，引导学生加深对数据处理过程的认识，下面我节选这三个小组的视频给大家展示．

问题 1 分析各学科每天的平均作业用时及每天作业时间的稳定性

[说明]

1. 在第一小组汇报过程中，我引导学生加深对平均数和方差这两个重要数字特征的理解．

当我们认为汇报结束时，一位同学发表了不同的意见，提出可以用样本中各科每天的作业时间乘 7，算出一周总的时间，再除以一周该学科的课时数，通过这样的方法提取数字特征并估计总体的数字特征．

2. 我肯定了学生寻找更好的方法提取数字特征的意识，同时提醒学生明确：统计方法应为解决问题服务．

以下是问题 1 的汇报要点．

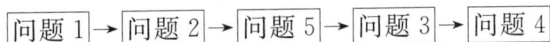

提取数字特征：平均数、方差

	kemu	pjsj	fc	
1	语文	13	394	
2	数学	27	544	
3	英语	26	489	
4	物理	14	497	
5	化学	15	262	

小组分析要点：

1. 用样本每科作业的平均时间来估计总体每科作业的平均时间，数学、英语的作业时间比较长，建议数学作业是否可以少留．

2. 从各科作业时间的方差来看，数学、英语、物理的方差比较大，物理方差大可能和课时安排有关，因为没有物理课的时候作业时间为 0，而数学、英语老师可能需要注意作业的稳定性在学生汇报交流的过程中，我有意识地寻找时机突破难点．在问题2的汇报过程中，学生直观感受到样本数字特征的随机性．

问题2　分析一名同学每天作业时间的平均值

[说明]

当学生面对"周二作业时间较多与直观感受不同"的困惑时，我引导学生感受一次抽样具有随机性．

以下是问题2的汇报要点．

提取数字特征：平均数

	b	a		
1	周一	104.		
2	周二	167.		
3	周三	151.		
4	周四	78.		
5	周五	55.		
6	周六	80.		
7	周日	61.		

小组分析要点：

1. 采取去掉极端数据的统计方法来提取样本数字特征．

2. 周二完成作业总时间比较长，与直观感受不同．

3. 周末三天中，周五作业时间最少，而周六写作业的时间最长，与平常的认识一致

此时第5组的同学迫不及待地想发表意见，因为从他们提取的数字特征来看，周三的作业时间较多，与第2组的结果有差异．于是，在这种差异的对比中，我再次引导学生理解样本数字特征的随机性．

问题5　分析第一周7天作业时间的情况与第二周7天作业时间的情况有何差异

[说明]

1. 在两组统计结果的差异中，我引导学生观察、思考，并对统计结果随机性有直观的认识．

2. 针对两个小组抽样方式的不同，说明关于抽样需要注意的三点：一是样本的选择仅仅是出于方便，那么用这样的样本估计总体可能就会出错；二是即使恰当地选取了样本，数据分析的结果是否能更好地代表总体也是不确定的；三是如果笼统地讨论抽取多少个样本合适，可以认为样本抽取得越多，得到的信息越多，但是，抽取样本是有代价的（如要花费人力、时间、经费等），当抽取样本的代价太大时，抽样不宜再进行．

在说明抽样应该注意的三点后，我继续强调：一次试验的随机性和多次试验的规律性．虽然一次试验具有随机性，但是对于我们了解总体是有很大意义的．对于一次试验产生的误差有多大、如何控制一次试验的误差在合理范围内等问题，还需要学习更多的统计知识．

以下是问题 5 的汇报要点.

提取数字特征：平均数、方差

	kemu	first	second	firfc	secfc
1	语文	11	16	332	443
2	数学	19	33	331.6	694
3	英语	29	24	577	386
4	物理	13	16	484	502
5	化学	12	15	295.6	254
6					

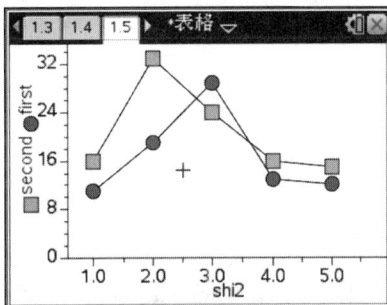

	week	first.w...	secon...	R
1	周一	83.5	129.3	
2	周二	90	89.5	
3	周三	119.5	146	
4	周四	50.5	75.5	
5	周五	37.5	76	
6	周六	79.8	92	
7	周日	41.5	47.5	

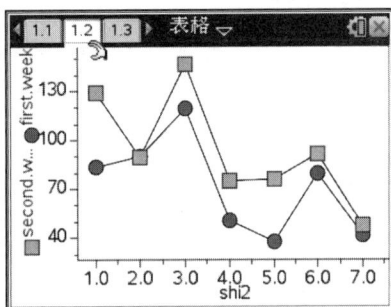

小组分析要点：

1. 样本数字特征体现出周三完成作业总时间比较多，从而估计总体周三完成作业总时间也比较多.

2. 第二周每天完成作业时间基本上都比第一周多，各科作业时间都是如此，可能原因是第一周期中考试刚结束

由于时间关系，第 3，4 组的汇报不能详细展示. 其中，第 3 组同学在研究层次差异时发现：面对同样的作业量，可能 A 层次学生掌握知识灵活，所以作业时间居中，而 B 层次学生用时最多，C 层次最少. 对于 C 层次学生，他们的建议是：在面对作业时，不能轻易放弃.

问题 3 分析不同层次的学生是否在作业用时上有差异

（关于"层次"的说明：学生调查问卷收集到后，我根据学生一年来的综合成绩，隐去了学生的姓名、学号等信息，在问卷上标注了 A，B，C 三个层次）

[说明]

1. 通过不同层次学生在作业时间上体现出来的差异，鼓励大家积极面对作业，知难而上.

2. 引导学生对 C 层次学生作业用时比较少进行更深的调查，旨在告诉学生，实际生活中许多问题的研究是复杂的，需要从不同角度进行调查和分析.

以下是问题 3 的汇报要点．

提取数字特征：平均数、方差

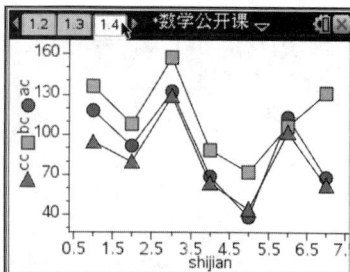

小组分析要点：

1. 从各学科平均作业时间以及每天作业时间上体现出来，B 层次学生作业用时较多，A 层次居中，C 层次最少．

2. 同样的作业，A 层次学生掌握灵活，所以用时较 B 层次学生少，而 C 层次学生可能遇到难题时选择放弃，从而导致这样的结果

第 4 组在分析男女生作业时间差异时，发现数学、物理、化学这三科，女生的作业时间偏多，而语文和英语，情况却相反，这与我们平常的认识一致．

问题 4　分析男女生在作业时间上的差异

［说明］

1. 引导学生更多地关注过程，而不是结果．

2. 男女生在不同学科体现出来的差异，也许与思维特点有关．

以下是问题 4 的汇报要点．

提取数字特征：平均数、方差、众数

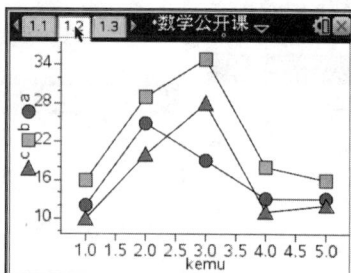

续表

小组分析要点：

1. 从提取的数字特征对总体进行估计，男女生在平均每天作业时间和各科作业时间上没有明显差异．

2. 语文的众数是"0"，说明语文没有留作业的时间很多．

3. 女生在数学、物理、化学三科的平均作业用时上较男生稍多，而语文、英语恰好相反

下面是各小组在抽样、描述等方面的汇总．

	问题1	问题2	问题5	问题3	问题4
	↓	↓	↓	↓	↓
问题	各学科每天平均作业时间及稳定性	一名同学每天作业时间的平均值	两周作业时间情况比较	不同层次学生作业用时比较	男女生作业时间比较
	↓	↓	↓	↓	↓
抽样	分层、随机	随机抽样	分层、随机	分层、随机	分层、随机
分工	各自录入并每人负责一个学科	各自录入并每人负责一天	笔算、两两合作录入、三人负责一周	两两合作录入并负责一个层次	各自录入、三个负责一类
	↓	↓	↓	↓	↓
描述方式	平均数、方差	平均数、折线图	平均数、方差	平均数、方差、折线图	平均数、方差、众数

［第三环节设计意图］

在汇报交流中，师生共同对这节课涉及的知识进行回顾和总结，如不同的抽样方法和数据描述方式等，并形成对数据处理过程进行初步评价的意识．同时，也让学生意识到：虽然一次抽样的结果具有随机性，但是我们用样本来估计总体，远比我们在没有任何数据支持的情况下做出猜想要有说服力．

（四）课堂小结，布置作业

1. 课堂小结．我引导学生关注以下几个方面：

提出问题 → 合理抽样 → 提取需要的数字特征 → 估计总体数字特征 → 合理解释

并在此过程中体会样本数字特征的随机性．

2. 布置作业．针对作业时间统计表中"弹性作业"和"自选练习"的数据，每个小组就自己的问题，课后继续研究，把课堂延伸到课下．

五、教学特点与反思

［教学特点］

在这节课的设计中，我主要思考了以下三个方面．

1. 重视学生体验的过程，而不是仅仅关注得出的结论．通过"模拟"样本估计总体的过程，让学生加深对统计知识的整体认识．

2. 在以小组为单位的项目式学习中，发挥每个学生的优势，让学生之间的合作交流深

入展开而不流于形式．

3．借助图形计算器，处理繁杂的计算，使学生有更多的时间和精力去关注统计量的统计意义和体会统计思想．

[课后反思]

课后，我在反思教学时发现，第2组通过去掉极端数据的方法提取样本数字特征，我认为，应该及时抓住这个机会，对数据的取舍做深入的说明，比如数据好与不好不能主观判断，要考虑真实性等．

以上就是我对这节课的教学设计进行的说明．恳请各位专家和老师批评、指正．谢谢！

附录 **作业时间调查统计表**

姓名_____

	语文	数学	外语	物理	化学	弹性作业	自选练习
星期一							
星期二							
星期三							
星期四							
星期五							
星期六							
星期日							

填表说明：

1．本表仅作为数学课教学使用，请同学们如实填写；

2．表中五个学科的作业为任课教师面向全班同学布置的所有作业，包括书面作业以及阅读等非书面作业；

3．弹性作业是指教师不面向全班同学布置，同学们可以自主选择做与不做的作业；

4．自选练习是除了全班必做和弹性作业之外自己发挥主动性选做的练习；

5．如果当天该学科没有作业，表格内填写"0"；

6．若当天由于某些原因没有写作业，请填写"m"；

7．写作业可能分散在一天中不同的时间，统计时请尽量整体估算一个比较准确的时间；

8．表格中各个学科作业需要的时间以分钟为单位．

《二次函数的图象和性质（三）》说课稿

北京三帆中学　陈立雪

第八届全国初中青年数学教师优秀课观摩与展示活动一等奖　2013年4月

各位评委、各位老师：

大家好！我是北京三帆中学的数学教师陈立雪．这次我说课的课题是《二次函数的图象和性质》，选自人教版九年级下教科书第二十六章第26.1节．

下面，我将结合我的教学实践，对本节课的教学背景、教学目标和教法、教学过程以及教学特点等方面做一个说明，请各位专家、老师多提宝贵意见．

一、教学背景分析

1．教学内容解析

从内容上看，学生在此前学习了《一次函数》《反比例函数》两章内容，而在高中数学的必修课程中，将重新研究一次函数和二次函数（必修1），并继续学习和研究指数函数、对数函数、幂函数等基本初等函数的性质．

从方法上看，在研究一次函数和二次函数时，初中教材侧重于通过观察函数图象来直观了解函数的性质．而进入高中后，则侧重于通过分析解析式来研究函数性质．

本章内容共安排了13个课时，其中第26.1节"二次函数及其图象"包含了7个课时．

2．学生学情分析

授课班级的学生程度较好，基础扎实，思维灵活，具备一定的自主探索数学问题的能力，尤其乐于探究富有挑战性的数学问题．

在学习一次函数时，学生经历过自己提出问题、设计方案、解决问题的过程．比如，在学习了正比例函数 $y=kx$ 后，研究一次函数 $y=kx+b$ 时，学生就提出想要研究"b 对函数图象的影响"这样的问题，为解决问题，部分学生针对性地设计出函数组，如 $y=2x+1$，$y=2x+2$，$y=2x-1$；或 $y=x+1$，$y=2x+1$，$y=-x+1$ 等，还有一些学生从解析式中猜想出了直线的上下平移关系，最终从不同解法中总结出"b 的几何意义"．

二、教学目标和教法

1．教学目标

基于上述考虑，我为本课制定了知识技能、数学思考、问题解决、情感态度四方面的教学目标．

（1）会将数字系数的二次函数表达式化为 $y=a(x-h)^2+k$（$a\neq0$）的形式，并确定其开口方向、对称轴和顶点坐标；

（2）经历从特殊到一般的研究过程，体会数与形的内在联系；

（3）能利用二次函数的图象特征推测函数的性质，并利用二次函数的解析式对其图象特征进行解释和判断；

（4）体会数学的直观性、抽象性、严谨性，在方法迁移的过程中获得成功的体验.

2. 教学重点、教学难点

教学重点：形如 $y=ax^2+bx$（$a\neq0$）的数字系数的二次函数的图象与性质.

教学难点：对二次函数图象的对称性进行说理论证.

3. 教学方法

本课主要采用了教师启发讲授和学生探究相结合的方法，包括教师的启发讲授、提问、演示，以及学生的练习、展示、讨论等过程.

三、教学过程设计

为达到上述教学目标，我为本课设计了四个教学环节：温故求新、探究求解、推广迁移、总结提升. 下面我将分环节进行说明.

1. 温故求新

（1）本环节教学任务

在这个教学环节中，让学生复习形如 $y=ax^2$（$a\neq0$）和 $y=ax^2+c$（$a\neq0$）的二次函数的图象和性质，并且提出形如 $y=ax^2+bx$（$a\neq0$）的二次函数的图象和性质问题.

（2）本环节教学安排

在教师简单梳理已学的两种二次函数后，以桥拱为情境提出问题1.

如图是一座桥的抛物线形桥拱. 当水面在 BC 时，拱顶离水面的距离 $AD=2$ m，水面宽 $BC=2$ m.

【问题1】请建立适当的平面直角坐标系，指出抛物线的顶点坐标和对称轴，并求出此时抛物线的解析式.（单位：m）

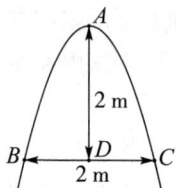

课上展示了学生的三种不同做法.

【课堂实录1】学生展示典型解法
[学生解法1] 如图，以 A 为原点，以直线 AD 为 y 轴建立坐标系. 则抛物线顶点是 A（0，0），对称轴是 y 轴，且经过 B（-1，-2），C（1，-2），设抛物线为 $y_1=ax^2$，解得 $a=-2$，所以 $y_1=-2x^2$
[学生解法2] 如图，以 D 为原点，以直线 AD 为 y 轴建立坐标系. 则抛物线顶点是 A（0，2），对称轴是 y 轴，且经过 B（-1，0），C（1，0），设抛物线为 $y_2=ax^2+c$，解得 $y_2=-2x^2+2$

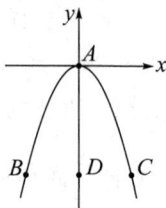

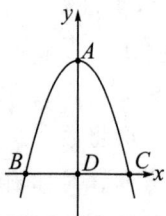

【课堂实录1】学生展示典型解法

[学生解法3] 如图，以 B 为原点，以直线 BC 为 x 轴建立坐标系. 则顶点是 A $(1,2)$，对称轴是直线 $x=1$，且经过 B $(0,0)$，C $(2,0)$. 设抛物线为 $y_3=ax^2+bx+c$，解得 $y_3=-2x^2+4x$

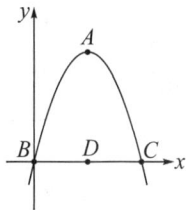

通过前两种解法复习 $y=ax^2$ 和 $y=ax^2+c$ 两种特殊二次函数的图象和性质. 反过来，对这两种形式的二次函数，也可由解析式求出顶点坐标和对称轴，并画出图象. 第三种解法由图象求出了解析式 $y_3=-2x^2+4x$，反过来，若已知二次函数 y_3 的解析式，能否求出它的顶点坐标和对称轴呢？

设计意图 这一环节我设计了桥拱的情境，在不同的建系方法中梳理不同二次函数的图象和性质，建立新旧知识之间的联系，承上启下地提出本课要研究的问题.

2. 探究求解

（1）本环节教学任务

这一环节要解决前面提出的问题，即如何由二次函数 $y_3=-2x^2+4x$ 的解析式算出它的顶点坐标和对称轴等图象特征.

通过解决问题，要让学生了解到：

①对于形如 $y=ax^2+bx$（$a\neq0$）的二次函数，用配方的方法将解析式变形后可以求出函数最值，从而确定顶点坐标和对称轴；

②研究一个函数的性质，既可以从绘制图象入手，也可以从分析解析式入手.

（2）本环节教学安排

在教学中，我将这个问题划分为三步，通过启发讲授引导学生依次解决：

①首先，整理出抛物线 $y_3=-2x^2+4x$ 的主要图象特征；

②然后，将这些图象特征转述为二次函数 $y_3=-2x^2+4x$ 的函数性质；

③最后，从解析式出发，对这些性质进行说理论证.

首先论证：当 $x=1$ 时 $y_{\max}=2$. 教师先给出了一定的引导，再让学生加以论证.

其次要说明：当 $x<1$ 时 y 随 x 的增大而增大；当 $x>1$ 时 y 随 x 的增大而减小. 利用配方后的解析式，向学生说明了函数的增减性.

对称性的论证是本课的难点. 为此我设计了三个阶梯性问题，从特殊点入手，逐步过渡到描述对称性的一般情形，从而完成证明. 课前，我结合学情对学生可能提出的解法做了几种预案，授课时学生先后将这些方法都提出来了.

【课堂实录2】解决问题

第1步：整理出抛物线 $y_3=-2x^2+4x$ 的主要图象特征.

由图象可以得到抛物线的开口方向、顶点坐标、对称轴、升降趋势

续表

【课堂实录2】解决问题

第2步：将这些图象特征转述为二次函数 $y_3 = -2x^2 + 4x$ 的函数性质.

课堂上，学生先后描述出函数的最值、增减性，也提到了函数的对称性.

图象特征		函数性质	
		$y_3 = -2x^2 + 4x$	
开口方向	向下	最值	当 $x = 1$ 时，$y_{max} = 2$
顶点坐标	（1，2）		
对称轴	直线 $x = 1$		
升降趋势	在对称轴左侧，图象从左到右上升；在对称轴右侧，图象从左到右下降	增减性	当 $x < 1$ 时，y 随 x 增大而增大；当 $x > 1$ 时，y 随 x 增大而减小

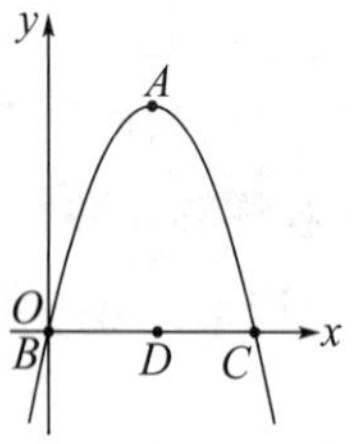

第3步：从解析式出发，对函数 $y_3 = -2x^2 + 4x$ 的性质进行说理论证.

（1）最值．求证：当 $x = 1$ 时 $y_{max} = 2$.

（2）增减性．说明：当 $x < 1$ 时 y 随 x 的增大而增大；当 $x > 1$ 时 y 随 x 的增大而减小.

（3）对称性．

教师的引导提问如下.

设问1：你能从图象上找出一组对称点吗？

设问2：关于直线 $x = 1$ 对称的两点的横坐标、纵坐标分别有什么关系？

设问3：推广到一般情形，可以怎样证明函数的对称性？

学生的解决思路如下.

[学生思路1] 从纵坐标入手：由于函数的最大值是2，可以在直线 $y = 2$ 下方画一条平行于 x 轴的直线，这条直线与抛物线有两个交点，求出交点的横坐标，判断它们到直线 $x = 1$ 的距离是否相等，或判断两个交点的横坐标是否满足 $\frac{x_M + x_N}{2} = 1$.

[学生思路2] 从图象上任意点入手，证明其对称点也在抛物线上．设 $M(m, n)$ 是抛物线上任意一点，作点 M 关于直线 $x = 1$ 的对称点 N，则 $N(2 - m, n)$，证明点 N 也在抛物线上.

[学生思路3] 从横坐标入手：可以从（1，0）点向左右等距离地取两个点，把它们的横坐标作为自变量，来判断图象上对应点的纵坐标是否相等.

课堂上，学生展示了第3种思路的证明过程

设计意图　这一环节我引导学生将二次函数的开口方向、顶点坐标、对称轴等图象特征转述为代数性质，并完成了对函数最值、增减性、对称性的说理论证，让学生经历从直观到抽象的思维过程，体会数与形的联系.

3. 推广迁移

（1）本环节教学任务

在这一环节，先要让学生通过尝试发现，配方的方法同样适用于计算形如 $y=ax^2+bx+c$ $(a\neq0)$ 的二次函数的顶点坐标. 然后，让学生用所掌握的方法研究数字系数的二次函数，并总结其图象和性质.

（2）本环节教学安排

首先，呈现桥拱的问题 2.

【问题2】 某同学算出桥拱的解析式是 $y_4=-2x^2+4x-2$. 你知道他是怎么建立坐标系的吗？

课堂上，学生分别用了解析式配方和图象平移的方法来解决问题.

【课堂实录3】桥拱问题2的不同解法	
[学生解法1] 对解析式进行配方： $y_4=-2x^2+4x-2=-2(x^2-2x+1)=-2(x-1)^2$. 当 $x=1$ 时函数有最大值 0，所以 y_4 的顶点坐标为 $(1,0)$，可以得知坐标系的建立方法如图	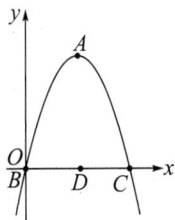
[学生解法2] 从解析式上分析，抛物线 $y_4=-2x^2+4x-2$ 可以看作由抛物线 $y_3=-2x^2+4x$ 向下平移 2 个单位长度得到，所以其顶点 A 的坐标为 $(1,0)$，可得建立坐标系的方法如图	

然后，让学生用已经掌握的方法研究新的二次函数.

【小试身手】 试研究二次函数 $y=2x^2-3x-1$ 的性质.

课堂上，学生再次从图象和解析式两方面入手，对函数进行了研究，最后对这个二次函数的图象和性质进行了总结.

【课堂实录4】研究数字系数的二次函数 $y=2x^2-3x-1$

[学生思路1] 列表、描点，画出函数大致图象.

x	$\cdots$	-2	-1	0	1	2	$\cdots$
y	$\cdots$	13	4	-1	-2	1	$\cdots$

观察图象，可看出抛物线的大致走势，并确定开口方向.

[学生思路2] 增加一些点，可看出对称轴是直线 $x=\dfrac{3}{4}$.

x	$\cdots$	-2	-1.5	-1	-0.5	0	0.5	1	1.5	2	$\cdots$
y	$\cdots$	13	8	4	1	-1	-2	-2	-1	1	$\cdots$

【课堂实录4】研究数字系数的二次函数 $y=2x^2-3x-1$

[学生思路3]对解析式配方，求出最值，从而确定最值、顶点坐标、对称轴、增减性

最后，结合图象和解析式，在表格中总结二次函数 $y=2x^2-3x-1$ 的性质．

函数性质		图象性质	
$y=2x^2-3x-1$ $=2\left(x-\dfrac{3}{4}\right)^2-\dfrac{17}{8}$		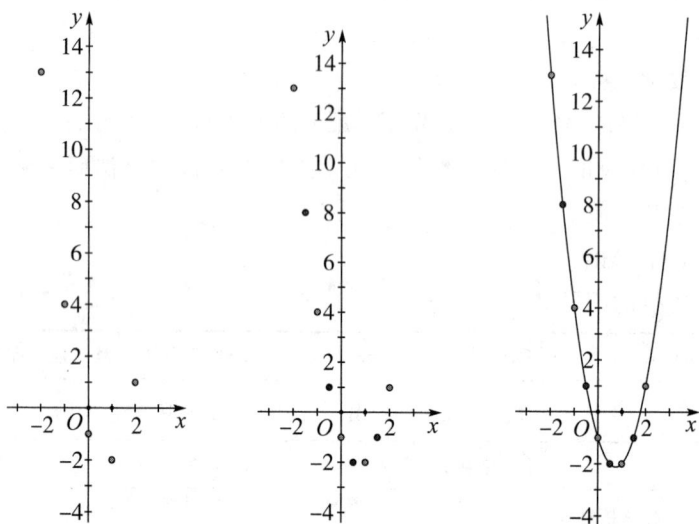	
最值		开口方向	
		顶点坐标	
对称轴		对称轴	
增减性		升降趋势	

　　设计意图　此环节让学生将所学方法用于研究一个具体的数字系数的二次函数，在方法迁移的过程中获得成功的体验，体会知识之间的联系，并梳理研究二次函数的一般过程和方法，从而实现解决问题的教学目标．

4. 总结提升

(1) 本环节教学任务

首先要进行课堂小结，其次要布置课后作业，以达到巩固提升的目的．

(2) 本环节教学安排

通过课堂小结，让学生再次梳理研究的思路和方法，进一步体会函数"数形结合"的特点．

【想一想】

(1) 对于函数性质的研究，你有什么心得？

(2) 我们还能从哪些方面继续研究二次函数的性质呢？

课堂上，学生和教师一起对研究二次函数的过程进行了回顾．从研究思路来看，在研究某一类函数时，通常先从形式简单的特殊情形开始研究，比如二次函数 $y=ax^2$，再逐渐过渡到一般情形．从研究方法来看，解析式和图象是帮助我们了解函数性质的两个主要入手点，将二者的优势结合起来可以使我们对函数的认识变得形象、精确．

【课堂实录5】课堂小结
学生谈学习心得，并提出新的问题．教师进行提炼和升华

最后布置作业．作业的层次要鲜明：第1题巩固本课的研究过程和方法；第2题让学生试着将方法推广到字母系数的二次函数，找出一般规律；第3题给学有余力的学生更大的思维空间，让他们体会抛物线进行平移或对称变换时解析式的变化规律，加深对二次函数图象与性质的理解．

【课后作业】

1. 试研究下列二次函数的性质，并作出图象：

(1) $y=x^2+2x$；(2) $y=-\dfrac{1}{4}x^2+\dfrac{1}{2}x+2$．

2. 试用含 a，b，c 的式子表示二次函数 $y=ax^2+bx+c$（$a\neq0$）的对称轴和顶点坐标，并确定其开口方向．

3. （选做）在拱桥的问题中，

(1) 你发现 y_1，y_2，y_3，y_4 的图象之间有什么联系？

(2) 如果以 C 为原点，直线 BC 为 x 轴，你能直接写出桥拱所在抛物线的解析式吗？和同学交流一下，看看谁的方法又快又好．

(3) 在（2）的条件下，桥拱在水中的倒影 y' 也是抛物线，你能直接写出它的解析式吗？想一想，你的依据是什么？

四、教学特点说明

1. 有独立见解的教学设计

新课程提倡"用教材教",而不是"教教材"的教学理念.

部分学生在起始课上曾提出了对二次函数的研究设想:

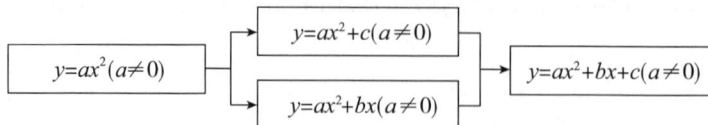

```
                ┌──→ │ y=ax²+c(a≠0) │ ──┐
┌─────────────┐ │                       ├──→ │ y=ax²+bx+c(a≠0) │
│ y=ax²(a≠0)  │─┤                       │
└─────────────┘ └──→ │ y=ax²+bx(a≠0) │ ──┘
```

我便根据学生的思路尝试调整了教材中后续课时的内容如下.

课时	原来的教学安排	调整后的教学安排 (本课是第 5 课时)
第 1 课时	26.1.1　二次函数	26.1.1　二次函数
第 2 课时	26.1.2　二次函数 $y=ax^2$ 的图象	26.1.2　用待定系数法求二次函数的解析式（1）——利用三点坐标求二次函数的解析式
第 3 课时	26.1.3　二次函数 $y=a(x-h)^2+k$ 的图象（1）——形如 $y=ax^2+c$ $(a\neq0)$ 的二次函数	26.1.3　二次函数的图象和性质（1）——形如 $y=ax^2$ $(a\neq0)$ 的二次函数
第 4 课时	26.1.3　二次函数 $y=a(x-h)^2+k$ 的图象（2）——形如 $y=a(x-h)^2$ $(a\neq0)$ 的二次函数	26.1.3　二次函数的图象和性质（2）——形如 $y=ax^2+c$ $(a\neq0)$ 的二次函数
第 5 课时	26.1.3　二次函数 $y=a(x-h)^2+k$ 的图象（3）——形如 $y=a(x-h)^2+k$ $(a\neq0)$ 的二次函数	26.1.3　二次函数的图象和性质（3）——形如 $y=ax^2+bx$ $(a\neq0)$ 和 $y=ax^2+bx+c$ $(a\neq0)$ 的二次函数（数字系数）
第 6 课时	26.1.4　二次函数 $y=ax^2+bx+c$ 的图象	26.1.3　二次函数的图象和性质（4）——二次函数 $y=ax^2+bx+c$ $(a\neq0)$（字母系数）
第 7 课时	*26.1.5　用待定系数法求二次函数的解析式	26.1.4　用待定系数法求二次函数的解析式（2）——利用顶点坐标或对称轴求解析式

教材以图象的平移作为线索展开教学.而调整后则是以解析式的形式从特殊到一般作为研究线索.

2. 有深刻内涵的教学情境

在教学中我曾发现一个问题:学生对"抛物线 $y=ax^2+bx$ 可以由抛物线 $y=ax^2$ 平移得到"的事实或多或少存在疑问.(也许根本原因是目前学生还无法真正理解"a 决定了抛物线的开口方向和开口大小")为此,我设计了桥拱的问题情境.

这个问题情境能帮助学生打消这种疑虑.学生能体会同一条抛物线在不同坐标系中的几个解析式之间的联系以及这些不同解析式的函数图象是"全等"的,函数的图象平移之后是可以完全重合的.

3．有阶梯层次的问题设计

（1）引入配方方法的三步引导

在引入配方的方法证明函数最值时，我设计了三步引导来完成证明过程，使学生体会知识和方法之间的本质联系，加深理解．

（2）为研究函数对称性而设计的阶梯性问题

对二次函数对称性的描述是本课的教学难点．除了前两课时教学中的适当铺垫外，我还设计了三个阶梯性问题，在借助"形"的直观性体会"数"的抽象性的过程中，提升思维水平．

4．有适量的代数说理

在初中学段，学生研究函数性质的方法以观察图象为主．而进入高中后，学生将把分析解析式作为研究函数的重要手段．

本课在以图象为基础的研究中适当加入了代数说理的内容．从这节课的尝试中可以看出，这个做法是可行的．

在此次教学尝试中，各个教学环节的设计在启发思维、提升能力方面有一些成效，但仍然存在一些不足．比如在论证函数的对称性时，学生共提出了三种思路并选择一种进行了证明，但课上仅展示了思路3的证明过程，可以将其他两种思路的证明留作课下思考，让学生在代数证明的过程中体会知识之间的融会贯通．在今后的教学中，我会继续调整、改进这些方面．

以上就是我对这节课的一点认识，请大家批评、指正．谢谢！

《函数的概念》说课稿

北京师大二附中　高雪松

第三届全国初中青年数学教师说课二等奖　2002 年 11 月

一、变量与常量的教学

自然界是千变万化的，人类社会是不断进化的，这一切都告诉我们，在我们的身边，运动、变化是时时刻刻大量存在的．那么，运动变化的过程中涉及的量，以及量与量之间的关系便成为我们研究的重点．

（看动画）这就是我们生活的地球．它在自转的同时，围绕太阳进行着公转．依据地理学知识，我们可以知道：地球在围绕太阳运动的过程中，它与太阳之间的距离是不断变化的．同时，地球在近日点的公转速度也大于它在远日点的公转速度．但是，地球围绕太阳运行一周所需要的时间却是固定不变的，是 365 天 5 小时 48 分 46 秒．

在地球围绕太阳运动的过程中，地球与太阳之间的距离，以及地球围绕太阳运行的公转速度均可以取到不同的数值，像这样发生了变化的量我们称其为变量．但是，地球围绕太阳运行一周所需要的时间却保持同一数值，像这样不发生变化的量我们称其为常量．

板书：变量与常量

二、函数概念的教学

请大家思考一下，在大家的生活、学习中，还有哪些过程也涉及变量与常量？

1. 卖牛奶的过程中，每袋牛奶的单价是常量，所卖牛奶的袋数和得到的钱数均是变量．

2. 水瓶装水的过程中，密度是常量，所装水的质量和体积都是变量．

3. 卖布的过程中，布的宽度是常量，所卖布的长度和面积均是变量．

4. 学校和我家之间的距离是一个常量．但是，每天从家到学校的平均速度是变量，相应地，从家到学校的时间也是变量．（同学甲所举例子中，家与学校之间的距离是常量．但是，在地球围绕太阳运动的过程中，地球与太阳之间的距离却是变量．由此可见，判断一个量是变量，还是常量，并不是绝对的，关键要看这个量所处的具体的过程）

大家所举的例子都很好．

下面来看老师所举的例子：

例 1　这是北京市近十年的人口变化，请大家观察表格（略），思考一下，在表格中反映了哪些量，有没有变量，变量之间有哪些关系？

变量：年份，年末人口总数．

关系：年末人口总数随年份变量的变化而变化．当年份变量取到 1992 年时，人口变量是＿＿＿＿＿＿＿，这个值是确定的，且是唯一的．当年份变量取到 1998 年时，人口变量是＿＿＿＿＿＿＿，这个值也是确定的，且是唯一的．其实当年份变量在 1991 年至 2000 年的自然数集中取数时，人口变量都有确定的，且是唯一的值和它对应．

例 2　沿直线匀速行驶的汽车，在行驶过程中，会出现哪些变量，有没有变量，变量之间有什么关系？

变量：行驶时间，行驶路程．

关系：从动画显示的数据（略）看，路程随时间的变化而变化．但是，当时间变量在大于（等于）零的实数集中取数时，路程变量都有确定的，且是唯一的值和它对应．

例 3　北京市某天的天气变化情况曲线（略），图象反映出哪些变量，有没有变量，变量之间有什么关系？

变量：时间，温度．

关系：依据图象，当时间变量在大于（等于）零且小于 24 的实数集中取数时，温度变量都有确定的，且是唯一的值和它对应．

请大家总结一下，以上三个例子，均发生在什么过程中？出现了几个变量？变量之间有什么关系？

过程：运动变化的过程．

变量：两个．

关系：对于其中一个变量在某一个数集的每一个确定的值，另一个变量都有唯一确定的值和它对应．

这种变量之间的特殊关系，我们称其为函数关系，也就是今天我们要讲的重点．

板书：函数的概念

三、巩固概念

了解了函数的概念，利用函数的观点解释一下三个问题中所提到的变量之间的函数关系：

例 1　函数：在近十年的北京人口变化过程中，有两个变量：年份与人口总数，对于年份变量在大于等于 1 991 且小于等于 2 000 的自然数集的每一个确定的值，人口总数都有唯一确定的值与它对应，则年份叫作自变量，年末人口总数是年份的函数．

其他说法：

变量人口总数会受到多方面因素的影响，因此，我们不可能用一个简单的式子表达出人口总数与年份之间的关系．这时，利用表格就可以简单、明了、直接地表示出变量之间的对应函数关系．

例 2　函数：匀速行驶的汽车在行驶过程中，有两个变量：时间 t 与路程 s，对于时间变量 t 在大于等于 0 的实数集的每一个确定的值，路程 s 都有唯一确定的值与它对应，则时间 t 叫作自变量，路程 s 是时间 t 的函数．

其他说法：

此问题是行程问题，我们可以用一个等式表达出路程与时间之间的关系，等式叫作这个函数的解析式．通过这个解析式，我们可以求出自变量任一个允许值相应的函数值．

例 3 函数：在一天的天气变化情况中，有两个变量：时间 t 与温度 T，对于时间变量 t 在大于等于 0 小于 24 的实数集的每一个确定的值，温度 T 都有唯一确定的值与它对应，则时间 t 叫作自变量，温度 T 是时间 t 的函数．

其他说法：

说法不对，并不是每一个温度变量都有唯一确定的时间和它对应．看图象可知，的确存在一个温度，有两个时间和它对应．因此，时间不是温度的函数．

由于温度和时间的函数关系，既不能用等式表示，列表也难以表示任何时刻的温度，所以，我们可以采用坐标平面的曲线来表示函数关系，这种表示方法叫作图象法．利用图象法，可以直观地看到变量之间的对应关系．

回头看同学们所举的例子：

1．卖牛奶的过程中，每袋牛奶的单价是常量，所卖牛奶的袋数和得到的钱数均是变量．所卖牛奶的袋数是得到的钱数的函数．得到的钱数也是所卖牛奶的袋数的函数．可以用列表格的方法表示．

2．水瓶装水的过程中，密度是常量，所装水的质量是体积的函数：$m = \rho V$．

3．卖布的过程中，布的宽度是常量，所卖布的长度是面积的函数：$S = ab$．

4．机器人左手不停地从自然数集中取数，右手输出它的平方根，则输出的平方根是否是所取的自然数的函数．

（任意正数都有两个互为相反数的平方根）

5．机器人左手不停地从自然数集中取数，右手输出它的算术平方根，则输出的算术平方根是否是所取的自然数的函数．

（任意自然数都有一个唯一确定的算术平方根）

6．机器人左手不停地从整数集中取数，右手输出它的算术平方根，则输出的算术平方根是否是所取的整数的函数．

四、小结

变量与常量的定义．函数的概念，以及强调的地方，表达的方法．

附录　　《函数的概念》教案

教学用书：九年义务教育初级中学教科书代数第四册（修订版）

教学目标：

1．使学生理解函数的概念，初步认识研究函数的意义．

2. 通过研究函数的运动变化的规律，培养学生的观察与分析、归纳与概括的能力，以及辩证唯物主义的观点.

3. 回顾函数概念的发展，激发学生热爱生活的情感、探索科学的欲望.

教学重点：函数的概念.

教学难点：函数关系与一般相依关系的异同.

教学用具：常规教学工具；计算机软件（实例演示）.

教学方法：启发式谈话法与启发式讲解法.

教学过程：

一、新课引入

开始学习变量的说明：

通过明确"世间万物是千变万化的，彼此之间又都有着千丝万缕的联系"指出："运动和变化的过程，以及其中涉及的量与量之间的关系是我们研究的重点."而后列举生活中的实例：

例 1 沿直线匀速行驶的汽车的行驶速度、行驶时间、行驶路程.

例 2 学生在成长过程中的身高与年龄.

例 3 每亩农田的施肥量与亩产量.

例 4 炮弹的飞行过程中，竖直高度和水平距离.

请学生回答这些量中哪些是不变的量，哪些是不断变化的量，以及这两类量在取值上的区别.

二、新课教学

（一）预备阶段

1. 变量与常量的教学

师生共同讨论、归纳、修正，直至得到变量的定义：

"在某一过程中，可以取到不同的数值的量（发生变化的量），我们称其为变量".

而后介绍其英文术语"variable".

类比变量的定义，得到常量的定义："在某一过程中，始终保持同一数值的量（并不发生变化的量），我们称其为常量".

而后介绍其英文术语"constant".

2. 变量教学的意义和内容

指出"变量是绝对存在的，常量是相对存在的. 我们今后将主要进行变量的教学，也就是研究现实世界中变量与变量之间的相依关系，并根据相依关系研究变量的变化情况和变化趋势."使学生明确进行变量教学的目的，及其研究内容.

3. 请学生从日常生活和学习中寻找，还有哪些过程涉及变量与常量

（二）函数概念探索阶段

在提出"研究各种变量之间的相依关系"后，请学生观察以下各例，思考例中的各种

变量的相依关系的异同，并进行分析、比较．

对于例1：

汽车行驶时间 0.31　　　h	开始
汽车行驶路程 24.8　　km	停止
汽车速度　80 km/h	

在速度是 80 km/h 的前提下，沿直线行驶的汽车在行驶过程中，变量（距离）与变量（时间）的相依关系是"针对每一个时间的值，都有一个确定的距离值，而且只有一个"．

对于例2：

李涛的年龄与身高表格

年龄/岁	10	11	12	13	14	15
身高/cm						

首先师生共同完成学生李涛在成长过程中身高随年龄变化情况的对照表，之后研究表格中反映的变量（身高）与变量（年龄）之间的相依关系是变量（身高）随着变量（年龄）的增长而增高，二者之间存在着相互制约的关系．但是我们并不能说李涛到了18岁身高一定是多少厘米，也没法说因为今年身高是 169 cm，所以明年身高必定是多少厘米．

对于例3：由于亩产量会受到天气、虫害等多方面的影响．因此，对于每一个施肥量的值，并不能说出具体的亩产量的值．通常所说的"种地不施肥，庄稼不长；多施些肥，产量就能高些"或"庄稼一枝花，全靠粪当家"只说明亩产量与施肥量之间有相依关系，但并不存在确定的关系．

对于例4：

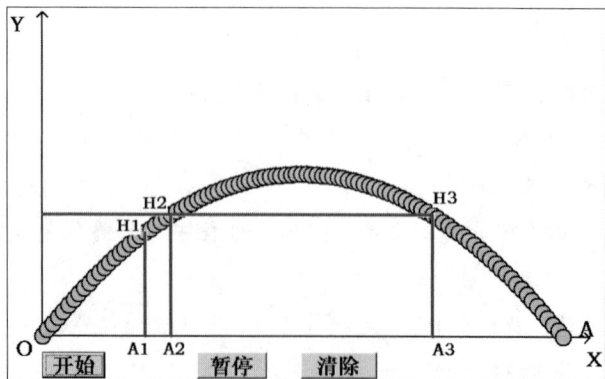

炮弹发射过程中，针对炮弹飞行的具体时刻变量（炮弹所到达的高度）与变量（炮弹与发射点之间的水平距离）之间的相依关系是：对于炮弹与发射点之间的水平距离的每一个值，都会有一个确定的竖直高度的值和它对应．但是，对于炮弹所到达的竖直高度的某一个值，却有不止一个水平距离的值和它对应．

通过以上的比较，看得出在实际生活中变量与变量的相依关系是有所不同的，请学生总结、归纳、分类，这些变量之间的相依关系有什么不同？

（三）函数概念形成阶段

第一类：例 1 中，在速度是 80 km/h 的前提下，依时间 t 的确定值可以唯一确定距离 s 的数值．

例 4 中，在炮弹发射初速度以及发射角度一定的前提下，炮弹飞行时，依炮弹与发射点之间的水平距离的确定值可以唯一确定飞行高度的数值．

第二类：例 4 中，炮弹飞行时，依炮弹与发射点之间的水平距离的确定值可以唯一确定飞行高度的数值．但是，对于炮弹的飞行高度的每一个确定值，所对应的点与发射点之间的水平距离就有不止一个数值和它对应．

第三类：例 2 中，针对李涛 15 岁以后的年龄，我们无法说出相应的身高的确定数值．

在这里，我们只研究相依关系是第一类的变量关系．这种变量之间的特殊关系，我们称其为函数关系．请大家阅读课本第 119 页，函数的定义，"在一个变化过程中，有两个变量 x 和 y，对于其中一个变量 x 在某一个数集的每一个确定的值，另一个变量 y 都有唯一确定的值和它对应，则称变量 x 是自变量，变量 y 是变量 x 的函数．"

函数的英文术语：function．介绍函数概念的由来．

板书课题： 函数概念

板书： 函数定义

（四）函数概念巩固阶段

课堂练习 1：利用函数的概念，判断例 1，2，4 中所涉及的变量，谁是自变量，谁是谁的函数．

例 1 匀速行驶的汽车在行驶过程中，有两个变量：时间 t 与路程 s，对于时间变量 t 在大于等于 0 的实数集的每一个确定的值，路程 s 都有唯一确定的值与它对应，则时间 t 叫作自变量，路程 s 是时间 t 的函数．

例 2 在李涛成长过程中，当年龄变量在大于等于 10 且小于等于 15 的自然数集中取值时，身高变量都有确定的，且是唯一的值和它对应．这时，可以将年龄变量叫作自变量，身高看作年龄的函数．

教师继续提问"在一个变化过程中，变量 y 是变量 x 的函数．变量 x 是否是变量 y 的函数？"无论学生是否答对均以例 4 为例予以解释．

例 4 炮弹发射过程中，有两个变量：炮弹与发射点之间的水平距离和竖直高度．对于炮弹与发射点之间的水平距离大于等于 0 且小于等于落地点与发射点之间的水平距离的最大值的实数集的每一个确定的值，竖直高度都有唯一确定的值与它对应，则炮弹与发射点之间的水平距离叫作自变量，竖直高度是炮弹与发射点之间的水平距离的函数．

其他说法：由于并不是每一个竖直高度都有唯一确定的落地点与发射点之间的水平距离和它对应．由图象可知，的确存在一个竖直高度，有两个炮弹与发射点之间的水平距离和它对应．因此，炮弹与发射点之间的水平距离不是竖直高度的函数．

课堂练习 2：判断学生例子中的变量之间是否构成函数关系．

课堂练习3：

3.1 机器人左手不停地从自然数集中取数，右手输出它的平方根，则输出的平方根是否是所取的自然数的函数？

3.2 机器人左手不停地从自然数集中取数，右手输出它的算术平方根，则输出的算术平方根是否是所取的自然数的函数？

3.3 机器人左手不停地从整数集中取数，右手输出它的算术平方根，则输出的算术平方根是否是所取的整数的函数？

三、教学小结（师生共同完成）

1. 为什么研究变量？

2. 什么叫作变量、常量？

3. 什么叫作函数？

4. 判断变量间的函数关系时，应注意什么？

四、布置作业

课本：第121和122页的练习

《数列的极限》说课稿

北京师大二附中 陈 亮

第四届全国高中青年数学教师说课二等奖 2008年11月

尊敬的各位专家：

下午好！

我是北京师大二附中的数学教师陈亮．我说课的内容是"数列的极限"．下面我从教学内容和目标、教学过程设计与实施、教学特点及效果分析这三个方面进行说课．不妥之处，恳请各位专家批评指正．

一、教学内容和目标

本节课教材是人教社出版的普通高级中学教科书《数学》第三册（选修Ⅱ），"数列的极限"选自第二章"极限"第2.2节．

数列的极限是高中数学函数的极限以及导数等章节的基础，它引领了学生在数学学习方面从有限到无限的一个飞跃，同时也是初等数学到高等数学的重要桥梁．

根据教学大纲的要求以及本节教材的地位和作用，结合我所教学生的认知特点，本节课的教学目标确定为以下三点．

1. 从数列每一项的值随着项数 n 增大时的变化趋势理解数列极限的概念；会求某些常见数列的极限．

2. 培养学生对于"有限与无限"思想的初步认知能力；提高学生的数学概括能力和抽象思维能力．

3. 培养学生辩证对待"有限与无限""量变与质变"的唯物主义观点；激发学生的民族自尊心和爱国主义情感．

二、教学过程设计与实施

虽然数列的极限是最简单的一种极限，但学生理解数列极限的严格定义（$\varepsilon\text{-}N$ 定义）却有一定的困难．按照教材要求，本节运用直观描述的方法给出了数列极限的定性定义，重在从数列的变化趋势来理解极限定义，体会极限思想．

本节课的教学过程分为四部分：极限概念的构建；极限概念的辨析；简单应用举例；小结与作业．其中前两部分为本节课教学的重点和难点，也是我今天说课的重点．

1. 极限概念的构建

教师分析学生自主构建数列极限概念的难点在于：①理解数列的变化趋势；②准确表达"无限增大"与"无限趋近"；③对于"$|a_n-a|$ 无限趋近于 0"的理解．

我在极限概念构建的过程中运用三个不同作用的引例分层次、分步骤地突破构建概念的难点．

引例 1：战国时代的著作《庄子·天下篇》中说："一尺之棰，日取其半，万世不竭．"把木棒每天所取的长度记录下来，就会得到无穷数列 $\{a_n\}$．写出数列 $\{a_n\}$ 的前五项和通项公式，并通过题意分析数列的变化趋势．

预案 1：如果学生能将变化趋势概括为"随着 n 的增大，数列中的项越来越小"，那么针对学生的概括，我会设置认知冲突，提出问题："数列 $\{-n\}$ 中的项也是越来越小的，但这与引例 1 中数列的变化趋势完全相同吗？"

预案 2：若学生能将变化趋势概括为"数列中的项越来越接近于 0"，那么我会反问学生："为什么不说数列的项越来越接近 -1 呢？"

预案 3：因为接触到的对于"无限"的表达很少，所以学生很可能没办法马上准确表达变化趋势．我会组织、引导学生互相讨论、深入思考如何用更准确的语言描述数列的变化趋势．

概念构建首先从中国古代著作中的例子引入，通过研究数列的项（数）和观察动画演示（形），让学生直观地理解数列的变化趋势，突破构建概念的第一个难点．

引例 2：从函数 $y = \dfrac{-2}{x}$ 的图象上取一系列点：A_1（1，a_1），A_2（2，a_2），A_3（3，a_3），…，A_n（n，a_n），…，这些点的纵坐标组成无穷数列 $\{a_n\}$．写出数列 $\{a_n\}$ 的前五项和通项公式，并通过题意分析数列的变化趋势．

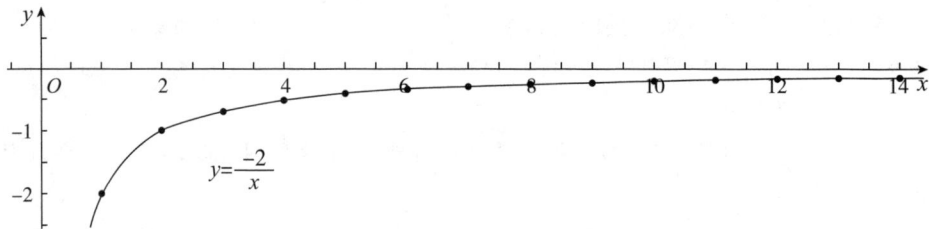

设计引例 2 的第一个目的在于使学生通过观察函数图象上点的变化趋势，对于数列变化趋势的理解会更加形象、具体．

更加重要的，设计引例 2 的第二个目的：因为初中讲解反比例函数性质时，提出了图象与坐标轴"无限接近"的表达方式．通过引例 2 让学生自己从学过的知识中挖掘出"无限趋近"的表达，完成知识的迁移，形成对于变化趋势较为准确的描述．

设计引例 2 的第三个目的：初中讲到"反比例函数的图象与坐标轴无限接近，但不相交"．学生很容易将"无限趋近"误解为"非常接近但不能相等"，从而会认为常数数列没有极限．为了分散教学难点，教师在讲解引例 2 时及时提醒学生："无限趋近"并不要求"一定不相等"，而是"可以相等"．从而帮助学生形成正确的认识．

用反比例函数的例子推进，通过知识的迁移，让学生能够用"无限"来描述数列的变化趋势．突破构建概念的第二个难点．

引例 3：给一个面积为 1 的正方形涂色，第一次只涂图形面积的一半，第二次涂剩余部分的一半，第三次再涂第二次涂后剩余部分的一半区域，以此类推．把每次涂色后已涂色区域的总面积记录下来，得到无穷数列 $\{a_n\}$．写出数列 $\{a_n\}$ 的前五项和通项公式，通过题意分析数列的变化趋势．并根据引例 3 填写下表（从数的角度认识趋近）．

n	1	2	3	4	5	...	10	...	100	...
a_n	$\dfrac{1}{2}$	$\dfrac{3}{4}$	$\dfrac{7}{8}$	$\dfrac{15}{16}$	$\dfrac{31}{32}$	...	$1-\dfrac{1}{2^{10}}$	...	$1-\dfrac{1}{2^{100}}$	...
$\lvert a_n-1\rvert$	$\dfrac{1}{2}$	$\dfrac{1}{4}$	$\dfrac{1}{8}$	$\dfrac{1}{16}$	$\dfrac{1}{32}$	...	$\dfrac{1}{2^{10}}$	...	$\dfrac{1}{2^{100}}$	...

设计引例 3 目的不仅在于巩固已经形成的对于数列变化趋势的表达方式，而且使学生通过填写、分析表格，抽象出"$\lvert a_n-1\rvert$ 无限趋近于 0"的表达方式．在此基础上，学生能够直观地理解上述表达，这样利用引例 3 中的表格突破了构建概念的第三个难点．

这个过程中，教师运用层层推进的三个引例，使学生在理解题意、观看动画演示和相互讨论的基础上，从形和数两个不同的角度对于数列的变化趋势形成直观的、正确的认识，并且已经能够准确地表达数列的变化趋势．教师在此时提出数列的极限，并由学生根据三个引例自主归纳出数列极限的概念也就是水到渠成的事情了．

2. 极限概念的辨析

引导学生对极限概念的辨析是本节课的另一个重点和难点．教师用提出问题、组织讨论、举例剖析等不同方式来辨析定义中的两处重点、难点："无限增大"与"无限趋近"．

举例探讨分段数列 $a_n=\begin{cases}1, & 1\leqslant n\leqslant 10\,000, \\ \dfrac{1}{n}, & n>10\,000\end{cases}$ 的极限．若极限概念中的"n 无限增大"理

解为只是要求 n 增大到 1\,000 或增大到 10\,000，那么我们会发现数列 $\{a_n\}$ 的项也会无限趋近于 1；同样的，"a_n 无限趋近于常数 a"若理解为只要求 a_n 与 a 接近的程度小到百分之一或千分之一就可以（即对于 ε 只在 $\varepsilon\geqslant\dfrac{1}{100}$ 或 $\varepsilon\geqslant\dfrac{1}{1\,000}$ 范围内任取），那么我们就可以说万分之一也是数列的极限了．学生经过相互讨论、交流，会得出上述理解显然是错误的．

在这个辨析过程中，学生逐步认识到："无限增大"并不是指 n 增大到某一个确定的有限大的整数就停止，而是要持续地任意地增大；同样的，"a_n 无限趋近于常数 a"并不是 $\lvert a_n-a\rvert$ 小到某一个确定的有限的程度就可以，而是在正数范围内，可以持续地任意地小．

通过概念辨析，教师帮助学生形成对于"无限与有限"辩证关系的正确认识．

完成对概念的辨析后，教师再返回去结合引例 1 帮助学生理解极限．引例 1 中木棒长度的极限为 0，木棒的长度等于 0 这件事情只会在"日取其半"这个无穷无尽过程的尽头才可以实现．而无穷无尽的过程是不能达到尽头的，所以数列的极限是在一个无穷无尽的过程中通过分析数列项的变化趋势来研究的．

3. 简单应用举例

简单应用举例阶段的设计主要是发挥学生的创造性，由学生自己寻找有极限的数列和没有极限的数列．

预案 1：如果学生举出 $a_n=\dfrac{1}{n}$ 或类似数列，我会提出如何分析数列 $\left\{\dfrac{a}{n}\right\}$（$a$ 是常数）的极限．

预案 2：若学生举出 $a_n=\left(\dfrac{1}{2}\right)^n$ 或类似数列，我会提出如何分析数列 $\{q^n\}$（q 是常数）

的极限.

预案 3：若学生举不出摆动数列的例子，我会留下思考题目，①$a_n = \dfrac{(-1)^n}{n}$ 的极限；

②$a_n = \dfrac{2 + (-1)^n}{n}$ 的极限. 设计思考题①的目的在于为学生学习函数的左、右极限埋下伏笔；思考题②则突破课本，出现 $|a_n - a|$ 不是单调递减（或任何一项之后的单调），数列却有极限的情况（即"无限趋近"不一定是"越来越接近"）.

在这个阶段，通过让学生举例我可以了解他们对于极限概念的理解程度.

4. 小结与作业

教学过程的最后部分简要总结本节知识的重点、难点和数学思想.

通过这节课，学生从数列每一项的值随着项数 n 增大时的变化趋势初步理解了数列极限的概念，但需要注意对于概念中的"无限增大"和"无限趋近"的理解. 同时，学生对于有限与无限的辩证关系有了初步的认知.

课后作业分为两部分.

（1）下列数列有极限吗？如果有，写出极限的值.

① $a_n = \begin{cases} n^2, & n = 1, 2, \cdots, 100, \\ \left(\dfrac{1}{3}\right)^n, & n > 100; \end{cases}$ ②$a_n = 2$；③$a_n = 6 - \dfrac{2}{n}$；④$a_n = 1 + (-1)^n$.

（2）写一写你对于"$0.\dot{9}$ 是否等于 1？"这个问题的认识.

作业的设计主要是为了多方面考查学生对数列极限的理解. 第一项作业用来检验学生知识的掌握程度；第二项作业用来加强培养学生对于"有限与无限"思想的认知能力和辩证思维能力，它也将课堂的学习延伸到课外.

三、教学特点及效果分析

本节课运用教师组织、引导和学生自主思维的探究方式来构建数列极限的概念.

教学过程中，教师精心设计三个引例，层层推进，引导学生主动思维、独立思考，有计划、分步骤地突破难点. 教师引领学生理解数列极限的整个过程是一个螺旋式不断上升的过程.

对于难以理解与描述的数列的极限，教师充分运用动画来演示，使数列的变化趋势更加直观、形象，易于接受. 学生归纳出的极限定义只是一个直观描述的定性定义，它为学习高等数学中数列极限的 ε-N 定义做好了铺垫.

教师把教学设计的基准放在提高学生思维参与度上，使讲授与活动相结合，接受与探索相结合. 学生对于"无限趋近"的准确表达不可能一蹴而就，在探究过程中，教师会鼓励学生充分地讨论学习，即使有不准确的表达方式存在，也可以在教师的引导下不断得到改进.

整个教学过程是让学生在有限与无限、动与静的转换中，用数学思想思考问题，并逐步体会如何用数学表达问题，最终达到自主探索构建数列极限概念的教学目的.

以上，我从三个方面对《数列的极限》这一节的教学进行了说明. 不妥之处，敬请各位专家批评指正. 谢谢大家！

《对数函数》教学设计

北京师大二附中 刘建吾

第十二届全国多媒体教育软件大赛 Science Word
优秀教案设计组三等奖 2007年10月

教材分析：

对数函数是在学习了函数的定义及其图象、性质，掌握了研究函数的一般思路，并学习了指数函数之后，学习的另一个重要的基本初等函数．本节内容分三课时完成，第一课时学习对数函数的概念、图象、性质，第二、三课时为对数函数性质的应用，本课为第一课时．本节内容既是函数内容的深化，又具有非常高的实用价值，在教材中起到了承上启下的关键作用．在对数函数的研究过程中蕴涵了数形结合、分类讨论、演绎推理等数学思想方法，通过学习可以帮助学生进一步理解函数，培养学生的函数应用意识，增强学生对数学的兴趣．

重点、难点分析：

根据新课程标准及对教材的分析，确定本节课重点、难点如下．

重点：本节课是围绕对数函数的概念和图象，并依据图象特征归纳其性质展开的，因此本节课的教学重点是掌握对数函数的图象和性质．

难点：对于 $a>1$ 和 $0<a<1$ 时函数图象的不同特征，学生不容易归纳认识清楚．因此，弄清楚底数 a 对函数图象的影响是本节课的难点之一．另一难点是底数不同的两个对数函数图象间的关系．

教学目标：

1. 知识与技能目标

掌握对数函数的概念、图象和性质．

2. 过程与方法目标

通过自主探索，让学生经历"特殊→一般→特殊"的认知过程，完善认知结构，领会数形结合、分类讨论等数学思想方法．

3. 情感、价值观目标

让学生感受数学问题探索的乐趣和成功的喜悦，体会数学的理性、严谨及数与形的和谐统一美，展现数学实用价值及其在社会进步、人类文明发展中的重要作用．

学情分析：

学生刚刚学习了一般函数与指数函数的定义、图象、性质，已经掌握了研究函数的一般思路，对于本节课的学习会有很大帮助．

教法学法：

根据对教材、重点难点、教学目标及学生情况的分析，确定以下教法：探究发现式教学法、类比学习法，并利用多媒体辅助教学．

教学过程设计：

复习旧知→新课引入→探索新知→知识扩展→课堂练习→课堂小结→课后作业

教学过程：

1. 复习旧知

(1) 函数的三要素是什么？函数的单调性反映了函数哪方面的特征？

答：函数的三要素包括：定义域、值域、对应法则．函数的单调性反映了函数值随自变量变化而发生变化的一种趋势，例如：某个函数当自变量取值增大时对应的函数值也增大则表明此函数为增函数，图象上反映出来越往右图象上的点越高．

(2) 对数的定义是什么，它与指数式有什么关系？

答：如果 $a^b=N$（$a>0$，$a\neq1$），那么 b 叫作以 a 为底 N 的对数，记作 $\log_a N=b$，指数式与对数式的关系：$a^b=N\Leftrightarrow\log_a N=b$（$a>0$，$a\neq1$，$N>0$）．

2. 新课引入

我们在研究指数函数的时候，曾经讨论过细胞分裂的问题．某种细胞分裂时，得到细胞的个数 y，是细胞分裂次数 x 的函数：$y=2^x$．

现在，我们研究相反的问题，如果要求这种细胞经过多少次分裂大约可以得到 1 万个，10 万个……细胞．分裂次数就成了分裂个数的函数 $y=\log_2 x$．这就是我们今天要研究的对数函数．

3. 探索新知

(1) 对数函数的定义：$y=\log_a x$（$a>0$，$a\neq1$）叫作对数函数，x 是自变量，y 是 x 的函数．

(2) 对数函数的图象：由于对数函数 $y=\log_a x$ 与指数函数 $y=a^x$ 互为反函数，所以 $y=\log_a x$ 的图象与 $y=a^x$ 的图象关于直线 $y=x$ 对称．因此，我们只要画出和 $y=a^x$ 的图象关于直线 $y=x$ 对称的曲线，就可以得到 $y=\log_a x$ 的图象，然后根据图象特征得出对数函数的性质．

(3) 对数函数的性质：

函数	$y=\log_a x$（$a>1$）	$y=\log_a x$（$0<a<1$）
图象	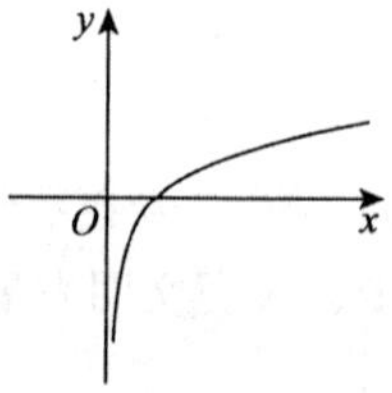	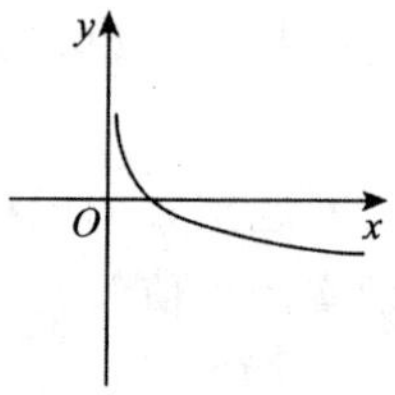
定义域	$(0,+\infty)$	
值域	**R**	
单调性	增函数	减函数
定点	$(1,0)$	

4. 知识扩展

16 世纪末至 17 世纪初，当时在自然科学领域（特别是天文学）的发展上经常遇到大量精密而又庞大的数值计算，于是数学家们为了寻求简化的计算方法而发明了对数.

5. 课堂练习

例 1　求下列函数的定义域：

(1) $y=\log_a x^2$；(2) $y=\log_a(4-x)$；(3) $y=\log_a(9-x^2)$.

分析：此题主要利用对数函数 $y=\log_a x$ 的定义域为 $(0，+\infty)$ 求解.

解：(1) 由 $x^2>0$ 得 $x\neq0$，$\therefore$ 函数 $y=\log_a x^2$ 的定义域是 $\{x\mid x\neq0\}$；

(2) 由 $4-x>0$ 得 $x<4$，$\therefore$ 函数 $y=\log_a(4-x)$ 的定义域是 $\{x\mid x<4\}$；

(3) 由 $9-x^2>0$ 得 $-3<x<3$，$\therefore$ 函数 $y=\log_a(9-x^2)$ 的定义域是 $\{x\mid-3<x<3\}$.

例 2　说明下列函数的图象与对数函数 $y=\log_2 x$ 的图象的关系，并画出它们的示意图.

(1) $y=\log_2(x+1)$；(2) $y=\log_2(x-1)$.

解：(1) 将对数函数 $y=\log_2 x$ 的图象向左平行移动 1 个单位长度，就得到函数 $y=\log_2(x+1)$ 的图象.

(2) 将对数函数 $y=\log_2 x$ 的图象向右平行移动 1 个单位长度，就得到函数 $y=\log_2(x-1)$ 的图象.

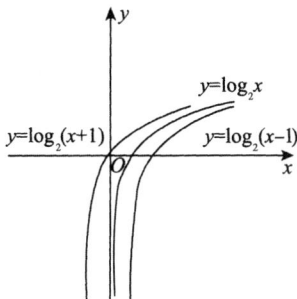

6. 课堂小结

本节课主要学习了对数函数的定义、图象和性质. 弄清楚底数 $a>1$ 和 $0<a<1$ 时函数图象的不同特征及性质是学好本节课的关键所在.

7. 课后作业

(1) 课本第 73 页习题 2.6 第 1，2 题.

(2) 收集关于对数函数应用的相关资料，通过分析整理，写一篇 800 字左右的报告.

课后反思：

1. 在教学过程中有几个问题值得注意

(1) 学生可能把自变量在真数上的函数都认为是对数函数，应予以及时纠正.

(2) 用图象观察归纳出来的结论，必须经过严格证明才是可靠的. 但由于教材对此不做要求，因此，鼓励学有余力的同学自己尝试证明.

2. 本课设计有以下几点值得借鉴

(1) 本课设计在注重引导学生学习书本知识的同时，还进行了知识的扩展，让学生感受到数学与社会生活密不可分的关系．

（2）本课设计时考虑了学生在学习中最可能出现的各种情况，并采用合理的方式进行引导、解决．

教案设计说明：

1. 选材：本节课选取的内容为数学发展中具有代表性的知识．对数函数是指数函数的深化，通过本节内容的学习，让学生在掌握知识的同时感受到数学的实用价值．

2. 理念：本节课的教案设计体现了"以学生为主体，教师是课堂活动的组织者、引导者和参与者"的现代教育理念．在教学的每一个环节中均设计了问题，始终以教师提出问题、引导学生解决问题的方式进行，让课堂活动变得生动而愉悦．

3. 注重知识扩展，本课设计时有意识地选取了"细胞分裂""对数函数的历史"等知识，让学生感受到生活中到处都有数学，要学会用数学的眼光观察世界，发现自然界的奥秘．

4. 课堂教学中的例题、习题和课后作业具有代表性、实用性和可操作性，均围绕着教学的重点、难点选取，选取题目数字简单，易于操作，注重知识的运用．

第二部分

北京市级获奖教学案例

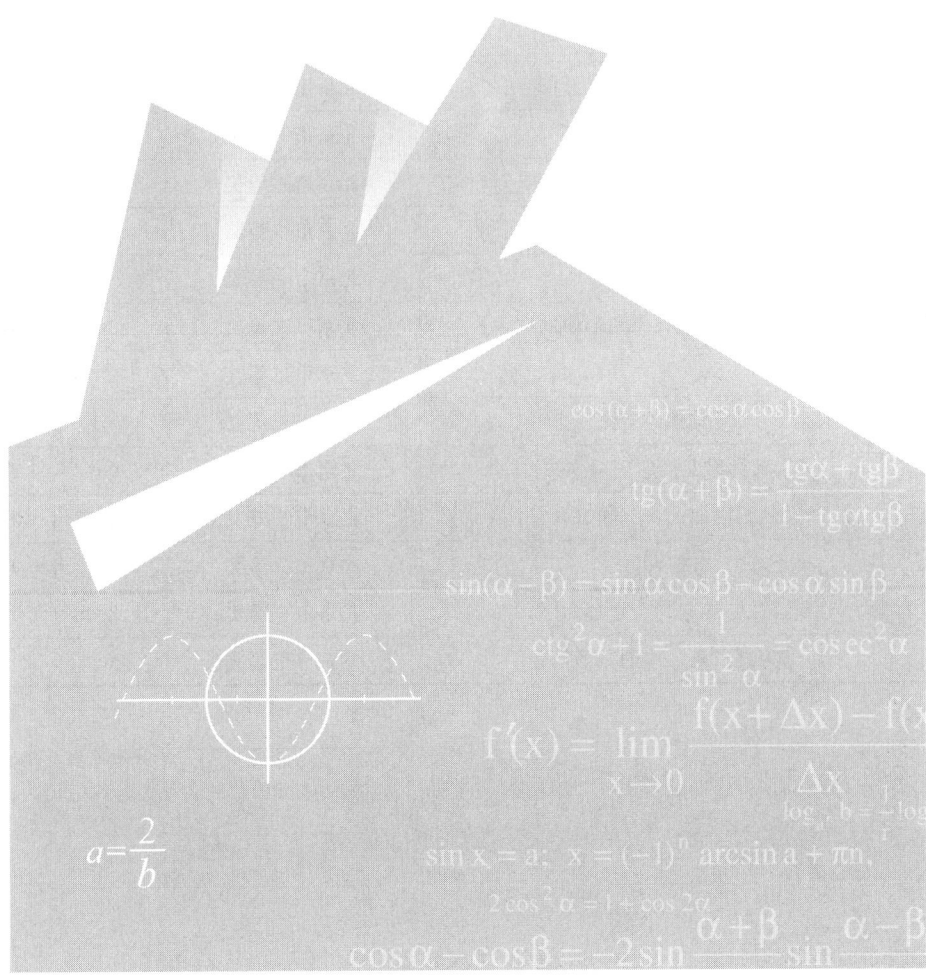

北京市级获奖教学案例

（同等奖级按照时间排序）

教师姓名	课题	获奖级别	获奖时间
崔佳佳	平行线的性质	北京市一等奖	2004 年 4 月
崔佳佳	生活中的几何（一）	北京市一等奖	2004 年 4 月
汪燕铭	函数图象变换	北京市一等奖	2004 年 4 月
赵 昕	复合函数的性质	北京市一等奖	2005 年 11 月
于海飞	高次不等式、分式不等式的解法	北京市一等奖	2006 年 6 月
朱晓琳	解直角三角形的应用	北京市一等奖	2007 年 12 月
陈龙清	幂函数	北京市一等奖	2009 年 9 月
黄 悦	数形结合	北京市一等奖	2012 年 5 月
王先芳	导数的概念	北京市一等奖	2012 年 7 月
陈立雪	立体图形与它的展开图	北京市一等奖	2012 年 7 月
姜 涛	平面向量基本定理	北京市一等奖	2014 年 5 月
李 燕	方程、函数与实际问题	北京市一等奖	2014 年 9 月
赵瑞娟	三等分角	北京市一等奖	2015 年 9 月
秦如新	线性回归	北京市一等奖	2016 年 12 月
王丽萍	分类讨论思想在三角形中的应用	北京市二等奖	2006 年 5 月
王先芳	平移	北京市二等奖	2006 年 5 月
刘建吾	均值不等式	北京市二等奖	2011 年 11 月
徐 康	轴对称变换的应用（二）	北京市二等奖	2012 年 5 月
李 燕	认识国旗——制作五角星	北京市二等奖	2012 年 9 月
陈 余	幂函数	北京市二等奖	2013 年 5 月
王丽萍	探索勾股定理	北京市三等奖	2006 年 5 月
樊方园	等腰三角形中的画图问题	北京市三等奖	2014 年 12 月

《平行线的性质》说课稿

北京三帆中学　崔佳佳

北京市一等奖　2004年4月

各位评委、各位老师:

你们好!

我是北京三帆中学的崔佳佳.

这次我说课的内容是初一几何《平行线的性质》的教学.

我所用的课本是北京市九年义务教育初级中学教科书(北京版)几何第一册.

下面我将根据自己编写的教案,把我对本节课的认识做一个说明.

一、关于教学内容和教学要求的认识

研究平面内两条直线平行的位置关系是中学几何教学的重要内容之一.在学生学习了平行线的判定之后,平行线性质的教学可沿着实验——观察——猜想——证明的途径,启发学生发现平行线的性质公理,并能根据同位角、内错角和同旁内角之间的关系,运用转化的思想证明平行线的性质定理.对学生而言,第一次接触逆定理,在理解、辨别和运用平行线的判定和性质方面存在着一定的困难.应让学生通过对比,明确平行线的判定和性质的题设与结论的互逆关系,正确运用平行线的判定和性质解决问题.

二、关于教学目标和教学重点、难点的确定

基于以上认识,我根据数学教学大纲中关于"平行线的性质"的教学要求,参考了数学课程标准,结合我校学生的实际情况确定了本节课的教学目标和教学重点、难点.

教学目标:

1.在知识上,使学生理解并掌握平行线的三个性质,并能初步运用这三个性质进行简单的推理证明和计算.理解平行线的判定和性质的区别与联系.

2.在能力上,通过探索平行线的三个性质,引导学生经历实验、观察、猜想、证明等数学活动过程,培养学生分析问题和进行简单的逻辑推理的能力,训练学生的书面表达能力.

3.在情感上,通过对实际问题的研究,初步认识数学与人类生活的紧密联系.感受数学活动充满了探索与创造,从中获得成功的体验.

教学重点:探究平行线的性质公理和性质定理;掌握并能运用平行线的三个性质进行推理证明.

教学难点:正确理解平行线的判定和性质的区别与联系.

三、关于教学方法和教学用具的说明

由于学生已经掌握了平行线的判定,为了使学生在自己原有的知识和经验的基础上实

现自我建构、自我生成，体现"学生是数学学习的主体，教师是数学学习的组织者、引导者与合作者"的指导思想，本节课采用了"师生合作探究发现"的教学方法．

为了深刻理解平行线的性质，揭示图形变化过程中同位角、内错角和同旁内角之间的关系，更有效地利用课堂学习资源，我运用了计算机辅助教学．

四、关于教学过程的设计

为了达到以上的教学目标，在具体的教学过程中，我把这节课分为以下四个阶段："回顾复习，设问引入""创设情境，探究新知""巩固提高，灵活运用""课堂小结，布置作业"．下面我对每一个教学步骤做出说明．

（一）回顾复习，设问引入

为了达到温故知新的目的，符合学生的认知规律，体现知识间的联系，在探究新知识之前，我先引导学生回顾判定两条直线平行的方法，然后请学生回答下面这个问题：

如图，$\because \angle 1 = \angle$_____（已知），$\therefore EF /\!/ CD$（　　　　）．

$\because \angle 2 = \angle$_____（已知），$\therefore EF /\!/ CD$（　　　　）．

$\because \angle$_____ $+ \angle C = 180°$（已知），$\therefore EF /\!/ CD$（　　　　）．

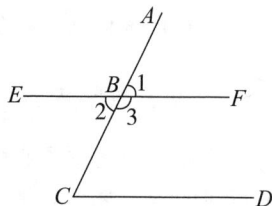

进而我提出问题：我们已经掌握了已知同位角相等（或内错角相等，或同旁内角互补），可以判定两条直线平行．那么，当已知两条直线平行时，同位角、内错角、同旁内角分别有什么数量关系呢？通过设问，使学生产生认知冲突，引发学生思考，同时明确本节课主要研究和解决的问题．

（二）创设情境，探究新知

我向学生提出一个生活实例：在社会实践活动中，"人文北京"小组的同学们发现，前门东大街在"明城墙遗址公园"的西南角拐弯，又在公园的西北角第二次拐弯至北京站东街．

如下图，前门东大街与北京站东街平行，同学测量出拐角 $\angle B$ 是 $134°$，如果不再测量，你知道第二次的拐角 $\angle C$ 是多少度吗？

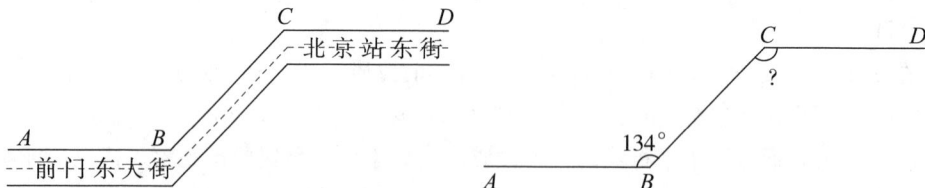

通过设置一个实际问题的情境，引发学生对平行线性质的研究．这个问题中，前门东大街与北京站东街平行，就是满足条件 $AB /\!/ CD$．那么此时，$\angle C$ 与 $\angle B$ 是内错角，它们具备什么数量关系呢？学生目前的知识暂时还不能解决这个实际问题，"如何解决这个问题"就激发了学生探究平行线性质的欲望．

为了引导学生自主探究问题，获得结论，体现学生在教学活动中的主体参与地位，我设置了两个教学环节．

首先是"操作感知，概括结论"．先请学生利用直尺和三角板过直线 CD 外一点 P 画出 CD 的平行线 AB．我利用计算机动画演示画平行线的过程．这种画平行线的方法是利用了平行线的判定公理：同位角相等，两直线平行．那么当我们画出了平行线以后，结合画图的过程思考：当两条平行直线被第三条直线所截时，同位角的数量关系是怎样的？学生通过观察易得到图中两条平行直线 AB，CD 被直尺所截得的同位角是相等的．

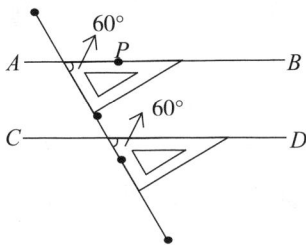

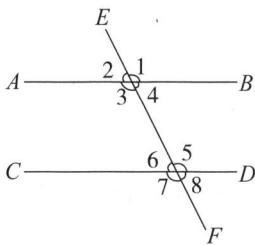

我又提出问题：如果两条平行直线被任意一条直线所截，所得的同位角还相等吗？然后请学生在刚才所作的图中画一条直线 EF 与直线 AB，CD 相交，找出图中所有的同位角，分别度量每组同位角的度数．根据度量的结果确定每组同位角的数量关系，并写出猜想．

	第一组	第二组	第三组	第四组
同位角	$\angle 1$ 与 $\angle 5$			
关系	相等			

我们可以发现，虽然大家画的截线位置有所不同，但是所得的同位角总是相等的．接着我演示课件：直线 AB，CD 被直线 EF 所截，且 $AB /\!/ CD$．当截线 EF 的位置发生变化时，引导学生观察 $\angle 1$ 和 $\angle 5$ 的变化．

可以发现，若 $AB /\!/ CD$，无论截线 EF 的位置如何，所得的同位角 $\angle 1$ 和 $\angle 5$ 总是相等的．这个事实反映的是人们在长期的实践中总结出来的平行线性质公理：两条平行直线被第三条直线所截，同位角相等．简述为"两直线平行，同位角相等"．

在此充分发挥了计算机的辅助作用，展示了一个连续运动和变化的动态过程，增强了教学内容的直观性和形象性，深化了学生对平行线性质公理的认识．

其次是"演绎推理，书写证明"．两条平行直线被第三条直线所截，形成的八个角中，同位角、内错角、同旁内角之间的关系是密不可分的．当同位角的相等关系确定之后，可以导出内错角、同旁内角之间的关系．

教师演示课件：直线 AB，CD 被直线 EF 所截，且 $AB /\!/ CD$．当截线 EF 的位置发生变化时，引导学生观察图中内错角、同旁内角分别有什么关系．

请学生通过观察写出猜想．我又向学生提出问题：你能用平行线的性质公理证明你的猜想吗？然后我组织学生相互讨论，引导学生尝试运用平行线的性质公理以及同位角、内错角和同旁内角之间的关系来证明猜想出的结论．

讨论结果：可利用平行线的性质公理，由 $AB /\!/ CD$ 得出 $\angle 1 = \angle 5$，再根据对顶角相等得出 $\angle 1 = \angle 3$，从而得出 $\angle 3 = \angle 5$．这样我们得到平行线的性质定理：两条平行直线被第三条直线所截，内错角相等．简述为"两直线平行，内错角相等"．这个证明是由同位角的关系转化到内错角的关系得到的．

类似地，由 $AB /\!/ CD$ 得出 $\angle 1 = \angle 5$，再根据邻补角 $\angle 1$ 与 $\angle 4$ 互补，得出 $\angle 5$ 与 $\angle 4$ 互

补．这样我们得到平行线的另一个性质定理：两条平行直线被第三条直线所截，同旁内角互补．简述为"两直线平行，同旁内角互补"．这个证明是由同位角的关系转化到同旁内角的关系得到的．此外，还可以由内错角的关系转化到同旁内角的关系来证明．

这两个定理的证明由学生自己完成，要求学生选择其中一个书写出证明过程．我用投影仪展示学生的证明过程，并加以指正．请学生给出定理的证明，展示了学生思维的过程，训练了学生的书面表达能力．

此时，回到最初提出的实际问题，学生利用"两直线平行，内错角相等"很容易得出 $\angle C = 134°$．实际问题的解决，使学生感受到数学的价值，激发学生学习数学的兴趣．

（三）巩固提高，灵活运用

1. 巩固提高

完成练习1，对所学的新知识进行巩固．

练习1 已知：如图，直线 AB，CD 被直线 AE 所截，

且 $AB /\!/ CD$，$\angle 1 = 110°$，

则 $\angle 2 = $ _____ °（_____）；

$\angle 3 = $ _____ °（_____）；

$\angle 4 = $ _____ °（_____）．

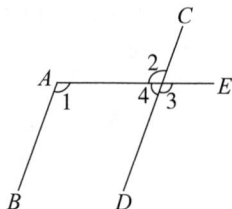

例1 已知：如图，E 是 BA 延长线上一点，$AD /\!/ BC$，且 AD 平分 $\angle EAC$．判断 $\angle B$ 与 $\angle C$ 的大小关系，并给出证明．

通过学生和教师间的谈话、交流，分析本题的思路．教师示范证明的书写过程和格式，落实基础知识．

例2 已知：如图，$AB /\!/ CD$，$AD /\!/ BC$．

求证：$\angle A = \angle C$，$\angle B = \angle D$．

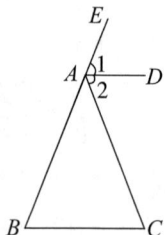

这个问题可以一题多解，学生根据自己的能力寻求各种不同的证明方法．如：可利用"两直线平行，同旁内角互补"来证明；也可以添加辅助线，转化为同位角或内错角来证明（如图）．

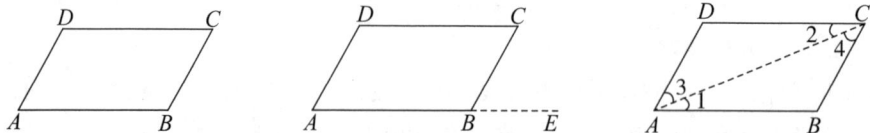

选用例2的目的是通过对不同方法的交流和比较，使学生获得一种多角度思考问题的学习策略，在深入思考中真正地掌握基础知识和基本技能，同时培养学生的创新能力．

2. 灵活运用

在掌握了基础知识后，引导学生将平行线的性质应用于现实生活中．

练习2 老师在制作梯形教具时，不小心撕坏了梯形下底的两个角，剩下的部分如图所示，量得 $\angle A = 135°$，$\angle D = 115°$．请你帮助老师确定梯形下底的两个角各是多大．你的根据是什么？

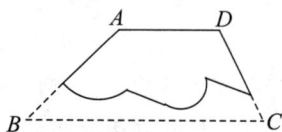

在此以老师遇到的问题为实际背景，激发学生运用平行线的性质解决问题的兴趣．

例 3 你留意过探照灯、汽车灯吗？这些灯具内表面大多是弧形的.

如右图所示，某种灯从 PQ 上一点 O（焦点）照射到灯的内表面（抛物线结构）上的光线 OB，OC 等反射后沿着与 PQ 平行的方向射出. 如果 $\angle BOP = 45°$，$\angle QOC = 77°$，那么 $\angle ABO$ 和 $\angle DCO$ 各是多少度？

这个问题以生活中学生熟悉的探照灯、汽车灯的内表面抛物线结构为学习背景，当点光源在焦点处时，光线经过反射后形成一束平行光线. 学生可利用平行线的性质求出光线的角度. 这个问题的特点一是生活化，它是生活中时常会遇到的，实现了将教学内容延伸到生活中，让学生感受到课程的内容来源于生活又应用于生活；二是具有挑战性，需要学生充分调动和组织已有的知识，才能解决问题；三是综合性，把物理学科的内容与数学学科的内容进行整合，使物理学上光学的内容成为数学学习的知识背景，体现学科的综合.

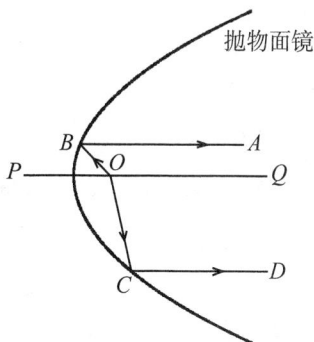

（四）课堂小结，布置作业

1. 以师生共同小结的方式进行.

首先，引导学生进行小结：

（1）本节课你主要学到了什么知识？

让学生回顾本节课通过探索发现了平行线的一个性质公理，证明了平行线的两个性质定理.

（2）你认为平行线的判定和性质之间有什么区别与联系？

让学生对知识进行反思，比较平行线的判定和性质，明确它们的互逆关系，注意分清题设和结论，正确运用平行线的判定和性质解决问题.

其次，教师鼓励学生多角度思考问题，并让学生了解转化的数学思想.

通过师生共同小结，发挥学生的主体作用，有利于学生巩固所学知识，培养学生归纳、概括的能力.

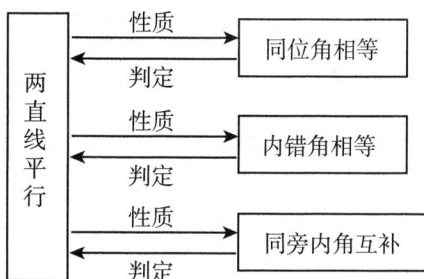

2. 布置作业：要求学生阅读教材第 113 至 118 页的内容，然后完成第 119 页第 1，2，4 题.

结束语

本节课以学生已有的知识经验为基础，通过创设实际问题情境，激发学生探究问题的兴趣. 在教师的指导下，学生动手实践、观察猜想、推理论证，积极主动地探究平行线的性质，再运用研究出来的结论解决问题. 通过多层次的例题和练习，使学生落实基础知识，增强了分析问题和解决问题的能力. 一题多解使学生的思维更加活跃，增强了学生的创新能力. 通过师生的共同探究和交流，每一位学生获得了知识和情感的体验.

以上是我对本节课的教学设计，当然有很多不足之处，恳请各位专家、老师多多指正. 谢谢！

《生活中的几何（一）》教案

北京三帆中学　崔佳佳

北京市一等奖　2004 年 4 月

教学目标：

1. 以本节课中提出的两个问题为例，使学生认识到大自然和人类生活中蕴涵着大量的几何信息．

2. 在对问题进行逐层研究的过程中，主动尝试运用已有的几何知识，寻求解决实际问题的策略．

3. 分小组讨论，模拟研究，培养学生动手实践和合作学习的能力，让学生"触摸几何"．

4. 通过对生活中实际问题的研究和解决，培养学生数学应用的意识，提高学生解决问题的能力．

教学重点： 培养学生数学应用的意识．

教学难点： 如何运用已有的几何知识解决生活中的问题．

教学方式： 问题解决．

教学用具： 计算器、投影仪、计算机、多媒体播放器、扑克．

一、背景介绍，问题引入

教师播放关于蜜蜂生活的录像片段，展示蜂巢实物，引出本节课需要研究的问题——蜂巢截面的几何图形．

学生观看录像，了解问题背景．观察蜂巢截面的形状，分小组讨论并归纳其中蕴涵的几何特征：所有的蜂巢截面形状均为正六边形，大小相等，并且毗邻在一起．

说明：用蜜蜂生活的录像片段和蜂巢实物，激发学生研究问题的兴趣，促使他们提出问题．

二、质疑发问，做出解释

教师引导学生逐一剖析为什么蜂巢截面会具有以上的几何特征，从而让学生体会如何从数学的角度提出问题、分析问题、解决问题．

讨论、归纳并解释以下问题．

问题一：蜜蜂为什么会选择把蜂巢建成具有以上几何特征的形状呢？

结论：（1）从形状大小上看，蜂巢截面形状是大小相等的正六边形．图形对称，排列规则，具有美感．

（2）从位置关系上看，每两个相邻的正六边形都有公共边，相互毗邻，没有空隙，这样就防止异物落入弄脏蜂蜜，从而保证蜂蜜的干净.

问题二：蜜蜂为何不选择其他的正多边形来储存蜂蜜？是否所有的正多边形都能铺满整个平面？

结论：根据多边形内角和与整除知识可得，只有正三角形、正方形、正六边形能铺满整个平面. 进而引出镶嵌问题.

问题三：为什么蜜蜂选择了这三种图形中的正六边形呢？

结论：在等周长条件下，正三角形、正方形和正六边形中，正六边形的面积最大. 蜜蜂用正六边形作为截面形状，使用相同的材料，得到的面积最大，那么储存的蜂蜜最多.（换句话说，在这三种图形中，要得到相同的面积，正六边形的周长最小，即最省材料）

说明：引导学生讨论，提出一系列的问题，并运用已有的数学知识对这些问题加以解释. 让学生体会如何从数学的角度提出问题、分析问题、解决问题，增强数学应用的意识.

三、过程回顾，拓展研究

回顾发现问题、分析问题、解决问题的过程，总结运用数学知识解决生活中的实际问题的基本方法.

提出停车场规划问题：如何停放车辆最多、最合理？

假设课桌是一个停车场，用扑克牌模拟汽车. 发动学生用扑克牌模拟停车方案，并分析各种停车方案的合理性、优越性和局限性.

1. 展示学生设计的各种停车方案：横放、竖放、斜放、组合放（比如：横放、竖放结合）.

2. 就"密排（车与车之间不留空）可不可以""留空的话，需要的间隔有多大"等问题，展开讨论.

3. 教师为学生设计的各种停放方式提供图片实例：首都机场的出租车停车场和中国首例跨海火车轮渡——"粤海一号"，车辆是密排的；住宅小区的车辆横放、竖放、斜放、组合放的都有.

4. 将停车场规划问题与航空母舰飞机停放方式的问题做类比.

说明：学生自己动手操作，触摸几何，成为学习的主体；教师成为引导者、合作者、支持者. 每个人都处在解决问题的过程中，体验了不同程度的成就感与喜悦感.

四、小结方法，增强意识

回顾教学的过程，总结本节课所研究的两个问题，一个来自动物世界，一个来自身边生活，使学生领会了数学存在的广泛性和数学的奇妙，鼓励学生积极观察和发现生活中的数学问题，增强数学应用的意识，多角度、多层次地思考和解决生活中的数学问题，掌握分析解决应用问题的基本流程（如下图所示）.

```
现实世界的          修改、深化、扩展        实际问题的解
问题或情况  ←————  是否符合实际    ————
                                        ↑
                                        回译 | 检验
       |                                     
     简化                               数学模型的解
       |                                ↑
                                        数学方法 | 计算机工具
       ↓                                     
现实的模型  ————  翻译  ————→         数学模型
```

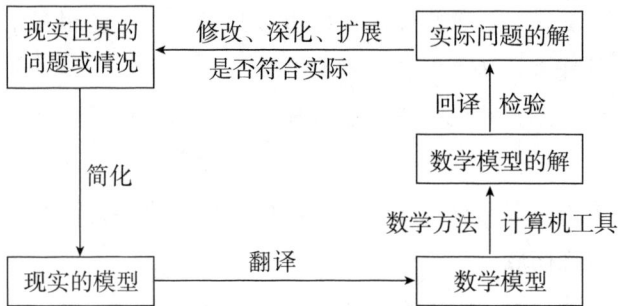

五、激发兴趣，发散提高

根据自己的研究情况，课后继续深入讨论和修改停车场规划问题．

根据自己所住小区的情况，因地制宜，对小区的停车场进行模拟研究和规划．

附录　《生活中的几何（一）》教案设计说明

一、教学设计思想

1. 课前让学生用自己的视角去观察生活，按照自己的理解去发现生活中的几何问题，增强学生的洞察力和研究问题的兴趣；积极思考，运用已有的几何知识来分析和解决这些问题，培养学生数学学习及应用的态度和信心．

2. 选择两个实际问题——大自然中蜂巢截面的几何问题和人类生活中停车场的规划问题，作为课上研究的内容，体现了数学课程标准对数学应用的要求，帮助学生建立数学学习的动机，体会数学与实际生活的密切联系，增进对数学价值的理解．

3. 课上注意充分发挥学生的主体作用．与学生一起共同分析、研究生活中的实际问题，并把它转化成为数学问题，用数学知识做出解释，使学生更明确运用数学知识来解决生活中的问题的过程，提高学生运用几何知识解决实际问题的能力．

4. 停车场问题作为开放性问题引入，学生在教师的引导下，全面思考，在不同的假设条件下，动手实践，体验解决实际问题的多样性．并且每个学生对问题都有自己的见解，都有自己的解决方案，都在不同程度上体验到解决问题的成就感．

5. 采用录像机、投影仪、电脑等多媒体教学工具，采用扑克牌作为实践工具，使数学课堂生动、形象，激发学生的学习兴趣．

6. 通过对实际问题的研究，增强学生对大自然的热爱．

二、学生情况

本节课的授课对象是数学实验班的学生，这些学生相对一般学生而言，他们的数学基础知识比较扎实，分析问题、解决问题的能力较强．他们思维活跃，对各种问题具有强烈的好奇心和求知欲，尤其对数学有着浓厚的兴趣．他们乐于发表自己的见解，乐于与他人讨论、交流．他们喜欢寻求解决问题过程中的收获和解决问题后的成就感．同时他们具有较强的动手实践能力．

三、教学内容特点

本节课适合于初一几何课开始阶段．目的是培养和提高学生对几何学的学习兴趣，同时培养学生的数学应用意识和应用能力．这种应用意识和能力的培养，有助于学生正确认识数学乃至科学的发展道路，了解数学用以分析问题和解决问题的思维方式，可以使学生真正懂得数学究竟是什么．数学有用不是哪一条公式有用，哪一条定理有用，而是整个数学会提供给学生很重要的思想方法，使学生具有适应生活和社会的能力．课上运用一些较简单的几何知识，分析研究来自自然界的蜂巢问题和人类社会的停车场规划问题，使学生能亲身运用所学的知识思考和处理问题．蜂巢问题是对自然界的现象给出了数学角度的解释，停车场规划问题是一个开放性问题，学生进行模拟研究，在不同的方式下得到不同的结论，体验问题解决的多样性．这些问题是为了增强学生的兴趣，让学生体会到数学无处不在．

四、教学流程框图

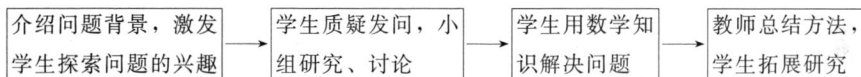

介绍问题背景，激发学生探索问题的兴趣 → 学生质疑发问，小组研究、讨论 → 学生用数学知识解决问题 → 教师总结方法，学生拓展研究

五、教学方式及其适用性

本节课的教学方式主要采用问题解决．教师介绍问题的实际背景，激发学生研究问题的兴趣，促使他们提出问题；学生通过动手实践，对问题加以解释．通过教师的引导，学生仔细观察、主动探索和动手实践，以及学生之间的小组合作活动，实现学生主体作用的发挥．学生主动尝试运用已有的几何知识，寻求解决实际问题的策略，培养学生动手实践和合作学习的能力，同时培养学生数学应用的意识，提高学生解决问题的能力．这种教学方式优点是能比较充分地发挥学生的积极性与主动性，让学生亲历分析问题、解决问题的过程，适用于数学基础较扎实、思维活跃、动手能力较强的学生．

六、自评、反馈与反思

数学课程标准中提出，义务教育阶段的数学学习，学生的数学应用意识主要体现在以下三个方面：一是认识到现实生活中蕴涵着大量的数学信息，数学在现实世界中有着广泛的应用；二是面对实际问题时，能主动尝试着从数学的角度运用所学知识和方法寻求解决问题的策略；三是面对新的数学知识时，能主动地寻找其实际背景，并探索其应用价值．从数学的角度描述客观事物与现象，寻找其中与数学有关的因素，是主动运用数学知识和方法解决实际问题的重要环节，是数学应用意识培养的重点与难点．

中学阶段的学生对"有用"的数学很感兴趣，他们总是希望自己的数学知识能够应用于实际生活．过早地强调数学的公理化和形式化会引起学生的抵触情绪，会令他们怀疑现实生活中是否存在数学，会抱怨我们学的这些都有什么用．实际上，义务教育阶段学习的大量知识来源于生活实际，从生活实际引出新知识有助于学生体会数学知识的应用价值，为学生从数学的角度去分析问题、解决问题提供示范．一堂好的应用数学课，需要有好的研究对象．一个好的研究对象既要有很强的实际背景，与实际生活密切相关，又要有很强的可操作性，如果可能的话，最好还是一个开放性问题．这样学生才能愿意动手实践，亲身体验．

《函数图象变换》教案

北京师大二附中　汪燕铭

北京市一等奖　2004 年 4 月

教学目标：

1. 使学生进一步巩固函数图象变换的有关概念，加深对函数概念（特别是对应法则）的理解．

2. 通过对函数 $y=f(x-1)$ 与函数 $y=f(1-x)$ 的图象的研究，渗透从特殊到一般的辩证唯物主义观点．

3. 培养学生自主探索、合作交流的意识，训练学生在研究问题时主动借助信息技术手段辅助思维的习惯．

教学重点、难点：

重点：利用具体函数研究一般函数性质的方法．

难点：函数性质的理论解释．

教学方式：

学生自主学习与教师讲授相结合．

教学用具：

图形计算器、计算机、投影仪．

教学过程：

1. 复习提问，以旧引新

通过一道例题复习图象变换的基本概念．

上节课初步学习了函数图象变换的相关知识，在进一步研究之前，让学生先看一个图象变换的问题．

例 1　已知函数 $y=f(x)$ 的图象如下：

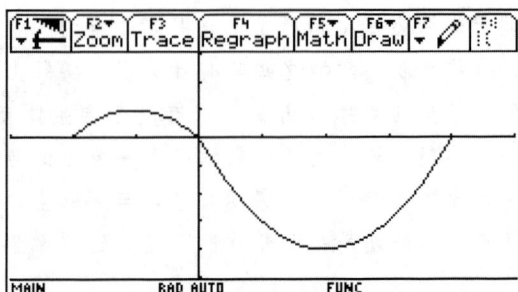

请作出下列函数的图象：

(1) $y=f(x+1)$，$y=f(x)+1$；

(2) $y=-f(x)$，$y=f(-x)$；

(3) $y=f(|x|)$，$y=|f(x)|$；

(4) $y=-f(-x)$．

说明：温故知新、明确基础、复习铺垫．

学生活动：在笔记本上演算．

2. 提出问题，发展认识

由复习回顾中的例题直接引出本节课的主题，通过一道由高考题改编的例题，对函数的图象变换进行深入的研究，对图象变换的概念进行深入的挖掘．

板书：图象变换

例 2 画出函数 $y=\dfrac{1}{-x-1}$ 的大致图象．

说明：

(1) 揭示平移变换的理论依据；

(2) 培养学生借助机器辅助思维的习惯；

(3) 学习利用"特殊点"辅助作图的特值方法．

学生活动：在笔记本上，按照自己的想法进行作图，并想办法验证所作图象的正确性．

3. 质疑再思，深入研究

从对具体的函数的研究上升到对抽象函数的考察，剖析概念的本质，同时渗透处理抽象函数的思想方法．

例 3 设函数 $y=f(x)$ 定义在实数集上，则函数 $y=f(x-1)$ 与函数 $y=f(1-x)$ 的图象有什么对称关系？

说明：

(1) 渗透从特殊到一般的思想方法；

(2) 主动寻求技术支持去探索和研究问题；

(3) 注重理论完善．

学生活动：大部分学生自觉拿出图形计算器，开始构造具体的函数．试图通过对具体函数的研究发现一般规律，从而得出科学的猜想．

4. 小结回顾，概括升华

通过小结回顾，点出本节课的核心思想，使学生明确重点．

(1) 通过观察具体函数的图象特征，发现符合条件的一些特殊函数的性质，从而猜想出结论，再利用所学知识给予理论证明．这一过程体现了数学学习中研究问题的一种重要方法：

$$\boxed{具体发现}——\boxed{猜想结论}——\boxed{理论论证}$$

(2) 通过对函数图象变换的进一步研究，加深对函数概念本质的理解．

说明：画龙点睛，突出重点．

学生活动：积极思考，总结本节课内容，进行归纳整理．

5. 设境布疑，激活创造

留一道类似的题目，给学生一个思维发展的空间，同时也可检验本节课的教学效果．

作业：函数 $y=f(x-a)$ $(a>0)$ 与 $y=f(b-x)$ $(b>0)$ 的图象之间的对称关系是什么？

说明：巩固所学，体会消化．

附录　《函数图象变换》教案设计说明

一、教学设计思想

1. 教学目标的确定，主要考虑了以下几个方面．

(1) 从内容上看，是为使学生加深对函数概念（特别是对应法则）的理解．

(2) 从能力训练上看，是对学生渗透从特殊到一般的辩证唯物主义观点和培养自主探索、合作交流的意识，并且训练学生在研究问题时主动借助信息技术手段辅助思维的习惯．

(3) 从渗透德育教育上看，掌握由特殊到一般的思想方法．体会数学研究中由"具体发现"到"猜想论证"再到"理论证明"的思维方式．体验独立研究问题的乐趣和成就感，欣赏图形对称带来的美感．

2. 在课堂上，力争使学生成为学习的主人，在整个教学过程中开展多向交流（生生交流、师生交流）．问题提出来了，让学生去思考、分析、讲解，鼓励学生自己想出它们的结论，去经历思维过程中的"沟沟坎坎"．如果思考失误了，帮助他们分析其中的原因，从反面加深对正确认识的理解．相信学生们因为亲身经历的"艰难"，必将印象深刻、记忆久远．

3. 例题大多由高考题改编，保证了题目的难度适中与正确无误．使教学内容与教学大纲保持高度一致，使学生能从这几道例题中有所收获．

4. 借助图形计算器帮助抽象思维困难的学生突破难点，辅助对知识的理解，力求做到让所有的学生参与到学习中来，根据每个学生的特点使学生能在不同程度上接受相应的知识．将探索融于教育过程中，形成既要见"物"（知识）更要见"人"（能力、素质）的数学教学．

5. 在着眼于知识教学的同时，着意于数学思想的渗透，更着重哲理观点的升华．北京大学张筑生教授曾谈过一种看法："数学是研究人类思维方式的科学．"因此，中学数学教学的目的，自然地应当表现为，通过教授数学知识，把知识的学习和能力的培养结合起来，培养学生的能力，在能力提高的基础上，不断发展和完善学生的素质．本节课主要是对学生渗透由"具体发现"到"猜想论证"再到"理论证明"的数学研究方法．

二、学生情况

本节课的授课对象是重点学校高中普通班的同学．由于是重点校的学生，因此他们的数学基础相对比较扎实，具备一定的分析问题、解决问题的能力．经过高一一段时间的训练，已经习惯了这种积极思考，敢于发表自己见解的教学方式．此外，他们接受过使用图形计算器的训练，初步养成了根据需要主动借助机器辅助思维的习惯．

三、教学内容特点

这是一节在初步学完"图象变换"的相关知识后，对"图象变换"内容进行的更进一步的研究课．就本节课的知识内容而言，是有一定难度的．尤其是对新高一只上了一节"图象变换"课的学生来说，弄清抽象函数图象的关系是有很大困难的．处理这个问题的传统做法有"请君入瓮"之意，虽可以给学生讲得当场"懂"了，解题思路的探求，只是教师"想"，不是学生"想"．我校对于学生的培养目标"三兼优一发展"中，有一条是知识基础与能力基础兼优．本节课的设计充分考虑到这一点．在讲授函数图象变换的同时，充分利用教学内容的特点，培养学生探索、创新、科研的能力．

虽然本节课的教学内容难度较大，学生当堂掌握的程度会有所差异．不过，根据"多元认知理论"：并不是所有的学生都能很好地接受"三段论""类推"或者其他结构化的思考过程，那么借助图形计算器去代替抽象的数学符号便能够激励那些偏爱用触摸、观察和实验方式学习的学生，对他们只要求用具体物体证明他们的理解，或判断他们的观点．虽然本节课也给出了理论的证明，但它不是针对所有学生的，而且结论的本身也不是我们这节课的关键．通过对大量具体例子进行归纳、总结，得出规律．这种由"具体发现"到"猜想论证"再到"理论证明"的数学研究方法，才是本节课要教给学生的主要内容．

让每个学生都能从一节课中有所得是非常重要的．不管在哪些方面，让他们能体会到通过自己的努力可以解决一些问题，从而日渐增加接受困难情境挑战的勇气，比仅仅接受了一点现成的知识更有用．教育的真正意义似乎也正在于此．

四、教学流程框图

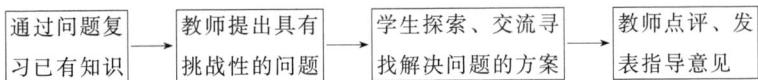

通过问题复习已有知识 → 教师提出具有挑战性的问题 → 学生探索、交流寻找解决问题的方案 → 教师点评、发表指导意见

五、教学方式及其适用性

本节课采取的是学生自主探索与教师讲授相结合的方式．在教学中重在关注学生的数学学习过程，并进行适当的数学学法指导．关于数学学习的过程，比较新颖的观点是："在原有行为结构与认知结构的基础上，或是将环境对象纳入其间（同化），或是因环境作用而引起原有结构的改变（顺应），于是形成新的行为结构与认知结构，如此不断往复，直到达成相对的适应性平衡"．而在原有行为结构与认知结构的基础上，无论是通过同化，还是通过顺应来获得新知，必须是在一种学习机制的作用下方能实现．基于对这一认识的分析和理解，我在教学中利用让学生自主探索的活动来传授程序性知识和情境性知识．程序性知识即是对数学活动方式的概括，如遇到一个数学问题该先干什么，后干什么，再干什么；情境性知识即是对具体数学理论或技能的应用背景和条件的概括，如在本节课中向学生渗透的由"具体发现"到"猜想论证"再到"理论证明"的研究方法的步骤和使用条件．同时在学生们尝试探索的过程中帮助学生进行自我诊断，明确其自身数学学习的特征（比如：有的学生擅长实验、观察及归纳；有的学生擅长理论证明等），指导他们对自己的学习活动进行评价（如评价对问题理解的正确性、解题程序的简捷性、解题方法的有效性

等诸多方面）．如上所述，我认为，这种教学方式适用于大多数的数学教学活动．

六、自评、反馈与反思

一堂数学课，让学生只停留在"听""看"的水平是远远不够的．的确，数学课不能像听戏："一鸟入林，百鸟无声"．数学的课堂应该努力调动学生去参与，去做数学："听会忘，看会做，只有做才会记"．高中数学课程标准指出："倡导积极主动、勇于探索的学习方式"，并"注重提高学生的数学思维能力……这是数学教育的基本目标之一．人们在学习数学和运用数学解决问题时，不断地经历直观感知、观察发现、归纳类比、空间想象、抽象概括、符号表示、运算求解、数据处理、演绎证明、反思与建构等思维过程．这些过程是数学思维能力的具体体现，有助于学生对客观事物中蕴涵的数学模式进行思考并做出判断．数学思维能力在形成理性思维中发挥着独特的作用．"在本节课的教学设计上，正是力求去体现上述思想．

我希望建构一种师生合作教学、生生合作学习的多向交流，以创设一个让学生欣赏数学、探索数学的学习环境．从学生课堂上的反应及与他们的课下交流来看，基本达到了我预期的目标，绝大多数的学生在慢慢转变他们对数学的认识，开始重新审视以前在他们看来"头疼"的数学．这更坚定了我要在教学中注重数学学法指导的想法．正如《学记》中所说："善学者，师逸而功倍，又从而庸之；不善学者，师勤而功半，又从而怨之．"也正像高中数学课程标准中所倡导的：在新世纪的教学活动中，不仅是教学生学会知识，更主要的任务是教给学生学习知识的方法，培养学生主动获取知识的能力，为学生成为一个终生学习者打好基础．这节课就是我的一点尝试．

《复合函数的性质》教案

北京师大二附中 赵 昕

北京市一等奖 2005 年 11 月

教学目标	数学知识： 1. 掌握研究函数的一般方法； 2. 理解掌握复合函数单调性的一般规律． 数学能力： 1. 培养学生抽象概括、由特殊到一般的归纳能力； 2. 提高学生利用数形结合思想解决问题的意识． 情感态度： 1. 培养学生热爱数学的情感； 2. 培养学生科学严谨的态度
教学重点、难点	重点：以复合函数为背景，研究函数的一般方法和过程． 难点：复合函数的单调性
教学模式	1. 合作交流的教学模式； 2. 问题解决的教学模式

教学过程

一、问题的提出

我们已经研究了指数函数和对数函数，今天我们要来研究复合函数．

面对一个函数，我们都要研究它的哪些方面呢？定义域、值域、单调性、奇偶性、反函数．对复合函数的研究也从这几方面入手．

复合函数形式多样，我们研究哪个呢？

应符合以下原则：

1. 构成复合函数的函数应该是我们熟悉的简单函数，一次函数、二次函数、指数函数、对数函数的复合；（可行性）

2. 只需选择两层的复合函数即可；（为了得到通性）

3. 不影响探究本质的情况下，尽量选择简单的函数．

根据这几个原则，我给大家提供几个例子，看看是否符合要求．（给出四个函数，进行简单分析，几类函数？几个函数？）

明确了这些问题同学们就可以开始自己的研究了，研究过程中同学们注意体会一下研究复合函数与研究简单函数有什么相同和不同之处，研究复合函数主要采用什么方法，需要注意什么问题

续表

教学过程

二、学生研究

复合函数的性质实验报告

函数解析式	
内层函数	
外层函数	
定义域	
值域	
草图	
单调性	复合函数
	内层函数
	外层函数
奇偶性	复合函数
	内层函数
	外层函数
反函数	

三、交流成果

请 4 名学生代表进行展示，说出研究结果．

学生会出现的问题如下．

值域求解有困难：现场求解．

单调性、单调区间的确定有困难（外层是二次函数，内层是指数函数或对数函数）：引导学生了解复合函数的单调区间是自变量 x 所在的区间，而不是中间变量所在的区间，因此应将中间变量的取值范围转化为 x 的取值范围．

1. 回顾研究过程

（1）值域的求解过程；

（2）单调区间的确定．（第 4 个为例）

2. 数形结合思想

刚才大多数同学借助了函数图象来研究函数，图象给了我们一个直观的认识，而研究过程说明定义域、值域、奇偶性、反函数都可以从数的方面给出严格的推导．

单调性的结论是怎么得到的呢？单调性的得到更多地借助了图象，由图象看出函数的单调性，再辅以一些推理得到函数的单调区间，但是遇到一个复合函数不借助技术我们往往是画不出它的图象的，能不能由内层函数和外层函数来确定复合函数的单调性呢？让我们再来看看四个复合函数单调性的结论，看看有没有什么规律？

（从黑板大表中寻找规律）

教学过程
3. 单调性规律 发现复合函数单调性规律： 内层函数单调性和外层函数单调性一致，复合函数单调递增； 内层函数单调性和外层函数单调性相反，复合函数单调递减． 这是一个合理猜想，能否给出严格证明？ （学生思考 1 分钟，准备幻灯片） （幻灯片证明） **四、例题** 判断函数的单调区间： 1. $y = 2^{x^2 - 4x}$； 2. $y = \log_{\frac{1}{2}}(-x^2 + 2x)$． **五、小结** 1. 研究函数的一般方法与过程；解析式和图象相辅相成． 2. 研究复合函数的性质主要使用了换元的方法． 3. 复合函数单调性的规律

附录 《复合函数的性质》教学设计

一、教学指导思想及理论依据

1. 指导思想

在教育改革的大潮下，作为数学教育工作者，我们经常会思考一个问题：数学教育的目的到底是什么？数学家告诉我们：除去那些定理、公式、概念以外，剩下的就是数学．言外之意，在若干年后，学生可能忘记了所有的数学公式、定理，但科学的思维方式已成为他们解决问题的法宝．科学的思维方式包括归纳概括的能力、抽象思维的能力、逻辑推理的能力等，而这些能力的提高是以数学知识为依托的．因此，课堂教学的实效性主要应体现在两方面：一是学生对数学知识的理解与掌握，二是在理解掌握数学知识的同时使学生的思维能力得到锻炼与提高．

传统的教学方式只注重对数学知识的传授，教学目标以应试为主，这样的教学过程使得学生对数学知识的掌握只知其然，不知其所以然，更加谈不上思维能力的锻炼与提高．因此我们应通过合理的课堂教学设计促使学生更好地理解数学知识的本质，提高学生的思维能力，从而提高课堂教学的实效性．长期坚持这样的教学方式，数学教育的目标就不难达到了．

2. 理论依据

（1）建构性学习的理论

建构主义数学学习观的基本要点是数学学习不应被看成学生对教师所传授知识的被动接受，而是一个以学生已有知识经验为基础的主动建构过程．新型数学教学模式的建构，其着眼点不是关心学生"知道了什么",而是更多地关注学生"怎样知道的".如果学生不能知道他是怎样知道的,这就说明他实际上还没有学会.

新课程改革倡导建构性的学习,强调学生是知识的建构者.学习是经验的重新组织和重新理解的过程.在这个过程中,不是被动地接受知识而是要主动地进行知识的建构.因此,建构主义强调教师提供资源、创设情境,引导学生主动参与,自主进行问题探究学习,从而完成对新知识的自我建构.通过自主的知识建构活动,学生对概念的理解才能够更加深刻,掌握得更加牢固,同时,在学生自主建构的过程中,学生的思维能力也得到了提高.

(2)全面的数学观

著名数学家波利亚指出:"数学有两个侧面:一方面它是欧几里得式的严谨科学,从这一方面看,数学是一门系统的演绎科学;但另一方面,创造过程中的数学,看起来却像是一门实验性的归纳科学."传统的数学教学比较重视逻辑推理,而对概念的形成过程往往不予理睬.根据全面的数学观,应引导学生参与、体验知识的形成过程,通过数学实验,进行合理猜想,继而归纳出数学原理,最后通过理论证明来加深对数学本质的理解.

(3)概念教学的重要性

加里宁曾说:数学可以使人的思想"纪律化",能教会人们合理地去思维,即数学是锻炼思维的"体操",而概念是思维的基本形式之一,因此可以说概念是数学教学的灵魂.概念是对一切事物进行判断和推理的基础,学生对数学概念的理解是否正确、深刻决定了他的数学思维水平的高低.许多学生在学习数学的过程中遇到困难的重要原因也在于对数学概念理解得"似是而非",只是形式记忆而非真正理解.因此,成功的概念教学应该既能使学生对数学概念的理解深刻透彻,又能在这一过程中提高学生的思维水平.

二、教学背景分析

1. 教学内容分析

复合函数的内容是高中数学的一个难点,尤其是对复合函数的值域与单调性的分析,更让高一学生感到困惑.而复合函数的问题在高中阶段又随处可见,因此也是高中数学的一个重点内容,虽然教材中没有复合函数的内容,但研究复合函数的方法和过程就是研究一般函数的方法和过程,因此有必要对复合函数从概念到解决相关问题的方法上进行系统的总结归纳,使学生不仅掌握复合函数的相关性质,而且掌握研究函数的一般方法.

2. 学生情况分析

实施本课例的学生具有如下特点:

(1)由于是重点中学普通理科班的学生,所以大多数学生具有自主学习的能力,数学基本功较为扎实.

(2)本课例实施时,学生已学习了指数函数和对数函数,并且独立研究了对数函数的图象与性质,对研究函数的一般方法已较为熟悉.

(3)本课例属系统学习复合函数的第二节课,在前一节课,学习了复合函数的概念,会将复合函数分解为简单函数.此外在系统学习复合函数之前,学生已经接触过不少复合函数的问题,如求一些复合函数的定义域、值域等,对常用的换元思想已经不陌生,这些都为学生独立研究具体的复合函数奠定了基础.

3. 教学方式

本课采取教师引导下的自主探究的教学方式.

4. 教学手段

采用信息技术辅助手段. 本课采用了图形计算器和计算机两种信息技术.

5. 技术准备

(1) 幻灯片的制作. 利用幻灯片将本节课的各个环节串联起来, 主要起到节约时间的作用.

(2) 利用几何画板制作课件, 准备课堂演示.

(3) 学生使用图形计算器进行自主探究.

三、教学目标

1. 通过对复合函数的研究, 掌握研究函数的一般过程与方法;

2. 理解掌握复合函数单调性的一般规律, 会由特殊的复合函数归纳得到一般复合函数单调性的规律, 培养学生抽象概括的能力及科学严谨研究问题的态度;

3. 通过对复合函数的研究, 提高学生利用数形结合思想解决问题的意识, 会利用图象分析得到复合函数的性质, 会通过性质理解图象, 在这一过程中体会曲线的和谐与对称美.

四、教学过程设计

根据上述教学目标以及对教学内容、学生情况的分析, 本课设计要点主要体现在两个环节.

1. 对重点的突出

本节课的重点在于复合函数性质的研究过程, 因此教学设计中让学生独立研究了四个具有代表性的复合函数, 体验探究函数性质的一般过程和方法.

2. 对难点的突破

本节课的教学难点在复合函数单调性的规律. 因此在课堂教学中设计让学生利用图形计算器对函数图象进行分析, 引导学生自己发现复合函数单调性的规律, 再给予理论证明. 这种设计使得学生通过自主探究获得新知, 很好地突破了难点, 新知识的产生显得自然且生动.

五、学习效果评价设计

1. 知识层面

从数学学习的角度来看, 学习效果评价主要包括以下三个方面: 对数学基础知识的理解水平、对数学基本技能的掌握水平、应用数学知识和技能解决问题的能力. 本节课设计的两个课堂例题, 目的在巩固课堂知识及检验学生学习效果.

另外, 为检验课堂教学效果, 设计了小练习, 在下节课开始的 10 分钟内完成.

2. 情感层面

本节课在整个教学过程中, 学生始终保持较高的学习积极性, 对每个环节要研究的问题清晰明确, 每个学生都主动参与了研究函数的整个过程, 体验了数学概念的形成过程, 这样的教学设计使学生真正参与到了教学活动中, 在提高学生学习积极性、促进学生积极思考、增强学生自信心方面收到了较好的效果.

《高次不等式、分式不等式的解法》教案

北京师大二附中　于海飞

北京市一等奖　2006年6月

教学目标	1. 学生掌握分式不等式、高次不等式的解法； 2. 通过使用图形计算器，打破以往的教学过程，学生回避传统列表的方法，主动绘制函数图象，发现图象的共性，自我总结出"穿轴"的方法； 3. 通过图形计算器，学生增强了对数学美的体验			
教学重点、难点	重点：分式不等式、高次不等式的解法． 难点：1. 学生对"穿轴"解法的自主探究及注意事项； 2. 将分式不等式转化为整式不等式的过程中的注意事项			
教学方法	双主体互动式教学	教学策略	问题导向的探究活动	

教学过程

教师活动	学生活动	教学意图	时间
一、引入 导言：前面我们借助图形计算器，通过绘制二次函数的图象学习了一元二次不等式的解法，谁能告诉我，二次函数图象与一元二次不等式之间有什么关系？	学生回忆所学知识，思考问题并回答． （教师板书画图）		3 min
二、学生自主研究高次不等式的解法 1. 今天我们一起再次利用图形计算器研究一类不等式的解法，请看例1，这叫什么不等式呢？	学生给出高次不等式的简单定义．	让学生对这节课的研究有一个整体框架．知道要用图形计算器研究高次不等式．	2 min
例1. 利用图形计算器解下列不等式： (1) $(x^2-3x+2)(x^2-x-6)<0$； (2) $(x^2-4)(x-6)^2\leqslant0$； (3) $(x+2)^2(-x+1)^3(x+1)(x-2)>0$. 2. 请问："高次不等式的解法是什么？"	通过绘制函数的图象，发现共性，自我总结出"穿轴"的方法．	教师巡视学生的情况，随时解决学生的问题	10～15 min
3. 小结： (1) 在某一区间内，一个式子是大于0还是小于0取决于这个式子的各因式在此区间内的符号，而区间的分界线就是各因式的根，因此，上述穿轴法的第一步是"标根"． (2) 口诀："奇穿偶不穿"是什么意思？ 注意：每个因式中 x 的系数为正．（问学生为什么）	同学间相互讨论，相互补充	让学生通过对刚才例1的解决，互相补充，总结出完善的"穿轴"解法	6 min

教学过程			
三、学生在教师的引导下自主研究分式不等式的解法 例 2. 解下列不等式： (1) $\dfrac{x-3}{x-7}<0$；(2) $\dfrac{16}{x-1}\leqslant x-1$； (3) $\dfrac{x^2-4x+1}{3x^2-7x+2}<1$. 1. 教师提示： (1) 已学了哪些不等式的解法？（整式） (2) 能转化成已学的吗？ (3) 注意什么？（分母为 0 的问题） 2. 学生探究：看看上面三个不等式所对应的函数图象如何？与前面有何区别？你能解释吗？ 3. 教师归纳： (1) 穿轴法几乎可以使用在所有的有理分式不等式、二次不等式和高次不等式中； (2) 注意什么？（高次：系数正负；分式：分母为 0）	教师先启发转化成"整式不等式"，学生再自行研究，运用新的知识——穿轴法来解决问题.	学练结合，但又有新的东西引出（转化），及时将所学知识纳入知识体系.	8 min
	运用图形计算器，看到什么"分母不为 0".	加深学生"分母不为 0"的印象.	5 min
	学生同步回答.	作为本节课的总结.	2 min
四、作业 教材 P19 习题 6.4　1，2，3，4	巩固课堂所学知识，初步运用函数性质解决问题	巩固本节课所学知识	3 min

附录　**《高次不等式、分式不等式的解法》教案设计说明**

关于教学目标的确定	从内容上看，学生掌握和应用穿轴法来解决分式不等式和高次不等式，因此在教学目标的确定时，主要考虑了以下几个方面： 从能力训练上看，培养学生合作探索的能力，以及科学的、系统的、严谨的研究问题的方法. 掌握"穿轴"的方法. 通过互动、合作的交流，使学生对"穿轴"有感性（TI 图象）和理性（规则）的认识. 通过学生的发言训练学生的语言表达能力. 从情感上看，通过新颖的教学方式（手持技术 TI），以及让学生成为数学课堂的主体，培养学生对数学的热爱，进一步加深快乐数学的印象. 从渗透美育上看，利用 TI 平台，画出美丽的图象，让学生体会合作、互动研究问题的乐趣和成就感，欣赏曲线的光滑、流畅及对称之美

关于教学过程的设计	本教案采取师生互动双主体探索的模式．解高次不等式和分式不等式是在学习完解一元二次不等式之后，学生已经基本掌握了借助 TI 图形计算器，把不等式的一端变成 0，另一端看成一个函数，通过绘制函数的图象，观察纵坐标大于或小于 0 的部分相应的自变量 x 的取值范围，从而进行求解的方法．因此，本节课的目的是让学生熟练地运用这种方法，主动寻求高次不等式和分式不等式的解法．同时，本来在以往的教学中，这是两节课的内容，但是有了 TI 图形计算器增加了课堂内容的密度，让学生既感觉到有趣，又感觉到内容并不多，可以在一片欢快的气氛当中进行学习，渗透给学生合作、互动探索新问题的能力，以及科学的、系统的、严谨的研究问题的方法．并且"抛弃"了传统教学中列表的方法，节约了时间，让学生有充分的讨论时间，这是以往教学所达不到的．因此 TI 图形计算器在其中的作用是非常重要的． 　　适用对象：熟练地掌握 TI 图形计算器的学生． 　　适合教师：熟练地掌握 TI 图形计算器，对教师的组织教学和应变能力要求很强
教学流程	旧的知识体系→新的问题→学生合作、主动探究→解决问题→形成新知识体系 　　（回忆）　　（设疑）　　（利用旧的知识体系）　　（知识的应用）
本节课的特点	教学内容难度大，所有学生完全成为学习的主体．掌握探索研究不等式问题的方法，使学生由观众转变为演员． 　　教师是教学过程的总设计师，为了教学目标能够顺利实施，自然而适当的引导、富有创意的问题，都为教师能力的展现提供了宽阔的空间，尽显师生风采． 　　我在这节课的设计过程中，没有忘记方法的落实，力求使师生在欢快的氛围中学习数学，达到"快乐数学"的目的

《解直角三角形的应用》说课稿

北京三帆中学　朱晓琳

北京市一等奖　2007 年 12 月

尊敬的各位评委、各位老师：

你们好！

我来自西城区，是北京三帆中学的数学教师朱晓琳．

我说课的内容是数学九年级下册第二十八章《锐角三角函数》第二节中解直角三角形的应用．我所用的教材是人教版义务教育课程标准实验教科书．

下面根据我编写的教案，把我对本节课的教学目标、教学重点、教学难点、教学方式与教学手段、教学过程几方面的认识做一个说明．

一、教学目标的确定

学生通过前几节课的学习，能正确理解锐角三角函数的概念，并能够灵活运用直角三角形各个元素之间的关系求解．本节内容是在前面学习基础上的进一步发展，研究解直角三角形在实际问题中的应用．

根据全日制义务教育数学课程标准中运用三角函数解决与直角三角形有关的简单实际问题的教学要求，结合我校学生的实际情况，我确定了本节课的教学目标．

教学目标：

1. 会通过解直角三角形解决简单的实际问题；

2. 提高学生将实际问题转化成数学问题的能力，进一步体会化归、方程与数形结合的思想；

3. 发挥学生的主体作用，增强学生学数学、用数学的意识，营造主动探究与合作交流的学习氛围．

二、教学重点、教学难点的分析

解直角三角形在实际中的应用非常广泛，利用解直角三角形的知识解决实际问题的关键是借助图形，将实际问题转化为数学问题，分析实际问题中的数量和位置关系，并将其归结为直角三角形各个元素之间的关系．因此，我确定了本节课的教学重点、教学难点．

教学重点：

灵活运用解直角三角形的知识解决实际问题．

教学难点：

能正确地将实际问题抽象成相应的数学问题．

三、教学方式与教学手段的选择

课程标准提出要在课堂上充分发挥学生的主体作用，而学生的参与，特别是思维的参与往往是从问题开始的．我以生活中的实际问题为例来创设情境，引导学生去分析思考和归纳总结，进而达到对知识的"发现"和接受的目的．因而，我主要采用的是启发和讲授相结合的教学方式．

为了直观地呈现出学生们熟悉的生活场景，便于学生从实际问题中抽象出数学问题，我借助了计算机课件和实物模型的演示．

四、教学过程的设计

在具体教学过程的设计上，我把这节课分为"情境导入　回顾旧知""归纳方法　理论提升""课堂延伸　拓展思维""知识梳理　分层作业"四个阶段．下面对每一个阶段进行具体说明．

（一）情境导入　回顾旧知

1. 这一阶段要解决的主要问题

通过创设和学生们的生活息息相关的问题情境，激发学生的学习兴趣，回顾旧知，初步体会解直角三角形在实际生活中的应用．

2. 具体的教学安排

我提出问题，直接带领学生进入实际问题的情境中．

有一位很爱动脑筋的学生小明，他在生活中遇到了几个问题，让我们一起来看看怎样解决．

问题 1　小明去一家超市，这家超市在一楼至二楼之间装有一部倾斜角为 27°的滚梯，天花板与地面平行，滚梯顶部距对面天花板的水平距离为 4 m，上面有安全警示牌——"小心碰头"．小明乘滚梯时没有碰头的危险，他突然想到，姚明身高 2.29 m，他乘这部滚梯时会有碰头的危险吗？

为了帮助学生们理解，我借助了模型演示．

问题 1 的情境是学生们非常熟悉的，很多人在商场或超市都会有这样的经历．

我引导学生思考：我们根据什么来判断姚明乘滚梯时会不会碰头呢？

面对这样一个实际问题，有些学生会感到困惑，无从下手．

一些学生会提出我们需要画示意图．我请学生在黑板上完成．

我引导学生考虑，我们在乘坐滚梯时，是在进行平移（我演示课件），我们可以简化条件，把滚梯看成平的坡面，同时我们所画的应是实际问题的剖面图，可以用线段来代表滚梯等实物．

标出数据，完成示意图后，我继续引导学生思考：我们计算哪个值可以说明姚明会不会碰头？

学生根据实际生活的经验，添加如图所示的辅助线，从而将问题转化为"已知 $Rt\triangle ABC$ 中，$\angle C=90°$，

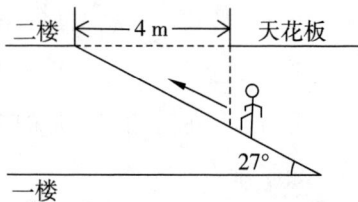

$BC=4$ m，$\angle B=27°$，求 AC."的问题．

解：在 Rt$\triangle ABC$ 中，$\angle C=90°$，

$AC=BC\cdot\tan 27°\approx4\times0.51=2.04<2.29$.

因此，姚明会有碰头的危险．

我没有选用教科书上安排的例子，而是换成了学生关心的热点人物，有利于激发学生的学习兴趣，而且情境的设置符合学生的认知水平，以达到由浅入深、逐步提高的目的．

完成问题后，我提出：解决这个问题用到了什么知识？学生很自然地想到解直角三角形．于是我板书课题：解直角三角形的应用．

我继续提出问题：什么样的直角三角形可解？上面的问题属于哪一类型呢？

通过设置合理的问题帮助学生回顾复习解直角三角形的基本图形和方法．

（二）归纳方法　理论提升

1. 这一阶段要解决的主要问题

引导学生对利用解直角三角形的知识解决实际问题的过程进行总结，在思想方法和理论上得到提升，认识到解直角三角形类似于方程、函数、不等式，是解决实际问题的有效数学工具．

2. 具体的教学安排

问题2 北京市现在有 5 条地铁线正在建设，小明研究了地铁规划图发现：他家住在 A 地，现在需沿折线 $A—C—B$ 乘公交车到 B 地上学，地铁开通后，可从 A 地直接到达 B 地．若 C 地位于 A 地的北偏东 $60°$ 方向上，距离 A 地 8 km，B 地在 A 地的正东、C 地的东南方向上．地铁开通后，他上学将比现在少走多少千米？

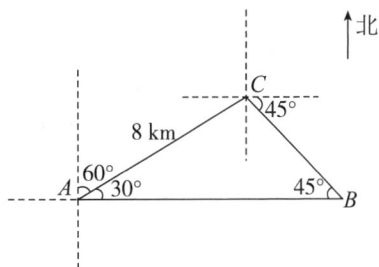

我首先带领学生复习方位角的概念，此问题的空间背景比较简单，学生们可自主画出示意图，标出已知条件．抽象成数学问题是已知三角形中两角一边，求另两条边．

学生发现这个三角形不是直角三角形，如何求解呢？

我引导学生考虑：能否把未知边放到直角三角形中求解．

学生经过思考想到，可以通过作高把斜三角形问题转化为直角三角形问题．

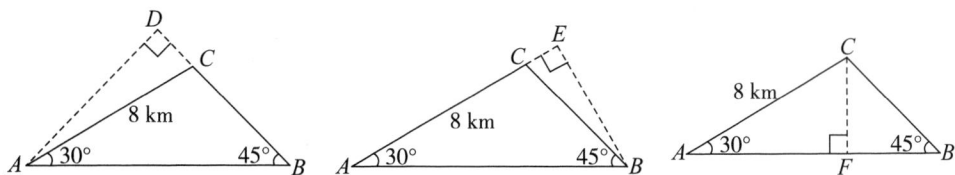

我展示学生添加的不同的辅助线，学生发现作出 AB 边上的高线求解最方便，这时 $30°$，$45°$ 和 8 km 的条件都可直接使用．

我充分肯定学生的判断，和学生共同完成计算，得到答案．

此问题我设置了特殊角的条件，让学生进一步熟悉特殊角的三角函数值．

问题3 小明家所在的公寓楼正南方新建了一座大厦，小明想知道大厦的高度，于是

小明在他家楼顶处测得大厦顶部的仰角为 $15°$；在楼顶观测点正下方的楼底处测得大厦顶部的仰角为 $45°$，已知公寓楼的高为 $60\ m$，他能算出大厦的高度吗？

我首先带领学生复习仰角、俯角的概念．

学生根据前面得到的经验提出可以用线段表示大楼，我充分肯定学生的简化能力．

请学生自主完成示意图，并在图中标注已知条件．

而此问题所给的数量关系不利于直接求解，这时会有学生提出条件够用吗？是不是还需测量一些数据呢？

这时我引导学生考虑对于不方便直接求解的问题可以试试用方程思想解决．

教学预案 1：

解：设 $DC=x$，

则 $BC=AE=x$，

在 $\text{Rt}\triangle ADE$ 中，

$\dfrac{DE}{AE}=\tan 15°$，

$\therefore \dfrac{x-60}{x}=\tan 15°$，

解得 $x\approx 82\ m$，

大厦高约为 $82\ m$.

学生的出发点不同，所列方程也会不同，引导学生从不同的角度思考问题，进一步熟悉直角三角形中各元素之间的关系．

教学预案 2：设 $DE=x$，则可列方程 $\dfrac{x}{x+60}=\tan 15°$，解出 x 的值，从而求出 DC.

教学预案 3：过 D 作 $DF\perp BA$ 的延长线于 F，设 $DF=x$，可列方程 $\dfrac{x}{x-60}=\tan 75°$，解出 x 的值，从而求出 DC.

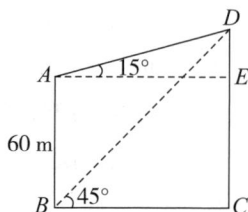

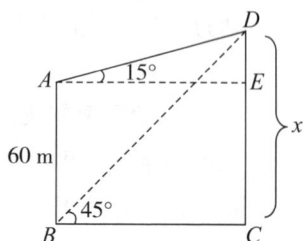

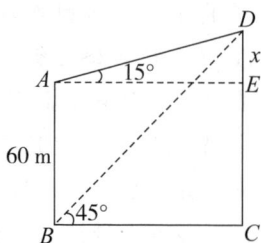

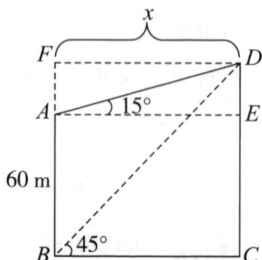

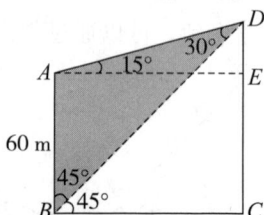

学生发现也可以不用方程解决．

教学预案 4：在 $\triangle ABD$ 中，$\angle ABD=45°$，$\angle ADB=30°$，$AB=60$，可转化为问题 2 中的图形，求出 BD，进而解得 DC. 我充分肯定学生的观察能力．

在"问题 3"中，我给了一个相对理想化的数学模型，让学生更加关注数学问题的解决，体会方程的思想．

这时我请学生根据前面的 3 个问题总结归纳利用解直角三角形的知识解决实际问题的一般过程.

学生通过类比方程、函数、不等式解决实际问题的过程，可自己总结如下：

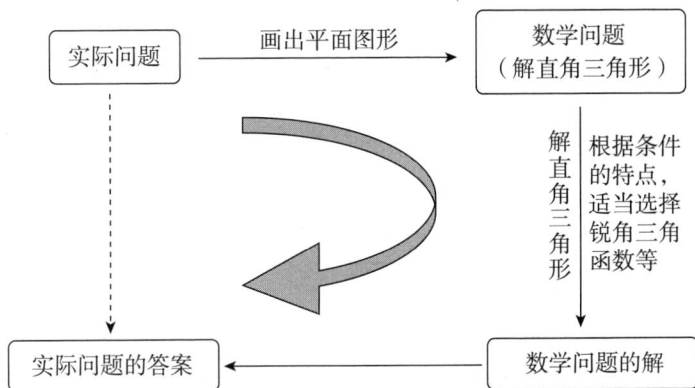

结合具体问题，对利用解直角三角形的知识解决实际问题的过程进行总结，有助于加深学生对利用数学知识解决实际问题时所经历一般过程的认识.

（三）课堂延伸　拓展思维

1. 这一阶段要解决的主要问题

在课堂上布置可操作的数学活动，请学生课后完成. 巩固本节所学知识，培养学生的实践能力和合作意识.

2. 具体的教学安排

数学活动 1：我们所居住的小区一般都会有地下停车库，坡道口上方会张贴限高标志，以便告知停车人车辆能否安全驶入. 你知道限高是怎样确定的吗？

请学生课后利用本节所学知识，完成探究过程.

这个活动的背景和问题 1 类似，目的是让学生更好地体会将实际问题抽象成相应的数学问题是解决此类问题的难点和关键，在研究怎样确定限高的过程中，进一步体会锐角三角函数所反映的直角三角形中边与角的关系.

数学活动 2：测量建筑物的高度.

测量工具：皮尺、测倾器

测量要求：设计测量方案

我请学生们课后选择实物进行实际操作，并完成实验报告.

在实验报告中，我设置了由实物照片抽象出数学问题的环节，能更好地体现这节课的主题.

我选择与学生生活非常贴近的情境来设计问题和数学活动，培养学生细心观察生活的习惯和自觉应用数学知识解决实际问题的意识.

附实验报告如下：

班级		姓名		小组长	
参加人员					
课题					
测量目标					
实物照片			数学问题		
数据记录	测量项目				
	数据				
求解过程					
教师评定意见					
评价分数			评价等级		

（四）知识梳理　分层作业

1. 这一阶段要解决的主要问题

通过小结，培养学生的归纳概括能力，巩固所学知识，加深对常用数学思想的认识．

2. 具体的教学安排

知识梳理

因为本节课的教学是锐角三角函数全章的最后一节，此时不仅是对解直角三角形应用的小结，更是对解直角三角形知识的归纳和对数学在解决实际问题时所经历的一般过程的归纳．因此师生就以下几个方面进行小结：

（1）直角三角形的边角关系；

（2）本节课所用到的数学思想；

（3）解决实际问题的基本思路．

分层作业

（1）必做作业：教材 P96，4，5，6；

（2）选做作业：分小组完成数学活动 1 或数学活动 2.

本节课设置了背景丰富有趣、和学生生活息息相关的几个实际问题，从不同的角度展示了解直角三角形在实际生活中的应用；培养学生将实际问题抽象成数学问题的能力；对利用数学知识解决实际问题的过程进行总结，提升学生对一些常用数学思想的认识．

以上就是我对这节课的设计，敬请各位专家批评、指正．谢谢！

《幂函数》说课稿

北京师大二附中　陈龙清

北京市一等奖　2009 年 9 月

各位专家、各位老师：

你们好！

我是北京师大二附中的数学教师陈龙清.

我说课的内容是《幂函数》，选自普通高中课程标准实验教科书数学 1（人教 B 版）第三章第 3 节.

下面我将从：教学内容、教学目标、教学重点、教学难点、教学方式、教学用具、教学过程等方面对本节课的教学设计进行说明.

教学内容：

幂函数是在总结初中所学一次函数、二次函数、正比例函数、反比例函数，以及高中新学指数函数和对数函数后的又一基本初等函数. 其图象与性质比较复杂，课程标准规定学生了解幂函数的概念，结合 $y = x$，$y = x^2$，$y = x^3$，$y = \dfrac{1}{x}$，$y = x^{\frac{1}{2}}$ 这五个函数的图象，了解它们的变化情况.

在之前指数函数和对数函数的教学中，我一直引导学生借助图形计算器来探究函数的图象和性质，学生基本掌握了研究函数性质的一般方法，本节课将继续采用这种教学方式，并力争给学生更多的探究时间与空间，进一步强化从定义域、值域、奇偶性、单调性、零点、图象特征等方面研究函数的意识. 这与新课标倡导积极主动、勇于探索的学习方式，注重提高数学思维能力，注重信息技术与数学课程的整合等精神相吻合.

基于以上分析，我确定了本节课的教学目标、教学重点与难点、教学方式等.

教学目标：

1. 了解幂函数的概念，会画简单幂函数的图象，并能结合图象得出相应性质，了解它们的变化情况.

2. 通过对幂函数性质的探究，让学生继续体会研究函数的一般方法；在探究活动中，培养学生观察和归纳的能力，进一步培养学生数形结合的意识.

3. 通过相互间的讨论，培养学生合作、交流、探究的意识，同时让学生在探索、解决问题的过程中，获得成功的体验. 在学生的探究过程中，通过教师的引导，渗透科学、严谨的探究精神.

教学重点：

幂函数的概念，常见幂函数的图象和性质.

教学难点:

归纳、概括幂函数的性质.

教学方式:

现代手持技术支持下的探究式教学方式.

教学用具:

TI 图形计算器和几何画板.

本节课我将采用现代手持技术支持下的探究式教学方式, 借助 TI 图形计算器和几何画板, 紧紧抓住教学重点, 力争突破教学难点.

教学过程:

本节课一共分为五个阶段: 概念形成、性质探究、应用举例、课堂小结、布置作业. 性质探究是本节课的核心, 实际教学大约用时 35 分钟, 其中学生探究用时 28 分钟.

一、概念形成

我从指数函数的概念引入, 让学生从形如 $y=x$, $y=x^2$, $y=x^3$, $y=x^{\frac{1}{2}}$, $y=x^{-1}$, $y=x^{-\frac{2}{3}}$, $\cdots$, 的函数中抽象出幂函数的概念, 并把它与指数函数概念做了对比. 在此既抓住了重点——幂函数的概念, 又渗透了类比推理的思想.

二、性质探究

本阶段分为三个环节: 教师引导环节、学生探究环节、教师演示环节.

1. 教师引导环节

我通过两个问题对学生进行引导, 帮助学生突破难点.

问题 1 当 α 取不同值时, 幂函数的图象和性质有哪些共性和特性?

这是启发学生如何研究一类未知函数.

问题 2 对一个具体函数, 应从哪些方面研究?

这是复习研究一个具体函数的一般方法.

2. 学生探究环节

由于幂函数的图象与性质比较复杂, 因此本环节遵循从特殊到一般的认知规律安排教学. 同时针对我校生源较好的特点, 设计了必选和自选, 必选落实课标要求, 自选让部分同学得到更好的提升.

首先让学生在同一坐标系中画出课标规定的 5 个幂函数: $y=x$, $y=x^2$, $y=x^3$, $y=\frac{1}{x}$, $y=x^{\frac{1}{2}}$ 的图象, 根据它们的图象与性质去归纳幂函数的一般性质. 我把它称为 "必选".

请看实录. (视频 1: 实际教学中, 学生兴趣很高, 认真探索, 主动合作交流, 有借助图形计算器的, 也有直接从解析式进行研究的)

学生在归纳时, 得出了课本要求的性质. 对于学生的表述不够严谨, 我及时进行纠正.

请看实录．（视频 2：学生归纳得出课本要求的性质，教师注意纠正学生的表述）

此时学生还没有注意到我给的五个函数中只有 $y = x^{-1}$ 是幂指数小于 0 的情形，因此对小于 0 的情况做出的归纳是不合理的，这是学生得到的错误结论：当 $\alpha < 0$ 时，幂函数在 $(0, +\infty)$ 上递减，在 $(-\infty, 0)$ 上递减．（×）

紧接着又有学生从这五个函数中发现了 α 奇偶性方面的结论．

请看实录．（视频 3：同学甲提出当 α 为奇数时幂函数是奇函数，当 α 为偶数时幂函数是偶函数；同学乙提出当幂函数是非奇非偶函数时图象过原点）

在以上过程中，学生不仅从定义域、值域、奇偶性、单调性、零点、图象特征等方面进行研究，还抓住了奇偶性和单调性这两个重要方面．

针对出现的问题，我要求学生自选至少三个与前面不同的幂函数进行研究（我把它称为"自选"），一是验证前面得到的结论正确与否，二是发现新的结论．

此时，图形计算器的使用对突破难点起到很好的辅助作用．

由于前面讨论比较充分，在这个阶段的探索中没有再出现新的结论，因此我选择了两位学生的作品进行演示，引导学生进行验证分析．

首先是更正 $\alpha < 0$ 时得到的错误结论，请看实录．（视频 4）

其次是奇函数偶函数问题，请看实录．（视频 5）

最后是非奇非偶函数问题，请看实录．（视频 6）

在后两个实录中，我分别指出：（1）需要进一步探究什么样的幂函数会是奇函数或偶函数；（2）需要进一步探究什么样的幂函数是非奇非偶函数．这是提醒学生从奇偶性的角度研究幂函数至关重要．

3. 教师演示环节

因为预计学生很难得到比较全面的结论，所以我制作了几何画板课件，演示幂函数图象在第一象限的变化情况．

实际教学时，我先引导学生分析为什么只需考虑图象在第一象限的变化情况，因为前面对奇偶性已经有了一定的认识，学生很快就能理解．

请看实录．（视频 7：应用几何画板课件，演示幂函数图象在第一象限的变化情况）

计算机的演示是对前面研究很好的补充，使学生不满足于课本要求．在演示过程中我引导学生发现幂指数在 1 和 0 处函数图象出现了明显的变化，这是学生探究时没有想到的，促使学生对自己刚才的探究思路有一个反思，以便在课后研究时调整思路．

三、应用举例

在此我设计了两个例题．

例 1 根据前面的研究成果，不借助图形计算器，画出函数 $y = x^{\frac{2}{5}}$ 的草图，并得到相应的性质．

这是让学生应用归纳结果来完成，落实教学目标1.

例 2 比较下列各组数的大小．

(1) $(-0.38)^3$，$(-0.39)^3$；

(2) $(a^2+2)^{-\frac{2}{3}}$，$2^{-\frac{2}{3}}$.

这是让学生建立幂函数模型，再利用其性质比较大小，培养学生建立函数模型解决问题的意识.

四、课堂小结

我引导学生从知识与方法两个方面对本节课进行小结. 小结情况如下：

1. 幂函数的概念及其与指数函数的区别.

2. 幂函数的图象和基本性质.

3. 研究一般函数的图象和性质的方法.

五、布置作业

我给学生留了两个层次的作业.

作业 1：课本第 110 页，习题 A，1，2，4，习题 B，1，3.

这是巩固基础知识，是对全体同学的基本要求.

作业 2：在本节课和作业 1 的基础上，参阅课本的思考与讨论、探索与研究，系统分析不同幂指数的幂函数的性质.

这是给有兴趣、有余力的同学准备的，希望他们将幂函数性质的探究延伸到课下.

以上是我对这节课的教学设计，其中难免有不足之处，真诚地希望得到各位专家、各位老师的批评指正，以使我在今后的教学中加以改进.

谢谢！

《数形结合》说课稿

北京师大二附中 黄 悦

北京市一等奖 2012 年 5 月

各位专家、各位老师：

你们好！我是北京师大二附中的数学教师黄悦．

我说课的内容是《数形结合》，这是一节针对数学思想方法的高三复习课．下面我将从教学内容、教学目标、教学过程、教学特点这四个方面进行说明．

一、教学内容

数形结合思想是数学解题中常用的思想方法，其实质是将抽象的代数语言与直观的几何图形结合起来，关键是数与形之间的等价转换．数形结合思想方法的应用，包含"以形助数"和"以数辅形"两个方面．

授课班级为我校文科试验班，学生通过高中前两年的学习，已经对数形结合思想有了一定的认识，对于基本问题的解决比较容易入手．但是学生对数形结合的理解多局限于"以形助数"这个方面，对于数形结合思想缺乏全面的认识，对于数形结合的应用缺乏等价转换的意识．鉴于以上分析，我确定了本节课的重点和难点．

教学重点是完善对数形结合思想方法的认识．教学难点是数与形的等价转换．我所采用的教学方式和手段是，以问题解决作为线索，采用学生探究与教师启发相结合的教学方式，借助实物投影和几何画板辅助教学．

二、教学目标

基于以上分析，我确立了如下的教学目标：

1. 理解数形结合的本质就是从数和形两个角度看问题；

2. 能针对具体问题，选择恰当的方法，运用数形结合思想解决问题，提升数学思维能力；

3. 在问题解决的探究和反思过程中，完善对数形结合思想的认识，领悟数形结合转化过程中的等价性，形成严谨求实的思维品质．

三、教学过程

为了实现本节课的教学目标，我将教学过程分为四个环节：问题引入、问题探究、方法总结、作业巩固．

1. 问题引入

在问题引入环节，我选了一道北京市高考题作为引例，入手不难，计算量不大，符合学生的认知水平．这是一道较为典型的能借助函数图象解决的题目，画出函数图象，解题更加直观简捷．课堂上，不少学生根据解析式画出函数图象，从几何意义入手解题．也有一部分学生见到代数条件，就只想到数，直接解不等式．显然，后者还缺乏数形结合的意识．

通过这个题目，我着重强调：一个问题通常可以从数和形两个方面认识．引导学生主动从数和形两个角度看问题，同时，通过对问题的分析培养学生数形结合的意识．

2. 问题探究

问题探究是本节课的核心环节．三个例题的设计思路分别为体现由数到形的直观、体现由形到数的精确、体现数形结合的等价转换．

◎ **例题 1 的教学设计想法和实施**

本题可以用多种方法求解，为了突出本节课的教学内容，我主要想呈现从代数角度解题和从几何意义求解这两种思路．

在实际教学中，学生给出了两种解题方法：方法一是从代数形式入手，将问题转化成二次函数求最小值；方法二挖掘了问题的几何背景，用 $x+y=1$ 表示直线方程，把 x^2+y^2 看作直线上的点到原点距离的平方，将问题转化为求直线上的点到原点距离平方的最小值．

通过这个题目，学生再次体会到了，对一个问题可以从数和形两方面认识，恰当选择几何意义的切入点，解题思路更加直观．

◎ **例题 2 的教学设计想法和实施**

通过引例和例题 1，我引导学生从数和形两个角度看问题，增强数形结合的意识．学生能初步将代数表达式与几何形式联系起来解题，并体验到了"以形助数"的直观、简捷．接下来，我进一步借助例题 2 让学生体验数形结合的另一个方面：用代数精确刻画几何直观，即"以数辅形"．

在实际教学中，绝大多数学生都从代数形式入手，将问题转化成面积函数，通过均值定理求最小值．本题提出的是一个三角形面积的问题，实际是一个几何问题，而从几何角度解决有一定的困难，我请学生课后思考．这个题目的求解体现了将几何问题转化为代数问题解决的过程．通过这种分析，使学生认识到数形结合思想的应用不仅是借助图形解决代数问题，也包括利用代数形式解决图形问题这一方面，从而完善了对数形结合思想的认识．

◎ **例题 3 的教学设计想法和实施**

我设计前两个例题，是为了分别体现数与形的转换过程中"形更直观""数更精准"这两个方面，设计例题 3 则是想体现数与形的等价转换，这也是本节课的难点．如何才能让学生在解决问题的过程中完善解题方案，顺利突破难点？这是我着重考虑的事情．我设计了这样一个问题：当一条线段和动椭圆有公共点时，求参数的取值范围．在题目中我设计了两问，意图是引导学生自主发现问题，对问题的研究逐渐深入．

对于第一小问，多数学生是这样分析的：当线段的两个端点一个在椭圆外（或在椭圆上），另一个在椭圆内（或在椭圆上）时，线段与椭圆有公共点，所以当线段与椭圆有公共点时，线段端点一个在椭圆外（或在椭圆上），另一个在椭圆内（或在椭圆上），并列出相应不等式组进行求解，学生的演算结果和正确答案一样．这时，一个学生提出：线段与椭圆有公共点时，线段的端点也可能都在椭圆外．我肯定了她的想法，并借助几何画板进行演示．请看教学实录（略）．

经过这种演示学生看到，线段的两个端点都在椭圆外时，线段中间与椭圆也可能有公共点．这使学生认识到，之前的解法有漏洞．

我进一步引导学生考虑：如何对刚才的问题进行等价的转换？经过思考，学生对问题进行了这样的转换（PPT 演示转换过程）：要使线段和椭圆有公共点，只需将线段所在的直线方程与椭圆方程联立，消去 y，得到关于 x 的一元二次方程，方程应有解并且解的范围由线段端点横坐标确定．可以看出，这样的解答过程实现了等价转换，教学难点被突破了．

请看教学实录（略）．

有了正确的方法之后，学生顺利地完成了第二小问的解答．

此题也可借助参变分离或是检验切点坐标的方法完成，但是对于学生有难度，限于时间关系，由我给出简单提示，留给学生课后继续完成．

通过对此题的分析，学生经历了由几何直观的不全面，到反思代数表述是否等价，再通过对几何图形的全面分析，最终实现数形结合的等价转化这样一个思维过程．

3. 方法总结

在方法总结这个环节，我归纳本节课的要点如下，

运用数形结合思想方法解题时，要遵循三个原则．

◎ 简便性原则：应具体问题具体分析，恰当选择数形转换方式，使解题过程更简捷．

◎ 双向性原则：由数化形，由形化数，图形问题也可以转换为代数问题，"数"的精确有利于规范阐明"形"的属性．

◎ 等价性原则：数形结合，贵在等价．代数形式与几何图形的转换必须是等价的，否则解题将会出现漏洞．

这与之前的问题解决过程相呼应，引导学生从方法操作层面上升到解决问题的主动意识和规范思维．

4. 作业巩固

最后，我布置了本节课的课后作业，希望学生通过对数形结合更为全面的认识，遵循以上二个基本原则，提高解决此类问题的能力．

四、教学特点

本节课主要突出了以下几个特点：

1. 研究问题的气氛浓厚，以独立思考和交流为主，学生的参与度很高；

2. 问题切入的难度不大，但落点不低，符合学生的认知规律；

3. 以习题为载体，着眼点在数学思想方法，通过较高的立意充分发挥习题的效益，使学生收获更大．

以上是我对数形结合这节课的教学设计及教学实施过程的说明，不妥之处，恳请各位专家和老师批评、指正．

谢谢！

《导数的概念》说课稿

北京师大二附中　王先芳

北京市一等奖　2012 年 7 月

各位评委、各位老师：

下午好！

我是北京师大二附中的数学教师王先芳.

这次我说课的内容选自人教版普通高中课程标准实验教科书（B版）数学选修 2－2 第一章《导数及其应用》第一、二节.

下面我将从教学内容、教学目标、教学过程及教学特点和反思等方面来谈谈我对本节课的认识.

一、教学内容的认识

【教学内容分析】

这章学习的主要内容是导数的概念及其应用，导数的概念是微积分的核心概念之一. 对于已学习过的基本初等函数和几何问题，导数的学习将提供一种有效的研究工具.

在这一章，学生将面对从有限到无限的过渡，抽象程度发生了质的改变，这对学生来说，必然是一次挑战.

教参中是这样来安排教学的：

本章教学时间约需 24 课时，具体分配如下（仅供参考）：	
1.1　导数	
1.1.1　函数的平均变化率	2 课时
1.1.2　瞬时速度与导数	2 课时

我任教的班级是二附中普通理科班，若按教参的要求，用 2 课时讲函数平均变化率略显单薄，达不到课堂教学的有效性，所以我把前两节的教学内容整合为 2 课时. 今天这节课是第一课时，重点讲清楚函数的平均变化率，通过引入瞬时速度来建立导数的概念；第二节课再通过实例分析，深入理解导数的概念.

【教学重点与难点】

重点：函数平均变化率和导数概念的建立.

难点：导数概念的理解.

二、教学方法的使用

本节课主要采用的是启发式教学，综合使用了讲授、问答等方式.

三、教学目标的确定

这节课不仅是一节重要的概念课，同时也是这一章的起始课，所以，这节课还肩负起构建导数这一章学习框架的任务，体现出一节数学分支起始课的特点．

基于以上认识，我制定了以下教学目标：

1. 理解函数平均变化率的概念，初步理解导数的概念及符号记法．

2. 渗透从特殊到一般，从具体到抽象的研究问题的方法，培养学生归纳、抽象和概括的能力．

3. 了解本章知识结构，初步体会微积分这门课程中的一些基本思想，如以直代曲、极限思想等．

四、教学过程的设计

为了实现上述教学目标，我把这节课分为四个环节，下面依次予以说明．

（一）背景介绍　激发兴趣

我依次介绍了推动微积分发展的四类问题，目的是让学生了解本章所学内容，并用问题驱动，激发学生求知的愿望．

> 1. 研究运动的时候直接出现的，也就是求瞬时速度的问题．如违章车辆信息需要提供瞬时速度．
>
> 2. 求曲线的切线问题．
>
>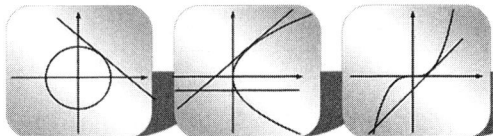
>
> 3. 求函数的最大值和最小值．如课本 P32 例 3 从实际问题抽象出来的表达式如何求最小值？
>
> $$T(x) = \frac{\sqrt{150^2 + x^2}}{30} + \frac{300 - x}{50},\ 0 \leq x \leq 300$$
>
> 4. 求曲线长、曲线围成的面积、曲面围成的体积等．
>
>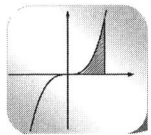

【设计意图】

通过介绍这四类问题，一方面让学生认识到微积分是源自于现实世界的，另一方面对于提出的新问题现在要解决又存在困难，所以需要一个有力的工具，那就是导数．同时我指出，这四类问题将在本章的学习中逐一涉及，而这节课，我们将共同研究第一类问题．

（二）创设情境　归纳共性

这一环节要解决的主要问题是从提供的三个情境中归纳出共性，从而抽象出函数平均变化率的概念，为瞬时变化率概念的建立奠定基础．

1. 概念铺垫

我给学生依次创设了三个情境.

情境1：房价走势

北京市某小区房价走势图

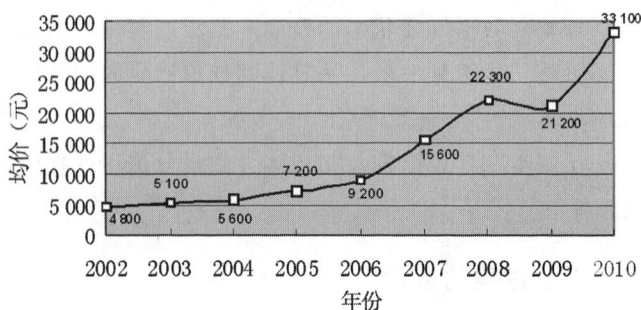

| 设问 | 房价哪一年增幅最大？2008—2010年房价的年平均变化率怎么算？

情境2：爬山

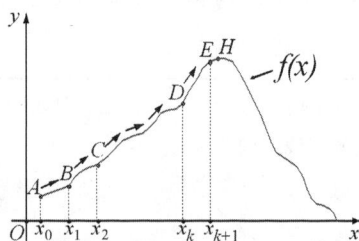

| 设问 | 哪段山路最陡？为什么？D，E 之间高度的平均变化率怎么算？

情境3：高台跳水

设在10米跳台上，运动员跳离跳台时竖直向上的速率为 6.5 m/s.

运动员在时刻 t 距离水面的高度 $h(t)=10+6.5t-\dfrac{1}{2}gt^2$，

其中 g 为重力加速度，$g \approx 9.8$ m/s².

于是，$h(t)=10+6.5t-4.9t^2$.

| 设问 | 如何求 1.5 s 到 2 s 的平均速度？

学生活动

(1) 情境1学生易从形的角度，用两点确定的直线的斜率 k 来刻画房价增幅大小. 斜率越大，房价增长得越快；2008—2010 年房价的年平均变化率为 $\dfrac{33\,100-22\,300}{2\,010-2\,008}=5\,400$.

（2）情境 2 有学生仿照情境 1，认为斜率越大，说明山越"陡"．D，E 之间高度的平均变化率用 $\dfrac{f(x_{k+1})-f(x_k)}{x_{k+1}-x_k}$ 来表示．此时，也有同学发现两点之间山路并不是平直的，经过讨论，学生想到将弯曲的山路分成许多小段，在每一个小的区间内，山坡可视为平直的，那么就可以用区间端点的斜率来近似刻画．对于这个想法，我给予了充分的肯定．此想法一方面体现了微积分中以直代曲的重要思想，另外，为了刻画得较为准确，希望区间越小越好的想法体现了微积分中极限的思想．

（3）情境 3 学生从物理的角度思考，自然的处理方式就是用位移的改变量除以时间的改变量，即位移的平均变化率为 $\dfrac{h(1.5)-h(2)}{1.5-2}=-10.65$.

【设计意图】

（1）情境 1 的选择主要考虑贴近学生生活，直观感强，易于入手．两点间是直线段连接，问题解决没有阻碍．

情境 2 仍然源于生活，生活的体验能帮助学生转化到斜率的概念，但相对情境 1，由于两点间连线不再是直线段，如何解决问题？这对于学生来说，思维认识上需要有本质的改变．即需要体现出以直代曲以及极限的思想．

情境 3 一方面考虑前两个情境的直观性强，学生易转化到形的角度，所以作为补充，需要选择一个学生易从数的角度思考的例子；另一方面，为了帮助学生顺利地完成从函数平均变化率到瞬时速度的过渡，我选择了情境 3 这样一个有具体函数表达式，且有物理背景的问题．

（2）三个情境在理解平均变化率方面，有如下考虑．情境 1 房价的平均变化率是确定的数的比值，过渡到情境 2 高度的平均变化率是抽象的式的比值，思维上是递进的关系．而情境 3，通过代入具体函数式的计算过程，帮助理解抽象的式的比值．

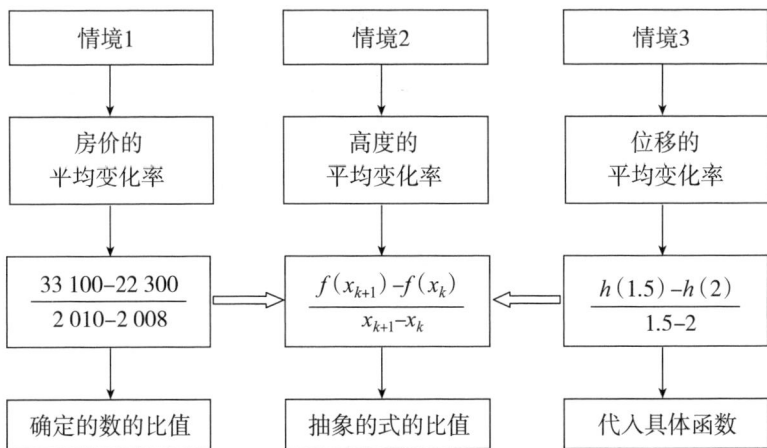

```
情境1          情境2          情境3
  ↓              ↓              ↓
房价的         高度的         位移的
平均变化率      平均变化率      平均变化率
  ↓              ↓              ↓
33 100–22 300   f(x_{k+1})–f(x_k)   h(1.5)–h(2)
─────────── ⇒ ─────────── ⇐ ───────────
2 010–2 008      x_{k+1}–x_k         1.5–2
  ↓              ↓              ↓
确定的数的比值   抽象的式的比值   代入具体函数
```

2. 概念形成

根据上面的三个情境，我引导学生从特殊到一般，具体到抽象进行归纳，强调上述三个平均变化率的共性：$\dfrac{\text{对应函数值的量}}{\text{自变量的改变量}}$，进而引出函数平均变化率的概念．并从数和形两个角度加以强调．

```
┌─────────────────┐
│ 房价的平均变化率 │
├─────────────────┤      ┌──────────────────────────────────────────┐
│ 高度的平均变化率 │ ═══▷ │ 已知函数 y=f(x)，x₀，x₁ 是其定义域内不同  │
├─────────────────┤      │ 的两点，记 Δx=x₁-x₀，Δy=y₁-y₀=f(x₁)-f(x₀)，│
│ 位移的平均变化率 │      │ 则当 Δx≠0 时，商 ... 称作               │
└─────────────────┘      │ 函数 y=f(x) 在区间 [x₀，x₁]（或 [x₁，x₀]）的平 │
                         │ 均变化率．                                 │
                         └──────────────────────────────────────────┘
```

已知函数 $y=f(x)$，x_0，x_1 是其定义域内不同的两点，记 $\Delta x=x_1-x_0$，$\Delta y=y_1-y_0=f(x_1)-f(x_0)$，则当 $\Delta x\neq 0$ 时，商 $\dfrac{f(x_0+\Delta x)-f(x_0)}{\Delta x}=\dfrac{\Delta y}{\Delta x}$ 称作函数 $y=f(x)$ 在区间 $[x_0，x_1]$（或 $[x_1，x_0]$）的平均变化率．

有了函数平均变化率的概念做铺垫，接下来过渡到瞬时速度的建立．我设计了环节 3.

（三）实例再探　形成概念

这个环节要解决的问题是建立瞬时速度（即导数）的概念，也是本节课需要突破的难点．

我重新回到情境 3，提出了新的问题：

如何求运动员在某一时刻的瞬时速度？如 $t=2$ 时的瞬时速度？

问题解决的关键是通过无限逼近的思想，建立瞬时速度的概念．这个环节，我仍然分为概念铺垫和概念形成两个阶段．

1. 概念铺垫

分为三步　提出策略 ⟶ 数值逼近 ⟶ 解析式分析

提出策略：对于关键性的第一步，经过交流后提出两种处理方式．

（1）对于 $[2，2+\Delta t]$ 这个区间，当 $\Delta t>0$ 且趋近于 0 时，区间的长度越来越小，求得的函数平均变化率越来越趋近于 $t=2$ 时刻的瞬时速度．

（2）对于 $[2-\Delta t，2]$ 这个区间，当 $\Delta t>0$ 且趋近于 0 时，区间的长度也越来越小，求得的函数平均变化率也越来越趋近于 $t=2$ 时刻的瞬时速度．

两者的区别在于（1）是从 $t=2$ 的右边逼近，（2）则从左边逼近．虽然两者本质一样，都是无限逼近 $t=2$ 时刻，但是考虑到学生初次接触从有限到无限思维方式的变化，所以对于从不同方向趋近 $t=2$ 时刻，我均给予了数值逼近和解析式分析．

数值逼近：我给学生演示了课件．位移函数 $y=h(t)$ 中：

时间区间	时间间隔	相应位移改变量	位移平均变化率（即平均速度）
$[2，2+\Delta t]$	Δt	$\Delta h=h(2+\Delta t)-h(2)$	$\dfrac{\Delta h}{\Delta t}$
$[2，2.1]$	0.1	-1.261	-12.61
$[2，2.01]$	0.01	$-0.130\,51$	-13.051
$[2，2.001]$	0.001	$-0.013\,095\,1$	$-13.095\,1$
$[2，2.000\,1]$	0.000\,1	$-0.001\,309\,951$	$-13.099\,51$
$[2，2.000\,01]$	0.000\,01	$-0.000\,131$	$-13.099\,951$
…	…	…	…
趋近于 $t=2$ 时刻	趋近于 0	趋近于 0	趋近于 -13.1

时间区间	时间间隔	相应位移改变量	位移平均变化率（即平均速度）
$[2-\Delta t,\ 2]$	Δt	$\Delta h = h(2) - h(2-\Delta t)$	$\dfrac{\Delta h}{\Delta t}$
$[1.9,\ 2]$	0.1	-1.261	-12.61
$[1.99,\ 2]$	0.01	$-0.130\ 51$	-13.051
$[1.999,\ 2]$	0.001	$-0.013\ 095\ 1$	$-13.095\ 1$
$[1.999\ 9,\ 2]$	$0.000\ 1$	$-0.001\ 309\ 951$	$-13.099\ 51$
$[1.999\ 99,\ 2]$	$0.000\ 01$	$-0.000\ 131$	$-13.099\ 951$
...	...	...	...
趋近于 $t=2$ 时刻	趋近于 0	趋近于 0	趋近于 -13.1

【设计意图】

希望学生发现当 $\Delta t > 0$ 且趋近于 0 时，Δh 也趋近于 0，但是它们的比值 $\dfrac{\Delta h}{\Delta t}$ 却趋近于一个常数 -13.1. 通过定量分析能让学生感受平均速度在时间间隔 Δt 越来越小时向瞬时速度逼近的过程.

解析式分析：对于两个方向的无限逼近，我分别进行了解析式的分析，化简后得到

$$\frac{\Delta h}{\Delta t} = \frac{h(2+\Delta t) - h(2)}{\Delta t} = -13.1 - 4.9\Delta t$$

当 Δt 趋于 0 时，$4.9\Delta t$ 也趋于 0，平均速度趋近于 -13.1

以及

$$\frac{\Delta h}{\Delta t} = \frac{h(2) - h(2-\Delta t)}{\Delta t} = -13.1 - 4.9\Delta t$$

当 Δt 趋于 0 时，$4.9\Delta t$ 也趋于 0，平均速度趋近于 -13.1

【设计意图】

希望学生发现当 Δt 趋于 0 时，$4.9\Delta t$ 也趋于 0，平均速度趋近于 -13.1. 从表达式角度体会极限思想. 从以上计算结果可以看出，从不同方向逼近 $t=0$ 时，函数平均变化率表达式有所不同. 但我指出，相同的是，区间长度均无限逼近 0 且对应区间的函数平均变化率均趋近于确定的常数. 这正是问题的本质.

另外，也有学生选取对称区间来逼近，原因是物理上打点计时器实验测瞬时速度就是取对称区间，这种做法和刚才讲到从左右两边分别趋近 $t=2$，本质上没有区别.

2. 概念形成

根据这个具体的例子，我再次引导学生从特殊到一般，从具体到抽象，得出函数的瞬时变化率即导数的概念.

位移函数 $h(t)$ 中：位移的平均变化率 $\frac{\Delta h}{\Delta t}$，当 Δt 趋近于 0 时，$\frac{\Delta h}{\Delta t}$ 趋近于瞬时速度

$\Downarrow$

一般函数 $f(x)$ 中：函数的平均变化率 $\frac{\Delta f}{\Delta x}$，当 Δx 趋近于 0 时，$\frac{\Delta f}{\Delta x}$ 趋近于瞬时变化率

$\Downarrow$

函数的瞬时变化率（导数）

设函数 $y=f(x)$ 在 x_0 及其附近有定义，当自变量在 $x=x_0$ 附近改变量为 Δx 时，函数值相应的改变量 $\Delta y=f(x_0+\Delta x)-f(x_0)$，如果当 Δx 趋近于 0 时，平均变化率 $\frac{\Delta y}{\Delta x}=\frac{f(x_0+\Delta x)-f(x_0)}{\Delta x}$ 趋近于一个常数 l，那么常数 l 称为函数 $f(x)$ 在点 x_0 处的瞬时变化率，上述过程通常记作

当 $\Delta x \rightarrow 0$ 时，$\frac{f(x_0+\Delta x)-f(x_0)}{\Delta x} \rightarrow l$，也可记为

$\lim\limits_{\Delta x \to 0} \frac{f(x_0+\Delta x)-f(x_0)}{\Delta x}=f(x_0)$.

函数的瞬时变化率通常称为 $f(x)$ 在点 x_0 处的导数，并记作 $f'(x_0)$，此时又称 $f(x)$ 在点 x_0 处可导

根据定义，得出求函数 $y=f(x)$ 在点 x_0 处的导数的步骤，再次认识导数的概念，加深对概念的理解.

（1）求函数的增量：$\Delta y=f(x_0+\Delta x)-f(x_0)$；

（2）求平均变化率：$\frac{\Delta y}{\Delta x}=\frac{f(x_0+\Delta x)-f(x_0)}{\Delta x}$；

（3）取极限，得导数：$f'(x_0)=\lim\limits_{\Delta x \to 0}\frac{\Delta y}{\Delta x}$.

[概念说明]

（1）从数的角度认识，导数是函数平均变化率的极限.

（2）从形的角度留给学生课下思考，为后续研究导数的几何意义做铺垫.

（四）引导小结　设疑再思

1. 引导小结

我带领学生从知识和方法上进行小结，我特别指出，今天我们所接触到的以直代曲、极限的思想是微积分中很重要的思想，而对于函数平均变化率和导数这两个重要概念的学习，我们两次用了从特殊到一般、从具体到抽象的研究问题的方法.

2. 设疑再思

最后，我把教材中的探索与研究问题进行了修改，改变了提问方式，降低了难度，作为作业的思考题.

我们知道，圆面积 S 是半径 r 的函数：$S(r) = \pi r^2$，利用导数的定义，求 S 对 r 的导数，你发现了什么？类似地，球体积 V 是半径 r 的函数：$V(r) = \dfrac{4\pi r^3}{3}$，利用导数的定义，求 V 对 r 的导数，你又发现了什么？

【设计意图】我这样修改的原因有二.

（1）如果直接给出结论，担心个别知道求导公式的学生不再关注问题的本质.

（2）结合课堂教学，希望学生能利用导数的定义，先发现结论，在后续的学习中继续研究其本质.

五、教学特点与反思

在这节课的设计中，我关注了以下几个方面.

1. 结合教学内容精选实例，以真实的情境激发学生的学习热情. 另外，通过对实例的剖析，将学习内容中的平均变化率与学生已有的斜率概念同化，而对于瞬时速度不易同化，通过从不同角度阐述概念形成的过程帮助学生顺化，最终达到认知上的平衡. 这样的设计有利于落实重点，突破难点.

2. 适时讲述数学文化，通过介绍促使微积分创立的四类问题，有助于学生对本章知识结构的理解和掌握. 同时注重调动学生思维的积极性，努力创设一个和谐的课堂氛围，在我和学生的讨论交流中，完成了教学任务.

3. 因材施教. 结合我教学生的实际认知水平，对教材内容进行整合，教学设计基于教材，又不拘泥于教材，从教学效果来看，达到了预定的教学目标，实现了有效教学.

课后，我对这节课进行了反思，发现在"瞬时速度"的教学中，有学生提出利用对称区间来逼近 $t=2$ 时刻，我肯定了这种想法，但是，我认为更好的处理方式是课后提供给全体学生思考，看情境 3 中如果利用对称的方式逼近，函数平均变化率化简后有何特点，如果进一步把本例中的位移函数表达式 $h(t) = 10 + 6.5t - 4.9t^2$ 改成 $h(t) = 10 + 6.5t - 4.9t^3$，情况又将如何？

以上是我对这节课的设计说明，恳请各位专家批评、指正. 谢谢！

《立体图形与它的展开图》说课稿

北京三帆中学　陈立雪

北京市一等奖　2012年7月

各位评委、各位老师：

大家好！

我是北京三帆中学的数学教师陈立雪.

今天我说课的课题是《立体图形与它的展开图》，内容选自人教版七年级上册第四章第4.1.1节.

下面，我将结合我的教学实践，从教学背景、教学目标和教法、教学过程、教学特点以及学习效果反馈几方面进行以下说明.

一、教学背景分析

在小学阶段，学生已经对长方体、正方体、圆柱和圆锥的展开图有了初步认识. 在本章总体设计中提到："建立和发展学生的空间观念是图形与几何学习的核心目标之一"，《几何图形》一节作为初中几何的引导课，在培养空间观念方面起到了重要作用，是学生以后学习几何的重要基础. 在高中的数学必修课程中，学生将继续系统地学习《空间几何体》的知识内容.

我抓住这个特点，并结合我校学生的情况，将教材中的内容进行适当的挖掘和拓展，旨在培养学生的空间想象力和学习几何的兴趣，对逻辑推理能力的培养也有积极作用.

二、教学目标和教法

1. 教学目标

基于上述考虑，我为这节课制定了知识技能、数学思考、问题解决、情感态度四个方面的教学目标：

（1）了解展开图的概念，能判断常见立体图形的展开图；

（2）通过探索正方体的展开图，初步建立符号意识、发展空间观念；

（3）经历研究问题的过程，初步形成分析、归纳、概括的能力和严谨的思维习惯；

（4）体会数学的应用价值，形成乐于思考、勇于实践的研究态度.

2. 教学重点、教学难点

教学重点：让学生经历研究正方体展开图的过程.

教学难点：用推理的方法进行立体图形与其展开图的相互转化.

3. 教学方法

教师演示与学生探究相结合.

4．教学用具

实物教具和学具，计算机课件，学案．

三、教学过程设计

为达到上述教学目标，我为本节课设计了 4 个教学环节：情境引入，实践探究，推广运用，总结提升．下面我将分环节进行说明．

1．情境引入

通过生活中包装盒的折叠、拆装现象，引出展开图的直观概念，让学生认识到课题背景是真实的．

2．实践探究

我通过两个问题情境带领学生对常见立体图形的展开图进行研究．

问题 1　包装盒是怎么设计、制作出来的？

我要求学生将课前收集的包装盒沿着黏合处拆开，观察并判断其中哪些部分是原几何体的表面，初步培养学生的动手能力和空间想象力．

由最常见的长方体包装盒的展开图，容易推知正方体的展开图是由六个大小相同的正方形组成．由此引出问题 2.

问题 2　是不是所有由六个相同的正方形组成的图形都能围成正方体？

这个问题情境围绕正方体的展开图进行，是本课的重点教学环节．主要包括 4 个思维层次的教学活动．

活动 1：从动手实践到空间想象．给出一个平面图形，教师先用纸模型演示实物的折叠过程，并得到结论，再配合动画来展示空间想象的推理过程．

活动 2：探究哪些平面图形能围成正方体．

【做一做】发挥你的空间想象力，也可利用正方体模型、方格纸、剪刀等工具，判断下列由 6 个相同的正方形组成的图形能否围成正方体．

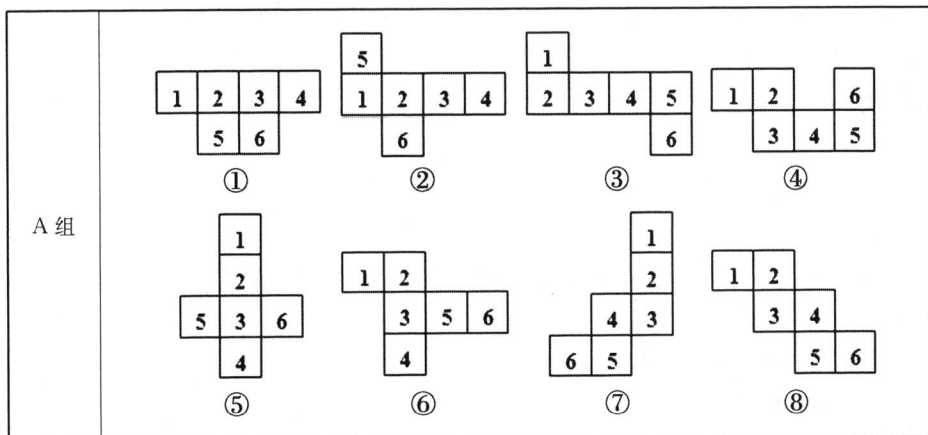

B组

① ② ③ ④

⑤ ⑥ ⑦ ⑧

C组

① ② ③ ④

⑤ ⑥ ⑦ ⑧

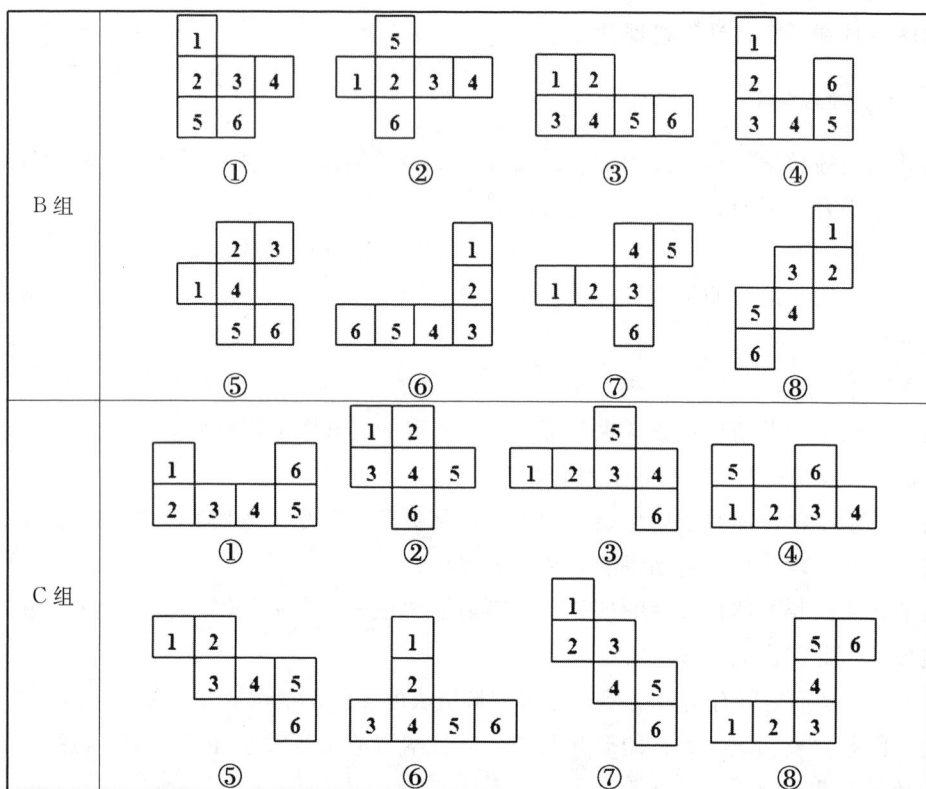

　　课堂上将学生分为三组，分别对 A，B，C 三组图形进行判断，然后各组汇报判断结果，教师将对应的图形按"能围成正方体"和"不能围成正方体"分两栏贴在黑板上，再引导学生继续对"能围成正方体"的一栏图形进行归纳、整理.

　　这个过程分 4 步：①找出其中哪些图形通过旋转、翻转等变化后能够重合，去掉重复的图形；②观察剩下的图形，找出其中具有类似排列方式的图形，并总结排列特征；③补充具备此类特征的其他图形；④对此类图形按一定规律进行整理.

　　活动 3：规律再探.

　　【做一做】请将一个正方体沿着棱剪开，使它能够展成平面图形，且六个面连成一个整体，你剪开了几条棱？

　　【想一想】若要将一个正方体沿着棱剪开成平面图形，且六个面连成一个整体，应该剪开几条棱？说明理由.

　　这个活动给学生设置了两个阶段来寻找结论，学生先通过操作得出猜想，再结合正方体展开图的特点——六个正方形由 5 条公共边连在一起——得出结论：要将一个正方体沿着棱剪开成平面图形，至少需要剪开 7 条棱.

　　活动 4：思维进阶.

　　【思维进阶】在正方体盒子中找出 7 条棱进行标示，沿着标示的 7 条棱剪开，展开后会得到什么样的平面图形？先想一想，再做一做.

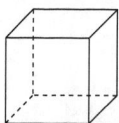

面对问题，只有少数学生能直接通过想象找到结论，大多数学生则先进行了操作，在反复观察展开与合拢的过程中寻找逻辑推理的突破口．在学生展示后，教师再进行补充演示．

设计说明：

活动 1 让学生对立体图形的展开有一个初步的、直观的认识；

活动 2 让学生动手并想象，从教师给出的图形中找出正方体的展开图；

活动 3 结合动手操作过程，让学生找到一些带有规律的东西；

活动 4 给学有余力的学生更高的挑战，根据剪法找出展开图．

以上 4 个教学活动依据不同思维深度进行设计，以达到循序渐进、不断提升的教学效果．

3. 推广运用

首先，我呈现了一个制作长方体纸巾盒的情境，让学生判断按照这 5 个设计图能否成功做出纸巾盒．

某研学小组设计了一款"黄金比例"的长方体纸巾盒，5 名组员各绘制了一张设计图，若不考虑纸盒黏合处的设计，则分别按照下列设计图能成功做出纸巾盒吗？

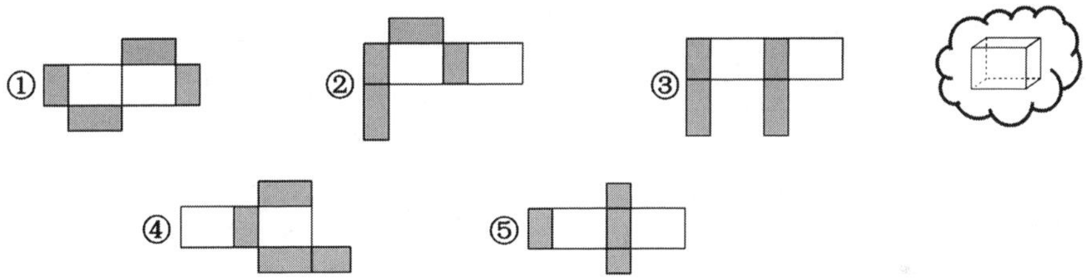

然后，由正方体和长方体两种特殊的四棱柱．联想若将直三棱柱沿着棱剪开，能得到什么样的平面图形？

若将直三棱柱沿着棱剪开，能得到什么样的平面图形？你是怎么思考的？画出你想象的展开图．

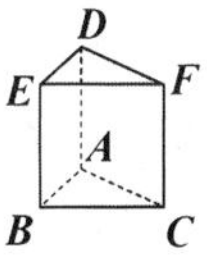

接着，再试试．

你能画出这个三棱锥的展开图吗？

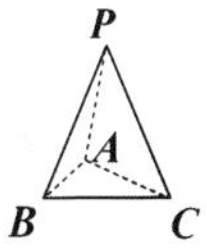

设计说明：

以上三个图形可视为对正方体的类比和拓展．

从正方体到长方体，面的数量和排列没有变，但相对的两个面是否形状相同，拼在一起的边是否相等，这些问题会成为知识迁移过程中的思维难点．

直三棱柱的面有矩形和三角形两种形状，很难一下子找到不同的展开方式．正方体是特殊的四棱柱，若将正方体的上下两面视作底面，容易通过类比得到直三棱柱的第一类展开图（即 1－3－1 型，剪开了一条侧棱），再进行归纳便可找出其他两类展开图（剪开了两条侧棱、三条侧棱）.

学生找到三棱锥的展开图比较顺利. 可将三棱锥看作由三棱柱的一个底面缩小为一个点所得，还可以在两个图形间建立更多的联系，但这不是本课的教学重点，所以我仅在呈现问题时用动画暗示了这一联系.

最后，展示一些包装盒的展开图，让学生描述出它们还原后的形状.

4. 总结提升

在总结提升环节，我先提出两个问题引发学生思考，对知识进行总结梳理. 然后，通过教具和课件，向学生展示了有关平面图形和立体图形的更精彩的创意作品，其中有别出心裁的包装盒，还有让人眼前一亮的立体剪纸，这激发了学生的思考乐趣和创作热情.

最后，针对本课的教学目标和教学内容，我设计了两道作业题.

【课后作业】

（1）动脑动手：试一试，将一个正方体的盒子沿着棱剪开，得到下面的展开图，你是沿着哪些棱剪开的？在图中标出来.

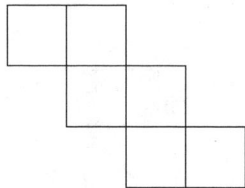

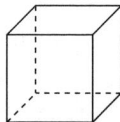

（2）创意空间：用一张 A4 纸，设计并制作一件"立体"作品，可以是包装盒、实物模型、立体剪纸等.

设计说明：

作业题立足于继续提升学生的空间想象力和逻辑推理能力.

第（1）题与"思维进阶"相对应，两个问题一正一反，"思维进阶"让学生找出将正方体沿着指定的棱剪开所得的展开图，而这道题则让学生找出要得到指定的展开图所需要剪开的棱，提高了思维的难度.

作为课堂的延伸，我设计了第（2）题，继续培养学生的思考习惯和动手能力.

四、教学特点分析

1. 问题难度层层递进，循序渐进培养空间想象力

针对培养空间想象力的教学目标，我在课堂上设计了一系列问题，可分为两条主线.

第一条主线：正方体与其展开图的相互转换. 包含了三个层次的问题，穿插在课堂教学和课后作业中.

第二条主线：常见立体图形的展开图. 从特殊到一般、从简单到复杂地举出常见几何体的展开图例子，以不同的形式呈现在课堂上.

```
正方体 → 长方体 → 棱柱 → 棱锥 → 组合体 → 旋转体
  ↓
  → 哪些平面图形能围成正方体?
       ↓
    正方体沿指定棱剪开得到什么图形?
       ↓
    作业:正方体怎样展开成指定图形?
```

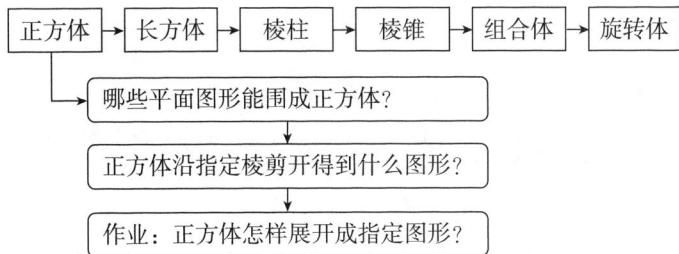

2. 在数学课堂上呈现"探究性"问题,营造探究式学习的教学环境

这一特点主要体现在对正方体展开图的判断、整理环节,意在培养学生解决问题的能力. 而在后续课时的教学中,我发现这一教学环节的设计为学生解决类似问题提供了清晰的分析思路,达到了较为理想的引导效果.

3. 恰当使用各类教具辅助教学

在教学中,我使用了三类教具.

第一类是实物模型,用于搭建课堂与生活之间的桥梁.

第二类是吹塑纸模型,它在探究活动中起到了"卡片"的作用,便于进行直观的观察、比较、归类等操作.

第三类是计算机课件,在课堂上主要发挥了展示图片、图形、动画等功能,让图形展开和变化的过程更清晰、直观. 不过在教学设计中,我仍然注意将学生的操作与想象放在首位,做到主次有别.

五、学习效果反馈

课后,学生对课堂上的思维碰撞显得意犹未尽,尤其对"创意作业"的积极性很高. 较踏实的学生做出各式各样的立体图形,在动手的过程中加深了对展开图的理解,并获得了成功的体验. 动手能力较强的学生制作了实物模型,从作品中可以看出学生对图形的兴趣非常浓厚. 更富有创造热情的学生向立体剪纸发出了挑战,他们的作品虽尚显稚嫩,但这样积极思考、大胆尝试的勇气正是本课希望带给学生的精神财富!

以上就是我对这节课的研究和设计,恳请各位老师批评、指正!

《平面向量基本定理》教学设计

北京师大二附中　姜　涛

—————— 北京市一等奖　2014 年 5 月 ——————

一、教学内容分析

　　平面向量基本定理是向量中非常重要的定理，它揭示了平面向量的基本关系和基本结构，充分体现数与形的结合，是进行向量运算的基本工具，是后续学习平面向量正交分解和坐标表示的基础．同时它是从一维的共线向量基本定理向二维的推广，将来还要推广到三维的空间向量基本定理．

　　课程标准对平面向量基本定理的要求是"了解定理及其意义"，教科书中用具体例子引出定理，而定理的证明为选学，基于此，本节课的重心放在充分让学生体会定理的探究过程，归纳出定理内容并正确理解其意义．这与新课标倡导积极主动、勇于探索的学习方式、注重提高数学思维能力的精神是一致的．

二、学生情况分析

　　授课的班级为我校文科实验班，学生的基础较好，已学过共线向量基本定理．

三、教学目标

　　1. 了解平面向量基本定理及其意义，能够将简单图形中的向量表示为一组基底的线性组合；

　　2. 经历平面向量基本定理的探究过程，让学生体会"由特殊到一般，由一般到特殊"的思维方式，感受"数形结合"的数学思想；

　　3. 在定理的发现过程中，感受数学探究的乐趣．

四、教学重点

　　将简单图形中的向量表示为一组基底的线性组合．

五、教学难点

　　平面向量基本定理的探究和理解．

六、教学准备

　　1. 课时安排

　　本节安排 2 课时，第 1 节课重在平面向量基本定理的探究、理解和应用，第 2 节课重在平面向量基本定理的证明．

2. 教具选择

直尺，三角板，电脑，多媒体投影仪.

七、教学方法

本节课我将采用在教师引导下，学生自主探究的教学方法.

八、教学过程

一、问题引入

教师引导：前面我们学习了平面向量的有关知识，请同学们解决如下问题.

问题 1：如图，在平行四边形 $ABCD$ 中，E，F 分别为 DC，BC 中点，$\overrightarrow{AB}=a$，$\overrightarrow{AD}=b$. 试用向量 a，b 表示：

(1) $\overrightarrow{EF}$，$\overrightarrow{AE}$，$\overrightarrow{AF}$；

(2) $\overrightarrow{DF}$.

学生探索：运用向量知识解决问题.

设计意图：学生通过对此题的解决，复习了前面所学的知识，主要
为本节课的学习做铺垫. 同时借助平行四边形这一特殊图形，学生容易看出平行四边形中不共线的两个向量可以表示其他的向量，由此引出本节课的主题，启发引导学生对于一般情况的探究

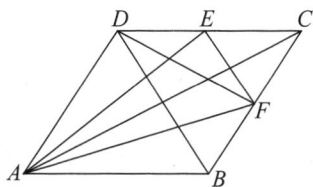

二、定理发现

(1) 创设问题情境，学生自主探究

教师引导：从问题 1 中可以看出平行四边形中的一些向量可以用向量 $\overrightarrow{AB}$，$\overrightarrow{AD}$ 表示，那么在平面上的一个向量，我们是否也能用两个向量表示？请大家看问题 2.

问题 2：如图，试用向量 e_1，e_2 表示向量 c.

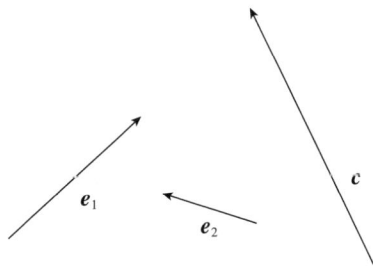

学生探索：学生利用已有的向量知识作图.

教师提问：为什么要平移向量？为什么能平移向量？如何表示向量 c？

教师引导：问题 2 中的向量 e_1，e_2，c 都是我给大家的，下面以同桌为一组，其中一个同学画出三个向量 e_1，e_2，c，另一个同学用向量 e_1，e_2 表示向量 c.

学生探索：学生用直尺、三角板等工具作出图形，并给出解释.

预案一：大部分同学画出的向量都能被表示出来，只有个别同学的表示出现了困难.

让同学展示无法用向量 e_1，e_2 表示向量 c 的情况.

教师引导：为什么不能用向量 e_1，e_2 表示向量 c？这两个向量 e_1，e_2 能表示什么样的向量

预案二：如果学生都能表示出所给向量，教师给出 e_1，e_2 共线的情况并追问其原因.

设计意图：由问题1过渡到问题2以后，学生研究的向量脱离了平行四边形的限制，变成用更为一般的平面上的两个向量来表示平面上的任一向量，为发现定理做一个题设部分的铺垫. 此时教师的追问，学生自身的探究，都成为学生发现定理的助推剂. 由于本节课将不严格证明平面向量基本定理，作图的过程中一定要将定理的存在性、唯一性，通过追问，为学生自主探究做出明确解释.

（2）小组学习交流，明确定理条件

以同桌为一组，其中一人任意画出三个向量 e_1，e_2，c，让另一人用向量 e_1，e_2 表示向量 c，并要求同学之间相互交流所画的图形. 其目的有两个：学生随机构造 e_1，e_2 和 c，图形的位置更具有一般性，便于形成定理；二是希望学生发现共线的两个向量不能表示和它们不共线的向量，明确定理所需条件.

（3）总结作图过程，归纳基本定理

教师引导：通过问题1，2，及小组学习交流，大家有什么发现？

学生归纳：学生通过对作图过程的观察，得到平面向量基本定理的内容.

教师小结：

平面向量基本定理：如果 e_1，e_2 是同一平面内的两个不共线向量，那么对于这一平面内的任一向量 a，有且只有一对实数 a_1，a_2，使 $a = a_1 e_1 + a_2 e_2$. 其中 e_1，e_2 叫作基底，$a_1 e_1 + a_2 e_2$ 叫作 a 的分解式.

教师引导：平面向量基本定理中关键点有哪些？

学生反思：回忆定理发现过程，总结定理中的关键点.

设计意图：从作图到表述定理就是从形到数的一个过程. 教师不代替学生发现和表述定理，而是由学生自主探究、自主总结发现，教师起到引导、辅助作用，特别要关注学生的表述

三、定理应用

教师引导：下面我们应用平面向量基本定理解决问题.

例 1 如图，在平行四边形 $ABCD$ 中，E，F 分别为 DC，BC 中点，$\vec{AE} = e$，$\vec{AF} = f$. 试用向量 e，f 表示：

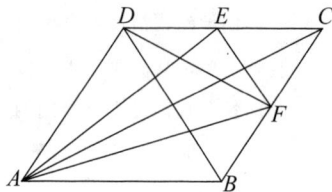

（1）$\vec{AB}$，$\vec{AD}$；

（2）$\vec{DF}$.

学生探索：学生运用所学向量知识解决问题，深入理解平面向量基本定理.

预案一：学生运用向量方程组做出了例1，则启发学生从平面几何的性质入手，看看是否还有不同做法？如果用平面几何仍然做不出来，则留为课后思考.

预案二：学生运用平面几何性质做出了例1，则启发学生从代数角度思考，看看是否还有不同做法？如果学生做不出来，则留为课后思考.

教师总结：无论是借助向量方程组还是平面几何，其目的都是为了用两个不共线的向量表示平面向量，进一步理解、落实平面向量基本定理，通过问题1和例1的对比，在平行四边形中，以向量 $\vec{DF}$ 为例，我们发现基底选择不同，表示向量的形式也会有差异.

设计意图：由平面上研究任意向量表示的一般情境回到平行四边形中的特殊情境，启发学生对于定理的理解和认识，由于问题1和例1的图形背景完全一致，用于表示向量的基底不一样，但平行四边形中的向量都可以被两个不共线的向量表示出来，紧紧围绕平面向量基本定理的核心，加强学生对定理的理解和认识，培养学生科学严谨的精神.

教师引导：那么在平面上的向量表示，选择不同的基底，表示向量会不会也有差异？我们来看例题2，大家如何表示向量 c

续表

例2 向量 e_1，e_2，c 在正方形网格中的位置如图所示，试用向量 e_1，e_2 表示向量 c.

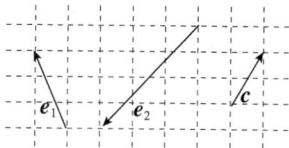

学生探索：学生运用已学知识解决问题，加强对定理运用的意识.

预案一：学生将向量 e_1，e_2 直接作为基底，表示向量 c，追问学生，如何利用 e_1，e_2 表示向量 c？根据什么这样表示？表示的结果是什么？这种表示难度比较大，学生还没有学过三角函数中的相关知识，结果求不出来，肯定学生的做法可行，等到进一步学习以后就可以得出结论，启发学生是否可以像例1中的情况那样变换其他基底来表示？

预案二：同预案一，学生发现向量 e_1，e_2 直接作为基底，表示向量 c 难度很大，重新选择水平和竖直方向上两个向量作为基底来表示.追问学生，这一组基底是什么？根据什么表示向量 c？由学生完成后续表示，课上时间紧张，可课后完善.

教师小结：由例题2可以看出，平面上不共线的两个向量一定能表示平面上的任一向量.当然选择不同的基底，表示向量也会有很大的差异，选择合适的基底会使向量的表示较为简洁.

设计意图：类似于问题2的研究背景，再次将研究平面向量表示的视角一般化，引导学生将所学知识应用于实践，同时也为下一节平面向量正交分解做好铺垫，为学生构建前后一致、逻辑连贯的学习过程

四、课堂小结

教师引导：通过本节课的学习，同学们学到了什么？有什么样的收获？

学生总结：学生回忆整节课的过程，反思并回答课堂所学，加深对定理学习的认识.

教师总结：今天我们从平行四边形中的向量表示出发，通过对平面上任一向量的作图表示，得到了平面向量基本定理，并从代数与几何两个方面深入理解认识，运用定理解决问题.

设计意图：及时反思总结，使学生在掌握数学知识的过程中学会思考，在以后的学习中，可以借鉴本节课的研究过程和方法

五、课后作业

教科书98页练习A组，第1，3，5题，练习B组第2，3题.

设计意图：促进学生复习巩固，加强对定理的理解和应用

附录 **《平面向量基本定理》教案设计说明**

一、教学诊断分析

学习本课内容时学生容易借助前面学习的向量知识，初步得到平面上的两个向量能够表示平面上的其他向量这一粗浅结论，这与最终得到平面向量基本定理的内容相去甚远.平面向量基本定理中的几处关键点，学生很难意识到，这正是本节课的难点所在.学生容易产生不明确的地方有：能够表示平面上其他向量的这两个向量有什么特征？是否平面上任意一个向量都能被表示？表示的结果是怎样的？结果是否唯一确定？

二、教法特点分析

本节课，我认为主要有以下特点：

1.本节课充分体现了学生的主体地位，学生在对定理的探究、归纳、描述、解读和运用的过程中，积极主动地思考，不仅得到了知识，探究未知的能力也得到了提升.

2. 本节课我通过创设探究问题的情境，层层递进．这些探究的问题不仅适度，而且具有紧密的内在联系．在问题的推动下，引导学生逐步深入地分析问题、解决问题、建构知识、发展能力．

三、预期效果分析

本节课我设置了问题1，通过平行四边形中两邻边对应的向量可以表示其他向量，渗透平面上的向量可以被不共线的两个向量表示，为定理的发现做铺垫．为突破探究定理这个难点，我设计了三个环节．第一个环节我设置问题2，让学生探究如何用给定两个不共线的向量表示第三个向量．希望学生意识到：平面上不共线的两个向量能够表示平面上其他向量，结果为其线性组合，相应的系数是唯一确定的，这为定理的形成做铺垫，也为下节课的定理证明做准备．第二个环节是小组学习交流：以同桌为一组，其中一人任意画出三个向量，让另一人用其中的两个向量表示第三个向量，并要求同学之间相互交流所画的图形．学生随机构造的向量，图形的位置更具有一般性，便于形成定理；同时希望学生发现共线的两个向量不能表示和它不共线的向量，明确定理所需条件．第三个环节，抓住时机及时引导学生归纳总结出定理，通过反思刚才的探究过程，整理出定理的关键点，深化对定理的理解．通过以上三个环节，希望能够促进学生比较全面地发现并理解平面向量基本定理，突破难点．

定理应用阶段设置例1，继续使用问题1中的平行四边形，但是换用新的基底，围绕教学重点，延续探究，同时和问题1形成对比，让学生感悟到基底可以是不同的，任意不共线的两个向量都能表示平面上的向量，使学生对定理理解更加深刻．同时，也希望学生从数和形不同的角度思考问题．例2是将平面中的三个向量置于正交网格线中，仍然是用不共线的两个向量表示第三个向量．虽然学生很难从几何角度得出结论，但因为有例1的铺垫，可以从代数角度解决问题．希望能够促进学生思考选择合适的基底表示向量，还为后面平面向量正交分解和坐标表示做好铺垫，构建前后一致、逻辑连贯的学习过程．

本节课通过问题引入、定理发现、定理应用、课堂小结这几个环节的设置，促使学生自主探究、归纳、描述、解读和运用定理，使学生能够比较顺利地获得知识，逐步形成探究新问题的能力．

《方程、函数与实际问题》教学设计

北京三帆中学 李 燕

北京市一等奖 2014 年 9 月

指导思想 与理论 依据	《义务教育数学课程标准（2011 年版）》中明确指出，应当注重发展学生的数感、符号意识、空间观念、几何直观、数据分析观念、运算能力、推理能力和模型思想．为了适应时代发展对人才培养的需要，数学课程还要特别注重发展学生的应用意识和创新意识． 　　模型思想——是体现数学应用价值的典型思想．模型思想的建立是学生体会和理解数学与外部世界联系的基本途径．本节课从当前大家比较关心的环境问题出发，在现实生活或具体情境中抽象出数学问题，用列方程、列函数解析式等方法，表示数学问题中的数量关系和变化规律，求出结果，并讨论结果的意义． 　　几何直观——主要是指利用图形描述、分析问题．例如通过把一元二次方程的有理数解表示在坐标系里面，直观地看到这些解所对应的点在同一条直线上，从而启发学生进一步思考，函数、方程之间的关系及数形结合思想的渗透．通过画函数图象，帮助学生直观地理解方程组的解与直线交点之间的关系． 　　我努力把数学课"讲活""讲懂"和"讲深"．所谓"讲活"，是指教师应通过自己的教学活动向学生展现"活生生"的数学研究工作，而不是死的数学知识；所谓"讲懂"，是指教师应当帮助学生真正理解有关的教学内容，而不是囫囵吞枣、死记硬背；所谓"讲深"，则是指教师在数学教学中不仅应当使学生掌握具体的数学知识，而且还应考虑学生今后学习的需要，领会方程与函数的内在联系
教学背景 分析	教学内容：利用列方程、列函数解析式，及运用图象的方法，解决实际问题．在建立数学模型的过程中，进一步探索方程、函数解析式、直线之间的内在联系． 　　学生情况：授课班级的学生来自本校分层教学中的数学实验班的 B 层，学习基础比较扎实，乐于思考．但是体会数学知识与知识之间、符号与其图形之间、数学与生活之间的联系，运用数学的思维方式进行思考等方面还有待提高．学生通过初一、初二的数学课堂，学习了坐标、二元一次方程（组）、一次函数等内容．对于初中数学，函数、方程都是核心的知识．需要知识之间进行对比和联系，需要融会贯通．通过自己编题等方式增强发现和提出问题的能力、分析和解决问题的能力
教学目标 （内容框架）	1. 体会方程、函数、图形等数学知识之间、数学与生活之间的联系，运用数学的思维方式进行思考． 　　2. 增强发现和提出问题的能力、分析和解决问题的能力． 　　3. 通过数学建模把数学应用到客观世界中，产生巨大的效益，又反过来促进数学科学的发展． 　　4. 帮助学生积累数学活动经验，如何把实际问题变成数学问题，如何设计解决问题的方案，如何选择不同的方法，如何有效地呈现实践的成果，学生逐步积累运用列方程、列函数解析式、图象解决问题的经验

续表

教学重点和难点	【教学重点】建立数学模型，从数、形两个角度利用方程、函数解决实际问题 【教学难点】理解方程与函数、直线之间的内在联系		
教学方法	启发式教学		
教学环节	教师活动	学生活动	设计意图
活动 1 回顾二元一次方程	一、活动1 【引入】 　　我们希望能多看到蓝天，减少雾霾天气的出现 　　【问题1】 　　为了改善某种室内的空气质量，姗姗妈妈打算买 5 台空气净化器．姗姗妈妈看中的某品牌有 SF100 和 SF200 两种型号的空气净化器．姗姗妈妈有几种购买方案？ 　　面对学生活动的不同预案，教师要根据课堂的实际情况，给予适当的引导及启发． 【教师引导】 　　除了列表、列方程、列函数解析式，对问题1还有什么样的描述方式？能否利用图象法	【问题1】 　　预案1：一共有 6 种购买方案，可以用表格列出来： | SF100 | SF200 | | 0 | 5 | | 1 | 4 | | 2 | 3 | | 3 | 2 | | 4 | 1 | | 5 | 0 | 　　预案 2：设买了 SF100 型号 x 台，SF200 型号 y 台，则 $x+y=5$，这个二元一次方程组的自然数解为 $\begin{cases}x=0,\\y=5,\end{cases}\begin{cases}x=1,\\y=4,\end{cases}\begin{cases}x=2,\\y=3,\end{cases}\begin{cases}x=3,\\y=2,\end{cases}$ $\begin{cases}x=4,\\y=1,\end{cases}\begin{cases}x=5,\\y=0.\end{cases}$ 　　预案3：设买了 SF100 型号 x 台，SF200 型号 y 台，则 $y=5-x$，每一个 x 的自然数值对应一个 y 值． 　　预案4：在坐标系中表示方程组的解 	回顾二元一次方程及方程的解 建立数学模型 数形结合

教学环节	教师活动	学生活动	设计意图
	【问题 2】 姗姗妈妈买的两台空气净化器，SF100 工作 x h，SF200 工作 y h，两台机器总共工作 5 h，请问有几种工作方案？ 【教师引导】 线段上每一个点的坐标都是问题的一组解，例如（让学生看着自己学案上的内容举例） 【问题 3】 两位同学做一个游戏，同学甲先说出任意某个实数，同学乙也要说出一个数，使得两人说出的数字之和为 5. 你能用你所学的知识描述两位同学可能说出来的所有的情况吗？ 【教师引导】 咱们请两位同学来试一试，看一看谁的反应快. 我们了解了游戏规则，可以用什么方法解决这个问题？ 【活动 1 的回顾与总结】 方程与函数有什么区别与联系？ 区别： 方程与函数的定义不同. 联系： (1) 数的角度——关系式上； 二元一次方程 $ax+by=c$ $(ab\neq 0)$ 一次函数 $y=kx+b$ $(k\neq 0)$ (2) 形的角度——图象上	【问题 2】 预案 1：没办法算 预案 2：无数种 预案 3：$x+y=5$ 的所有的非负数解 预案 4：$y=-x+5$ $(0\leqslant x\leqslant 5)$ 预案 5：图象表示 【问题 3】 预案 1：假设甲说出的实数是 x，则乙说出的数是 $5-x$ 预案 2：假设甲说的是 x，乙说的是 y，则 $x+y=5$ 预案 3：利用函数图象表示出来 进一步让学生体会到，直线上的每一点的坐标都是这个问题的一组解	

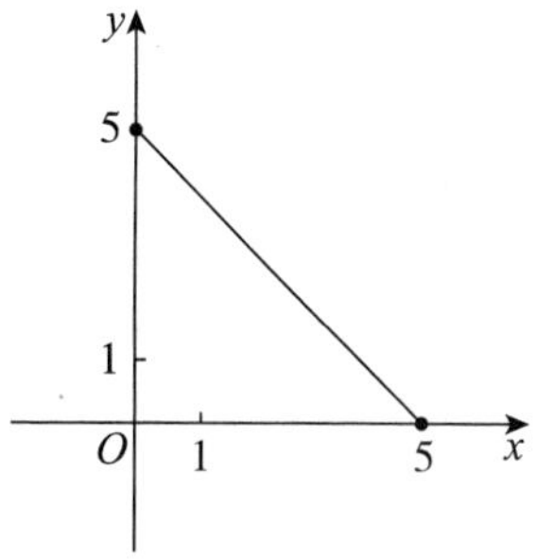

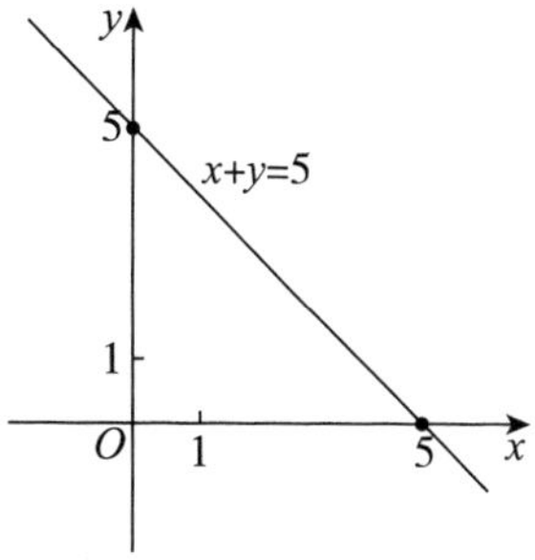

教学环节	教师活动	学生活动	设计意图
活动2	**二、活动2** **【问题4】** 空气净化器的性能好坏，主要由洁净空气输出比率 CADR 的值决定．空气净化器的适用面积与 CADR 的值之间有一定的关系，假如 SF100 型号适用面积＝CADR×4，SF200 适用面积＝CADR×3，（例如 SF100 的 CADR 值为 5，SF200 的 CADR 值为 10，则两台机器适用面积＝4×5＋3×10＝50 平方米）请问两种型号的 CADR 值分别满足什么情况才能正好适用于 130 平方米的房子？ **【问题5】** 假设某厂家定价的标准是根据空气净化器的 CADR 值高低来定价，假如 SF100 的 CADR 值为 x，则 SF200 的 CADR 值为 y，SF100 的定价标准＝180x 元，SF200 的定价标准＝240y 元，购买两台机器正好需要 9 000 元．请你求出满足要求的 x，y 的值． **【问题6】** SF100 和 SF200 的 CADR 值分别为多少时，正好用 9 000 元购买适用于 130 平方米屋子的空气净化器？ **【教师引导】** 两条线段交点坐标就是问题的解． **【活动2的回顾与总结】** 方程与函数有什么区别与联系？ 区别： 方程与函数的定义不同． 联系： (1) 数的角度——关系式上； (2) 形的角度——图象上； (3) 数形的角度——解与直线交点	**【问题4】** 建立数学模型解决问题 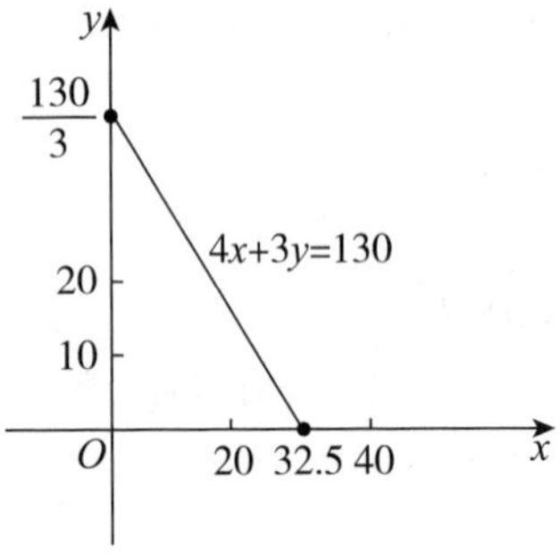 学生归纳：线段上每一个点的坐标都是问题的一组解． 类比问题 4 的方法，建立数学模型解决问题． 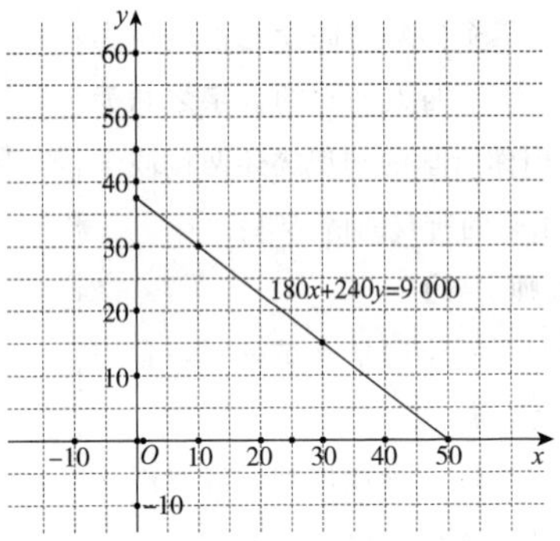 把问题 4，5 进行整合，解决问题 6． 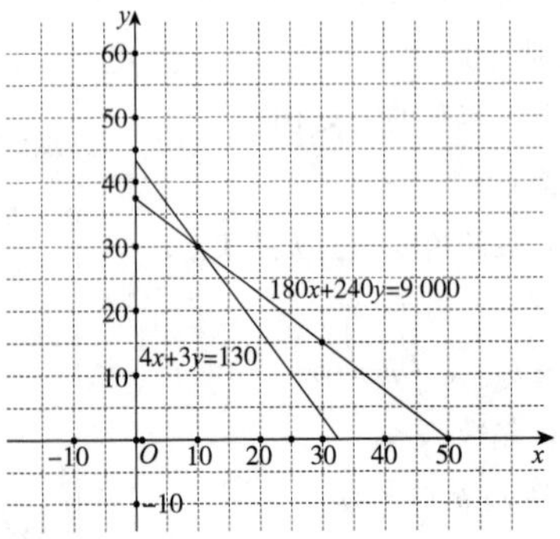 	

教学环节	教师活动	学生活动	设计意图
教师提供范例	**【问题7】** 改编题目范例 　　素材：全球变暖的主要原因是人类在近一个世纪以来大量使用矿物燃料（如煤、石油等），排放出大量的 CO_2 等多种温室气体．由于这些温室气体对来自太阳辐射的可见光具有高度的透过性，而对地球反射出来的长波辐射具有高度的吸收性，也就是常说的"温室效应"，导致全球气候变暖．全球变暖的后果，会使全球降水量重新分配，冰川和冻土消融，海平面上升等，既危害自然生态系统的平衡，更威胁人类的食物供应和居住环境． 　　家居用电的二氧化碳排放量（kg）＝耗电度数×0.785；开车的二氧化碳排放量（kg）＝油耗公升数×0.785. **【改编题目】** 　　随着经济的发展，环境污染问题也日趋严峻，需要引起全世界的重视，其中低碳生活也是我们对环境的一种贡献．事实上，碳排放和我们每天的衣食住行息息相关．至于碳排放量有多少，有关专家给出碳排放的计算公式：家居用电的二氧化碳排放量（kg）＝耗电度数×0.785；开车的二氧化碳排放量（kg）＝油耗公升数×0.785； 　　假如这个地区的油价为 7.48 元/升；电价为 0.488 元/度． 　　假如某个地区某一天减少 2 355 kg 的二氧化碳排放量，同时也在汽油和用电量上节约 15 448 元．请问这一天这个地区节省了多少汽油和多少度电？ 　　我们可以利用身边的一些数据自己改编一些题目．也请同学们利用以下素材，改编一些题目	1. 增强环保意识，主动搜集数据； 　　2. 增强应用意识，实际生活中充满了数学的素材； 　　3. 素材中只给了二氧化碳排放量与有关公式，没有给价钱，我们可以自己搜索一些数据，完善编题； 　　4. 利用几何画板画函数图象的方法解决． 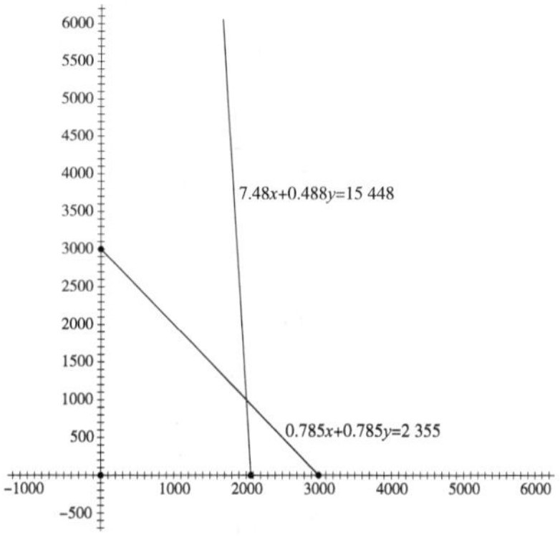 利用几何画板求交点坐标： 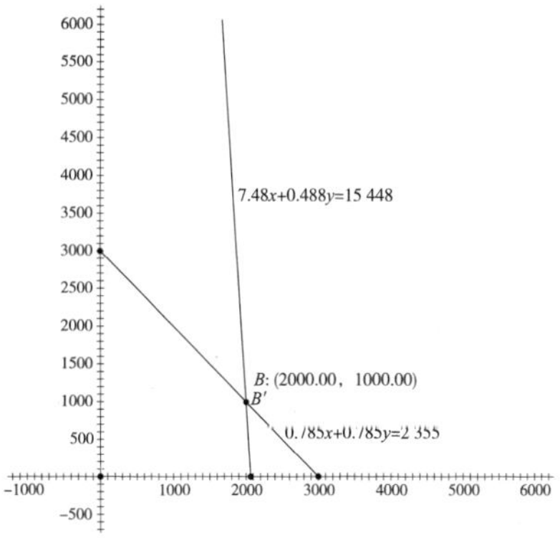 	

课后学习 建议	建议 1： 根据以下数据编一道实际应用题，利用我们今天课上所学的知识解决. 素材 A：一个成年人每天呼吸 2 万多次，吸入空气达 $15\sim20$ m³. 因此，被污染的空气对人体健康有直接的影响. 对颗粒的长期暴露可引发心血管病和呼吸道疾病以及肺癌. 素材 B：当空气中 PM2.5 的浓度长期高于 10 $\mu g/m^3$，就会带来死亡风险的上升. 浓度每增加 10 $\mu g/m^3$，总死亡风险上升 4%，心肺疾病带来的死亡风险上升 6%，肺癌带来的死亡风险上升 8%. 素材 C： <table><tr><td>空气质量等级</td><td>24 小时 PM2.5 平均值标准值</td></tr><tr><td>优</td><td>$0\sim35$ $\mu g/m^3$</td></tr><tr><td>良</td><td>$35\sim75$ $\mu g/m^3$</td></tr><tr><td>轻度污染</td><td>$75\sim115$ $\mu g/m^3$</td></tr><tr><td>中度污染</td><td>$115\sim150$ $\mu g/m^3$</td></tr><tr><td>重度污染</td><td>$150\sim250$ $\mu g/m^3$</td></tr><tr><td>严重污染</td><td>大于 250 $\mu g/m^3$</td></tr></table> 素材 D：CADR 值是国际权威机构评价空气净化效能的主要指标，表示空气净化器输出洁净空气的速率，单位为 m³/h，通常称为洁净空气量. CADR 值越高，表示净化器的净化效能越高. 消费者中有些在乎产品外观，有些在乎高性价比，有的人关心是否省电，还有的人关心噪声是否低. 但怎么区分和评价不同空气净化器的性能指标来确定其真正的使用价值呢？ 建议 2： 关注对环保有贡献的行为
学习效果 评价设计	1. 根据所学的内容认真整理学案. 2. 学习建议 1，2 的完成情况
本教学设计与以往或其他教学设计相比的特点	以往的《方程与函数》的教学设计都是从函数的解析式出发，当 $y=0$ 或者 $x=0$ 时是一个一元一次方程，也是函数图象与 x 轴或者是与 y 轴的交点等角度出发. 但我们都知道函数与方程都是解决实际问题的很好的数学工具，所以本节课从我们身边问题出发，展开讨论，解决问题的过程中让学生体会函数与方程的内在联系. 同时通过课后建议的形式，延伸了对本节课知识的进一步巩固与发展. 通过教师提供的范例，给学生展现一种自己通过身边的一些数据，改编题目、利用几何画板等工具数形结合解决问题的研究过程. 给学生提供了一些素材，并让学生也试着自己编题、解题的过程，进一步体会函数与方程的内在联系

《三等分角》教学设计

北京三帆中学 赵瑞娟

北京市一等奖 2015年9月

指导思想与理论依据

新课标解读中指出：在传统意义上，人们对数学课程内容的理解是指数学学科中特定的事实及相应的处理方式，包括概念、命题、原理、方法、问题与结论等．今天看来，我们对上述传统的认识应该有所发展，即还应把数学学习活动和经验也包含于数学课程内容之中．学生应当有足够的时间和空间经历观察、实验、猜测、计算、推理、验证等活动过程．"综合与实践"的教学重在实践、重在综合，重在实践是指在活动中，注重学生动脑、动手、动口．在学生自主、积极、主动参与活动的过程中，可以发展学生的动手、动口能力，培养学生学习数学的兴趣，增强学生学习数学的信心．本课题以三等分角为载体，通过尝试不同的方法解决问题1——三等分直角，学生经历了观察思考、动手操作、实践检验和推理证明的数学活动过程，并且积累了解决问题的不同方法；在问题2——三等分任意锐角的探究过程中，学生有意识借助工具解决问题，并发展阅读理解能力．

维果斯基的"最近发展区理论"认为学生的发展有两种水平：一种是学生的现有水平，另一种是学生可能的发展水平，也就是通过教学所获得的潜力．两者之间的差异就是最近发展区，教学应着眼于学生的最近发展区，为学生提供带有难度的内容，调动学生的积极性，发挥其潜能，超越其最近发展区而达到其困难发展的水平，然后在此基础上进行下一个发展区的发展．问题1中，是引导学生探究三等分直角的折纸法，在学生现有知识水平的基础上，设计了阶梯型的问题串，符合最近发展区理论

教学背景分析

教学内容：

本次课是在学习完"全等三角形"后开展的活动课，目的是让学生运用全等的知识解决问题；三等分角是数学史上尺规作图的三大几何难题之一，相关数学史知识可以激发学生兴趣；本次活动课以三等分直角和任意锐角为载体，学生经历数学活动的过程，积累活动经验，为今后活动课的开展做好铺垫，为学生今后的学习提供新的思考角度．课题围绕两个问题展开，问题1中，学生尝试用尺规、量角器、三角尺等工具三等分直角，在教师的启发下，学生主动探究通过折纸三等分直角的方法，最后，利用全等的知识进行推理论证；问题2中，学生通过阅读材料，利用勾尺三等分任意锐角，并给出证明．

学生情况：

1. 知识层面：到目前为止，学生在小学初步直观认识了轴对称和等边三角形的相关知识，进入初中，学生已经有了研究相交线、平行线、三角形等平面图形的经验，能利用全等变换推出线段相等或角相等的结论．

2. 能力层面：一方面，学生已经经历了动手实验、观察、分析、比较、归纳、概括等活动过程，积累了初步的观察、猜想、操作等活动经验，并能通过推理论证给出证明；另一方面，学生的动手操作能力比较薄弱

教学背景分析

3. 学习方式：本班学生进入初二，开始说题编题，具备了初步的自主探究意识，并且具备攻克较难课题的毅力和恒心，但阅读能力有待提高．

教学方式：本节课采用的是教师设问启发，学生操作探究的教学方法．

教学手段：计算机PPT演示，动手操作演示．

技术准备：电脑PPT课件

教学目标及重点、难点

知识技能：利用全等三角形的相关知识解决三等分角问题．

过程方法：经历观察思考、动手操作、实践检验和推理证明的数学活动过程；

运用工具解决实际问题，培养动手能力、观察能力，发展应用意识和创新意识．

情感态度：了解三等分角相关的数学史知识，对数学有好奇心和求知欲；

在数学活动的过程中，锻炼克服困难的意志，养成独立思考、动手操作的习惯．

教学重点：三等分直角．

教学难点：三等分直角的折纸方法．

问题框架

问题1：如何三等分直角？

问题2：利用手中的勾尺三等分任意锐角并加以证明

教学流程示意

课题引入 → 问题探究 → 小结提升 → 课后延伸

教学过程（文字描述）

以三等分角的数学史知识引入课题，激发学生的兴趣，问题探究中包括两个问题：1. 如何三等分直角？2. 阅读材料，利用勾尺三等分任意锐角．问题1中，鼓励学生尝试用不同的方法三等分直角，并在教师设问引导下，探究折纸步骤，从而通过折纸三等分直角；问题2中，通过阅读材料，利用勾尺三等分任意锐角．小结提升，提炼收获．作业中，一方面完成问题1和2的推理证明，规范书写；另一方面阅读材料，利用阿基米德设计的工具三等分任意锐角

教学过程（表格描述）

教学阶段	教师活动	学生活动	设计意图	技术应用	时间安排
课题引入	尺规作图三等分角是古希腊数学的三大难题之一，而如今已证实了这个问题无解（借助坐标系可证明60°角不可以用尺规作图三等分）． 若将条件放宽，可以将一给定角三等分．例如通过折纸的方法，或使用其他工具，或者可以配合其他曲线使用		三等分任意角是古希腊尺规作图三大难题之一．通过史料介绍，可以激发学生的好奇心和探究欲．为后续问题的解决做好铺垫	PPT	3 min

教学阶段	教师活动	学生活动	设计意图	技术应用	时间安排
问题探究	问题1：如何三等分直角？ 预案1. 量角器 预案2. 含30°角的三角尺 预案3. 尺规作图 如何通过折纸三等分直角？ 折纸的数学原理：全等 问：思考如何折？ 引导1. 折出60°角； 引导2. 折出等边三角形，以 AB 为一边； 引导3. 如何确定另一个顶点 M？ M 满足：$MA = MB = AB$. 操作步骤： (1) 长方形纸片命名为 $ABCD$； (2) 将纸片对折，使得 AD 与 BC 重合，折痕为 EF； (3) 翻折左上角，使折痕通过点 B，且点 A 落在 EF 上，折痕记为 BN； (4) △ABM 是以长方形的宽为一边的等边三角形，射线 BM，BN 即为∠ABC 的三等分线. 小结：你能提炼数学活动的过程吗？ 导入：指南针和游标卡尺. 问题2：勾尺三等分任意锐角	思考如何三等分直角. 动手折纸，尝试三等分直角. 学生试图直接折出30°角. 为满足 $MA = MB$，想到对折纸片，使得 AD 与 BC 重合，M 在折痕上. 为满足 $AB = MB$，翻折左上角，使折痕通过点 B，且点 A 落在 EF 上，就是 M 点所在的位置. 测量是否三等分. 说理证明. 提炼数学活动过程. 阅读材料，利用手中的勾尺，三等分任意锐角	希望学生通过问题1的解决，了解用折纸的方法解决问题的数学原理：即全等变换. 另外，折之前先通过草图分析点或线段的性质，进而折出相应的点或线段. 折纸还可以作为工具，供感兴趣的同学进一步研究，在今后的学习中解决其他问题. 经历观察思考、动手操作、实践检验和推理证明等数学活动过程，积累活动经验. 动手操作是难点，给学生留出足够的动手时间折纸. 探究折纸过程也是学生的难点，层层设问，引导学生发现折纸步骤. 证明过程中用到本章所学全等的相关知识，发展应用意识. 问题2的导入，让学生了解不同行业运用工具解决问题，让学生有意识设计工具解决问题，增强应用意识	作图工具 长方形纸片	22 min

教学阶段	教师活动	学生活动	设计意图	技术应用	时间安排
	阅读材料：勾尺的直角顶点为 P，"宽臂"的宽度 $= PQ = QR = RS$，勾尺的一边为 MN，且满足 M，N，Q 三点共线（所以 $PQ \perp MN$）. （1）请根据下面的操作步骤，利用手中的勾尺三等分任意锐角 $\angle ABC$. 第一步：画直线 DE 使 $DE \parallel BC$，且这两条平行线的距离等于 PQ； 第二步：移动勾尺到合适位置，使其顶点 P 落在 DE 上，使勾尺的 MN 边经过点 B，同时让点 R 落在 $\angle ABC$ 的 BA 边上； 第三步：标记此时点 Q 和点 P 所在位置，作射线 BQ 和射线 BP. *（图：三角形 ABC，顶点 A 上，B、C 在底边）* （2）证明 $\angle ABC$ 的三等分线是射线 BQ 和射线 BP	可以通过测量检验自己作图是否正确. 思考如何证明	通过阅读材料，完成操作过程，培养学生的阅读理解能力. 动手操作依然是难点，通过操作勾尺，提高动手操作能力. 最后，运用本章所学的全等及相关知识给出证明. 一方面，发展学生严谨的逻辑思维；另一方面，增强学生的应用意识	勾尺学案	11 min
小结提升	活动过程 数学思想 应用意识	回顾本节课内容，提炼收获	三等分角只是一个载体，通过小结提炼解决问题的思路和方法，为今后的学习做好铺垫	PPT	5 min

教学阶段	教师活动	学生活动	设计意图	技术应用	时间安排
课后延伸	作业: 1. 规范书写问题1和2的证明过程. 2. 阅读材料,了解阿基米德三等分角的原理,并给出证明. 设所要三等分的角为∠AOB,如图,取一直尺,令其一端点为点P,在直尺边缘上另取一点Q,以O为圆心,PQ长为半径作圆,交∠AOB两边于A,B. 让P点在OA的反向延长线上移动,Q点保持在圆上移动,当直尺刚好通过B点(即点B,Q,P在一条直线上)时,画出直线PQB,则∠APB=$\frac{1}{3}$∠AOB 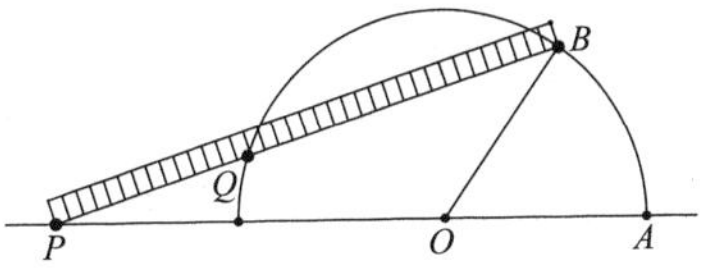	完成作业	规范书写几何推理的过程. 通过阅读资料,了解阿基米德三等分角的方法,激发学习数学的兴趣,同时体会问题解决的多样性,发展创新意识		

学习效果评价设计

评价方式:布置作业

评价量规:

能够规范完成全部作业,则为优秀;

能够比较规范书写问题1和2的推理证明,并尝试给出阿基米德法的证明,证明不够严谨,则为良好;

能够完成问题1和2的推理论证,则为合格;

其余视为不合格

本教学设计与以往或其他教学设计相比的特点

1. 多种方式三等分角,体现课程内容的多样性,发展创新意识

新课标指出:课程内容的呈现应注意层次性和多样性. 问题1中学生尝试用不同方法三等分直角,包括量角器、三角尺、尺规以及折纸,在此过程中,培养学生的作图能力和动手操作能力;问题2和作业2——阅读材料,借助工具三等分任意锐角,一方面培养学生的阅读能力,另一方面,启发学生有意识借助工具解决问题.

2. 精心设计问题,逐步引导学生发现折纸方法

为引导学生发现折纸方法,设置阶梯型的问题串,层层递进,逐步引导

续表

本教学设计与以往或其他教学设计相比的特点

3. 学生经历观察思考、动手操作、实践检验和推理证明的活动过程，积累活动经验

在探究三等分直角的折纸法过程中，学生首先需要在了解折纸原理的基础上，分析折纸方案，一边动手操作，一边调整方案，然后通过测量检验，给出理论推理证明

附录　　教学特点与反思

1. 教学设计注重学生实践

新课标指出：综合与实践活动是"以问题为载体、以学生自主参与为主的学习活动". 本节课是一节活动课，在教师的引导启发下，学生完成活动过程，积累活动经验，获得成功体验. 整个教学过程中，学生经历了尺规作图、折纸、度量、使用勾尺、逻辑推理等活动过程，为今后活动课的开展做好了铺垫.

另外，教师提出问题以后，给学生足够的时间和空间进行尝试和探索，在与同伴交流的过程中，逐步完善想法.

比如：第一位同学尝试用尺规作图三等分直角时，等边三角形的位置画得不对，在教师的启发下，同学们最终找到了正确的作图方法；在探究三等分直角的折纸方法时，教师并没有直接提示折法，而是先让学生尝试去折，在尝试的过程中，针对学生暴露的问题，教师再引导启发.

事实证明，本节课确实起到了铺垫的作用，在后续学习中，学生主动提出并开展了课题——正五角星的尺规作图法和折纸法.

2. 教学过程注重问题解决

问题解决是数学活动的核心. 本节课设置了两个问题——如何三等分直角？如何三等分任意锐角？两个问题的设置遵循由特殊到一般的规律.

3. 教学环节注重工具应用

问题2的导入部分用到了指南针和游标卡尺，在问题解决的过程中，利用勾尺三等分任意锐角，通过这个环节的设置，启发学生将来在学习和工作中有意识地借助工具解决问题.

4. 问题设置注重层层递进

三等分直角的折纸方法是本节课的难点，为探究三等分直角的折纸步骤，我设置了问题串进行引导.

学生在此基础上猜想 M 点应该落在长方形纸片对折以后的折痕上，迈出折叠的第一步.

在此次教学尝试中，各个教学环节的设计在启发思维、提升能力方面有一些成效，但仍然存在一些不足. 比如对于部分学生试图直接折出完全重合的三个30°角的点评不够充分.

《线性回归》教学设计

北京师大二附中　秦如新

北京市一等奖　2016 年 12 月

指导思想与理论依据

本节课内容选自普通高中课程标准实验教科书数学必修 3（人教 B 版）第二章第 2.3 节.《普通高中数学课程标准（实验）》中对本部分内容的要求是学会利用散点图直观认识两个变量的相关关系；了解最小二乘法的思想，能够根据给出的线性回归方程系数公式建立线性回归方程.

本章的主题是具有很大应用价值的统计学. 统计学是为了从数据中提取信息，通过部分数据来推测全体数据的性质. 在探究学习的过程中，让学生观察数据的特征趋势，运用所学知识、方法去解决实际问题，体会统计学不确定性思维与确定性思维的差异，同时要注意到统计结果的随机性，让学生明白统计推断有可能犯错误. 通过学习，培养学生逻辑思维能力和辩证思维能力，培养学生运用所学知识解决实际问题的能力，提高学生计算、绘图的技能技巧.

此外，课堂教学中体现以人为本的原则，考虑学生出国留学的发展方向，结合学生的能力基础（建构理论）和两种教材的特点进行整合，这样既突出中国传统数学重视理论构建的特性，又提高了学生的课堂参与性，同时兼顾到学生未来发展的需要

教学背景分析

教学内容：学生已经掌握一次函数（线性函数）的概念、性质和图象；学生已经具备了统计学中样本数字特征的基础，并且学习了使用散点图直观认识两个变量的相关关系的过程. 本章 2.3 节的第二节是认识两个变量的相关关系，学习最小二乘法的方法.

学生情况：（1）学生是高中阶段中外合作办学项目的学生；

（2）有较高的英语能力和一定的图形计算器使用经验.

教学方式：情境探究式教学，计算机和图形计算器辅助教学.

教学手段：（1）在教师的引导下，学生借助图形计算器进行学习.

（2）充分调动学生自主探究的学习方式.

技术准备：（1）本学期一直有计划地利用图形计算器进行教学；

（2）课前准备调试教学所需设备

教学目标（内容框架）

1. 知识与技能

（1）了解最小二乘法的原理，体会最小二乘法的优势；

（2）熟练使用图形计算器求回归直线方程；

（3）学会使用公式求回归直线方程.

2. 过程与方法

（1）让学生体验数据挖掘的过程；

（2）让学生体会统计学结果的不确定性

教学目标（内容框架）

（3）在探究活动中，培养学生观察和归纳能力，进一步培养学生数形结合的意识．

3. 情感态度与价值观

（1）通过实际问题的探究，培养学生合作、交流和包容的意识和品质，同时让学生在探索、解决问题的过程中，获得成功的体验；

（2）通过教师的引导，渗透科学、严谨的探究精神

问题框架

1. 从实际问题引入，师生共同探究解决方案；

2. 通过散点图观察数据分布特征；

3. 通过两个数据点确定直线方程，并探讨该直线方程在数据拟合方面的优劣；

4. 引入最小二乘法，用最小二乘法解决问题；

5. 比较两种计算方法所产生的不同结果，体会最小二乘法的优势；

6. 总结最小二乘法的优势和特点

教学流程示意

设置情景，提出问题（约2 min）

自主探究，寻找方法（约30 min）
→ 初步设想
→ 列表比较
→ 再次探究
→ 得到方法

直接应用，巩固新知（约5 min）

总结提高，布置作业（约3 min）

教学过程（文字描述）

一、问题引入

由于人类活动对地球环境的破坏，每年都会造成一些物种灭绝，让地球生态系统的多样性受到了严重危害．大熊猫是我国特有的珍稀宝贵动物，我们必须为保护好大熊猫做出应有的贡献．为了研究幼年大熊猫的年龄（x）和体重（y）的关系，测得了如下一组数据：

年龄/月	1	2	3	4	6	8	10	12
体重/kg	2.5	7.6	12.5	17.1	24.8	37.9	49.2	54.9

问题：预测 7 月龄大熊猫的体重．

二、问题解决

1. 引导学生观察表格中的数据

引导设问：数据有什么分布特点？

预案一：体重随着年龄的增长逐渐增加．

教学过程（文字描述）

预案二：根据 6 月和 8 月的数据取平均数进行直接预测（内插值）.

预案三：根据体重增长趋势进行直接预测（外插值或局部线性近似）.

预案四：学生想到用散点图观察数据的分布特点再进行预测.

设计说明：让学生充分探究，寻找自己的方法，教师对不同方法进行点评引导，进而过渡到散点图的使用.

2. 利用图形计算器画出散点图（scatter graph）

3. 观察散点图

预案一：散点呈明显上升趋势，正线性相关.

预案二：数据点大致分布在一条直线附近，年龄和体重近似成线性相关关系.

预案三：根据不同的标准，可以画出不同的直线来近似这种相关关系.

预案四：根据数据算出一条直线的方程.

问题转化为寻找一条合适的直线 $y=a+bx$ 来描述 8 组数据的趋势和特征.

4. 选择直线

要找到一条直线，使这条直线"最贴近"已知数据点. 这条直线记为 $\hat{y}=a+bx$. 叫作 y 对 x 的回归直线方程，b 叫作回归系数.

引导设问：哪条直线是"合适的"？

预案一：两点确定一条直线，随机取两点求直线方程，这是易于计算的求直线方程的方法.

预案二：画出一条直线使得直线上方和下方的点数目相等.

预案三：直接使用最左边和最右边的两点来确定直线.

设计说明：让学生说出自己的想法，增加参与的体验和体会数据挖掘的过程.

5. 预测比较，讨论直线的合理性

从学生的计算中，选出 2 条直线进行预测和比较.

比如，选择（4，17.1）和（8，37.9）计算直线方程，利用两点式（点斜式）直线方程公式得到直线方程为 $\hat{y}=5.2x-3.7$，预测：当 $x=7$，$\hat{y}=32.7$.

比如，选择（1，2.5）和（12，54.9），直线方程为 $\hat{y}=4.76x-2.26$，预测：当 $x=7$，$\hat{y}\approx31$.

引导设问：利用所求直线模拟数据分布情况，是否合理？如何判断合理？

预案一：利用观测数据进行验证，并将结果进行（列表）比较.

预案二：两点式（点斜式）直线方程公式易于操作和计算.

引导设问：有没有定量的标准来衡量拟合直线的优劣？

6. 最小二乘法求回归直线方程

教师引导：y 的观察值 y_i 与回归直线方程的计算值 $\hat{y}$ 的差 $y_i-\hat{y}$ 刻画了 y_i 与回归直线上相应点之间的偏离程度.

引导设问：将所有离差相加作为目标函数，最小化总离差能否得到最优的直线？

预案一：离差有正有负，直接相加会相互抵消，这样就无法反映这些数据的贴近程度.

预案二：利用 $Q=\sum_{i=1}^{8}|y_i-(a+bx_i)|$ 作为目标函数.

预案三：利用 $Q=\sum_{i=1}^{8}[y_i-(a+bx_i)]^2$ 作为目标函数.

定义：由于平方又叫二乘方，所以这种使"离差平方和最小"的方法，叫作最小二乘法.

教学过程（文字描述）

用最小二乘法求回归直线方程时，$\hat{a}$，$\hat{b}$ 的公式：

$$\hat{b} = \frac{\sum\limits_{i=1}^{n} x_i y_i - n\bar{x}\,\bar{y}}{\sum\limits_{i=1}^{n} x_i^2 - n\bar{x}^2}, \quad \hat{a} = \bar{y} - \hat{b}\bar{x}.$$

7. 利用最小二乘法求得回归直线，并与两点式方程进行比较

设计说明：列表格比较本节课不同方法得到的方程的预测能力，让学生体会最小二乘法的优势．

预案一：如何预测第 13 个月的体重？

预案二：如何预测 10 岁时的体重？

8. 预测计算

对 $x = 7$ 进行计算，$\hat{y} = 31.9$．

9. 总结最小二乘法的优势和求回归直线步骤

最小二乘法能够让已知数据与拟合直线的"离差"平方之和最小，能够很好地拟合给定数据．

三、巩固练习

去年 12 月 27 日，南水北调中线一期工程正式通水进京，极大缓解了北京水资源短缺的问题．为了对输水干渠进行全面检测和监控，需要对水渠内水深（x）和水流速度（y）进行测量记录，下面是一组数据：

水深 x/m	1.40	1.50	1.60	1.70	1.80	1.90	2.00	2.10
流速 y/（m·s^{-1}）	1.70	1.79	1.88	1.95	2.03	2.10	2.16	2.21

问题：预测水深为 1.95 m 时的流速是多少．

四、总结提高

线性回归是利用测得数据进行数据挖掘的方法．最小二乘法能够让已知数据与拟合直线的"离差"平方之和最小，是最小化经验风险的方法，最小二乘法只对经验数据负责，对于预测数据并没有风险最小的保证．事实上，现在也有其他很好的预测方法．对数据处理感兴趣的同学可以查看 SVR 回归方法．包括线性回归在内的数据处理方法，没有理论上绝对正确的方法，只有概率意义下的质量保证．

五、布置作业

1. 完成 79 页练习 B 组第 2 题；

2. 课外阅读：LOO 误差

教学过程（表格描述）

教学阶段	教师活动	学生活动	设计意图	技术应用	时间安排
提出问题	教师提问引导	学生思考	引起学生学习兴趣	幻灯片	2 min
解决问题	教师引导学生提出设想，教师对学生设想进行点评． 在学生探究的基础上，教师进行归纳总结和引导．	学生思考，说出自己解决问题的办法． 学生按照老师的指导进行计算，包括使用图形计算器进行计算．	让学生亲自参与解决问题的过程，参与知识的生成过程．既能锻炼学生的自主意识，又能提高对统计学中不确定性的理解．	幻灯片图形计算器	30 min

教学阶段	教师活动	学生活动	设计意图	技术应用	时间安排
		教学过程（表格描述）			
巩固新知	给出一个新问题	使用计算器计算	应用和练习所学知识		5 min
拓展提高	布置两个层次的作业		课后巩固，给学生留下思考的空间		3 min

学习效果评价设计

评价方式：

1. 课堂提问：在课堂进行过程中，通过学生对问题的回答，及时了解学生思考进度和接受情况．

2. 成果展示：让学生展示自己解决问题的设想，展示探究成果，展示例题完成情况，展示不同方法对数据预测的结果．

3. 作业反馈．

评价量规：

1. 关注学生在整个探究过程中的表现，包括学生的投入程度、思维水平的发展等，具体体现在：

在个人活动中，对于部分同学及时给予引导，使每个学生都能积极投入探究中；重点观察学生的思维反应，及时启发和引导学生，在语言表述上及时给予纠正，在思想方法上进行引导和点评，在计算细节上进行纠错．

2. 鼓励学生提出自己的解决预测问题的办法，注重点评和引导，并加以纠正、补充、说明．

3. 学生的学习评价不应只体现在课堂上，因此我给学生留了两个层次的作业，这也是巩固学生学习效果的一个设计环节

本教学设计与以往或其他教学设计相比的特点

新课程倡导积极主动、勇于探索的学习方式，注重提高数学思维能力等理念在本节课中得到了比较充分的体现．

本节课的特色：重探究过程，轻结论展示；重思想形成，轻方法介绍．具体有以下几点：

1. 让学生成为探究学习的主角，动手、动口、动脑相结合．学生充分参与到学习过程中．

2. 尊重学生，以学生为主体．

(1) 尊重学生的认知特点，从易到难给出解决问题的方法；

(2) 重视学生的每一个反馈，使学生切实地参与到知识的生成过程中；

(3) 利用能够激发学生兴趣的方式，巩固知识，提高了课堂效率．

3. 在探究归纳的过程中，创造条件，鼓励学生提出任何问题，并抓住这些问题展开教学．

4. 设置基础和拓展性作业，促进学生养成阅读思考的习惯，有利于数学能力的发展．

5. 让学生体会自然、社会和科学中的不确定性，提高学生辩证思维的能力

附录　　　　　　　　　　**教学反思**

1. 思想比方法重要

通过本节课的学习, 学生掌握了线性回归的使用方法, 学会了使用 TI 计算器进行线性回归的操作. 本节课结束后, 有几个学生提出了直线选择的不同方法, 比如采用垂直距离来选择一条直线, 比如使用两条直线形成一个预测带, 再根据实际情况在预测带内进行估计. 但是并没有学生提问 TI 计算器的操作流程. 这并不说明所有学生都掌握了 TI 计算器的操作流程, 但这说明了数学思想的重要性. 数学思想能够长期记忆并能够内化于心, 数学思想能够提高学生未来解决问题的能力, 而操作过程只是技术层面的问题, 容易忘记也容易习得. 因此, 数学思想的启发比数学方法的传授更重要.

2. 启发式教学的目标体现在"探究的过程"上

新课程标准要求的教学要充分体现教师的"引""导"和"启"的作用, 领会"导而弗牵"的思想精髓. 如何进行启发? 如何对学生进行引导? 如何让学生按照老师设计的步骤进行学习? 如何让学生学会线性回归的方法? 这些问题都是上课之前想得最多的问题. 在上课的过程中, 学生关于直线的选择的一些想法超出了我的预设, 学生反馈比较积极, 课后仍有学生就直线选择等问题跟我讨论, 让我体会到了学生的学习热情, 也有了关于本节课"启发式"教学的新的想法. 这节课的目标应该是让学生充分参与到探究的过程中, 让更多的学生说出自己对于直线选择等问题的想法, 让更多的学生脑子真正动起来. 换句话说, 这节课的目标应该是过程而不是结果. 从授课老师的角度来说, 启发式教学的过程不应该以结果为目标, 不应该以推导出线性回归的公式为目标, 而应该以学生进入到探究的过程为目标. 因此, 启发式教学的目标是启发和引导学生进入探究或者钻研的过程中.

《分类讨论思想在三角形中的应用》教案

北京三帆中学 王丽萍

北京市二等奖 2006年5月

教学目标	知识目标：掌握三角形中运用分类讨论思想解题的一般步骤，探索如何在分类讨论问题中快速、准确地确定分类对象和标准． 能力目标：通过探索分类讨论思想在三角形中的应用，增强学生化一般为特殊、变抽象为具体、把一个复杂问题分解成若干个相对简单问题的能力；渗透数学思想方法对解决数学问题的指导性作用． 情感目标：激发学生探究数学的兴趣，发扬合作学习的精神，养成踏实细致、独立思考的学习习惯和严谨科学的态度
教学重点	掌握分类讨论思想在三角形中的应用
教学难点	探索正确的分类讨论方法，恰当选择分类对象和标准
教学模式	师生互动探索教学法

教学设计

教学过程	设计意图
一、复习回顾 三角形的分类： (1) 按边的相等关系分类 不等边三角形 等腰三角形 { 仅有两边相等的三角形 / 等边三角形 (2) 按角的大小关系分类 直角三角形 斜三角形 { 锐角三角形 / 钝角三角形	通过复习回顾，使学生进一步熟悉三角形的分类，为本节课探究分类讨论思想在三角形中的应用做好铺垫．
二、创设情境 引例：如图，$OA=4$，P 是射线 ON 上一动点且与 O 不重合，$\angle AON=60°$. 观察 P 点在 ON 上移动时 $\triangle AOP$ 的形状，并回答： (1) 当 OP 为何值时，$\triangle AOP$ 为等腰三角形（等边三角形）？当 OP 为何值时，$\triangle AOP$ 为直角三角形？ (2) 你能根据上面的回答确定 OP 为何值时，$\triangle AOP$ 为锐角三角形吗？当 OP 为何值时，$\triangle AOP$ 为钝角三角形？	通过引例创设情境，有利于学生对三角形的分类讨论问题有一个初步的认识，使学生初步建立起分类讨论意识．其中第（1）小题中的直角三角形需要分 $\angle APO$ 为直角和 $\angle OAP$ 为直角两类；第（2）小题则需要根据点 P 在运动过程中 $\angle APO$ 或 $\angle OAP$ 角度的变化对 $\triangle AOP$ 进行分类．

续表

教学过程	设计意图
三、问题探究　例 1　一个等腰三角形的周长为 24 cm，若其中的一边长为 6 cm，则其他两边长分别为多少厘米？若其中一边长为 10 cm，则其他两边长分别是多少厘米？　　例 2　已知 $\triangle ABC$ 是等腰三角形，由顶点 A 所引 BC 边上的高恰好等于 BC 边长的一半，求 $\angle BAC$ 的度数．　　例 3　一次函数 $y=\dfrac{3}{4}x+3$ 的图象分别与 x 轴、y 轴交于 A，B 两点，设点 $C\,(m,0)$，若 $\triangle ABC$ 为等腰三角形，求点 C 的坐标． 　　四、思维延伸　　若将例 3 改为一次函数 $y=\dfrac{3}{4}x+3$ 的图象分别与 x 轴、y 轴交于 A，B 两点，在坐标轴上找一点 C，使 $\triangle ABC$ 为等腰三角形，问满足题意的点 C 有几个？	从学生熟悉的问题入手，运用等腰三角形的定义，对已知边进行分类，使学生掌握等腰三角形按边进行分类的方法．　　由学生自己独立思考，动手画图，引导学生在例 1 的基础上，首先按边进行分类，然后对每一类再按角的大小关系进行分类，使学生明确分类要按统一标准进行，做到不重不漏．　　将等腰三角形的问题放在平面直角坐标系中，引导学生由数到形，由形到数，发现点 C 与点 A，B 的位置关系，利用等腰三角形的定义，将问题分为：　　(1) 以点 A 作为顶角顶点；　　(2) 以点 B 作为顶角顶点；　　(3) 以点 C 作为顶角顶点　　三类，并结合圆的集合定义，运用几何画板的演示功能，确定出三种情况下的点 C 坐标，引导学生发现数与形之间内在联系的数学美，激发学生学习数学的兴趣．　　与学生一起将例 3 进行变式，借助几何画板的演示功能，使学生对同一问题的不同情形有感性和理性的认识，让学生在师生合作探究中进一步体会数学的内在美．

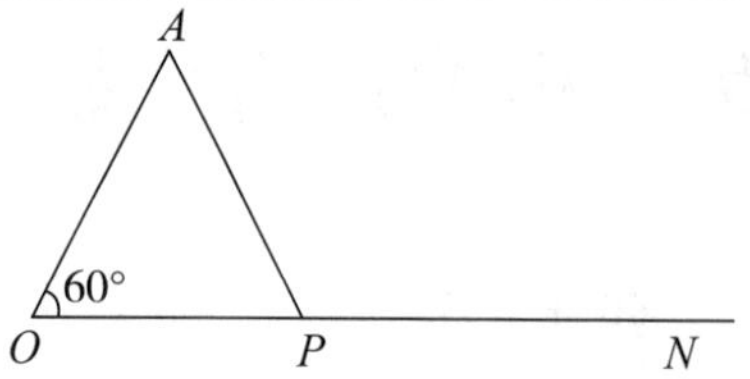

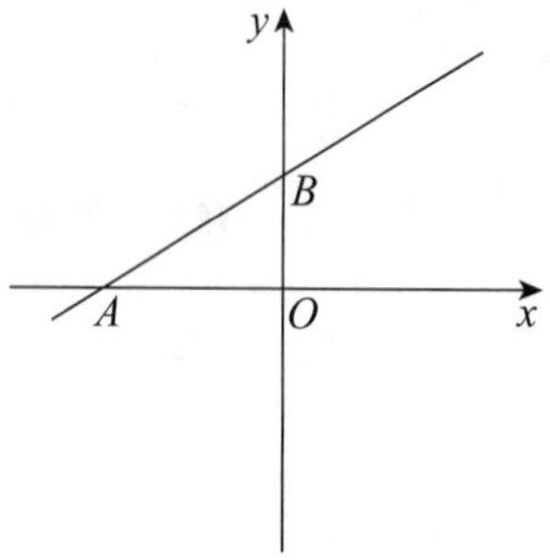

教学过程	设计意图
五、拓展应用 如图，$AD /\!/ BC$，$\angle C = 90°$，$BC = 16$ cm，$DC = 12$ cm，$AD = 21$ cm．动点 P 从 D 出发，沿射线 DA 的方向以 2 cm/s 的速度运动，动点 Q 从 C 出发，在线段 CB 上以 1 cm/s 的速度向 B 运动，点 P，Q 分别从点 D，C 同时出发，当点 Q 运动到点 B 时，点 P 随之停止运动．设运动时间为 t s. （1）设 $\triangle BPQ$ 的面积为 S，求 S 与 t 之间的函数关系式． （2）当 t 为何值时，以 B，P，Q 三点为顶点的三角形是等腰三角形． **六、课堂小结** 与等腰三角形有关的分类讨论： 1. 按边进行分类 （1）边为等腰三角形的腰 （2）边为等腰三角形的底 2. 按角进行分类 （1）角为等腰三角形的顶角 （2）角为等腰三角形的底角 **七、课后作业** 1. 已知直线 l 与 x 轴、y 轴分别交于 A，B 两点，且 $\angle OAB = 30°$，在坐标轴上找一点 C，使 $\triangle ABC$ 为等腰三角形，问满足题意的点 C 有几个？若 $\angle OAB = 45°$ 或 $60°$，结论又将如何？ 2. P122：3，4，5，7. 3. 选做 P135：5.	在学生掌握了运用分类讨论方法解决问题的一般步骤之后，由学生独立思考解决问题，让学生在拓展应用中体会数学学习的乐趣和成就感. 师生共同小结，既发挥了学生的主体作用，培养学生归纳、概括的能力，又有利于学生巩固所学知识. 通过课后作业，进一步巩固所学知识，提高学生运用分类讨论思想解决三角形问题的能力.

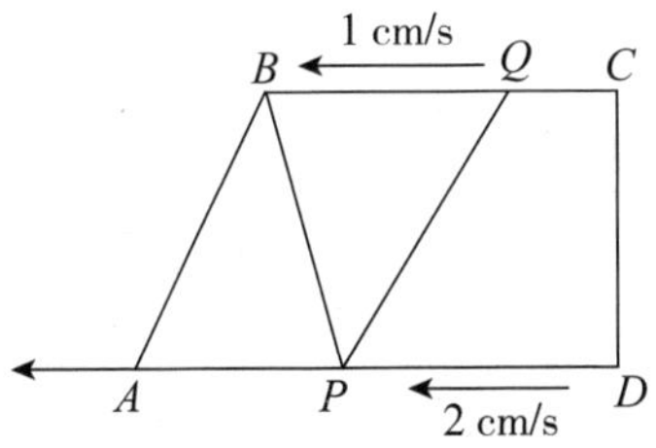

附录　　《分类讨论思想在三角形中的应用》教学设计

一、教学指导思想和理论依据

分类讨论，就是在研究和解决数学问题时，当问题所给对象不能进行统一研究时，我们需要根据数学对象本质属性的相同点和不同点，将对象区分为不同种类，然后逐类进行研究和解决，最后综合各类结果解决整个问题．这种思想方法，我们称之为"分类讨论思想"．分类讨论思想的本质是"化整为零，积零为整"，是针对问题出现不确定性时的有效方法，三角形问题中就有重要体现．一般有以下四种类型：一是由于一般三角形的形状不确定而进行的分类；二是由于等腰三角形的腰与底不确定而进行的分类；三是由于直角三角形的直角顶点不确定而进行的分类；四是由于相似三角形的对应角（或边）不确定而进行的分类．本节课我们重点研究等腰三角形顶角顶点位置不确定引起的分类讨论．

教学时，要注意以下几点：一是把课堂"让位"给学生，体现"学生是数学学习的主人，教师是数学学习的组织者、引导者与合作者"的指导原则；二是重视学生能力的培养，而不单是知识的传授和技能的训练；三是在知识教学的同时，注重数学思想的渗透．通过教授数学知识，把知识的学习和能力的培养结合起来，通过知识的教学，培养学生的能力，在能力提高的基础上，不断发展和完善学生的数学素养．

二、教学背景分析

1. 教材内容分析：本小节是学习完等腰三角形之后的一节复习课，主要内容是探究分类讨论思想在三角形中的应用．通过探究和讨论掌握三角形中运用分类讨论思想解题的一般步骤，探索如何在分类讨论问题中快速、准确地确定分类对象和标准．

通过经历探索等腰三角形顶角顶点位置的讨论与确定过程，让学生理解三角形问题中分类讨论的依据和标准，为今后学生解决相关分类讨论问题打下良好的基础．

2. 学生情况分析：本班是数学实验班，男生比女生略多，学生思维比较活跃．班级初步形成合作交流、勇于探索和实践的良好学风，学生之间、师生之间能够互动．学生的年龄一般在14～15岁，他们对数学知识掌握比较扎实，分析问题、解决问题的能力较强，他们对各种问题具有强烈的好奇心和求知欲，尤其对数学有着浓厚的兴趣．他们乐于发表自己的见解，乐于与他人讨论、交流．他们喜欢在问题解决的过程中收获满足感和成就感．

3. 教学手段选择：本节课的教学内容具有很强的操作性，非常适合学生探究学习．因此，我采用师生互动、生生互动探索发现的教学方法，运用等腰三角形的性质，寻找满足条件的第三个顶点．配以观察、计算、多媒体演示等手段，引发学生进行数学猜想，并验证．整个内容的学习不再是教师灌输，学生被动地接受的模式，而是在教师引导下由学生自主完成学习的过程．这样既可以让学生充分体会到探究学习的成就感，又可以激发学生学习与研究数学的兴趣．

4. 课前技术准备：圆规、三角板、用 PPT 制作的多媒体课件．

PPT 是微软 Office 办公软件的一个应用程序包，本节课应用 PPT 制作多媒体课件，包含如下基本内容：PPT及几何画板动画、教学流程、教学内容（分类讨论思想在三角形中应用的内容、例题和课堂练习、延伸问题、小节和作业等）．我们通过教室中配置的多媒体平台进行多媒体课件的展示．

三、学习效果评价

对本节课学生学习效果的评价包括如下几个方面：

1. 学生是否积极参加数学学习活动，是否积极和老师或同学交流自己的想法，展示自己的结果；

2. 学生是否真正理解了分类讨论思想在三角形中应用的本质，是否掌握了分类的依据，并会运用依据来解决简单的应用问题；

3. 经历探索分类讨论思想在三角形中应用的过程后，学生与他人合作解决问题的能力是否得到提高，学习与研究数学的兴趣是否增强；

4. 学生是否对分类讨论思想的本质有进一步的理解和体会．

结合书面作业和测试，我们通过课后访谈、问卷调查和活动报告等形式对学生的学习效果进行评价．通过这些评价方式，了解教学过程的不足，为我们今后的教学提供参考．

《平移》教学设计

北京师大二附中　王先芳

北京市二等奖　2006 年 5 月

一、指导思想和理论依据

从《普通高中数学课程标准（实验）》来看，图形的变换是"空间与图形"领域中一块重要的内容，图形的变换主要包括图形的平移、图形的轴对称、图形的旋转和图形的相似等，通过将图形的平移、旋转、折叠等活动，使图形动起来，有助于在变化的过程中发现图形不变的几何性质，因此图形的变换是研究几何问题、发现几何结论的有效工具．平移作为一种基本的图形变换，主要为了给学生尽早地渗透图形变换的思想，使学生尽早接触利用平移分析和解决问题的方法．

二、教学背景分析

一方面，虽然学生之前没有正式接触过和平移相关的知识，但是生活中的平移现象很多；另一方面，这节课要求学生有一定的综合归纳能力，所教学生是实验班的学生，学习程度较好．基于以上特点，我在教学中选用了引导探索发现法．在教学中注意与学生建立平等融洽的互动关系，营造自主探索与合作交流的学习氛围．在引导学生进行观察、分析、操作等环节中我运用多媒体进行辅助教学，以增强学习内容的直观性，提高教学效率，激发学生的学习兴趣，从而实现信息技术和教学内容的良好整合．

三、教学目标的确定

在知识上，（1）理解平移的概念和平移变换的性质；（2）能按要求画出简单平面图形经过平移后所得的图形．

在能力上，（1）能够利用平移进行简单的图案设计，认识和欣赏平移在现实生活中的应用；（2）引导学生经历探究、归纳图形平移基本特征的过程，发展学生抽象概括的能力．

在情感上，（1）引用生活中利用平移得到的图案，使学生感受平移现象与生活的密切联系，激发学生学习的积极性；（2）通过经历探究、实验、发现、确认等数学活动，让学生感受数学学习充满了探索性和创造性．

四、教学过程与教学资源设计

为了达到以上的教学目标，在具体的教学过程中，我把这节课分为三个阶段："创设情境　探究新知""巩固提高　链接生活""课堂小节　布置作业"．

（一）创设情境　探究新知

平移是"空间与图形"这一领域中最基本的一种变换，但是学生对这部分知识没有太多的认识. 我了解到最近一段时间学生在地理课上正在学习在地图上画出各个省市的位置, 于是我提出了这样一个实际问题, 以更好地激发学生的学习兴趣. 我给每位学生发了两张中国地图.

在两张地图中, 左边一张标注了一部分城市的名称, 而右边一张只标注了北京的地理位置, 我提出问题: 老师的家乡是云南的省会, 你们知道是哪儿吗? 同学们纷纷回答: 昆明, 进而我请学生在右面的地图中找出昆明的位置.

这个问题, 不仅体现了数学和其他学科的综合, 而且提高了学生研究问题的兴趣. 此外, 和老师相关的问题, 学生很乐于去解决.

问题提出后, 我留给学生独立思考的空间并让学生充分发表自己的意见, 学生提出了两种解决方式:

1. 直接从中间撕开, 将两张地图重合就能找到昆明的地理位置.

2. 测量出昆明相对于北京的方位角, 并且量出北京到昆明的距离, 再根据这两个数据找出昆明的位置.

这两种方式都是建立在学生已有知识的基础上. 我对学生的解决方案给予了充分的肯定后又提出了新的问题: 如果纸不透明, 第一种方法还可行吗? 能否找到比第二种更简单的方法呢? 带着这个疑问, 我利用计算机向学生演示了课件 "移动的小鸭子" ——一只小鸭子连续移动和变化的动态过程, 进而提出一系列问题.

问题一 小鸭子的形状、大小、位置在运动前后是否发生了变化?

学生通过观察发现, 小鸭子的形状、大小在运动前后没有发生变化, 但是它的位置发生了改变.

接着, 我利用计算机显示了几组对应点并连接对应点间的线段, 提出:

问题二 猜想这些线段的位置、长短有什么关系?

利用计算机, 我测量并显示了线段的长度以及相关角度的大小, 学生通过观察可以发现, 连接各组对应点的线段平行且相等.

问题三 再连接一些其他对应的点, 刚才的结论还对吗? 借助于计算机, 发现刚才的结论仍然成立. 为了向学生说明除了有水平方向的平移外, 还有其他方向的平移, 我提出:

问题四 如果改变移动的方向, 这些结论还成立吗? 通过演示课件, 学生可以发现平移的基本性质对于其他方向的平移也是适用的.

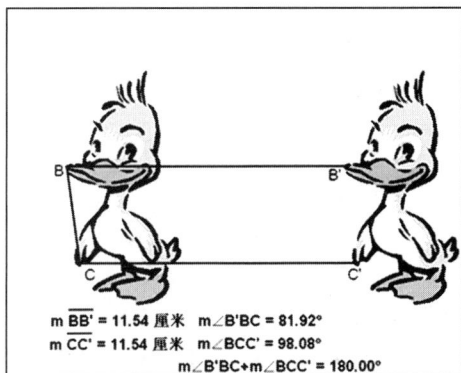

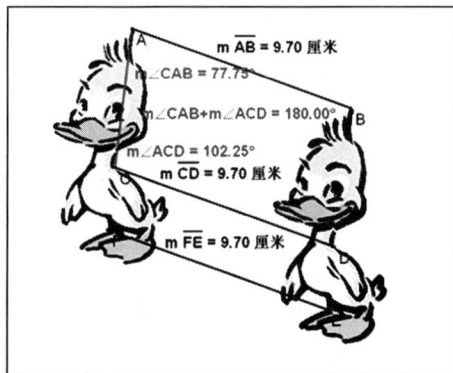

通过问题串的形式，引导学生归纳与平移相关的知识：

1. 把一个图形整体沿某一方向移动，会得到一个新的图形，新图形与原图形的<u>形状和大小完全相同</u>.

2. 新图形中的每一个点，都是由原图形中的某一点移动后得到的，这两个点是对应点，连接各组对应点的线段<u>平行且相等</u>.

进而得出：图形的这种移动叫作平移.教学中我还请学生举出生活中平移的例子，体会平移与生活的联系，提高对平移的认识.

引导学生经历探究、归纳图形平移基本特征的过程，不仅有助于学生理解数学，而且有益于培养学生观察、思考、抽象概括的能力，同时提高学生主动学习数学的积极性.计算机的恰当使用，不但增强了教学内容的直观性和形象性，而且更好地帮助学生发现结论和理解知识，充分发挥了计算机的功能，实现了信息技术和教学内容的有效整合.

（二）巩固提高　链接生活

为了增强学生对新知识的理解，我设计了以下例题和练习.

练习1　下图中的变换属于平移的有哪些？

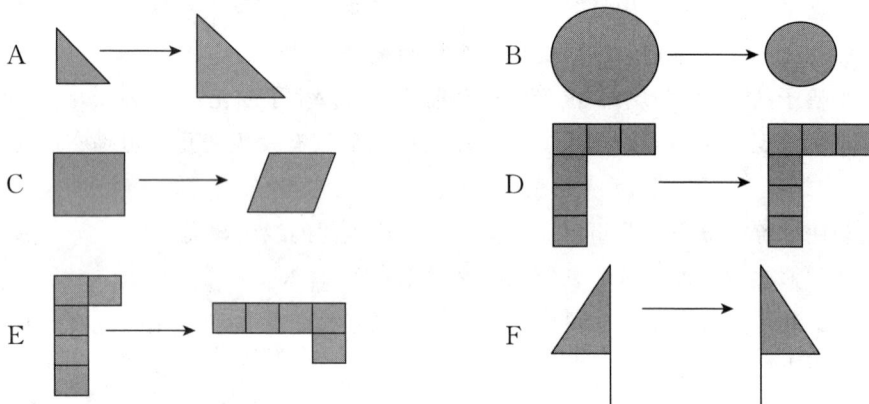

练习1的设计是为了让学生在对比中进一步感受平移的特征.强化学生对平移的感知，培养几何直觉.

例1　右图中哪个三角形可以由三角形 *AOB* 平移得到？

这道例题引起了学生的讨论，学生的答案各不相同.教学中，学生通过三种不同的途径寻求答案，其一，找图形整体特点，比如已知三角形尖朝下，那么也去寻找尖朝下的三角形；其二，在图形中找对应点；其三，利用手中的工具剪出一个实物，进行实战演习.

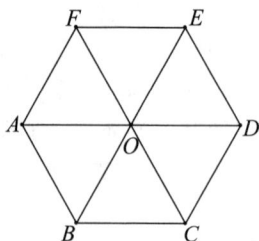

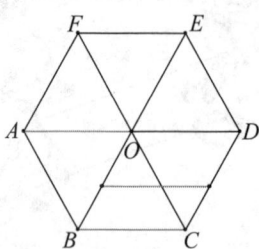

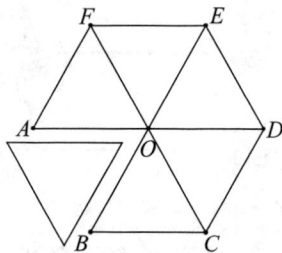

在学生的探索过程中，引导学生抓住平移的实质，一方面，平移是图形整体的平移，平移后的图形大小和形状不发生改变；另一方面，图形中对应点的连线平行且相等．

练习2 如下图，小船经过平移到了新的位置，你发现缺少了什么吗？请补上．

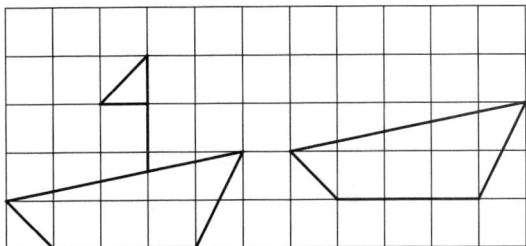

学生在方格纸上完成图形，我用实物投影仪展示同学们画的图．本题主要练习初步利用平移的性质确定图形的形状和位置．

例2 如右图，平移三角形 ABC，使点 A 移动到点 A'．画出平移后的三角形 $A'B'C'$．

这道例题通过画出平移后的三角形，落实教学中"根据平移的性质作出平移后的图形"这一教学要求，并加强对应线段平行且相等这一性质的运用．

此时，回到最初提出的实际问题，学生利用平移的性质很容易找出昆明的位置．实际问题的解决，使学生感受到平移的价值，增强学生在生活中发现数学，并用数学去解决实际问题的意识，激发学生学习数学的兴趣．

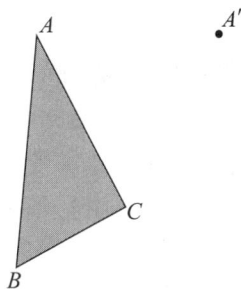

例3 下列图案是由什么图形平移形成的？

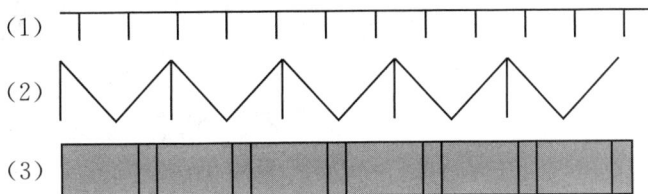

(1)

(2)

(3)

前面的几个问题是请学生确定平移后的图形，这道题反过来，给出平移后的图形，请学生寻找它可以由什么图形平移得到，以增强学生观察和分析图形的能力．

例4 右图是一幅"水兵合唱团"图案．你能想象出它是怎样绘制的吗？

这幅图的形成过程不像例3那样显而易见．此时，教师利用计算机演示这幅图片的形成过程．让学生体会到许多美丽的图案是由若干个相同图案通过平移得到的．这个问题让学生感受到，只要发挥我们的想象力和创造力，我们也能设计出美丽的图案．

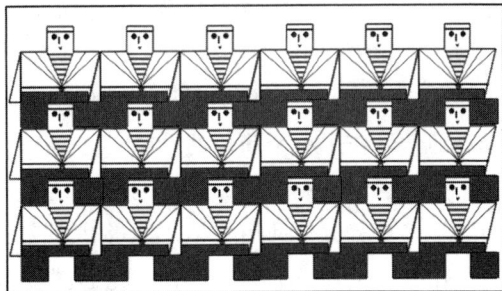

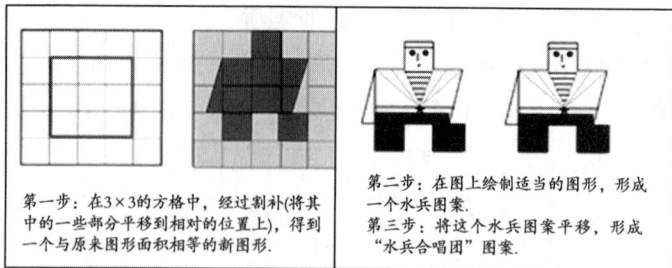

第一步：在3×3的方格中，经过割补（将其中的一些部分平移到相对的位置上），得到一个与原来图形面积相等的新图形．

第二步：在图上绘制适当的图形，形成一个水兵图案．
第三步：将这个水兵图案平移，形成"水兵合唱团"图案．

例题讲解完后，为了让学生感受到平移在实际生活中的广泛应用，我设计了链接生活这样一个环节．我列举了平移在三个方面的应用：建筑学中的平移、音乐中的平移、图象中的平移．

首先，建筑学中的平移．"建筑物的整体平移技术"是将建筑物托换到一个托架上，与地基切断，形成一个可移动体，然后再用牵引设备将它平移到固定的新地基上．

在学生对建筑学中的平移有个初步的了解后，我播放央视新闻联播的视频节选：河南慈源寺整体搬迁的平移情况介绍．使学生直接感受到平移的应用．

其次，音乐中的平移．师生共同聆听《保卫黄河》的音频节选，并参看词谱，从听觉和视觉上感受音乐的平移．

最后，图象中的平移．通过展示一系列丰富多彩的图片（从数学图形到生活中的图形），再一次让学生感受图形平移带来的美，感受其中蕴涵的神奇力量．培养学生的审美能力．

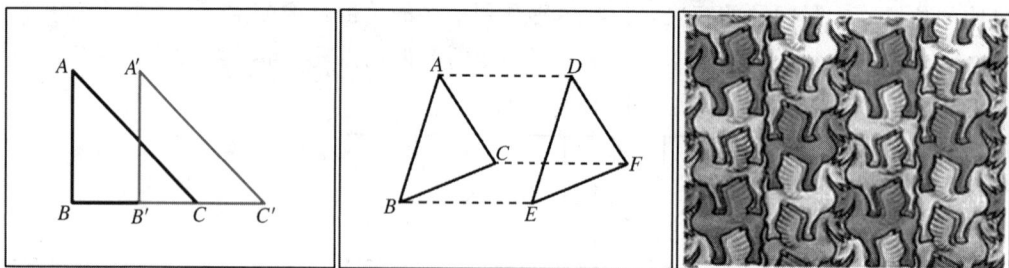

图片欣赏的最后一张是埃舍尔的一幅画，我在旁边附上了作者的介绍（如下图）．
这里有两个目的：

其一，虽然学生对介绍中提到的数学名词比较陌生，但是仍然能感受到数学的价值，激发学习数学的积极性．

其二，这幅画中除了平移还利用了旋转，为今后的学习作了一个简单的铺垫．

最后我以马克思曾经说过的一句话"任何一门科学，只有充分利用数学才能够达到完美的境界"作为这个环节的结尾，让学生在感受数学价值的同时也接受了人文教育．

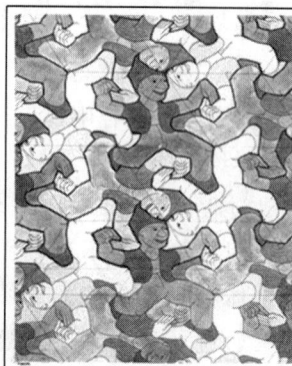

被称为"图形艺术家"的荷兰人M.C.埃舍尔，专门从事木版画和平版画，他从阅读的数学著作中获得巨大的灵感，经常在作品中直接用平面几何和空间射影几何的结构．

链接生活环节的设置，使学生充分感受到数学来源于生活，并应用于生活．

（三）课堂小结　布置作业

课堂小结：以师生共同小结的方式进行．

1. 回顾平移的基本特征及概念．

2. 如何利用平移的性质画出简单平面图形平移后的图形？

带领学生回忆探究、归纳、总结图形平移基本特征的过程，体会从数学的角度理解问题，并能综合运用所学的知识和技能解决问题，体验数学学习的成就感．

布置作业：

1. 《学习·探究·诊断》第 21 页测试 1.

2. 许多美丽的图案都是用平移的方法绘制而成的，你能设计一幅自己喜欢的图案吗？

五、学习效果评价设计

本节课通过创设实际问题的情境，激发学生探究问题的兴趣．在教师的指导下，学生观察、猜想、动手实践，积极主动地探究平移的性质．通过多层次多角度的例题，使学生掌握基础知识，增强分析和解决问题的能力；通过师生共同探究和交流，每一位学生获得了知识和情感的体验．

另外，受时间和条件的限制，学生在课堂上不能把动手探索发挥得淋漓尽致，这点在课后的作业中给学生提供了足够发展的空间．从作业反馈的信息看，一个简单的图形，学生可以设计出很多精彩的图案，他们巨大的创造力实在是不能低估．

《均值不等式》说课稿

北京师大二附中　刘建吾

北京市二等奖　2011 年 11 月

各位专家、各位老师：

大家好！

我是北京师大二附中数学组的刘建吾.

我今天说课的题目是人教 B 版《普通高中课程标准实验教科书数学·必修 5》第三章第 2 节均值不等式（第一课时）. 我将从教学背景分析、教学目标和教法、教学过程设计以及教学特点分析四个方面进行说明.

一、教学背景分析

知识层面

均值不等式是在学习和掌握了不等式基本性质的基础上展开的，是从实际问题和数学问题中抽象出来的一个模型. 学习均值不等式，是为了完善不等式的知识体系，加强不等式在实际中的应用，为今后学习不等式的相关内容做好铺垫，具有承上启下的作用.

本节课是均值不等式第一课时，主要学习均值不等式及其初步应用，下节课将重点研究利用均值不等式求解最（极）值问题.

学情层面

我校学生数学基础知识扎实，课堂上思维活跃，有自主探究的能力.

二、教学目标和教法

根据以上想法，结合我校学生的实际，我制定了以下教学目标：

教学目标：

1. 理解均值不等式，能利用均值不等式解决简单问题；

2. 在发现和应用均值不等式的过程中，尝试从不同角度认识问题，感悟数学理性思维；

3. 通过自主探究，养成独立思考的习惯，获得成功的体验.

教学重点：均值不等式的理解.

教学难点：均值不等式的应用.

教学方式与手段：启发式教学与自主探究相结合，并利用计算机辅助教学.

三、教学过程设计

本节课我设计了以下四个环节：设置情境，提出问题；自主探究，形成定理；直接应用，巩固新知；总结提高，布置作业.

1. 设置情境，提出问题

我从学生刚学过的数列知识入手，引入本节课的教学．

> （1）若三个正数 a，X，b 成等差数列，则 X 是 a，b 的等差中项，$X=\dfrac{a+b}{2}$．
>
> （2）若三个正数 a，Y，b 成等比数列，则 Y 是 a，b 的等比中项，本题条件下 $Y=\sqrt{ab}$．

在此基础上，教师提出问题：上述等差中项和等比中项是否具有确定的大小关系？

2. 自主探究，形成定理

学生带着教师所提的这个问题展开探究．在学生活动过程前，我会介绍数 $\dfrac{a+b}{2}$ 叫作 a，b 的算术平均值；数 $\sqrt{ab}$ 叫作 a，b 的几何平均值，为学生对平均值定理进行几何解释提供一些线索．

由于学生的认知水平存在差异，在探究的过程中可能出现如下几种情形：

情形1：对于所提问题，部分学生会从具体的数值运算入手，通过对给定的几组不同的数值进行观察，得出算术平均值大于或等于几何平均值的结论．对于这些学生，我进一步要求他们给出严格的数学证明，促使学生进行更加理性的思考．

情形2：对于抽象运算能力较强的学生，他们会利用之前所学的不等式的有关知识，对算术平均值和几何平均值直接作差比较大小，得到 $\dfrac{a+b}{2}-\sqrt{ab}=\dfrac{1}{2}\left(\sqrt{a}-\sqrt{b}\right)^2\geqslant 0$，即算术平均值大于或等于几何平均值．对于这些学生，我会启发他们从几何的角度给出解释．

情形3：学生在初中学习多项式乘法公式时，曾用几何图形解释乘法公式，学习过用弦图解释勾股定理，具备了一定的利用图形解释代数式的经验，所以对于代数式 $\dfrac{a+b}{2}$ 和 $\sqrt{ab}$，部分学生会联想到它们的几何解释．依据"面积一定的矩形中以正方形的周长最短"这一事实，可得算术平均值大于或等于几何平均值的结论．【幻灯演示】

情形4：部分学生在观察到讨论的形式中含有根号，会把上述要讨论的两个代数式分别平方后再比较大小，即等价于比较 a^2+b^2 和 $2ab$ 的大小．教师再度启发学生从几何的角度给出解释．【动画演示】

情形5：如图，AB 是圆 O 的直径，点 C 是 AB 上一点，$AC=a$，$BC=b$．过点 C 作垂直于 AB 的弦 DE，分别连接 AD，BD，可证 $OD=\dfrac{a+b}{2}$，$CD=\sqrt{ab}$．由于 $\mathrm{Rt}\triangle COD$ 中斜边 OD 大于直角边 CD，于是有 $\dfrac{a+b}{2}\geqslant\sqrt{ab}$，当且仅当点 C 与圆心 O 重合，即 $a=b$ 时，等号成立．

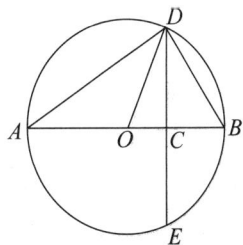

在教学过程中，我准备了如下预案，根据学生的情况适度调控课堂．

【教学预案1】如果学生得不到情形4，我提示学生将两个代数式分别平方后再比较大小，并启发学生思考这一形式与原来形式的联系与区别（当 a，$b\in\mathbf{R}^+$ 时，均值不等式成立；当 a，$b\in\mathbf{R}$ 时，变形后的不等式成立）．

【教学预案 2】情形 5 的几何背景不难理解，但学生可能不容易想到．如果课堂时间允许，我会采用直接介绍的方式呈现给学生；如果时间不允许，我会要求学生课下阅读教材加以解决．

在展示学生的证明后，我指出上述两个问题实际上就是比较两个正数的算术平均值和几何平均值的大小，进而明确给出均值定理，同时指出均值定理及其变形后公式成立的条件．

如果 a，$b \in \mathbf{R}^+$，那么 $\boxed{\dfrac{a+b}{2} \geqslant \sqrt{ab}}$．当且仅当 $a = b$ 时，等号成立．

即两个正实数的算术平均值大于或等于它们的几何平均值．

如果 a，$b \in \mathbf{R}$，那么 $\boxed{a^2 + b^2 \geqslant 2ab}$．当且仅当 $a = b$ 时，等号成立．

上面两个预案的用意是将定理的代数推导过程和简单的几何解释作为本环节的重点．更多对定理的几何解释，如情形 5 以及弦图等，可视时间情况在课上展示或课下探讨．

3. 直接应用，巩固新知

例 1 （1）当 $x > 1$ 时，求证：$x + \dfrac{1}{x-1} \geqslant 3$.

（2）已知 a，b，c 为正实数，求证：$a+b+c \geqslant \sqrt{ab} + \sqrt{bc} + \sqrt{ca}$.

设计意图：运用均值不等式解决简单的代数问题．在题目的设置中我重点考虑了以下两个方面：一方面，设置第一个问题是为了强调均值不等式的合理使用．为了使用均值不等式，需要通过把 x 凑为 $x-1$ 之后，再和 $\dfrac{1}{x-1}$ 使用均值不等式达到证明问题的目的．同时提示学生在使用均值不等式时注意要符合定理的条件（a，$b \in \mathbf{R}^+$），配凑的目的是使两个式子的乘积为定值，等号成立的条件是当且仅当 $x-1$ 和 $\dfrac{1}{x-1}$ 相等．此题的分析为下一节课利用均值定理求最（极）值做了一个很好的铺垫．

另一方面，前后两个问题由易到难，对学生的化归能力提出不同的要求．第一个问题通过配凑后直接使用一次均值不等式使问题得到解决．第二个问题则需要通过建立 3 个均值不等式之后再相加整理才能使问题得到证明，对学生应用均值不等式提出了更高的能力要求．

例 2 给汽车加油的时候人们往往有两种方案：一种是每次加等量的油，不妨设为 40 升；另一种是每次加等金额的油，不妨设为 300 元．

受国际市场油价的影响，我国油价不断调整．假设某两次加油时的油价分别是 a 元/升和 b 元/升（$a \neq b$）．请问：哪一种方案的平均单价更低？

解：第一种方案，平均每升油价为 $\dfrac{40a + 40b}{80} = \dfrac{a+b}{2}$．

第二种方案，平均每升油价为 $\dfrac{600}{\dfrac{300}{a} + \dfrac{300}{b}} = \dfrac{2}{\dfrac{1}{a} + \dfrac{1}{b}}$．

因为 $\dfrac{a+b}{2} \geqslant \sqrt{ab}$，且 $\dfrac{2}{\dfrac{1}{a} + \dfrac{1}{b}} \leqslant \dfrac{2}{2\sqrt{\dfrac{1}{a} \cdot \dfrac{1}{b}}} = \sqrt{ab}$，又 $a \neq b$，所以 $\dfrac{a+b}{2} > \dfrac{2}{\dfrac{1}{a} + \dfrac{1}{b}}$．

即第二种方案的平均单价更低．

设计意图：运用均值不等式解决生活中的实际问题，可以激发学生的研究兴趣，题目的解决并不是简单叙述就可以完成的，而是需要学生做一些变形的处理，对于均值不等式的使用要求较高．根据我校学生的实际情况，我预计学生是可以利用所学均值不等式知识完成本题的．

本例涉及调和平均值，并不要求学生掌握．在授课的过程中，我指出这种均值形式，对于学有余力的学生，希望他们能够在课下继续加以研究，从知识和方法上留给他们进一步探索的空间．同时我在作业的设置中进一步明确研究方向，为学生的自主学习提供研究目标，形成课堂的有效延伸．

4. 总结提高，布置作业

师生共同回顾本节课的学习过程，梳理获得的知识及解决问题的思想方法．

（1）从知识角度，学习了均值定理及其变化形式，辨析它们成立的条件；

（2）从定理应用的角度，学习了运用均值定理证明不等式的方法，在应用均值定理证明不等式的过程中，应关注对定理的合理使用．

课后作业：

1. 课本 71 页练习 A 第 1 题，练习 B 第 2 题．

2. 当 $a, b \in \mathbf{R}^+$ 时，比较 $\dfrac{2}{\dfrac{1}{a}+\dfrac{1}{b}}$，$\sqrt{ab}$，$\dfrac{a+b}{2}$，$\sqrt{\dfrac{a^2+b^2}{2}}$ 的大小．

思考探究：尝试给出问题 2 所得结论的几何解释．

四、教学特点分析

本节课的教学设计，我重点考虑以下三个方面：

关于引入，我从学生熟悉的数列知识入手，引出几何平均值的概念，进一步得到均值不等式．这种方式符合学生的认知水平，学生感到亲切自然．

关于落实重点，我从两点入手．一是对定理的解释和理解，我引导学生对算术平均值与几何平均值的大小进行比较，在探究的过程中，启发学生得出猜想，直至完成定理的代数证明，这个过程有助于加深学生对该定理的理解．二是通过对几何平均值的解释引出均值不等式的几何解释，再次帮助学生理解定理．

关于突破难点，我设计了两个例题．例 1 不能直接使用定理，要求学生在对定理有一定认识的基础上，具有初步的转化能力，把不具备使用定理条件的问题，经过转化化归为熟悉的问题．这样，既使学生进一步加深对问题的认识，又向学生渗透化归与转化的数学思想．例 2 的设计是针对教学难点的突破做了一点努力，对于定理的灵活运用主要是放在下一节课完成．

以上就是我对"均值不等式"这节课的教学设计的说明．不妥之处，恳请各位专家批评、指正．

谢谢大家！

《轴对称变换的应用（二）》说课稿

北京三帆中学　徐　康

北京市二等奖　2012 年 5 月

各位专家、各位评委：

你们好！我是北京三帆中学的数学教师徐康．今天能有这个展示的机会，并得到各位专家、评委的指导，我感到非常荣幸．

我说课的内容是《轴对称变换的应用（二）》，选自人教版义务教育试验教科书数学八年级上册第十二章．

下面我将从教学内容的分析、教学目标的确定、教学过程的设计、教学特点与效果这四个方面对本节课的教学进行说明．

一、教学内容的分析

在初中几何中，轴对称变换是平移变换后的又一种合同变换，它能培养学生的逻辑推理能力，提高学生的思维素质．《义务教育数学课程标准（2011 年版）解读》指出"充分利用变换去认识、理解几何图形是培养几何直观的好办法"．

在之前的学习中，学生已经掌握了线段、角、等腰三角形等轴对称图形的性质．在本节课之前，我还进行了"轴对称变换的应用（一）——最短路径问题"的教学，因此学生基本学会了用轴对称变换解决一些简单的最值问题．

二、教学目标的确定

基于以上分析，我结合所教的数学实验班的学生特点，确定了本节课的教学目标．

1. 进一步理解轴对称的性质，学会运用轴对称变换转移线段的位置，规范书写解答过程；

2. 经历"实践、探究、猜想、验证、总结"的过程，体会轴对称变换的作用，获得解决相关问题的经验；

3. 在分析和解决问题的过程中，发挥主观能动性，获得探究学习的成就感．

本节课我采用教师引导启发，学生自主探究相结合的教学方式．在学生动手探究的基础上，借助几何画板，紧紧围绕教学重点，努力突破教学难点，实现教学目标．

三、教学过程的设计

本节课分为复习引入、问题解决、课堂小结、布置作业四个阶段．

（一）复习引入

首先我带领学生从知识、方法和转化的数学思想三个方面回顾"轴对称变换的应用

（一）"的教学内容．接着，我设计了一道作图题作为本节课的引入．

（PPT 引例）如图 1，确定点 P 的位置，使得 $PE+PC$ 的值最小．本题巩固了前一课时的学习内容，渗透了转化的数学思想．

在学生回答的基础上，我指出轴对称变换是几何中构造全等图形的一种重要工具，是转移线段位置的一种重要手段，在解决某些几何不等关系的问题时能起到关键作用，从而引出本节课的课题．

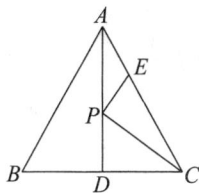

（二）问题解决

问题解决是本节课的核心．本阶段共分三个环节：第一环节，通过基本问题的训练，让学生掌握基本方法，初步培养学生应用轴对称变换的意识；第二环节，创设开放的问题情境，突出轴对称变换的转化思想，激发学生探究问题的兴趣；第三环节，创设具有挑战性的问题情境，培养学生分析问题和解决问题的能力．

第一环节

我设计了一个例题和一个练习．例 1 让学生进一步理解轴对称的性质，应用轴对称变换转移线段的位置，从而解决问题，落实教学目标中的第 1 条．

实际教学中，学生通过作轴对称变换，实现了线段的转移．

在学生回答后，我带着学生规范书写解题过程．

但是，学生回答问题时并没有提到角平分线，我追问学生是如何想到作轴对称变换的，以此强调角平分线是作轴对称变换的重要提示信息．

为了巩固例 1 的学习成果，我设计了一个练习．

（PPT 练习）如图 2，AC 平分 $\angle BAD$，求证：$AB-AD>CD-CB$.

实际教学中，学生能利用角平分线作轴对称变换来转移线段的位置．

接下来我针对例 1 和练习做了简单的小结．至此，对明确有角平分线的部分问题，学生有了应用轴对称变换转化问题的意识．

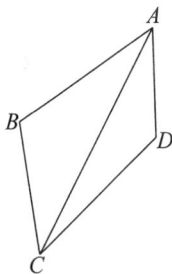

第二环节

为了进一步激发学生探究的兴趣，我设计了一个更为开放的问题．

如图 3，探究线段 BD，CE 和 DE 之间满足的数量关系，并证明．这与《义务教育数学课程标准（2011 年版）》倡导的"使学生多经历'猜想——证明'的问题探索过程"相吻合．

实际教学中，基础较好的学生通过构造图形寻找数量关系，基础稍弱的学生仍然是利用度量法寻找数量关系，我对这两种做法都给予了肯定．

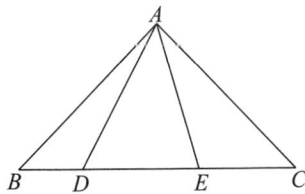

在对结论的推理证明过程中，我引导学生去发现题目中特殊角 $90°$，$45°$ 的倍半关系，由此想到构造两角相等得到角平分线，再将分散的线段相对集中．

我在巡视过程中，还发现部分学生使用旋转变换的方法解决本题，我对他们的做法表示了肯定．这与《义务教育数学课程标准（2011 年版）》中倡导的让学生"体验解决问题方法的多样性，发展创新思维"相吻合．

紧接着，又有学生发现构造的三角形是直角三角形，从而发现本题的另一个结论 $BD^2 + CE^2 = DE^2$.

本题的解题方法和结论都不唯一，在此，我对学生的回答给予了表扬.

到此，学生基本学会了利用轴对称变换解决与角平分线相关的问题.

第三环节

我设计了一个从表面上不容易想到作轴对称变换的问题.

如图 4，求证 $DE + EF + FD > BC$. 如果把问题改为求三角形周长的最小值，这就是一道最短路径问题，学生很容易想到作轴对称. 我设计本题的目的是希望学生能想到将问题转化为求三角形周长的最小值，由此体会转化的数学思想.

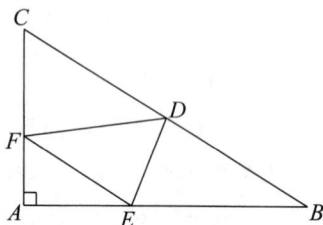

我首先设计了两个问题对学生进行引导，帮助学生突破难点.

问题 1 如何比较封闭图形的周长和一条线段的长短？目的是启发学生打开封闭图形.

问题 2 如何打开封闭图形？目的是引导学生进行轴对称变换.

实际教学中，学生想到了作轴对称变换转移线段的位置. 但是，有的学生作定点 D 的对称点，有的学生作动点 E 或 F 的对称点，我让学生相互交流，最后我给出学生正确的作法.

（三）课堂小结

我引导学生从知识、方法和数学思想三个方面对本节课进行总结. 利用轴对称变换转移线段的位置，将问题转化为两点之间线段最短或者三角形中的不等关系. 在这个过程中，告诉学生要勤于思考，勇于尝试，积极探究，特别要关注问题中的特殊点、特殊线、特殊角等条件.

（四）布置作业

我给学生留了两个层次的作业.

作业一是让学生落实课堂教学内容，养成良好的书写习惯；

作业二是选做作业，以满足学有余力学生的更高需求.

四、教学特点与效果

在本节课的教学过程中，我主要关注以下几个方面：

1. 营造探究氛围，引导学生积极动手实践；

2. 通过对典型问题的剖析，及时归纳总结，落实重点，突破难点；

3. 问题推进有层次、有梯度，符合学生的认知规律.

以上是我对本节课的教学设计，其中难免有不足之处，真诚地希望各位专家、评委的批评指正.

谢谢！

附录 1 《轴对称变换的应用（二）》教学设计

指导思想与理论依据

实验几何是发现几何命题和定理的有效工具，在培养人的直觉思维和创造思维方面起着重要作用，而论证几何则在培养学生的逻辑思维能力方面起着重要作用．在教学过程中，结合学生的能力基础（建构理论），让学生从"做数学"过渡到推理证明，使论证几何与实验几何有机结合．

几何变换作为一种构造图形的工具，可将图形的全部或一部分移动到一个新的位置，构成一个新的关系，从而使问题得到解决．这种几何变换不改变被移动部分图形的形状和大小，只是它的位置发生了转移．这种移动有利于找出图形之间的关系，从而使解题更为简捷．轴对称变换作为几何中三大全等变换之一，在解决几何中部分不等关系和最值问题时发挥了独特的作用．因此，在教学中，我安排了两课时的轴对称变换应用的内容，利用轴对称变换分析和解决几何中的最值和不等关系问题，以培养学生轴对称变换的意识

教学背景分析

教学背景：《轴对称》是人教版义务教育课程标准实验教科书八年级上册的第十二章．

在实际生产生活中，轴对称变换给人们创造美，尤其在图案设计方面有着广泛应用．在数学学习中，轴对称变换作为一种重要的几何变换，是培养学生逻辑推理能力的一个重要工具．轴对称变换是平移变换后的又一种合同变换，它在培养并发展学生的几何变换思想，提升学生宏观观察分析图形的能力方面有着不可替代的作用．通过对本章的学习，进一步巩固发展学生的推理论证能力．面对现实生活中的复杂图形时，学生会主动应用轴对称变换的观点进行分析和解决问题

学情分析：本节课的授课班级是我校的数学实验班，男女生比例约为 2∶1．通过一年多的教与学，班级形成了合作交流、勇于探索和实践的良好学风，师生之间、学生之间能够积极有效地互动．学生思维活跃，具有一定的动手实践能力和逻辑推理能力．学生学习数学的兴趣浓厚，具有较强的学习主动性和积极性，大部分学生能够自主学习后续内容．在前期的学习过程中，学生已经掌握了轴对称的相关概念和性质，掌握了等腰三角形的相关知识，会作轴对称图形．在本节课之前，还进行了"轴对称变换的应用（一）——最短路径问题"的教学，学生基本学会了用轴对称变换去解决一些简单的最值问题，并在课下通过练习巩固了相关知识和技能．但学生的逻辑推理能力和思考分析能力都还处在发展之中，所以我安排这一课时的教学，以加强学生运用轴对称变换的应用意识，提高分析和解决问题的能力

教学方式：本节课采用教师启发引导，学生自主探究相结合的教学方式

技术准备：几何画板是数学教师进行文稿演示和展示图形运动变化过程的多媒体软件之一．本节课使用几何画板制作演示文稿，使用几何画板动态演示，能让学生直观感受轴对称变换的过程，体会轴对称变换的作用．另外，几何画板也是学生学习探究数学知识的一个工具

教学目标

知识与技能：1. 进一步理解轴对称的性质，体会轴对称变换在解决问题中的作用；

2. 学会运用轴对称变换转移线段的位置，规范书写解答过程．

过程与方法：经历"实践、探究、猜想、验证、总结"的过程，体会轴对称变换的作用，获得解决相关问题的经验．

情感与态度：在分析和解决问题的过程中，发挥主观能动性，获得探究学习的成就感

教学重点、难点
重点：轴对称变换 难点：利用轴对称变换转移线段的位置，使分散的条件相对集中
设计框架
1. 由一道作图题引入，复习前面所学知识，突出轴对称变换的作用，引出本节课的课题； 2. 例 1 是一个含角平分线的基本图形，学生容易入手寻找解决问题的办法，便于体会轴对称变换在解题中实现"化折为直""变分散为集中"的作用； 3. 设计例 1 的练习，再次明确角平分线是构造轴对称图形的"标志"之一，提高学生对轴对称变换的认知水平； 4. 例 2 设计一个方法多样，结论不唯一的问题，既可以用轴对称变换将分散的线段集中，也可以用旋转变换来解决； 5. 例 3 设计一个多次使用几何变换的问题，在总结前面几个问题的经验技巧上，需要从结论出发，探索解题方法； 6. 小结中，归纳本节课用到的知识、方法和数学思想，鼓励学生反思学习过程，加深对轴对称变换应用的认识
教学过程

一、引例

如图 1，在等边三角形 ABC 中，AD 是中线，点 E 是 AC 边上的一个定点，点 P 是 AD 上的一个动点，请你在图中确定点 P 的位置，使得 $PE+PC$ 的值最小.

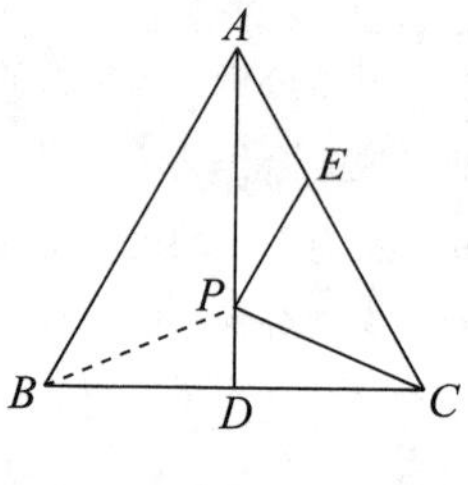

等边三角形是学生熟悉的轴对称图形，很容易发现点 B 与点 C 关于直线 AD 对称，则可将 PC 转移到 PB 的位置，将问题转化为前一课时学习的内容，从而使问题得到解决. 通过本题的思考学习，进一步发现轴对称变换是几何学习中辅助思考的一个重要工具，在构造辅助线时起到关键的作用. 本节课将学习利用轴对称变换分析和解决几何中部分不等关系问题.

引出课题：轴对称变换的应用（二）

图 1

二、问题解决

（1）创设轴对称变换的情境，培养轴对称变换的应用意识

例 1 如图 2，点 P 是△ABC 的外角∠BAD 的平分线上不与点 A 重合的任意一点，分别连接 PB，PC，试比较 $PB+PC$ 与 $AB+AC$ 的大小，并证明你的结论.

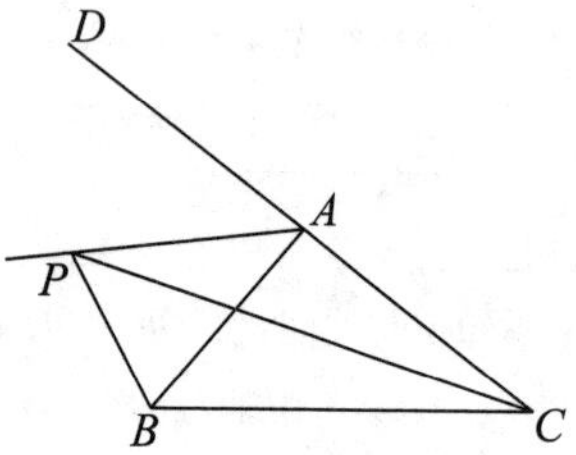

图 2

教学过程

学生探索环节:

如图 3,根据 AP 是 $\angle BAD$ 的角平分线,能想到用轴对称变换的思想将点 B 关于直线 AP 对称到 AD 上的点 B',则线段 AB 和 PB 转移到 AB' 和 PB' 的位置,折线 BAC(即 $AB+AC$)转化为线段 CB',从而将分散的线段集中到 $\triangle CPB'$ 中,再由两边之和大于第三边判断大小关系.

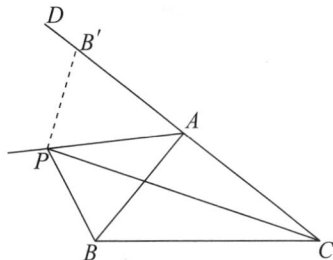

图 3

教师小结环节:

在判断大小关系时,一种方法是通过(多次)度量得到具体数值并比较大小,另一种方法是通过构造图形,利用两点之间线段最短.度量是比较大小的一种有效手段,要积极尝试,通过实践比较,归纳并猜想得出结论.利用轴对称变换作辅助线,把线段的位置转移,实现"化折为直"和"变分散为集中",为证明结论创造了条件.

本题中,由"角是关于它的角平分线所在直线对称的轴对称图形"可以想到用轴对称变换作辅助线,这是解决几何中不等关系的有效方法之一.

在书写时,通常的作法是在 AD 上截取 $AB'=AB$,连接 PB',构造全等三角形.

练习 如图 4,在四边形 $ABCD$ 中,$AB>AD$,对角线 AC 平分 $\angle BAD$,求证:$AB-AD>CD-CB$.

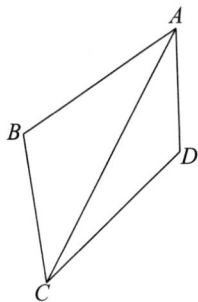

图 4

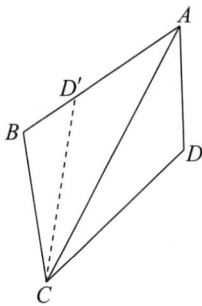

图 5

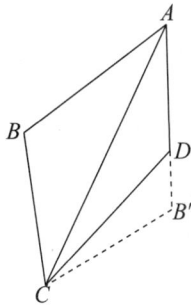

图 6

学生探索环节:

预案 1:如图 5,由角平分线,用轴对称变换的思想将点 D 对称到 AB 上的点 D';将线段 AD,CD 分别转化到 AD',CD',用三角形的两边之差小于第三边得到大小关系.

预案 2:如图 6,由不等式的性质,先将线段差转化为线段和的比较,仿例 1,得到线段的大小关系,再由不等式的性质得到本题结论.

教师小结环节:

练习和例 1 一样含有角平分线这个条件,由此利用轴对称变换将线段位置转移,把分散的条件集中,利用三角形两边之差小于第三边,论证问题.练习和例 1 在问题的呈现上不一样,有时把一个新问题等价转化为熟悉的问题也是解决问题的有效办法.

解决数学问题时,要学会寻找像角平分线这样的关键信息,将这些信息与已有知识和技能建立联系,从而将新问题拆解为熟悉的问题.

教学过程

（2）创设开放问题情境，激发探究兴趣

例 2 如图 7，Rt△ABC 中，AB＝AC，∠BAC＝90°，点 D，E 是 BC 上的两个动点，且都不与点 B，C 重合，∠DAE＝45°，试探究线段 BD，CE 和 DE 之间的数量关系，并证明你的结论．

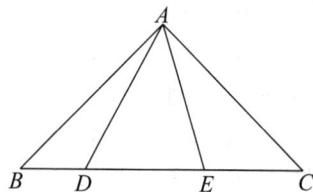

图 7

教师引导环节：

① 三条线段可能满足什么类型的关系？（相等关系、不等关系）

② 怎样探究 BD，CE 和 DE 之间的数量关系？

③ 关注题中的特殊角度 45°，90°的关系；

④ 题中线段的位置与例 1 及练习中线段位置有什么区别，如何使其相对集中？

学生探索环节：

度量线段长度，归纳、猜想结论，或者作图构造三角形．

预案 1：如图 8，将△ABD 沿直线 AD 翻折到△AB′D，连接 EB′，再证明△ACE≌△AB′E，将线段集中到△DB′E．

预案 2：如图 9，先将△ABD 沿直线 AD 翻折到△AB′D，再将△ACE 沿直线 AE 翻折到△AC′E，证明点 B′与点 C′重合；

预案 3：如图 10，将△ACE 绕点 A 顺时针旋转 90°到△ABE′，连接 DE′，证明△ADE′≌△ADE．

预案 1 结论：BD＋CE＞DE．

预案 2 结论：$BD^2＋CE^2＝DE^2$．

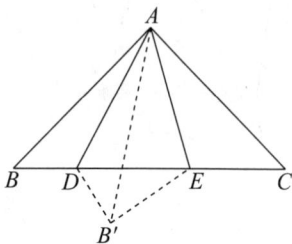

图 8

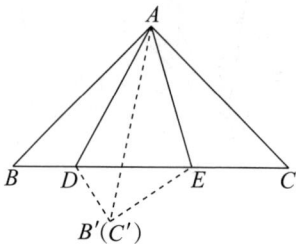

图 9

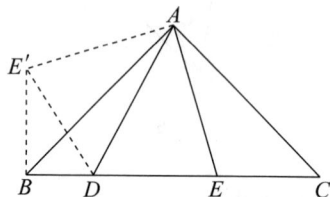

图 10

教师小结环节：

遇到一个新问题，要敢于尝试，积极寻找突破口．在本题中，第一，角的倍半关系给轴对称变换提供了条件；第二，通过轴对称变换（或旋转）可以将共线的线段集中到一个三角形中；第三，本题的解题方法和结论都不唯一，利用旋转变换也能解答本题．可以看出，几何变换是解决几何问题的重要工具；第四，不同的问题，结论可能会不同，就算相同的结论，但方法也可以不同，尝试多角度思考问题，丰富解题经验．

（3）创设"动""静"情境，探寻轴对称变换的本质

例 3 如图 11，Rt△ABC 中，点 D 是斜边 BC 的中点，点 E，F 分别是 AB，AC 边上不同于点 A 的任意两点，求证：DE＋EF＋FD＞BC．

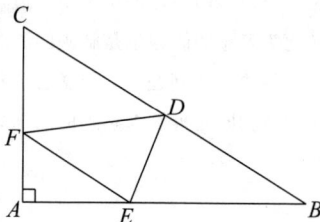

图 11

教师引导环节：

① 如何比较封闭曲线（三角形的三边）和线段的长短？（打开封闭曲线）；

② 由前面的经验，用轴对称变换把线段位置转移，将三条线段化为两点之间的折线（鼓励学生多画图探究，分别从点 D，E，F 三点打开）；

续表

教学过程

③用几何画板作动态演示，探寻折线与 BC 的关系；

④观察对称点连线与 BC 的关系；

⑤关注直角三角形和斜边中线这两个条件的作用．

学生探索环节：

预案1：如图12，分别作点 D 关于 AB，AC 的对称点 D_1，D_2，将 $DE+EF+FD$ 化为折线 D_1EFD_2，尝试建立折线 D_1EFD_2 与 BC 的联系，发现 $BC=2AD$，D_1，A，D_2 共线，$2AD=D_1D_2$，再比较 D_1D_2 与 $D_1E+EF+FD_2$ 的大小．

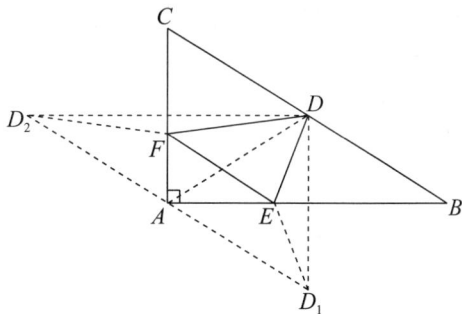

图12

预案2：作点 E（或 F）关于两边的对称点，将三条线段变成折线，但随点 E（或 F）的运动，它的对称点的位置是变化的，对称点连线段与 BC 没有明确的大小关系．

预案3：如图13，将原题图绕点 A 逆时针旋转 $180°$，连接 FE'，连接 AD，AD'，可证 $FE'=FE$，将 $DE+EF+FD$ 化为折线 $D'E'FD$，由 D'，A，D 共线，有 $D'D=BC$，可得 $DE+EF+FD>BC$．

教师小结环节：

轴对称变换的有效作法是作定点关于直线的对

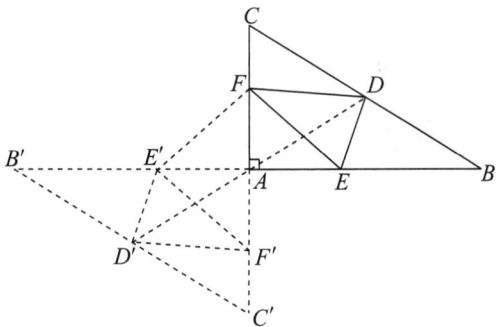

图13

称点，使得"动"中有"静"，把问题转化为两点之间的折线和线段的比较．在有些问题中，平移和旋转变换也能起到相同的作用．

三、课堂小结

引导学生总结回顾本节课用到的知识、方法和数学思想，关注思考过程．

主要知识：①两点之间线段最短；三角形两边之和大于第三边；②轴对称的性质．

主要方法：①利用轴对称变换把线段位置转移，化折线为线段，把分散的条件集中；②轴对称变换的有效作法是作定点关于直线的对称点，使得"动"中有"静"．

数学思想：转化．

过程：勤于思考，勇于尝试，积极探究，关注问题中的特殊点、特殊线、特殊角等条件．

四、课后作业

1. 完成练习、例2、例3的解答过程．

设计说明：通过整理解答过程，巩固课堂所学知识和技能，养成规范的书写习惯．

2. 如图14，在 $\triangle ABC$ 中，$BC>AC$，CD 平分 $\angle ACB$，求证：$BD>AD$．

设计说明：由角平分线想到轴对称变换，实现线段位置的转移，强化技能．

教学过程

3. （选做）如图15，在△ABC中，∠ABC>∠ACB，AD⊥BC于点D，点P是AD上任意一点，求证：AC+BP<AB+CP.

设计说明：设计分层作业，满足不同水平学生的学习需要，由课后作业也可以发现、积累新的解题方法．在有垂线的问题中，也常用轴对称变换把线段位置转移，使分散的线段集中

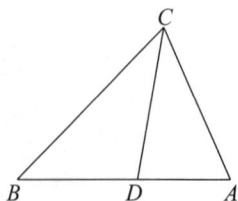

图14

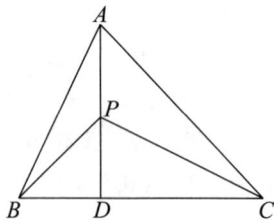

图15

附录2　教学反思

　　新课程改革，教材的内容和学习要求发生了很大的变化，其中一个突出的变化就是在几何教学中强化了对图形变换的要求，数学新课程强调了图形与变换的内容，突出了变换在图形认识过程中的作用．我认为几何变换思想促进了几何学的发展，强化变换思想有助于改进几何教学，同时变换思想有助于学生创新意识的形成．新课标下的初中数学教材也突出了变换的地位，强化变换的工具作用，较好地落实了数学新课程的要求．我认为要使学生真正能把变换作为一种有力的工具，在实际教学中，还应考虑配置一定数量的能让学生自己探索并寻找结论的题目，使变换的思想内化为一种重要的思考问题的方法．因此，我设计了本节课的学习内容．

　　从课堂教学的实施情况来看，学生通过前期的学习，已经掌握了轴对称的相关性质，对轴对称变换应用有了一定的经验技巧．在整个课堂教学进程中，我认为以下几个方面达到了课前的设想．

　　第一，创设了轴对称变换的问题情境，引导学生应用轴对称变换解决问题，培养了学生轴对称变换的应用意识，提高了学生对轴对称变换的认知水平．首先，由一道作图题引入，复习前面所学知识，突出轴对称变换的作用．随后，设计了两道含有构造轴对称变换"标志"的问题，引导学生使用轴对称变换．例2和例3的设计，也是想让学生通过轴对称变换把线段位置转移，把分散的条件集中．在教学过程中，学生按照我设计的问题情境，完成了学习内容，达到了预期的效果．

　　第二，本节课充分体现学生自主、探究，教师引导启发的教学方式．发挥课堂教学民主，让学生成为课堂的主人，学生主动地探索问题，解决问题．根据本节的内容特点，教师是引导者、组织者，并真正参与到学生的讨论探究中，并在适当的时候对问题进行总结深化，引导学生加深对问题的理解和对方法的提炼．

　　第三，在教学手段的选择上，用几何画板作课堂教学演示．在课堂教学中，根据需要

随时作动态演示，使学生直观清晰地观察到数据的变化，以便判断结论正确与否，引导学生自觉自主地修正、改进思考过程．用几何画板，实时按照学生的想法作图，学生能直观感受轴对称变换的过程．

但是对比课堂教学与课前教学设计，我还有几个地方需要完善：

第一，对例1后的练习，在学生回答出教学设计中的预案1后，没有继续追问学生是否还有其他方法，也没有向学生展示预案2的做法．我认为应该向学生展示，并让学生比较它与例1的异同，让学生发现问题的本质．

第二，在例3的教学中，老师在前面引导得过多，导致后面的时间不够，没有向学生展示预案2作点 E（或 F）的对称点的情形，所以没能让学生从图形上直观比较分别作定点和动点关于直线的对称点的区别，在以后的教学中还要合理把控时间．

第三，在摄像机面前，学生回答问题的声音偏小，还要鼓励学生敢于面对镜头展示自己．

以上是我对这节课的教学反思，不妥之处，敬请各位专家批评指正．

《认识国旗——制作五角星》活动课教学设计

北京三帆中学　李　燕

北京市二等奖　2012 年 9 月

指导思想与理论依据

《义务教育数学课程标准（2011 年版）》在教学内容中设置了四个部分，《综合与实践》是其中的一个重要内容．这部分反映了数学课程与数学教学改革的要求，也为学生提供了一种通过综合、实践的过程去做数学、学数学、理解数学、应用数学的机会．理解和把握这个领域，对于数学课程的发展和数学教学的改革是非常重要的．

课程标准中明确指出，应当注重发展学生的数感、符号意识、空间观念、几何直观、数据分析观念、运算能力、推理能力和模型思想．为了适应时代发展对人才培养的需要，数学课程还要特别注重发展学生的应用意识和创新意识．

几何直观——主要是指利用图形描述和分析问题．例如通过对五星红旗的观察，学生非常直观地看到矩形、正五角星等图形，很自然地会思考五星红旗长与宽的比值，大小五角星之间的大小关系以及相互的位置关系．借助几何直观可以把复杂的数学问题变得简明、形象，有助于探索解决问题的思路，预测结果．初一的学生对正多边形、正五角星的几何知识是有限的，几何直观可以帮助学生直观地理解正五角星中蕴藏着的特殊角与特殊线段，在整个数学学习过程中发挥着重要作用．

应用意识——有两个方面的含义：一方面，有意识利用数学的概念、原理和方法解释现实世界中的现象，解决现实世界中的问题；另一方面，认识到现实生活中蕴涵着大量与数量和图形有关的问题，这些问题可以抽象成数学问题，用数学的方法予以解决．我们经常看到的五星红旗里面，就蕴藏着很多数学知识．在进一步动手制作五星红旗的过程中，利用格点法确定大小五角星在五星红旗的矩形版面中的位置，通过做数学为今后学习坐标等数学知识打好基础．同时也能培养学生在生活中发现数学，应用数学的意识．综合实践活动是培养应用意识很好的载体．

创新意识——培养创新意识是现代数学教育的基本任务，应体现在数学教与学的过程之中．学生在利用折纸的方法剪出五角星的过程中，学会自己发现和提出问题：为什么剪下去的时候要保证 18°的夹角？为什么 54°的夹角也可以？独立思考、学会思考是创新的核心．归纳概括得到的猜想和规律，并加以验证，是创新的重要方法．利用头脑风暴法开展数学活动，对于培养学生的创新意识有很大的帮助．培养学生的创新意识应该从义务教育阶段做起，贯穿数学教育的始终

教学背景分析

教学内容：利用头脑风暴的方法展开的数学活动课．通过观察、动手实践，探索五星红旗中蕴涵的数学知识，并学会画出正五角星，探索正五角星中蕴涵的特殊的角与特殊的线段．自己动手制作五星红旗（20 cm×30 cm）．

学生情况：授课班级为数学实验班和外语实验班，在同龄人中数学学习程度比较好．学生通过初一第一学期两个多月的学习，对几何图形有了简单的认识，已学了有关线段和角的基本知识．但是学生接触到的较多的是以教师教授为主的数学课，还没有经历过以问题为载体、学生自主参与为主的数学活动课．因此缺乏自主性、应用意识及创新意识．设计活动课，有助于积累数学活动经验、有利于培养学生的应用意识和创新意识

续表

教学目标（内容框架）

1. 探究五星红旗中蕴涵的数学知识；
2. 探讨五角星的不同画法；
3. 在失败与成功的过程中，积累经验、发现问题、提出问题、解决问题；
4. 用发现的眼光看生活，可以发现很多数学问题；
5. 爱国主义教育，进一步了解五星红旗

设计框架

1. 教学的实施过程——教师创造性地使用了"头脑风暴"的形式，先明确规则，保护学生进行探究的主动性，也突出了学生作为学习主体的主动地位．因为形式新颖，所以更能激发学生的好奇心，充分调动学生的学习兴趣．

2. 通过对五星红旗的观察，挖掘五星红旗中所蕴涵的数学知识．

国旗中可以抽象出矩形和五角星的图案；

国旗的长与宽的比值为 3∶2；国旗中大小五角星的边长比值为 3∶1；

国旗中四颗五角星的一个角指向大五角星的中心．

培养学生的数学应用意识，即有意识地利用数学概念、原理和方法解释现实世界中的现象，解决现实世界中的问题．

3. 围绕正五角星提出了 5 个激发学生兴趣的问题：

问题 1：你有什么办法画出正五角星？

问题 2：请你挖掘正五角星里蕴藏着的数学迷．

问题 3：你能用折纸的方式，剪出一个正五角星吗？

问题 4：通过剪正五角星，你能给同学们提出跟正五角星有关的问题吗？

问题 5：怎么制作一面五星红旗？

这些环节包含了思维碰撞、动手操作、课外拓展等不同的学习活动．教师鼓励学生积极思考、大胆猜想、动手实践，最后回到数学本质，形式丰富多彩．这样既充分调动起学生的积极性，又不失数学的严谨，还凸显了相关数学知识的应用价值．

4. 课后延伸环节给学生布置任务——以小组为单位完成三件事：（1）至少用两种方法画出正五角星；（2）折纸法剪出正五角星，并提出与五角星有关的问题；（3）制作长 30 cm、宽 20 cm 的五星红旗．在课后延伸的实践过程中学生更加全面的认识五星红旗，理论上加以升华．学生在动手操作过程中学会积累、学会反思、学会提出问题．

新课标提倡的不是一再地给学生灌输多少知识、而是让学生带着问题听课、带着问题下课，给学生更多的思考空间及激发学生探索的兴趣．而且作为中国学生更深层次了解五星红旗也是非常必要的爱国主义教育．

5. 成果展示——利用教室的侧墙，做一期《五角星之问》为主题的墙报（把学生提出来的问题制作成一个宣传板报进行展示，供大家分享，也鼓励大家可以选择自己感兴趣的问题给予解答，彼此产生思维的共振），展现思考过程、交流收获体会、激发创造潜能

教学过程

一、引入数学活动课——头脑风暴法

提出头脑风暴法上数学活动课的要求：思维共振、智力互补、大胆猜想、越多越好、延迟评价．

教学过程

教师引导环节：

为了让学生大胆尝试不同形式的课堂，首先明确要求．

1. 大胆猜想：开阔思路、激发灵感

2. 越多越好：发散思维、集思广益

3. 延迟评价：防止扼杀、创意想法

数学活动课的教学方式，与以往的概念教学课堂要有所不同，最重要的是让学生敢想、敢说．有时候过多的评价会扼杀学生的一些好想法，因此本节活动课的要求是，先让学生大胆地说出自己的想法、不管是异想天开、不管想法是否正确．采取延迟评价的方式保护学生的学习积极性，为今后数学教学再次开展数学活动课做铺垫．

二、提出问题

1. 创设"直观"的问题情境，体现几何直观能把复杂的数学问题变得简明、形象，有助于探索解决问题的思路，预测结果．

教师引导环节：

通过展示直观图片——五星红旗，引导学生挖掘五星红旗中所蕴涵的数学知识．

学生探索环节：

预案1：

形状：国旗中可以抽象出矩形和正五角星的图案．

大小：国旗的长与宽的比值为3∶2，国旗中大小五角星的边长比值为3∶1．

位置：国旗中四颗五角星的一个角指向大五角星的中心，五角星位于国旗左上角处．

预案2：

只能抽象出五星红旗中的矩形和正五角星的图案．有关大小及位置问题没有想到．

教师引导环节：

利用几何画板的"直观"性，动态演示图片．

1）利用几何画板测量国旗的长与宽，引导学生发现矩形的大小、五角星的大小之间有一定的比例关系；

2）找两位同学进行演示：利用几何画板中所给出的一个矩形（20 cm×30 cm）、一颗大五角星、四颗小五角星拼出五星红旗；两个学生凭着自己的感觉所拼出来的图形是不完全重合的两张20 cm×30 cm的五星红旗．

教师小结：

几何研究什么？研究物体的形状、大小、位置．我们共同探索了五星红旗．

问题1：你有什么办法画出正五角星？

教师引导环节：

通过呈现标准五角星的图片，让学生大胆猜想怎么才能画出这样的图形．此时重点不在于为什么，而在于你觉得怎么画．因为初一的学生几何知识有限，有些原理他们是解释不清楚的．我们可以带着一些问题学习几何，对今后的学习起到承上启下的作用．

学生探索环节——头脑风暴法的原则：大胆猜想、越多越好，可以是自己独立思考的，也可以是在其他同学提出方案的基础上，又有所不同；延迟评价：给学生留一定的独立分析空间，让学生试着自己整合信息、取舍信息．

教学过程

预案1：

(1) 发现五角星里面有120°角（虽然是错误的但要延迟评价）.

(2) 先画正五边形，再连对角线.

(3) 每个尖角是不是36°.

(4) 先画正五边形，再把每条边延长.

(5) 正五角星里面有108°角.

(6) 可以画一个正五边形和五个等腰三角形进行组合.

(7) 尺规画正五边形（老师我以前在网上看过，但是我有点忘了，我可以去查一查资料）.

(8) 正五角星的边里蕴涵着黄金分割比（虽然说得很含糊，但以鼓励大胆猜想为宗旨）.

(9) 我先画一个圆，然后用一点点试验的方法找出圆的五等分点，过任意两个相邻的点画一条直线.

(10) ……

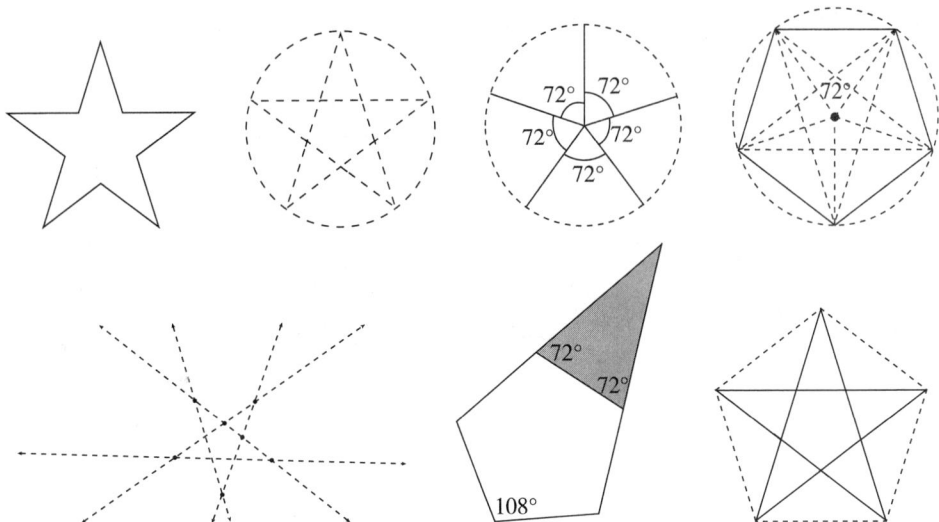

预案2：

当有一部分学生忙于动手画图摸索，不愿意说出自己的想法，也有一部分学生没有任何思路.

教师引导环节：

可以挑选一些正在成形或者未成形图片的主人，利用实物投影仪进行演示，并让其说出自己的思路.

预案3：

因第一次尝试用头脑风暴法上数学活动课，学生没有很好地适应. 学生没有太多想法（本班学生这种可能性较低）.

教师引导环节：

四个人为一个小组，每个小组发一个标准的正五角星图片，供小组内探索之用，这样可以起到进一步思维共振及智力互补的作用，尽快碰撞出新的思维火花.

教师小结：

利用PPT动态演示及几何画板作图演示画法：

(1) 任意画一个圆；

(2) 以圆心为顶点，连续画72°角与圆交于五点；

教学过程

（3）连接每隔一点的两点．

让那些动手能力较薄弱的、思维不够活跃的同学也有机会跟上大部分同学的步伐，画出正五角星，便于进行下一环节的活动．

问题 2：请你挖掘正五角星里面蕴藏着的数学迷．

学生探索环节：利用所学的知识，观察、猜想、动手测量线段长度、角度．

预案：

（1）10 条边长都相等．

（2）有 5 个 36°的尖角．

（3）有 5 个 108°的角．

（4）可以对折．

（5）……

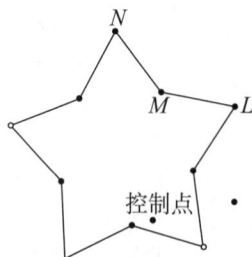

2. 创设"挫折"的问题情境，学会从失败中总结经验教训，积累活动经验、学会反思、学会提出问题．

问题 3：怎么用折纸的方法剪出正五角星？

教师引导环节：

教师先给学生做演示，但不进行任何解释和说明，只是让学生仔细观察．

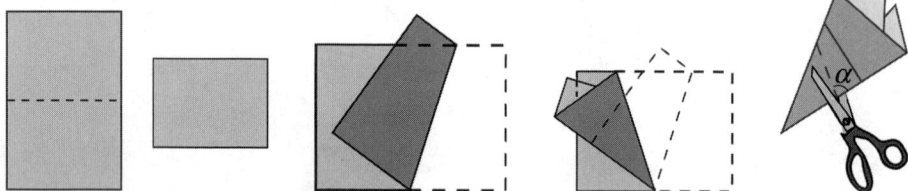

通过教师的简单演示，提高学生的学习兴趣．当学生看到老师一剪刀下去，就剪出了正五角星，觉得很好奇，很多学生都跃跃欲试．充分调动了学生的学习积极性．

学生探索环节：

预案 1：

拿出手中的 A4 纸（之前让学生准备 5 张 A4 纸），按照教师的方法折纸，但一剪刀下去剪出如下形状的图形．

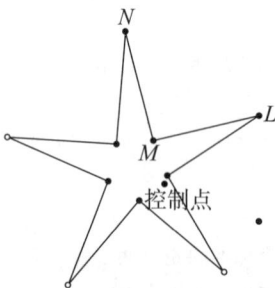

预案 2：

看到部分同学失败的经验教训，有些同学就比较谨慎了．开始互相议论，互相探讨：你刚才是怎么剪的？开始想象着教师之前的演示，并仔细观察之前画出来的五角星，剪出比较接近正五角星的图形．

但是通过测量发现有些不同，从而激发学生的学习兴趣及进一步思考．

预案 3：

剪的时候夹角应该是 18°，54°，36°，还是 72°？

教学过程
学生在几次失败中发现问题、提出问题．学会细心观察，学会思考问题． 预案 4： 把之前画出来的正五角星剪出来，再把它按五等分折叠，研究一剪刀下去应成多少度角？ 教师小结： 学生在活动中经历失败，进而发现问题，引起认知冲突，提出问题．失败中吸取经验教训，进行反思，反思中归纳概括得到的猜想和规律，并加以验证，是创新的重要方法． **三、课后延伸** 教师引导环节： 问题 4：通过剪出正五角星，你能提出跟正五角星有关的问题吗？ 请你课后完成以下 3 件事情： 1）用不同的方法至少画出 3 个正五角星． 2）剪出一个正五角星，粘在一张纸上，并在纸的空白部分写出你能想到的与正五角星有关的问题． 3）请你制作长 30 cm、宽 20 cm 的五星红旗． 新课标中明确指出引导学生，让学生学会提出问题，而不仅仅是教师在提出问题． 教师小结： 希尔伯特 23 问不知哪些同学听说过？数学学习不仅仅是解决问题，能提出问题供大家思考也是一件非常有学问的事情

学习效果评价设计
评价方式： 1. 学生画出来的正五角星的标准程度． 2. 学生剪出来的正五角星的标准程度． 3. 提出的问题：有关正五角星的数学问题． 4. 制作的五星红旗的标准程度

本教学设计与以往或其他教学设计相比的特点
1. 数学课是一个承担培养学生创造性思维的科目．培养学生的创新性，就得培养学生大胆提出自己的设想的习惯及敢于尝试、敢于提出问题．能引发学生的思考，让学生学会提出问题、通过实践操作、反思操作过程去自主思考．调动学生自己发现问题、提出问题．可能有些问题现阶段学生无法得到明确的答案，但是对今后初二、初三的数学学习起到了很好的铺垫作用．培养学生的探索精神．符合新课标要求的创新意识的培养应该从义务教育阶段做起，贯穿数学教育始终的新教育理念． 2. 让学生动手制作我们每天看得到的五星红旗是本节课突出的亮点，以数学的角度去进一步研究五星红旗：五星红旗的图案、五星红旗的长与宽的比值、大小五角星之间的比例关系，及与矩形长宽的关系、五角星的摆放位置、怎样才能让四颗小五角星的角指向大五角星的中心，通过研究看似普通、看似简单的问题，培养学生的应用意识．同时作为中国学生，希望通过这节课让学生更深入地了解祖国的国旗，对她具有更深层次的庄严感． 3. 从教学形式来讲，本节课利用头脑风暴法这样比较新颖的方法——大胆猜想、集思广益、延迟评价等，充分调动了学生的学习积极性，又不会导致因为过多或过早的评价而把一些非常好的奇思妙想扼杀在摇篮里． 4. 利用课内学习和课后自主研究、动手实践相结合，让学数学变成——学的过程中做数学，做的过程中学数学

《幂函数》说课稿

北京师大二附中 陈 余

北京市二等奖 2013年5月

各位专家、各位老师：

大家好！我是来自北京师大二附中的陈余．很高兴能有机会在这里跟大家学习、交流．我今天说课的题目是《幂函数》，内容源自普通高中必修数学1（人教B版）第三章《基本初等函数（Ⅰ）》的第3节．下面我将从教学背景分析、教学目标和手段、教学过程设计、教学特点和反思四个方面来进行汇报．

一、教学背景分析

首先，从知识背景分析，学生在初中已经学习了一次函数、二次函数、反比例函数等，在高中学习完函数的概念和性质后又学习了指数函数、对数函数．学生已经认识到，通过分析函数图象，可以更加直观有效地把握函数性质，这为研究新的基本初等函数——幂函数打下了基础．

其次，从学生情况分析，我班学生知识基础比较扎实，在老师的引导下能自主地进行探索研究，同时也已学会图形计算器的基本操作．

二、教学目标和手段

基于以上分析，我将本节课的教学目标确定如下：

1. 了解幂函数的概念，由具体幂函数总结一般有理指数幂函数的图象特征和函数性质，会画具体幂函数的草图．

2. 通过对幂函数的研究，进一步感受分类讨论的数学思想．

3. 借助信息技术研究幂函数的图象和性质，提高运用现代教育技术进行学习，以及探索、解决问题的能力．

本节课的教学重点是对幂函数图象的分类研究，教学难点是幂函数分类研究方案的设计．采用的教学方式是探究式、合作式．使用的教学用具主要是图形计算器及无线课堂导航系统．

三、教学过程设计

在设计本节课的教学过程时，我主要考虑两个方面：一是避免老师的过分主导，充分放手让学生去探究，尽量实现学生的自主学习；二是合理利用技术手段，提高画图和研究效率．我将具体的教学过程分为引入概念、图象研究、效果检测和拓展作业四个环节．

（一）引入概念

在本环节，我希望做到：一，能激发学生的学习兴趣，二，能自然地由已学知识引出新概念．为了让学生回顾"幂"这个数学名词，我播放了一段配乐幻灯片，请看节选片段．本幻灯片通过以 10 为底的幂的变化展现了从宏观的宇宙到微观的细胞．在学生解释完"幂"这个名词后，我给出等式 $N=a^b$，提问：刚学过的 $y=a^x$（$a>0$ 且 $a\neq1$）为什么叫指数函数？从而通过改变自变量的位置，引出幂函数的概念．

在了解概念后，我让每个学生设想一个具体的幂函数解析式，并用图形计算器画出图象，借助于计算器的无线课堂导航系统，全班同学所画图象立即呈现到投影上，请看教学实录．（视频解说："这是无线课堂导航系统软件的操作界面．""这是每个同学计算器的实时传递画面．""他们只需要在计算器上输入自己想到的解析式，便可立即得到函数图象．"）学生通过观察大家所画图象的解析式，进一步明确幂函数的概念．如此设计，一是可以快速共享大量图象，二是加深学生对幂函数概念的认识，并及时纠正他们可能出现的错误．

（二）图象研究

这是本节课的教学重点．在本环节我的核心思想是充分放手让学生去探究，由他们来构想研究方案并付诸实施．

学生在直观认识到幂函数图象的多样性后，自发地提出要分类研究．至于如何分类，我请学生提出不同的标准，并将结果一一罗列到黑板上．我预计学生会从函数性质和参数取值两个角度考虑．实际教学时学生依次提出了按指数的正负、按图象对称性（函数奇偶性）、按函数单调性和按指数为整数分数四种分类标准．

再引导他们考虑研究次序，学生提出先按指数的正负分类．我按照他们的想法，利用无线导航系统将图象分类摆放，请看教学实录．学生发现指数为正数时图象仍然有多种样式，共性不明显；指数为负数时，图象以坐标轴为渐近线，但所在象限不同，有在一、二象限关于 y 轴对称的，有在一、三象限关于原点对称的．于是，学生由图象的对称性想到了要考虑函数的奇偶性．我再次利用无线导航系统将图象按奇偶性分类摆放，让学生在观察中总结规律，请看教学实录．在观察奇偶性相同的幂函数解析式时，由于前面出现的解析式指数多为整数，学生未能想到将整数指数和分数指数统一，于是我启发他们分析刚才图象中出现的指数为分数的解析式，将其转化为根式形式再判断奇偶性，学生顺利得出了按奇偶性分类的研究结果．

在此基础上，再分析刚才罗列的分类标准，学生发现按整数和分数分类已经没有必要．而图象对称性已经明确，于是只需要考虑图象在第一象限的情况．接下来考虑单调性，学生发现图象在第一象限指数为正时单调递增，指数为负时单调递减，于是按单调性分类和按指数正负分类实质上统一了．在我的引导下，学生将指数为正的情况进一步细分，得到了按指数大小分类的研究结果，从而明确了幂函数图象在第一象限的特征．

至此，分类研究已经结束，学生得到了按奇偶性和按指数大小的研究结果．为了寻找幂函数图象的共性特征，我借助图形计算器的动画功能给学生演示图象随指数变化的过程，让学生借助动态直观总结规律．学生很快得到了图象共性的研究结果．

在整个研究过程中，我总体上跟随学生思路，在他们出现困难时适当引导，帮助他们顺利突破难点，学生基本实现了自主学习．同时，通过图象共享、分类摆放和动画演示，课堂效率也得到了很大提高．

（三）效果检测

考虑到本节课的教学目标，我让学生思考：在不使用图形计算器的情况下，如何手绘一个具体幂函数的图象？引导学生总结出先画第一象限图象，再根据函数奇偶性即图象对称性画出其他象限图象．为了让学生准确掌握幂函数的图象特征，我请他们再设想一个具体的幂函数解析式，然后让同桌手绘图象，与自己在计算器上所画图象对比．如此设计的目的，一是让学生自我检验学习效果，二是让他们主动纠正手绘图象的细节偏差．实践证明，学生的学习效果比较理想，请看教学实录．

（四）拓展作业

在本节课开始引入概念时，由等式 $N=a^b$ 通过改变自变量位置从指数函数引出了幂函数，再联想到刚学过的对数函数，它与指数函数互为反函数，图象关于直线 $y=x$ 对称．那么，$y=x^a$ 存在反函数吗？还能由等式 $N=a^b$ 引申出什么函数？由一系列问题引导学生课后去探究其他相关函数．如此设计，一是与本节课的开始前后呼应，二是让学生体会数学知识的发展过程，同时也能将借助图形计算器的探究活动由课上延伸到课下．

四、教学特点和反思

回顾本节课，我认为主要有以下特点：

1. 按照学生思维进行教学．

充分尊重学生思路，按照学生提出的分类标准和研究次序逐步推进，并依据研究进程不断调整，教师适时引导，使学生的自主研究顺利进行．

2. 充分利用工具提高效率．

通过图象共享，每个学生很快就可同时观察所有学生想到的幂函数解析式和画出的幂函数图象．将图象按学生思路分类摆放，有利于学生直观便捷地总结性质，从而快速高效地实现了教学目标．

3. 较好地体现了数学知识的发生发展过程．

以等式 $N=a^b$ 为纽带，将指数函数、对数函数和幂函数联系起来，呈现给学生新旧知识的完美统一．

同时，本节课也有一些不足，比如如何让学生更主动地运用图形计算器等．因为经验有限，必然还有很多值得改进的地方，敬请各位专家、老师多多批评指正．谢谢！

附录 《幂函数》教学设计

指导思想与理论依据
1. 数学教学应符合学生的思维习惯，以学生为主体，提高学生的参与度，还课堂给学生，让学生自我生成，自己去发现、总结新知识，体会新知识的发生过程； 2. 数学教学应注重对学生思维习惯和思维能力的培养，让学生通过数学学习形成良好的思维品质，学会科学地思考和解决问题； 3. 新课程标准在必修 1 的"说明与建议"中提到："应注意鼓励学生运用现代教育技术学习、探索和解决问题。例如，利用计算器、计算机画出指数函数、对数函数等图象，探索、比较它们的变化规律，研究函数的性质，求方程的近似解等。"数学教学要提供机会让学生学会利用工具，体会合理借助工具提高效率，锻炼动手能力，提高学习兴趣

教学背景分析
学习内容：幂函数的定义、图象和性质。幂函数是在学习了指数运算与指数函数、对数运算与对数函数的基础上，需要新认识的另一种基本初等函数。 学生情况：我校高一学生，他们有较好的分析探究能力和动手操作能力。 教学方式：探究式、合作式。 教学手段：图形计算器、无线课堂导航系统、计算机、电子白板、黑板、粉笔。 技术准备：学生每人一台图形计算器，并连接无线信号接收器；教师电脑安装无线课堂导航系统软件，连接无线信号发射器，并在导航系统软件中建立班级、录入每个学生姓名和无线信号接收器编码；教师在计算器中制作幂函数图象动画

教学目标
1. 理解幂函数的概念，掌握一般幂函数的图象特点和函数性质，会画具体幂函数的草图。 2. 学习设计和优化研究新问题的方案，学会利用工具研究问题，提高解决问题的能力。 3. 通过自我发现新知识、设计研究方案体会追求新知的愉悦和成就感，通过图形计算器和无线课堂导航系统的运用体会科技带来的便利

教学重点	幂函数的图象性质分析
教学难点	幂函数研究方案的设计和优化

教学过程	设计意图
一、复习引入，理解概念 配乐幻灯片：《跟幂旅行》，从地球到宇宙，再到细胞、分子、原子…… 提问：什么叫幂？$y=a^x$（$a>0$ 且 $a\neq1$）叫什么？为什么叫指数函数？那么对于幂的运算式 $N=a^b$，改变自变量的位置，还能产生别的函数吗？ （幻灯片）一般地，形如 $y=x^\alpha$（$\alpha\in\mathbf{R}$）的函数称为幂函数，其中 α 为常数。 板书：$y=x^\alpha$（$\alpha\in\mathbf{R}$，α 为常数），题目"幂函数" 请每人画出一个幂函数的图象。学生画完图后，通过电脑屏幕观察其他同学画出的图象（见附图）。	希望由此引起学生的学习兴趣，同时引出对幂的解释。 复习旧知识时自然地引出本节课所讲的概念，让学生体会数学知识是如何不断扩展的。

教学过程	设计意图
提问：α 可以取什么样的数？ 指出：α 为无理数时的运算需要用到大学数学知识，暂不研究. **二、出谋划策，设计方案** 幂函数的图象复杂吗？要把多种情况的复杂问题整理清楚，怎么办？引导学生提出分类. 如何分类？由学生提出方案，老师在黑板上一一列出，再让学生选择不同方案的优先顺序，然后利用无线课堂导航系统软件按学生提出的分类标准将图象移动，分类摆放. 让学生观察每一类图象，引导学生发现： 1. 有的方案本质上可以统一，如定义域和奇偶性； 2. 有的方案分类效果欠佳，如按 α 为整数、分数分； 3. 研究的先后顺序，比如按对称性（奇偶性）和按 α 的大小分，最好先研究对称性（奇偶性）弄清图象位于第几象限，然后再看 α 的大小对第一象限图象形状的影响. **三、分类研究，动静结合** 教师应学生的要求，先将具有相同奇偶性的图象移动到一起，让学生观察每种类别中 $y=x^\alpha$ 的指数 α 的特点. 由于每种类别的图象都有好几个，学生很容易发现 $y=x^\alpha$ 的奇偶性与 α 的分数形式 $\dfrac{p}{q}$ 中 p，q 的奇偶性有关. 结合实例学生自己用刚学过的分数指数幂的运算性质给出解释. 明确 $y=x^\alpha$ 的对称性（奇偶性）后，引导学生自发地想到，有了奇偶性的结论后，只需要再分析幂函数图象在第一象限的形状，便可知道任意一个有理指数幂函数的图象形状. 于是再根据学生要求，将所有图象按第一象限的形状分类摆放. 通过观察，学生容易发现 α 的大小对第一象限图象形状的影响. 为了更直观地加深印象，教师再通过图形计算器的参数功能，用动画形式演示 $y=x^\alpha$ 图象在第一象限形状随 α 大小的变化. 在有了直观认识之后，进一步启发学生从数学原理角度理性地解释看到的现象. 明确了幂函数图象的个性特征后，再利用电脑上呈现的所有图象，结合动画，让学生观察总结幂函数的共性特征，如图象过（1，1）点，图象过第一象限，不过第四象限等. 引导学生试着用有理指数幂的计算规则解释其原因. 然后利用动画形式给出有理指数幂函数的整个图象变化规律，用直观变化加深学生的印象. **四、自测验证，提高认知** 每个同学随意想出一个幂函数的解析式提供给同桌，让对方先手绘草图，再用图形计算器画图验证，以此检验学习效果. 引导学生认识到手绘草图时应先根据 α 的大小画出第一象限的图象，再由 x^α 的根式形式判断函数奇偶性，由对称性画出其他象限图象. 同时通过对比草图和图形计算器绘出的图象纠正绘图时的细节错误. 然后再让一个同学到黑板上画其他同学给出的幂函数的图象.	通过观察其他同学想出的例子，了解幂函数解析式特点和 α 的各种情况，加深对概念的理解，同时让学生意识到幂函数图象的复杂性. 引导学生学会研究复杂问题的方法之一：分类——同时引导学生学会筛选、优化研究方案. 充分利用现代技术提供的直观和便利，提高分析研究效率. 研究问题由整体到局部. 利用工具，动静结合地分析，使得认识更深入、印象更深刻. 研究问题再由局部回到整体. 引导学生合理运用所学性质画图. 利用工具，在自我检验学习效果的同时，能让学生自发地纠正错误.

教学过程	设计意图
五、总结延伸，探究作业 现在，在认识了幂函数之后，让我们回到这节课开始的等式 $N=a^b$，指数函数 $y=a^x$（$a>0$ 且 $a\neq1$）是当 a 为常数时的情况；那么，我们学过的对数函数是怎么来的？幂函数 $y=x^a$ 是 b 为常数时的情况．类似地，还有其他什么函数？请利用工具，探究新知识，写一篇关于此内容的研究报告	由已知知识类比引出新知识，体会对数学完备性的追求．同时锻炼学生探究未知知识的能力

效果评价
学习效果：学生和其他同学一起，共享图象、共同讨论分析，思维积极，发言踊跃，高效快捷地理解了幂函数概念，总结出了幂函数图象的性质，能轻松地画出任一具体幂函数的草图．学习过程中，学生体验了知识的形成过程，提高了研究、解决问题的能力． 教学效果：教师利用工具，引发了学生的学习兴趣，提高了课堂效率，满足了学生对课堂的掌控欲望，轻松地实现了教学目标

教学设计特色与教学反思
针对幂函数这一内容，传统的教学方式基本有以下三种：一、老师给具体幂函数，学生画图，老师总结性质；二、学生画任意幂函数图象，老师总结性质；三、学生画任意幂函数图象，学生自己总结性质．总结性质时，不少老师是设计好提纲，让学生做"填空题"．总之，基本感觉还是老师在牵着学生一步步往前走．也有些老师按照第三种方式做了很多努力．但是，由于课堂时间有限，学生画不了几个图，从而导致总结性质不够全面，课堂效率低下，很难取得让人满意的效果． 那么如何做到顺应学生思维，充分展现研究过程，又在有限的时间内高效地完成并落实教学目标成为本节课设计的难点．本节课充分借助信息技术手段，较好地解决了这一问题，具体体现在以下几个方面： 1. 图象共享，快速引入教学情境：每个同学不再需要画很多图，即可同时观察所有同学想到的幂函数解析式和画出的幂函数图象； 2. 充分展现学生思维过程，让学生引导课堂：利用导航系统将共享的图象按学生提出的思路分类摆放，让学生直观便捷地总结规律和性质，学生轻松快捷地弄懂了幂函数 $y=x^a$ 的图象特征； 3. 利用工具自测，检验学习效果的同时纠正细节错误，提高认知． 因此，相比传统的幂函数教学，本节课让学生借助手中工具，和同学们一起完成对幂函数的认识、发散、归纳、实践的全过程，体会探究新知识的过程，提高了学习兴趣，锻炼了动手能力，提高了课堂效率，真正做到了以学生为主体，学生对知识的理解掌握也更加深入． 同时，本节课还有一些不足，比如： 1. 在学生提出研究方案后，如何按照学生思路更加自然地引导学生优化研究方案还有值得改进的地方． 2. 学生使用图形计算器和无线课堂导航系统的时间不长，本节课基本还是在老师的设计和指导下去使用工具．以后在学生熟悉这些工具之后，要引导学生自发地运用工具去学习和探究问题

《探索勾股定理》教学设计

北京三帆中学　王丽萍

北京市三等奖　2006 年 5 月

一、教学指导思想和理论依据

本节课把数学与生活、理论与实践、探究与合作有机地结合起来，在数学活动中引导学生探索勾股定理，并解决实际生活中相关的数学问题，体现"数学来源于生活，用之于生活"的指导思想．通过参与数学活动，让学生体验合作的愉快和获得成功的喜悦．在探索过程中，向学生渗透"数形结合""从特殊到一般"的数学思想方法．

教学时，要注意以下几点：一是把课堂"让位"给学生，体现"学生是数学学习的主人，教师是数学学习的组织者、引导者与合作者"的指导原则；二是重视学生能力的培养，而不单是知识的传授和技能的训练；三是从历史与文化的角度介绍勾股定理的相关知识，让学生了解我国古代数学的伟大成就，增强学生的民族自豪感；四是运用多媒体技术展示与勾股定理有关的生活现象、精美图片和动画，调动学生研究数学的积极性，为学生顺利进行探索作铺垫．

二、教学背景分析

1. 教材内容分析：本节是教材第一章的第一节，主要内容是探索勾股定理．勾股定理有悠久的历史，并且有广泛的应用．早在公元前 1100 多年，我国古代数学家商高就提出了直角三角形的"勾广三，股修四，径隅五"的著名论断．公元前 600 年左右，古希腊的毕达哥拉斯学派也发现了勾股定理，并给出了证明．此后，人们通过探索得到了勾股定理的 370 多种证明方法，其中包括欧几里得、中国的赵爽与刘徽、印度的婆什迦罗、意大利的达·芬奇和美国总统加菲尔德的证明方法．通过经历探索勾股定理的过程，让学生理解勾股定理的内容和存在的条件，为今后学生应用勾股定理解决相关数学问题打下良好的基础．

2. 学生情况分析：本班是数学实验班，男生比女生略多，学生思维比较活跃．班级初步形成合作交流、勇于探索和实践的良好学风，学生之间、师生之间能够互动．学生的年龄一般在 14～15 岁，具备一定的生活经验，做事情以兴趣为主导，对周围事物和生活现象本质属性的认识以感性认识为主．学生在数学学习中，喜欢从具体的对象或熟知的生活现象出发，通过观察、操作等手段获得知识和经验，喜欢动画、图片这些直观的呈现方式，他们不喜欢枯燥烦琐的数字运算和演绎推理．

3. 教学手段选择：本节课的教学内容具有很强的操作性，非常适合学生探究学习．因此，我们采用师生互动、生生互动探索发现的教学方法，通过数方格等实践活动，配以观察、计算、多媒体演示等手段，引发学生进行数学猜想，并验证．整个内容的学习不再是教师灌输，学生被动地接受的模式，而是在教师的引导下由学生自主完成学习的过程．这样既可以让学生充分体会到探究学习的成就感，又可以激发学生学习与研究数学的兴趣．

4. 课前技术准备：方格纸、三角板、用 PPT 制作的多媒体课件．

PPT 是微软 Office 办公软件的一个应用程序包，本节课应用 PPT 制作多媒体课件，包含如下基本内容：图表（生活图片，计算数据汇总表格、勾股定理的相关图形）、动画（勾股定理的相关图形和辅助线的动态展示）、教学流程、教学内容（勾股定理的内容、例题和课堂练习、延伸问题、小节和作业等）．我们通过教室中配置的多媒体平台进行展示多媒体课件．

三、教学目标和内容框架

基于前面的教学指导思想和本节教学内容的特点，结合本班学生的实际情况，我确定了本节课的教学目标和重点、难点：

1. 教学目标

知识与技能：理解勾股定理的内容，掌握勾股定理存在的条件，会用拼图的方法验证勾股定理，会用勾股定理解决身边与实际生活中相关的数学问题．

过程与方法：经历"观察、探究、猜想、验证、总结"的过程，从中体会"数形结合""从特殊到一般"的数学思想方法．

情感与态度：通过积极参与数学学习活动，体验合作的愉快和成功的喜悦，激发学生学习与研究数学的兴趣．通过介绍我国古代数学的伟大成就，增强学生的民族自豪感和自信心．

本节课的教学重点是勾股定理的探索过程，难点是勾股定理的灵活运用．

2. 内容框架

为了实现以上教学目标，我把本节课的教学过程分为八个阶段，它们分别是"观察发现，猜想结论""特例引证，引入课题""尝试拼图，展示结果""运用拼图，证明定理""应用定理，解决问题""问题延伸""学生小结，教师点评""布置作业"．

四、教学过程设计

1. 教学基本流程

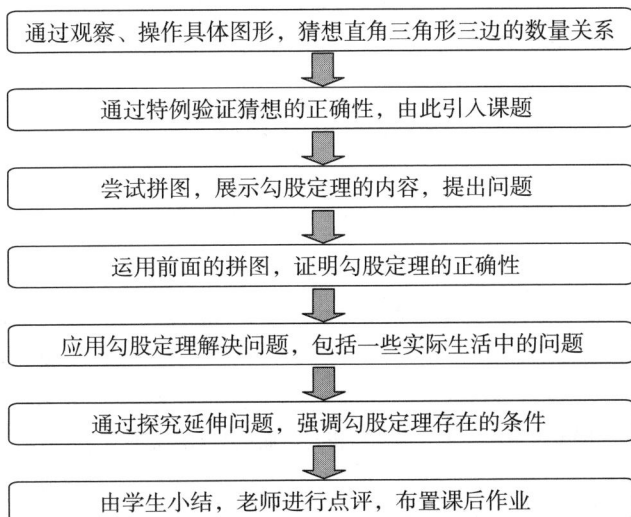

通过观察、操作具体图形，猜想直角三角形三边的数量关系

⬇

通过特例验证猜想的正确性，由此引入课题

⬇

尝试拼图，展示勾股定理的内容，提出问题

⬇

运用前面的拼图，证明勾股定理的正确性

⬇

应用勾股定理解决问题，包括一些实际生活中的问题

⬇

通过探究延伸问题，强调勾股定理存在的条件

⬇

由学生小结，老师进行点评，布置课后作业

2. 教学设计

教学过程	设计意图
一、观察发现，猜想结论 观察下列图形，指出图中正方形 A，B，C 的面积分别是多少．你能发现正方形 A，B，C 面积之间有什么关系吗？ **二、特例验证，引入课题** 分别以 5 cm，12 cm 为直角边作一个直角三角形，测量出斜边的长度，满足上面的规律吗？ 由此引入本节课的课题：探索勾股定理，并从历史、文化和艺术的角度介绍勾股定理的相关知识． **三、尝试拼图，展示结果** 利用课前准备好的四个全等的直角三角形（较短直角边为 a，较长直角边为 b，斜边为 c），拼一拼，摆一摆，看看能否得到一个含有以斜边 c 为边长的正方形．你能利用它说明勾股定理吗？ **四、运用拼图，证明定理** 用两种不同的方法分别表示图中大正方形的面积，由此证明勾股定理．	通过数格子的方法，引导学生发现正方形 C 与正方形 A，B 的面积之间的数量关系，然后将正方形的面积与直角三角形的边联系起来，并猜想结论． 从学生熟悉的实例出发，从特殊到一般，引导学生观察发现勾股定理．让学生领悟勾股定理的探究思维方法，培养其思维能力． 学生通过画图测量计算后，进一步验证观察得到的结论的正确性．让学生尝试成功的喜悦． 由学生自己独立思考，动手尝试，小组讨论后展示结果，让学生体会合作、互动研究问题的乐趣和成就感，并体验数学的美． 学生独立思考后进行小组交流，得出大正方形的两种面积表示法．然后联系整式运算的有关知识推导出勾股定理．进一步渗透数形结合的思想方法．

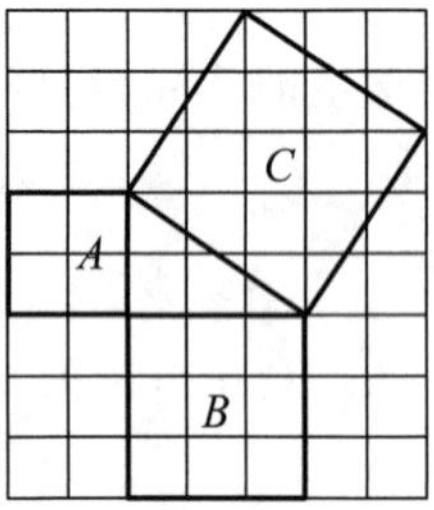

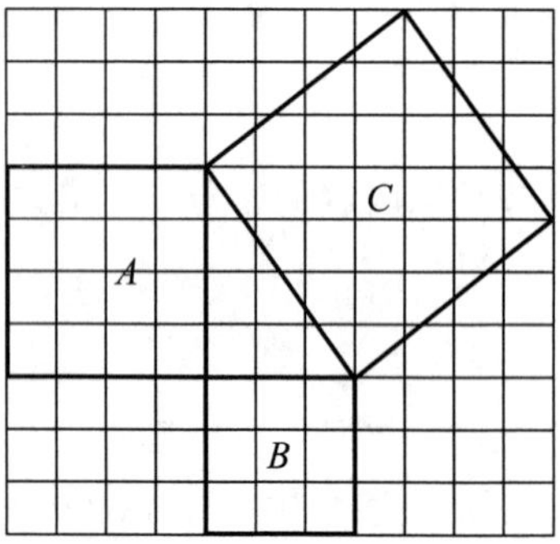

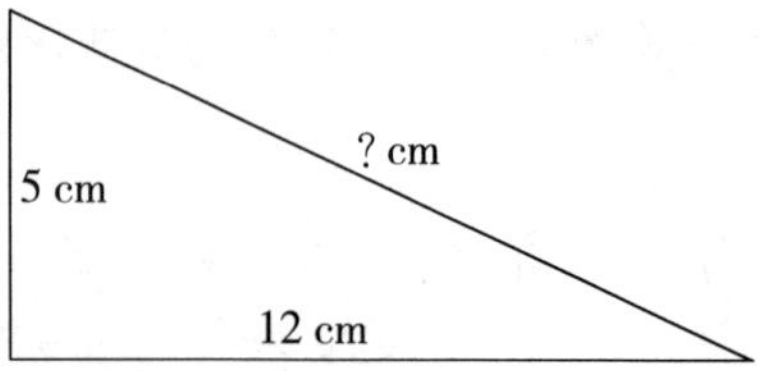

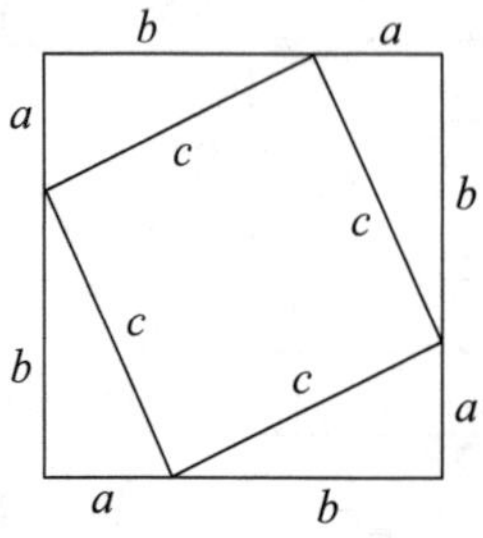

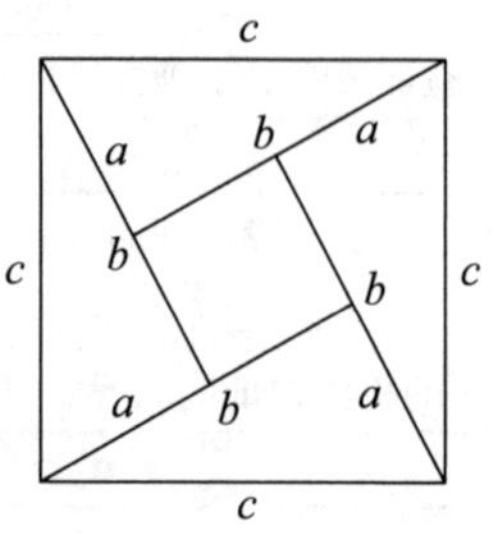

教学过程	设计意图
五、应用定理，解决问题 **例 1** 已知，如图，在 Rt△ABC 中，$\angle C = 90°$，$BC = a$，$AC = b$，$AB = c$. 　1. 若 $a = 5$，$b = 10$，则 $c =$ _____. 　2. 若 $a = 5$，$c = 10$，则 $b =$ _____. 　3. 若 $a = \sqrt{3}$，$b = \sqrt{5}$，则 $c =$ _____. 　4. 若 $b = \sqrt{5}$，$c = 3$，则 $a =$ 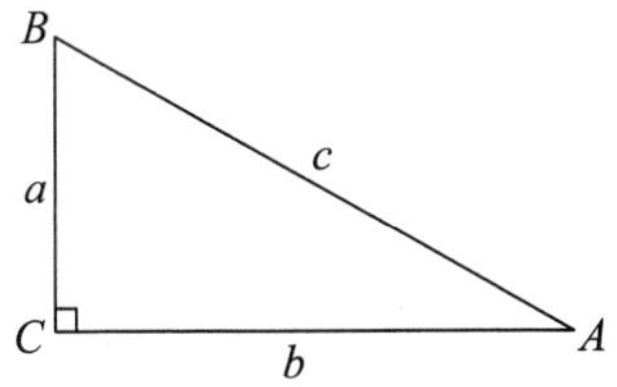 _____. （图：Rt△ABC，直角在 C，a 为 BC，b 为 CA，c 为斜边 BA）	使学生明确：根据勾股定理，已知直角三角形任意两条边的长，可求出第三边的长．进一步加深学生对勾股定理内容的理解．
例 2 小明妈妈买了一部 29 英寸（74 cm）的电视机．小明量了电视机的屏幕后，发现屏幕只有 58 cm 长和 46 cm 宽，他觉得一定是售货员搞错了．你同意他的想法吗？你能解释这是为什么吗？ 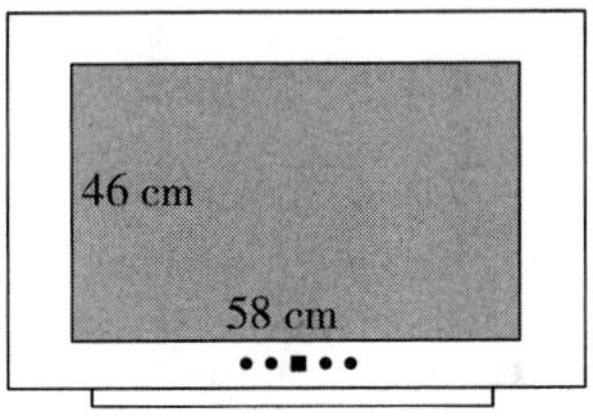 （电视机图示，屏幕 46 cm，58 cm）	用实际生活中的例子激发学生探究数学问题的欲望，加深对勾股定理的理解，引导学生学会用勾股定理解决实际问题．
例 3 我们班胡青学雷锋小组每天早上到操场擦拭国旗护栏，他们想知道学校旗杆的高度，胡青发现旗杆上的绳子垂到地面还多 1 m，如图（a）所示，当她把绳子的下端拉开 5 m 后，发现下端刚好接触地面，如图（b）所示，你能帮他们求出旗杆的高度吗？ 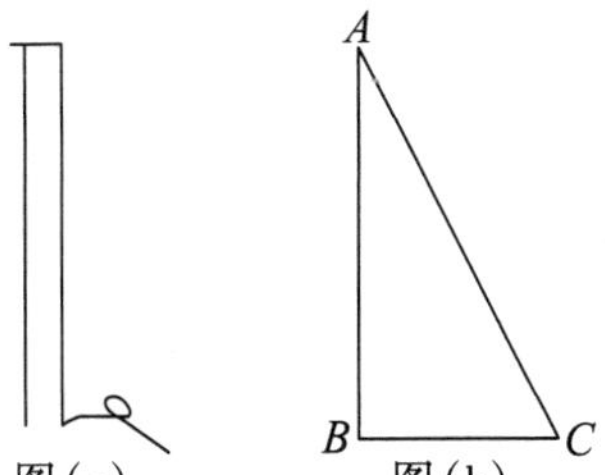 （图(a) 与 图(b)）	用实际生活中的问题做例子，重在体现数学来源于生活，又服务于生活的实质，培养学生探究实际问题的能力，进一步激发学生学习数学的兴趣．
六、问题延伸 观察下面的图，指出图中正方形 A，B，C 的面积分别是多少．你能发现正方形 A，B，C 面积之间有什么关系吗？	通过直观演示，让学生发现正方形 C 与正方形 A，B 的面积之间的数量关系，从而强调勾股定理存在的条件：在直角三角形中．

教学过程	设计意图
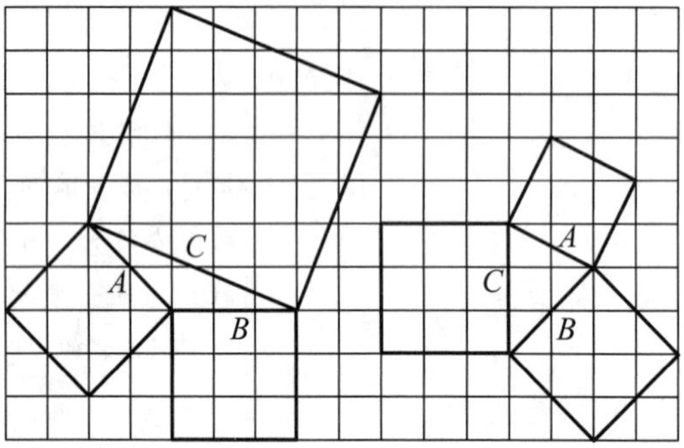 七、学生小结、教师点评 从内容上总结: 1. 利用数格子的方法发现勾股定理. 2. 利用拼图的方法验证勾股定理. 3. 应用勾股定理解决简单的实际问题. 4. 勾股定理存在的条件:在直角三角形中. 从思想方法上总结: 1. 特殊到一般. 2. 数形结合. 八、布置作业 1. 利用课余时间,通过上网、阅读有关报刊资料,看你最多能找出几种勾股定理的其他证明方法. 2. 课本第222页练习1,2,3	通过师生共同小结,发挥学生的主体作用,有利于学生巩固所学知识,培养学生归纳、概括的能力

五、学习效果评价

对本节课学生学习效果的评价包括如下几个方面:

1. 学生是否积极参加数学学习活动,是否积极和老师或同学交流自己的想法,展示自己的结果;

2. 学生是否真正理解了勾股定理的内容和勾股定理存在的条件,并会用来解决简单的应用问题;

3. 经历探索勾股定理的过程后,学生与人合作解决问题的能力是否得到提高,学习与研究数学的兴趣是否增强;

4. 学生是否了解我国古代数学的一些伟大成就.

结合书面作业和测试,我们通过课后访谈、问卷调查或活动报告等形式对学生的学习效果进行评价.通过这些评价方式,了解教学过程的不足,为我们今后教学的改进提供参考.

《等腰三角形中的画图问题》教学设计

北京三帆中学　樊方园

北京市三等奖　2014 年 12 月

指导思想与理论依据

本课的教学设计应用了"变异理论"．变异理论最普遍的模式是"一般化"，即不变的是概念、解法等，变的则是对应于概念的不同例子或者解法应用于不同的个案．举例来说明：如果一个孩子学数数的时候，你给他出示的卡片是"2 个茶杯、3 只猫、4 头牛"，那么他的学习过程中，他把 2 和茶杯是分不开的，3 和猫也分不开，这是达不到教学目的的．而如果把教学内容改成"3 个茶杯、3 只猫、3 头牛"，那么他就会对数字 3 有比较全面的理解，不会将它与具体事物混淆．本课教学也是借助了这点，题目在不断改变，但是应用的方法（三角形奠基法）是不变的，从而达到对方法的教学

教学背景分析

从内容上看，学生已经学习了《全等三角形》《轴对称》两章内容，等腰三角形是《轴对称》一章的重要组成部分．本节课作为《轴对称》一章的专题课，旨在让学生能够以等腰三角形为载体，掌握通过分析问题逐步画出图形，进而解决问题的方法．

学生来自本校数学实验班，学习基础扎实，乐于思考．之所以选择本课题，是因为学生在解决等腰三角形等几何问题时，经常出现因为无法根据题意绘制图形而导致无从下手或者是画图分类不全的情况，准确来说，这节课就是为这些学生量身定制的．此外，从初一开始也一直渗透着几何画图的教学，同时经过一年多的磨合，学生对几何画板的辅助教学也很适应，这些都是本课得以实施的保障

教学目标（内容框架）

1. 能够根据对等腰三角形的边、高等的文字描述画出草图，分析草图找出确定的三角形，应用"三角形奠基法"准确画出图形；

2. 经历通过改变题目的已知条件进行编题（提出问题），再解决问题的过程；

3. 能够通过准确、全面的画图，辅助等腰三角形相关问题的解决；

4. 在根据文字画出图形的过程中，体会数学的严谨性．

注：三角形奠基法——先作出所求图形中的某个三角形，以奠定整个图形基础的方法．所作的三角形叫作奠基三角形

教学重点和难点

【教学重点】能够应用"三角形奠基法"根据文字叙述准确画出等腰三角形

【教学难点】当图形不唯一时，能画出所有符合题意的等腰三角形

教学方法

本课主要采用了教师启发讲授的方法，包括教师的启发讲授、提问、演示，以及学生的编题（提出问题）、解决问题等过程

	教学过程			
教学 环节	教师活动	学生活动	设计意图	时间 安排
引入	某小区要修建一个等腰三角形的花坛，要求其底边长为 4 m，腰长为 3 m，请画出花坛的设计图（比例尺为 1∶100）. 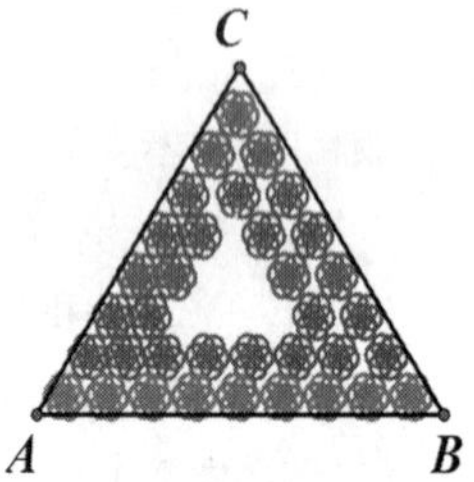 这个 △ABC 的形状唯一确定吗？为什么？ 【复习】已知哪些条件可以画出一个唯一确定的三角形？ 刚才我们已知等腰三角形的底边长和腰长，根据 SSS，我们画出了唯一确定的等腰三角形. 那如果已知条件改变了，你还能画出符合要求的等腰三角形吗？我们今天这节课就来研究等腰三角形中的画图问题	画法： 1. 作线段 AB＝4 cm. 2. 分别以 A，B 为圆心，3 cm 为半径画弧，两弧交于点 C. 连接 AC，BC. 则 △ABC 即为所求. 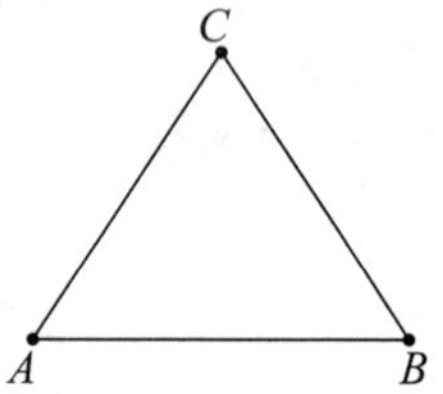 其他画法一： 1. 以 C 为圆心，3 cm 为半径画圆. 2. 在圆上任取一点 A，连接 AC. 以 A 为圆心，4 cm 为半径画弧，与圆 C 交于点 B，连接 AB，BC. 则 △ABC 即为所求. 其他画法二： 1. 作线段 AB＝4 cm. 2. 作 AB 的垂直平分线 EF. 3. 以 A 为圆心，3 cm 为半径画弧，交直线 EF 于点 C. 连接 AC，BC. 则 △ABC 即为所求. 根据全等三角形的判定定理：SSS，SAS，AAS，ASA，HL，可以画出唯一确定的三角形	回顾 SSS 等全等三角形的判定定理可以画出一个唯一确定的三角形，为后续教学奠定基础	5 min
例题	例 1 已知等腰三角形的底边长 a＝4 cm，腰上的高 h＝3 cm，请画出符合条件的等腰三角形. 已知等腰三角形的底边长，还有腰上的高，你能直接根据我们刚才所说的全等三角形的判定定理，画出符合条件的等腰三角形吗？ 解决画图问题的一般步骤： (1) 画草图.	(1) 画草图 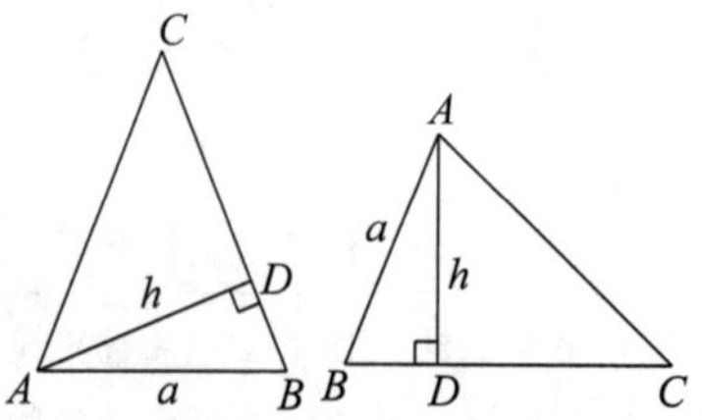 (2) 分析草图 ①由给出的条件，根据全等三角形判定定理 HL 可以唯一确定 △ABD. 得到要求的等腰三角形的底边（两个底角顶点）；		

续表

教学环节	教师活动	学生活动	设计意图	时间安排
	（2）分析草图——找确定的三角形．△ABD（HL）→顶角顶点 C. （3）按顺序画图．	②画这个等腰三角形的顶角顶点——作底边的垂直平分线（还有其他方法）． （3）按顺序画图 ①作线段 $AD=3$ cm，过点 D 作直线 $EF \perp AD$ 于点 D. ②在直线 EF 上找一点 B 使得 $AB=4$ cm（以 A 为圆心，4 cm 为半径画弧交 EF 于点 B）	根据"三角形奠基法"画图	10 min
	对于本题的后续思考（不是本节课内容） 【反思画图过程可以发现，a 和 h 的长度发生改变（$a>h$），可能会得到顶角是锐角、直角、钝角的等腰直角三角形，但是画图的步骤不会发生改变． 引申——已知等腰三角形的底边长和腰上的高，三角形的形状唯一确定】	 ③作 AB 的垂直平分线 MN，交直线 EF 于点 C. 连接 AC. 则△ABC 即为所求		
学生编题（提出问题）	**例 1**　已知等腰三角形的底边长 $a=4$ cm，腰上的高 $h=3$ cm，请画出符合条件的等腰三角形． 已知等腰三角形的底边和腰长的高，我们画出了等腰三角形，你能不能通过改变已知条件，来编一道题呢？	【编题】 ☆底边长 $a=4$ cm，腰上的高 $h=3$ cm ☆腰长 $a=4$ cm，底边上的高 $h=3$ cm ☆腰长 $a=4$ cm，腰上的高 $h=3$ cm ☆底边长 $a=4$ cm，腰长 $b=4$ cm ☆底边上的高 $h=3$ cm，腰上的高 $k=3$ cm ☆腰长 $a=4$ cm，腰上的中线长 $m=3$ cm	学生经历自己提出问题（解决问题）的过程	3 min

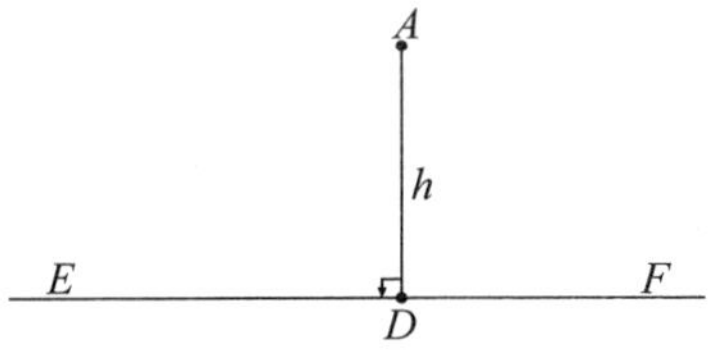

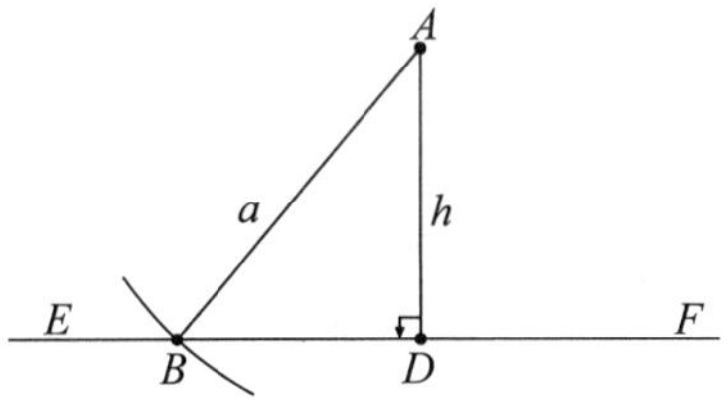

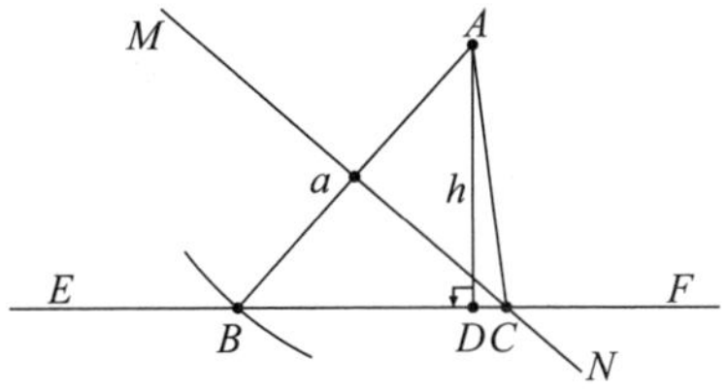

教学环节	教师活动	学生活动	设计意图	时间安排
例题	**例2** 已知等腰三角形的腰长 $a=4$ cm，腰上的高 $h=3$ cm，请画出符合条件的等腰三角形. 解决画图问题的一般步骤： （1）画草图. （2）分析草图——找确定的三角形. $\triangle ABD$（HL）→ 底角顶点 C. （3）按顺序画图.	（1）先画出草图 （2）分析图形，由给出的条件根据全等三角形判定定理 HL 可以唯一确定 $\triangle ABD$. 得到要求的等腰三角形的一条腰（一个底角顶点 A，一个顶角顶点 B），寻求这个等腰三角形的另一个底角顶点 C——C 与 B，D 共线且 $BC=a$. （3）按顺序画图 ①作线段 $AD=3$ cm，过点 D 作直线 $EF\perp AD$ 于点 D. ②在直线 EF 上找一点 B 使得 $AB=4$ cm（以 A 为圆心，4 cm 为半径画弧交 EF 于点 B）	巩固根据"三角形奠基法"画图.	10 min
	对于本题的后续思考（不是本课内容） 【反思画图过程可以发现，如果 a 和 h 的长度发生改变（$a\geqslant h$），当 $a=h$ 时，得到形状唯一确定的等腰直角三角形. 引申——已知等腰三角形的腰长和腰上的高（两者不等），三角形的形状不唯一】	③在直线 EF 上截取 $BC=BC'=4$ cm（以 B 为圆心，4 cm 为半径画弧交 EF 于点 C，C' 两点）. 连 AC，AC' 则 $\triangle ABC$ 和 $\triangle ABC'$ 即为所求	在画出确定的三角形的基础上，借助几何知识，明确不确定的图形的位置，能够画出符合条件的所有图形，能够分类得不重不漏	

教学环节	教师活动	学生活动	设计意图	时间安排
应用方法	**例3** 已知：△ABC是等腰三角形，AD是一腰上的高，$AD=$3 cm，它与另一腰AB的夹角为50°，则三角形三个内角的度数为_____. 【虽然腰上的高为3 cm这个条件是多余的，但可以先辅助学生画出准确图形，之后再反思它存在的必要性】	（1）画出草图 （2）分析图形，根据ASA可以确定△ABD的形状，于是得到等腰△ABC的一条腰（顶角顶点B和一个底角顶点A），再画出另一底角顶点C即可——C与B，D共线，且$BC=BA$. （3）画图 ①作线段$AD=$3 cm，过点D作直线$AD\perp EF$于点D. ②在直线EF上找一点B使得∠$BAD=$50° ③在直线EF上截取$BC=BC'=AB$（以B为圆心，AB的长为半径画弧交EF于点C，C'两点）. 连接AC，AC' 则△ABC和△ABC'即为所求. ＊其中①②的顺序可以调整	应用画图辅助等腰三角形相关问题的解决	8 min
课后作业	1. 编两个与等腰三角形相关的画图题，写出画法并画出图形. 2.【例题3的变式】已知：△ABC是等腰三角形，一腰上的高AD与边AB的夹角为50°，则三角形三个内角的度数为_____，写出画法并画出图形	课后完成，巩固所学知识	巩固课堂所学的三角形奠基法	1 min

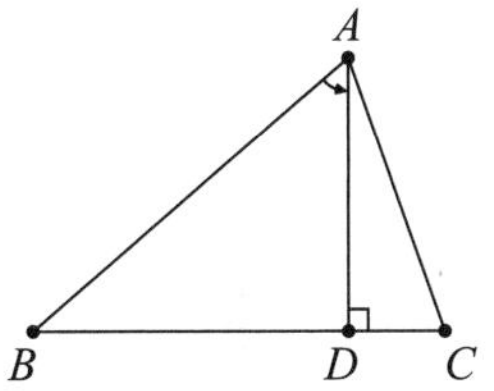

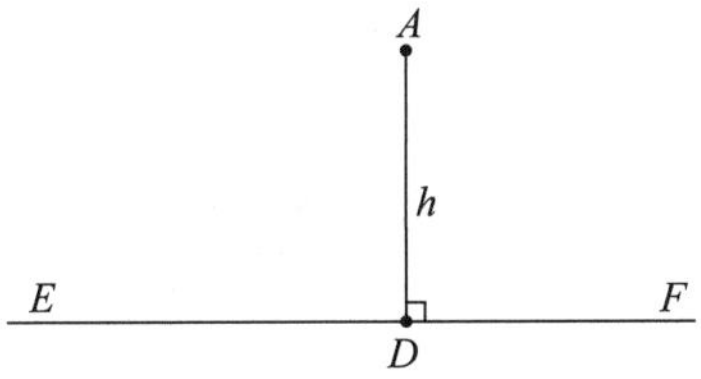

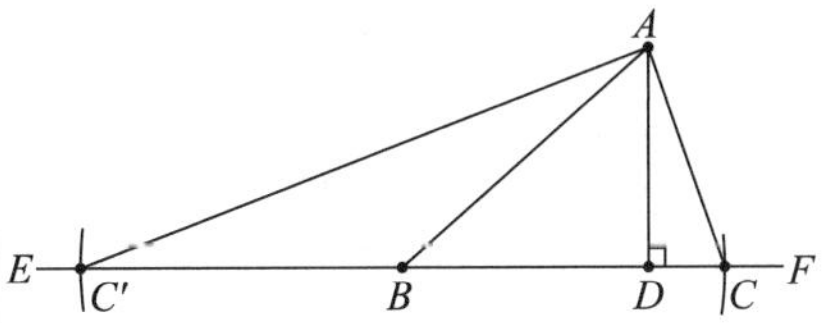

板书设计

等腰三角形中的画图问题	例 1 底边长 $a=4$ cm，腰上的高 $h=3$ cm	例 2 腰长 $a=4$ cm，腰上的高 $h=3$ cm

等腰三角形中的画图问题

SSS，SAS，ASA，AAS，HL

求解画图问题的一般步骤：

（1）画草图．

（2）分析草图——找确定的三角形．

（3）按顺序画图

* 标注哪些点是顶角顶点……

例 1 底边长 $a=4$ cm，腰上的高 $h=3$ cm

草图

$\triangle ABD$（HL）顶角顶点 C

例 2 腰长 $a=4$ cm，腰上的高 $h=3$ cm

$\triangle ABD$（HL）

底角顶点 C

例 3

$\triangle ABD$（ASA）底角顶点 C

学习效果评价设计

评价方式：课堂表现、前后测测评、作业三者相结合

评价量规：

等级＼维度	课堂表现	前后测测评（知识）	作业 1
A	紧跟老师思路，积极参与编题，有自己独到见解，多次举手回答问题，适时做笔记，能应用三角形奠基法画图并适当迁移	前后测成绩优异或后测得分－前测得分≥20	编出的题目与本课内容相关而又不雷同，有独到见解，并附有合理解答
B	紧跟老师思路，回答问题较为积极，适时做笔记，但笔记可能不完整，能应用三角形奠基法画图解决本课类似问题	后测得分－前测得分≥10	编出的题目与本课内容相关或相同（有个别小问题），并附有合理解答
C	大部分时间紧跟老师思路，有笔记，理解三角形奠基法	后测得分－前测得分＞0	编出的题目与本课内容相关或相同，解答不完整或者编的题目有明显错误
D	未认真听讲	前后测表现均不佳或者后测得分－前测得分≤0	未认真完成

本教学设计与以往或其他教学设计相比的特点

1. 教学内容完全是根据学生需要量身定制的．学生经常出现因为无法根据题意绘制图形而导致无从下手或者是画图分类不全的情况，而本课的教学为他们提供了解决此类问题的一个方法．

2. 本课基于"变异理论"设计，突出方法本质，避开无关干扰因素（问题背景等），较为高效．

续表

本教学设计与以往或其他教学设计相比的特点
3. 本课进行了前后测，根据前测进一步明确学生薄弱点所在，对症下药. 根据前后测数据分析，显示学生学习效果明显，本课教学目标达成度较高（详见"教学反思"）. 　　4. 本课选题灵感源于课本及西城区练习册《学习·探究·诊断》. 从看似熟悉的问题中另辟蹊径

附录　　　　　教学反思

一、基于学生需求选题，根据变异理论设计，较为高效的课堂

虽然平日在课堂中经常带着学生画图，但是当面对一道没有图的几何题目，尤其是题目比较复杂时，学生还是无从下手，在作业的错因中写下"我不会画图"，再或者遇到一些图形不确定的问题时，学生也经常会因为画图情况不全导致分类不完全，所以相应的专题课是为学生所需的.

本课的教学设计应用了"变异理论". 变异理论最普遍的模式是"一般化"，即不变的是概念、解法等，变的则是对应于概念的不同例子或者解法应用于不同的个案. 举例来说明：如果一个孩子学数数的时候，你给他出示的卡片是"2个茶杯、3只猫、4头牛"，那么他的学习过程中，他把2和茶杯是分不开的，3和猫也分不开，这是达不到教学目的的. 而如果把教学内容改成"3个茶杯、3只猫、3头牛"，那么他就会对数字3有比较全面的理解，不会将它与具体事物混淆. 本课教学也是借助了这点，题目在不断改变，但是应用的方法（三角形奠基法）是不变的，从而达到对方法的教学.

正是因为较好的选题及恰当的理论支持，所以避免了频繁的知识背景变化，而关注问题本质. 使得学生在这堂课上基本达到了既定目标——能够应用"三角形奠基法"准确、全面地画图，辅助等腰三角形相关问题的解决.

二、根据前后测的数据对比，学生在根据题意画图方面进步明显，但分类讨论思想方法还要继续渗透

通过本课的教学，由前测中只有53.7%的学生能够根据题意准确画图上升至90.2%的学生都能够准确画出图形，进步显著.

在方法的迁移方面，本课教学中没有涉及等腰三角形中线的相关问题，但是利用三角形奠基法也可以解决类似问题. 由"已知等腰△ABC的腰长$AB=a$，腰上的中线$BD=h$，请画出符合题意的等腰△ABC并简要说明你的画图步骤."一题在后测中有68.3%的学生能够正确解答可以发现，学生不仅掌握了本课教学中等腰三角形的高的画图问题，还有部分同学能很好地应用三角形奠基法解决其他问题.

对于借助画图实现分类的不重不漏，由前测的12.2%上升至46.3%，这个数据还仅仅是局限在等腰三角形中对于高的位置的分类，与本课教授知识具体相关，虽然数据显示有所上升，但是如果知识背景发生变化，应该不尽乐观. 可见，对于分类讨论思想的建立，非一朝一夕，在今后的教学中还要继续渗透.

三、课题的难度较大，对学生要求较高，推广性不强

在本课的教学过程中，班级学生兴趣较为浓厚，看似熟悉的问题却从新的角度来分析

入手，给了学生焕然一新的感觉，而且学到的方法确实非常实用，在后续两三个月的学习中，也陆续收到学生对本课的积极反馈.

但是画图本来就是学生的薄弱环节，而本课还要在文字叙述的基础上，进行文到图的转化，在画图的过程中还因为图形的不确定性出现了分类，对于大部分学生来说，这个课题确实难度较大，即使是对于实验班的学生，班级中也大约有10个学生在后期反馈中反映出没有接受这种方法，在后续多次接触后也仍然有3名学生拒绝使用本方法——他们还是习惯于根据"感觉"来画图，而不是通过分析.

根据本课对学生思维品质要求较高的特点，我在自己所教的另一个班级（普通班）教学中，类似的内容就采用了"形内高，形上高，形外高"的分别画图教学，学生理解较好.

四、继续研究的方向

本课是围绕着等腰三角形中腰上的高进行的画图方法教学，其实还有很多方向可以继续探索：比如在画图过程中，通过对线段长度、位置的反思，进一步探索何时图形不确定，何时图形会唯一确定. 还有同样借助三角形奠基法，可以拓展到对一般三角形的画图问题中.

总体上，通过教学，学生在根据题意，应用三角形奠基法来画图这方面取得了一定的进步，在应用画图解决复杂的分类讨论问题中也有较大的进步，但是作为中学数学中较高层次的数学思想方法，"分类讨论"的教学还有很长的路要走.

第三部分

西城区级获奖教学案例

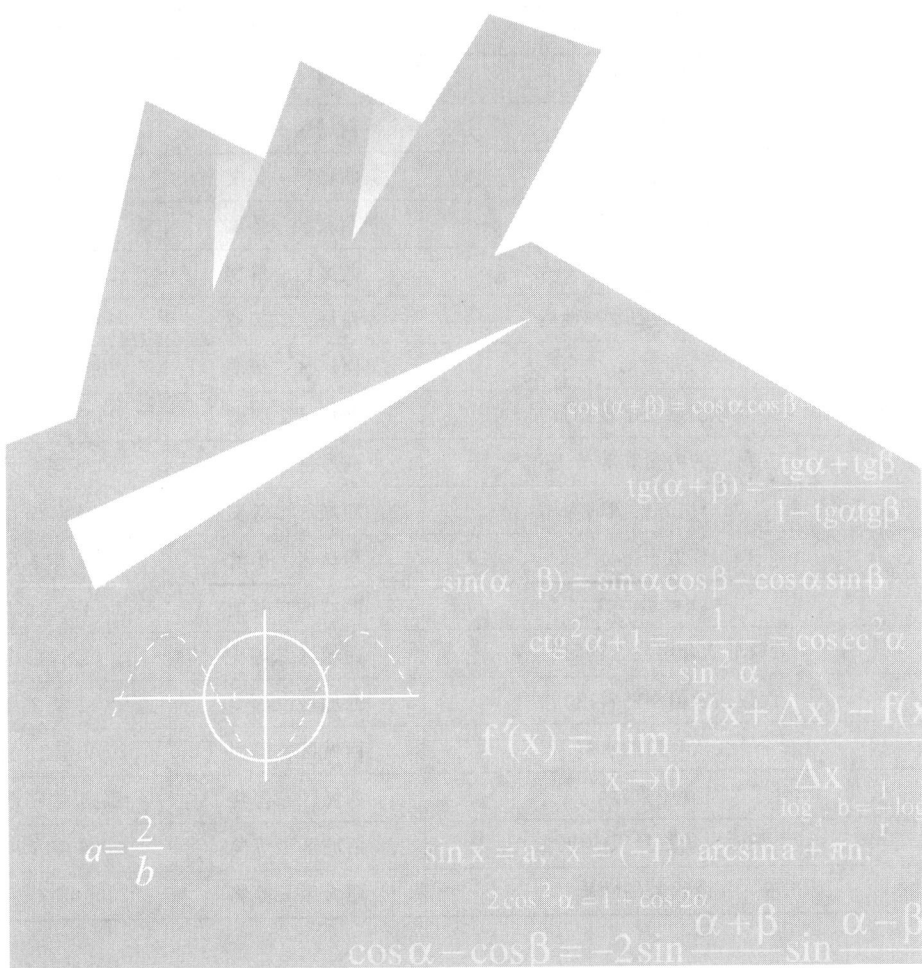

西城区级获奖教学案例

（同等奖级按照时间排序）

教师姓名	课题	获奖级别	获奖时间
赵瑞娟	垂直于弦的直径	西城区特等奖	2016 年 5 月
张慧艳	轴对称	西城区特等奖	2016 年 5 月
张慧艳	列方程解应用题	西城区一等奖	2006 年 5 月
乔建英	商品销售利润问题	西城区一等奖	2006 年 5 月
李颖智	全等的应用	西城区一等奖	2006 年 5 月
樊方园	一次函数的图象与性质	西城区一等奖	2010 年 12 月
李颖智	二次函数背景的三角形面积问题	西城区一等奖	2011 年 9 月
陈立雪	探索二次函数的性质	西城区一等奖	2012 年 3 月
李颖智	圆中的证明与计算	西城区一等奖	2012 年 9 月
樊方园	解直角三角形	西城区一等奖	2012 年 9 月
李颖智	角的计算	西城区一等奖	2012 年 11 月
李颖智	余角和补角	西城区一等奖	2012 年 12 月
张　炜	相交线	西城区一等奖	2014 年 9 月
黄　静	用全等三角形研究"筝形"	西城区一等奖	2015 年 3 月
陈龙清	正切函数的图象和性质	西城区二等奖	2003 年 4 月
李　燕	四边形	西城区二等奖	2004 年 4 月
徐　康	立体图形与平面图形	西城区二等奖	2006 年 5 月
徐　康	三角形的内角和等于180°	西城区二等奖	2006 年 5 月
张慧艳	二元一次方程组的应用	西城区二等奖	2006 年 5 月
曾妍华	相似三角形	西城区二等奖	2006 年 5 月
曾妍华	一次函数（二）	西城区二等奖	2011 年 12 月
樊方园	数形结合解决方程问题	西城区二等奖	2011 年 12 月
张慧艳	代数式求值中的常用方法	西城区二等奖	2012 年 2 月
樊方园	线段与角的求解	西城区二等奖	2012 年 12 月
张　炜	有序数对	西城区二等奖	2014 年 6 月
黄　悦	平面向量数量积的应用	西城区三等奖	2006 年 6 月
冉红霞	复合函数的性质	西城区三等奖	2006 年 10 月

《垂直于弦的直径》教学设计

北京三帆中学　赵瑞娟

西城区特等奖　2016 年 5 月

指导思想与理论依据

《义务教育数学课程标准（2011 年版）》指出"重视学生在学习活动中的主体地位"，《义务教育数学课程标准（2011 年版）》的解读中指出：学生成为学习主体的重要标志是他们积极参与知识产生、发展和应用的全过程，教师应该为学生设计有助于促进思维发展的问题。本节课结合学生已有的经验和知识，设计了阶梯式的问题串，逐步引导，引入课题，并带领学生经历定理的生成过程。

布鲁纳的发现学习的过程包括：先独立发现，而后整合内化。本节课在垂径定理探索和证明的过程中，学生经历了观察、猜想、验证、证明的过程，一方面鼓励学生大胆猜想，训练直觉思维，培养创造性思维；另一方面要求学生严格证明猜想，体会数学的严谨性。选做作业要求学生应用垂径定理编题，在此过程中，学生可以获得发现问题的方法和经验，最终获得认知生长。

奥苏贝尔认为意义学习是通过新信息与学生认知结构中已有的有关概念相互作用才得以发生的，这种相互作用的结果是新旧知识的意义的同化。本节课引入时，复习了轴对称相关知识，以此作为基础，引导学生实现圆的轴对称性和垂径定理的证明与已有轴对称相关知识的同化。借助圆的轴对称性证明过程中的图形引入垂径定理，便于学生进行新旧知识的整合；得到垂径定理后，结合垂径定理证明所用的图形，引导学生回顾已经学过的与之相关的数学知识，体会新旧知识之间的联系，完成同化

教学内容解析

本节课是在学习了与圆有关的一些概念的基础上进行的，在日常生活和小学学习中，学生接触过圆，对圆的轴对称性有一定的认识；另外，前面已经学习了轴对称图形相关的知识，证明了二次函数的轴对称性，为圆的轴对称性的证明和垂径定理的探索做好了铺垫。垂径定理反映了圆的重要性质，也是证明线段相等、角相等、垂直关系的重要依据，同时为进行圆的有关计算和作图提供了方法和依据。

在探索垂径定理的过程中，学生经历了观察猜想、操作验证、推理证明，实现了直观感知、操作实验和逻辑推理的有机结合，为后续学习做好了铺垫；另外，设置问题情境引入课题，引导学生明确本节课知识的生长点，有助于学生实现新旧知识的同化。

选做作业要求学有余力的学生应用垂径定理编题，这样的学习过程，不仅有利于学生掌握垂径定理，而且有助于学生获得发现和提出问题的方法与经验，激发学习兴趣，培养创新意识

学生学情分析

1. 知识层面：首先，到目前为止，学生已经学习了轴对称图形的相关知识，学习二次函数时初步积累了证明图形轴对称性的经验，但部分学生对证明过程的理解还不够深刻，所以圆的轴对称性的证明依然是本节课的难点；其次，垂径定理的证明，需要综合运用轴对称的相关知识和等弧的定义，并且证明方法与以前所接触的推理论证不同，学生理解起来比较困难，所以这是本节课的另一个难点。

学生学情分析

2. 能力层面：本班是分层教学的 A 层班，学生基础较好，综合能力较强；在初一、初二的几何学习中，已经经历了观察、分析、比较、归纳、概括等活动过程，积累了观察、猜想、操作等活动经验，并能通过推理论证给出证明．

3. 学习方式：本班学生进入初二，开始说题编题，具备了初步的自主探究意识，部分学生已经积累了一些发现问题的经验

教学目标设置

1. 证明圆的轴对称性，探索、证明并掌握垂径定理．

2. 在垂径定理的探索和证明过程中，发展类比推理和演绎推理的能力，提高推理论证能力．

3. 在垂径定理的探索和证明过程中，积累观察、猜想、验证、证明的探究问题的经验，收获类比的方法，感悟演绎、归纳的数学思想．

4. 在逻辑推理的过程中，形成严谨的科学态度，在问题探究的过程中，体验获得成功的乐趣．

教学重点：垂径定理的探究和证明

教学难点：圆的轴对称性的证明和垂径定理的证明

教学策略分析

本节课主要采用问题探究式的教学方法，即教师引导学生提出问题，在教师组织和指导下，通过学生比较独立的探究活动，探求问题的答案，从而获得知识和方法．基本步骤如下：①提出问题，②观察猜想，③操作验证猜想，④推理证明．最终得到垂径定理，收获解决问题的一种方法．

为突破教学难点，本节课还采用了讨论法和直观演示法．

证明圆的轴对称性是本节课的第一个难点，为此，课题引入时，设置问题情境，引导学生回顾轴对称的性质——对称轴垂直平分对称点所连线段，这是证明轴对称性的核心依据．证明过程中给学生充分的思考时间，先让个别有思路的同学分享证明思路，师生共同讨论完善，教师总结证明过程中的关键环节，在落实了一种证明方法的基础上，学生自由结组讨论、寻找其他方法，从不同角度对轴对称性的证明加深理解．

垂径定理的证明是本节课的另一个难点．一方面，在对圆的轴对称性的证明进行总结时，明确这是证明图形轴对称性通用的思路，为垂径定理中等弧的证明做好铺垫；另一方面，探究垂径定理时，先让学生观察图形、大胆猜想，然后通过演示直观感知、验证猜想，为证明做好铺垫．证明过程中，先给学生足够的时间思考，恰当时候以两个有梯度的问题进行引导：目前可用的证明等弧的数学依据是什么？如何证明两条弧重合？问题的设计具有普遍意义，便于学生迁移到其他问题的探究过程中

教学流程示意图

复习引入 ⇒ 圆的轴对称性 ⇒ 垂径定理 ⇒ 小结作业

教学过程

教学阶段	教师活动	学生活动	设计意图
复习引入	【问1】轴对称图形的对称轴与对称点所连线段有什么关系？ 【问2】你学过哪些轴对称图形？	轴对称图形的对称轴垂直平分对称点所连线段. 预设：等腰三角形、菱形、正方形、线段、射线、直线、圆.	这是本节课结论和定理证明的知识生长点，也是后续内容的铺垫
圆的轴对称性	【问3】结合已有经验，大家认为圆是轴对称图形，如何严格证明？ 具体安排如下： 独立思考 ↓ 分享思路 ↓ 师生完善 ↓ 教师总结 ↓ 分组讨论 ↓ **交流其他方法** 结论： 圆是轴对称图形. 任何一条直径所在直线都是圆的对称轴	如图，已知 CD 是过圆心 O 的任意一条直线. 求证：⊙O 关于直线 CD 对称. 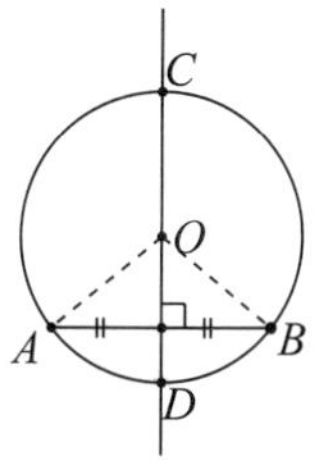 预设1. 圆上任意一点 A，关于直径所在直线的对称点 B 也在圆上. 证明：任取⊙O 上一点 A（不与点 C，D 重合）， 作点 A 关于直线 CD 的对称点 B，分别连接 OA，OB， ∴ $OA=OB$， ∴ 点 B 在⊙O 上， ∴ ⊙O 关于直线 CD 对称. 预设2. 对于圆上任意一点 A，在圆上一定可以找到一个点 B 与之关于直径所在的直线对称. 方法一： 过点 A 作 $AB \perp CD$ 于 E，交⊙O 于点 B； 方法二： 作 $\angle BOD = \angle AOD$ 交 ⊙O 于点 B； 方法三： 作任意一条非直径的弦 $AB \perp CD$ 于 E，交⊙O 于点 B	问3引导学生体会数学的严谨性. 类比二次函数轴对称性的证明，分析圆的轴对称性的证明思路，体会类比的数学方法. 圆的轴对称性的证明是本节课的一个难点，学生经过独立思考后，分享自己的思路，会给周围的同学带来一些启发. 师生共同完善证明过程，进一步落实轴对称性的证明，这样便于学生掌握证明方法. 教师总结提炼证明轴对称性的方法，便于学生在深刻理解的基础上实现方法的迁移，为垂径定理中等弧的证明做好铺垫. 在讨论、分享、交流的过程中，进一步掌握轴对称性证明的方法，突破难点

教学阶段	教师活动	学生活动	设计意图
垂径定理	本环节具体流程： 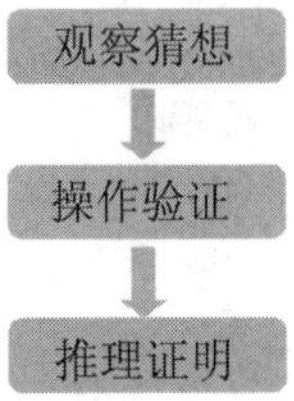 观察猜想 ↓ 操作验证 ↓ 推理证明 【问 4】 如图，已知在⊙O中，CD是直径，AB是弦，CD⊥AB，你能观察到哪些相等关系？ 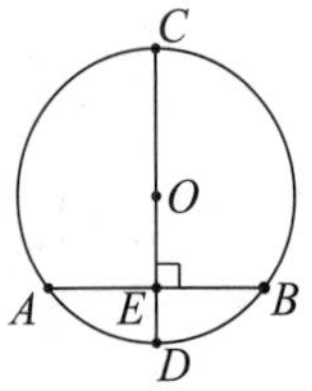 【问 5】 演示的过程中，你看到了什么？ 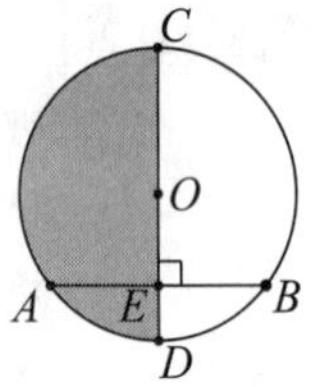 【问 6】如何证明？ 提示 1. 要证明等弧，目前可用的数学依据有什么？ 提示 2. 如何证明两条弧重合？ 引导学生逐条列出定理的条件和结论． 条件：(1) 过圆心 (2) 垂直于弦 结论：(1) 平分弦 (2) 平分优弧 (3) 平分劣弧	如图，已知在⊙O中，CD是直径，CD⊥弦AB于E. 求证：$AE=BE$，$\overset{\frown}{AC}=\overset{\frown}{BC}$，$\overset{\frown}{AD}=\overset{\frown}{BD}$. 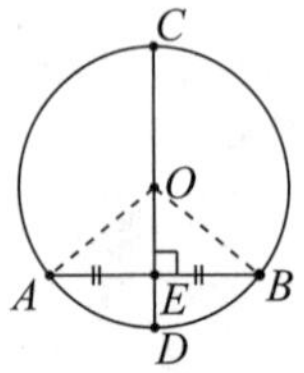 预设 1. 先证明对折时点A和点B重合，从而得到弧重合． 证明：分别连接OA，OB， ∵$OA=OB$，CD⊥AB，CD过点O， ∴$AE=BE$， ∴点A和点B关于CD对称， ∴把圆沿CD折叠时， 点A和点B重合， $\overset{\frown}{AC}$，$\overset{\frown}{AD}$分别与$\overset{\frown}{BC}$，$\overset{\frown}{BD}$重合， ∴$\overset{\frown}{AC}=\overset{\frown}{BC}$，$\overset{\frown}{AD}=\overset{\frown}{BD}$. 预设 2. 类比圆的轴对称性的证明思路，证明两组弧关于CD对称，根据轴对称的定义知，折叠时重合． 垂径定理： 垂直于弦的直径平分弦，并且平分弦所对的两条弧． ∵在⊙O中，CD是直径，CD⊥弦AB于E， ∴$AE=BE$， $\overset{\frown}{AC}=\overset{\frown}{BC}$， $\overset{\frown}{AD}=\overset{\frown}{BD}$. 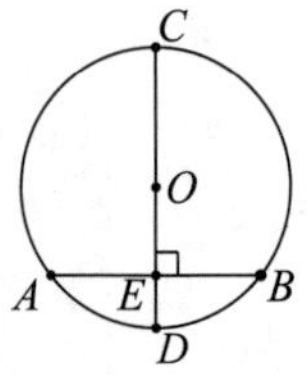 	借助圆的轴对称性证明时画出图形，明确已知条件，展开对垂径定理的探究，体会"垂径定理是圆的轴对称性的具体化"． 在探索垂径定理的过程中，实现直观感知、操作实验和逻辑推理的有机结合，可以帮助学生突破难点，也可以让学生体会到论证是观察、实验、探究得出结论后的自然延续． 整个探索和证明过程，展示了合情推理和演绎推理相辅相成的过程，提高推理论证能力． 证明定理的过程中，教师设问引导，问题的设计，既明确、具体，又具有一般意义，便于学生迁移到其他问题的探究中． 完成证明后，让学生用严谨的文字语言表述定理，再结合图形给出符号语言的表述，实现三种语言之间的相互转化，同时，进一步明确定理的条件和结论． 对于该年龄段学生的认知特点来说，垂径定理的条件和结论较为复杂，学生容易混淆．逐条分析定理的条件和结论，便于定理的掌握

教学阶段	教师活动	学生活动	设计意图
垂径定理	【问7】结合下图，你能联想到前面所学的哪些知识？ 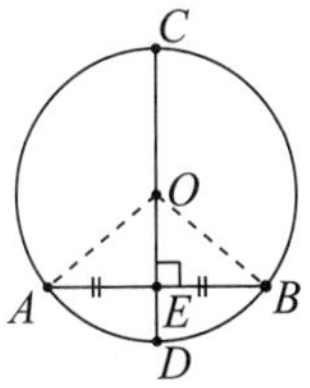 **例**　已知：如图，⊙O 的半径为5，弦 AB 长为6，求：圆心 O 到弦 AB 的距离. 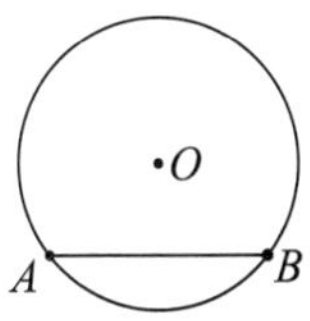 	预设： 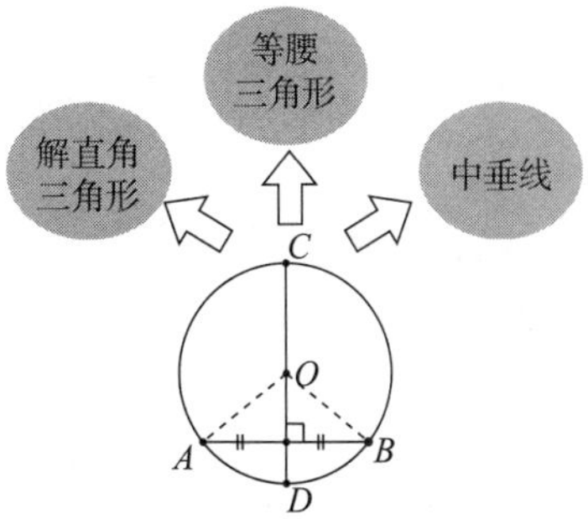 小结：如下图，在 Rt△OAC 中，$$r^2 = d^2 + \left(\frac{AB}{2}\right)^2.$$ 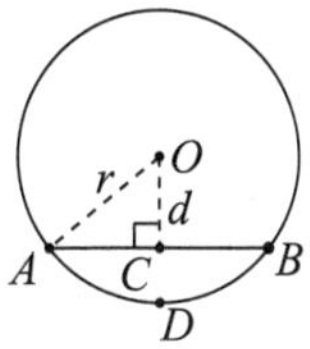 	帮助学生建立新旧知识之间的联系，把新知识置于所学的知识体系中，让学生明确知识的来龙去脉，完成知识体系的建构. 应用垂径定理解决简单问题，进一步加深对定理的理解，完成例题的解答后，及时小结提升，引导学生发现弦长、半径以及弦心距之间的关系
小结提升	1．你学到了什么数学知识？ 2．垂径定理的探究过程给你什么启示？ 3．解决与弦有关的问题，可以考虑哪些作辅助线的方法	1．圆的轴对称性和垂径定理； 2．探究问题时可以先观察、猜想，然后操作、验证，最后推理证明； 3．作半径，过圆心向弦作垂线	设问引导学生梳理本节课所学知识的脉络，整理本节课收获的探究问题和解决问题的方法
布置作业	必做作业： 《学习·探究·诊断》测试2第1，2，6，12，13题. 选做作业： 应用垂径定理自主编题		必做作业，落实本节课所学知识，加深对垂径定理的理解. 选做作业，部分自主探究能力比较强的同学，在编题的过程中加深对垂径定理的理解，积累发现问题的方法，获得成功体验，发展创新意识

板书设计

<table>
<tr><td colspan="2" align="center">垂直于弦的直径</td></tr>
<tr>
<td>
一、圆是轴对称图形
二、垂径定理
垂直于弦的直径平分弦，并且平分弦所对的两条弧．
∵CD 是直径，$CD \perp$ 弦 AB 于 E,
∴$AE = BE$，$\overparen{AC} = \overparen{BC}$，$\overparen{AD} = \overparen{BD}$. 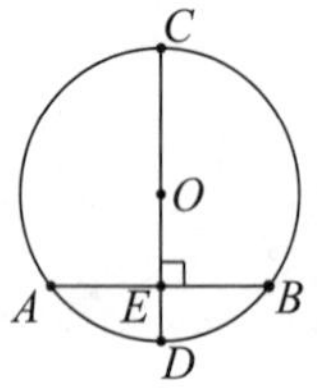

观察猜想、操作验证、证明
垂径定理的证明过程……
</td>
<td>
例　证明：（圆的轴对称性） 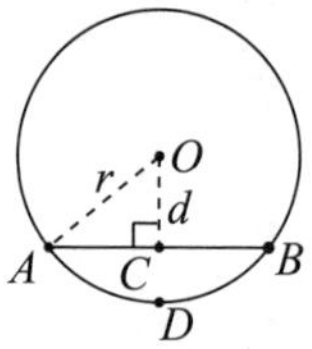 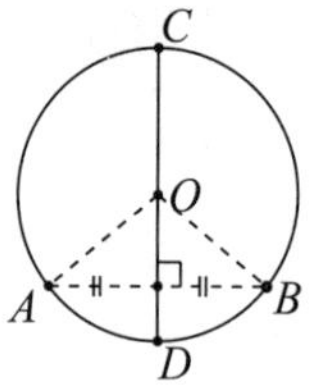

在 Rt$\triangle OAC$ 中，
$$r^2 = d^2 + \left(\frac{AB}{2}\right)^2$$
</td>
</tr>
</table>

附录　教学特点与反思

1. 教学设计重视学生的主体地位

本节课结合学生已有的经验和知识，设计了阶梯式的问题串，逐步引导，带领学生经历定理的生成过程．

2. 教学过程注重知识体系的建构

本节课引入时，复习了轴对称相关知识，以此作为基础，引导学生实现圆的轴对称性和垂径定理的证明与已有轴对称相关知识的同化．得到垂径定理后，结合垂径定理证明所用的图形，引导学生回顾已经学过的与之相关的数学知识，体会新旧知识之间的联系，完成同化．

3. 教学环节注重创新意识的培养

一方面，在垂径定理探索的过程中，鼓励学生观察图形，大胆猜想，训练直觉思维，培养创造性思维；另一方面，选做作业要求学生应用垂径定理编题，在此过程中，学生可以获得发现问题的方法和经验，最终获得认知生长．

4. 问题设置注重层层递进

垂径定理的证明是本节课的一个难点，为此，我设置了如下的问题串进行引导：

> 设问 1：要证明等弧，目前可用的数学依据有什么？
> 设问 2：如何证明两条弧重合？

《轴对称》说课稿

北京三帆中学　张慧艳

西城区特等奖　2016年5月

各位评委老师：

大家好！

我是北京市三帆中学的张慧艳.《轴对称》这节课是根据我校学生情况，在学习人教版教科书八年级上册第十四章《轴对称》时设计的起始课.

下面，我将结合我的教学实践，从以下四个方面进行说明，请各位专家、老师多提宝贵意见.

一、关于教学目标的确定

《义务教育数学课程标准（2011年版）》指出"学生学习应当是一个生动活泼的、主动的和富有个性的过程.认真听讲、积极思考、动手实践、自主探索、合作交流等，都是学习数学的重要方式.学生应当有足够的时间和空间经历观察、实验、猜测、计算、推理、验证等活动过程".

本节课是《轴对称》一章的起始课，教科书从生活中的图形入手，先让学生欣赏轴对称图形，感受图形的对称美，了解轴对称图形在现实生活中的广泛应用，初步体会轴对称的应用价值和丰富内涵，从而激发学生学习、探讨的兴趣，引发学生学习轴对称及其性质.

基于学生的心理特点和知识储备情况，在教学设计中让学生从实践中感知，从观察中发现，从发现中总结归纳，再将理论知识与生活实践相联系，做到在学习中体验生活、在实践中学习数学.同时，本班的学生已经养成比较好的学习习惯，思维活跃，逻辑性强，但他们的抽象、概括能力仍需要进一步培养.

鉴于以上因素，我确定了本节课的教学目标和教学重点、难点.

教学目标：

1. 经历剪纸、折叠等活动，归纳轴对称图形的概念，并能运用概念找到简单轴对称图形的对称轴.

2. 理解轴对称图形和两个图形成轴对称的概念及其联系和区别.

3. 探索轴对称的性质，发展观察、分析、归纳图形特征的能力.

4. 体验学数学、用数学的乐趣，体会数学的抽象、严谨和对称美，激发数学学习的兴趣.

教学重点：

轴对称图形和两个图形成轴对称的概念，探索轴对称的性质.

教学难点：

归纳轴对称图形的概念.

二、关于教学策略的说明

鉴于初二的学生思维在一定程度上还依赖于具体、直观、形象的特点，希望学生经历观察——操作——归纳——判断的过程．为突破该难点，让学生感悟轴对称图形的特征，我选择操作、发现、探索的教学模式．

三、关于教学过程的设计

在具体教学过程的设计上，我把这节课分为了以下几个阶段．下面对每一个阶段进行具体说明．

（一）"课题引入"阶段

这一阶段师生一起欣赏图片，发现其中"美"之奥妙．让学生在生活中感受对称的美感，激发学生的学习兴趣，同时渗透传统文化教育，增强学生民族文化的自豪感．

（二）"概念形成"阶段

1. 这一阶段要解决的主要问题：

学生通过动手操作剪出"喜"字，主动思考，发现并探索归纳图形的几何特征；通过交流剪纸的过程，学会认真观察、积极思考，用数学语言准确表述，体会数学的抽象性与严谨性．

2. 具体的教学安排：

设计动手剪一剪的操作环节尝试发现并归纳轴对称图形的概念，让学生在实践中学数学．

归纳轴对称图形的概念是本节课教学难点，为了突破难点，我进行了如下的设计：

首先在感性认识轴对称的前提下，不给出提示，动手剪出"喜"字．在动手实践的过程中，给学生留有充分的操作时间和思维空间，亲身参与知识的形成过程；

操作后请学生交流分享剪纸的过程，促使学生认真观察、积极思考，用数学的语言准确表述，体会数学的抽象性与严谨性；

再利用学案上的图案请学生继续研究观察，发现这些图形的共性，并且动手折纸操作，验证自己的猜想，并逐渐概括图形的共同特征；

最后经过思考共同归纳，互相完善轴对称图形的概念．

设计说明

在这一阶段，给学生充分操作的时间和空间，在动手实践的过程中发现图形的几何特征，在自我认知冲突中实现提升．

学生的交流也是合作学习的一种方式，在分享中使得学生获得完成作品的成就感．

同时发挥教师的引领作用，在过程中引导学生规范表达，体会数学的严谨．

（三）"概念理解"阶段

通过练习，加深对轴对称图形概念的理解，进一步认识轴对称的本质；引导学生运用类比的思想进行两个图形成轴对称的概念的学习．

在线段、角、等腰三角形的对称性说明过程中引导学生数学的思考，并用严谨的几何推理来说明其对称性.

在教学过程中渗透轴对称变换的思想,以一种新的视角认识研究图形,为以后的几何学习做好铺垫.

在相关概念的学习中培养学生运用类比思想进行学习的能力.两个图形成轴对称的概念由学生类比完成.

利用课堂生成的教学资源,借助自制图形帮助学生进行概念比较,理解轴对称图形与两个图形成轴对称两个概念之间的关系,发现联系和区别,加深对概念的理解.

(四)"性质探究"阶段

引导学生从几何的元素出发探究轴对称的性质,并完成发现、归纳、说理的过程,体会研究几何知识的一般方法.

几何的学习不能仅停留在感性的认识上,几何学习需要积极探索的精神.在探索轴对称性质的环节,学生自主探索之后,利用几何画板的测量功能,更加直观地帮助学生从数量的角度认识几何,同时也体现了数与形的结合.

(五)"总结提升"阶段

通过师生共同总结,让学生不仅学会总结知识,更能理解轴对称是认识和研究几何图形的新视角,也是一种看待和研究问题的新方法.

作业的布置注意充分运用教材巩固所学知识,感受轴对称在数学和文化上的价值,同时能将数学应用于生活中.

四、教学特点与反思

(一)课题引入渗透传统文化

数学作为义务教育阶段的重要学科,在文化教育方面也要起到重要的作用.让学生在生活中感知"对称",增强民族自豪感.

(二)教学设计注重学生实践

动手剪一剪、折纸看一看等操作性的实践活动的教学设计是本节课突破难点的重要环节,也确实符合学生的认知,起到了很好的教学效果.

(三)教学过程重视数学思想

严谨的几何推理,类比的思想,轴对称变换的新视角在教学过程中潜移默化的渗透,能对学生的数学学习能力的提升起到长远的作用.

在此次教学尝试中,也存在一些不足.比如不能让学生更多地展示自己的作品、分享自己的成果等.

以上就是我对这节课的认识,请大家批评指正,谢谢!

附录　　　《轴对称》教学设计

教学内容解析

　　《义务教育数学课程标准（2011 年版）》指出"学生学习应当是一个生动活泼的、主动的和富有个性的过程．认真听讲、积极思考、动手实践、自主探索、合作交流等，都是学习数学的重要方式．学生应当有足够的时间和空间经历观察、实验、猜测、计算、推理、验证等的活动过程"．《义务教育数学课程标准（2011 年版）》的解读中指出："重视课程内容中的直接经验也是课程内容改革的目标．我们在数学课程内容组织的具体形式中，要注意这一目标的落实．比如，应强调课程和教材中的学生学习活动设计，强调他们在活动中的数学经验积累，数学观察、操作实验、综合实践等应该成为重要的课程内容形式．""在数学教学中，必须通过活动让学生亲身体验如何'做数学'、如何实现数学的'再创造'，并从中感受到数学的力量．教师在学生进行数学学习的过程中应当给他们留有充分的思维空间，使学生能够真正地从事数学的思维活动．"本节课结合学生已有的经验和知识，设计了充分的动手实践活动和思维活动，逐步发现、归纳概念，带领学生经历概念的形成过程．

　　《轴对称》是在学生学习了平移变换后，对生活中出现的另一种图形变换的研究．轴对称和轴对称图形广泛存在于日常生活中，学习本部分内容，可以使学生感受到数学之美及其应用价值．本节课是《轴对称》一章的起始课，教科书中从生活的图形入手，先让学生欣赏轴对称图形，感受图形的对称美，了解轴对称图形在现实生活中的广泛应用，初步体会轴对称的应用价值和丰富内涵，从而激发学生学习、探讨的兴趣，提高学生学习轴对称及其性质的主动性．

　　本节课结合实例，通过观察和操作等活动，帮助学生感性地认识轴对称，归纳轴对称的几何概念；通过理解定义，初步建立轴对称的几何意识；通过探索性质，体会研究几何知识的一般规律．本节课的内容也为下阶段进一步探索等腰三角形的性质以及学习其他图形知识打好基础．本节课无论在知识上，还是对学生能力的培养上，都起着十分重要的作用

学生学情分析

　　从心理特点来看，八年级的学生对直观事物的感知能力强，逻辑思维正从经验型逐步向理论型发展；在知识储备上，学生在小学时对轴对称图形就有了一定的认识，又刚学习了平移变换和三角形全等，已经具备了一定的几何空间观念，也具备合作学习、自主探究、动手操作等活动的能力，因此在教学设计中可以让学生从实践中感知，从观察中发现，从发现中总结归纳，再将理论知识与生活实践相联系，做到在学习中体验生活、在实践中学习数学．同时，本班的学生已经养成比较好的学习习惯，思维活跃，逻辑性强，但他们的抽象、概括能力仍需要进一步培养

教学目标设置

教学目标：

1. 经历剪纸、折叠等活动，归纳轴对称图形的概念，并能运用概念找到简单轴对称图形的对称轴．

2. 理解轴对称图形和两个图形成轴对称的概念及其联系和区别．

3. 探索轴对称的性质，发展观察、分析、归纳图形特征的能力．

4. 体验学数学、用数学的乐趣，体会数学的抽象、严谨和对称美，激发数学学习的兴趣．

教学重点：轴对称图形和两个图形成轴对称的概念，探索轴对称的性质．

教学难点：归纳轴对称图形的概念

教学策略分析

鉴于八年级的学生思维在一定程度上还依赖于具体、直观、形象的特点，因此希望学生经历观察——操作——归纳——判断的过程，所以归纳轴对称图形的概念成本节课的难点．为突破该难点，让学生感悟轴对称图形的特征，我选择操作、发现、探索的教学模式，在教学设计上由生活实例引入，并在感性认识轴对称的前提下，不给出提示，给学生充分操作的时间和空间，动手剪出"喜"字．在动手实践的过程中让学生主动思考，发现并探索归纳图形的几何特征，使学生亲身参与知识的形成过程，在自我认知冲突中深化对知识的认识．操作后请学生交流剪纸的过程，促使学生认真观察、积极思考，用数学的语言准确表述，体会数学的抽象性与严谨性，同时交流的过程也是合作学习的一种方式，在交流中互相启发，在分享中学生获得完成作品的成就感．

在动手实践的过程中，给学生留有充分的操作时间和思维空间，使学生能够真正地从事数学的活动．通过交流培养其观察、思考、发现、概括、归纳及实践能力，使学生逐渐了解研究几何知识的一般规律，从而达到提高学生学习能力的目的．在相关概念的学习中培养学生运用类比思想进行学习的能力．两个图形成轴对称的概念由学生类比完成．并通过对概念比较，发现联系和区别，加深对概念的理解．

另外，几何的学习不能仅停留在感性的认识上，几何学习需要积极探索的精神．在探索轴对称性质的环节，利用几何画板的测量功能，帮助学生从数量的角度认识几何，更加直观，同时也体现了数与形的结合．学生已经有了之前《全等三角形》一章几何推理的铺垫，从感性认识逐渐加强到理性认识，体会几何表达，感受数学的严谨性．在学习中渗透轴对称变换的思想，以一种新的视角认识、研究图形，为以后的几何学习做好铺垫

教学过程			
教学阶段	教学过程	师生活动	设计意图
课题引入	【欣赏对称之美】 　　故宫一景，作为中国古建筑的典型代表，给人庄重、肃穆的感觉． 　　京剧脸谱，作为中国传统文化流传至今，其中隐含着艺术之美． 　　中国剪纸文化，窗花中蕴涵的平衡、和谐之美，给节日增添了气氛． 　　喜宴上到处张贴喜字，寓意"双喜临门"	师生一起欣赏几组图片来发现其中"美"之奥妙． 　　【师】如上的图形中有什么秘密，让我们觉得它美呢？ 　　【生】感受"美"，思考"美"	让学生在生活中感受对称的美感，激发学生的学习兴趣，同时渗透传统文化教育，增强学生民族文化的自豪感
概念形成	【活动1】动手操作剪纸 　　 【活动2】剪纸活动交流	【师】请同学们亲自动手剪出一个喜字来体会一下其中的美吧！ 　　【生】动手操作剪纸． 　　【师】已经有同学完成作品，而且有自己的剪纸方法，请同学们来分享一下怎么剪的． 　　【生】分享剪纸前的观察，剪纸中的思考，展示剪好的"作品"	在感性认识轴对称的前提下，不给出提示，给学生充分操作的时间和空间，在动手实践的过程中发现图形的几何特征，在自我认知冲突中实现提升． 　　学生的交流也是合作学习的一种方式，在交流中互相启发．分享

教学阶段	教学过程	师生活动	设计意图
概念形成	**【思考归纳】** （轴对称图形） 如果一个平面图形沿一条直线折叠，直线两旁的部分能够互相重合，这个图形就叫作轴对称图形。 这条直线叫作对称轴。 折叠后重合的对应点，称为对称点	**【师】** 在分享的过程中及时引导学生总结想法。 **【师】** 请学生继续研究学案上的图案，发现这些图形的共性。 **【生】** 观察或动手操作验证，并逐步概括图形的共同特征。 **【师】** 让学生结合自己的操作，尝试给轴对称图形下定义。 **【生】** 经历思考归纳的过程，合作交流，共同完善定义。 **【师生】** 提炼定义的关键词，并通过讨论加深对概念的理解。 例如：强调"折叠"后全等，并非所有的全等均是轴对称，举反例，汉字中的"朋"应该为平移后的全等	中也能让学生获得完成作品的成就感。 通过剪纸和折纸，引导学生发现喜字、京剧脸谱、窗花等都是轴对称图形。 在操作和观察中，让学生主动思考，用数学的语言准确表述，体会数学的抽象性与严谨性
概念理解	**【理解运用】** 练习：判断下面的图形是不是轴对称图形。若是，请指出图形的对称轴。 	**【师】** 定义就是我们判断的依据，请学生判断图形是不是轴对称图形。若是，请指出图形的对称轴。 **【生】** 运用定义，抓住关键点来判断，并严谨地表达自己的想法。 **【师】** 追问：为什么是轴对称图形？对称轴是什么？（在学生表述的过程中，要及时帮助学生规范表达。） 比如：**【生】** 线段的一条对称轴是过线段中点且垂直于这条线段的直线。 **【师】** 追问：为什么过中点？为什么垂直？ **【师生共同分析】** 由轴对称的定义知道，AO 与 BO 互相重合，所以 O 是 AB 的中点，$\angle POA$ 与 $\angle POB$ 重合，且和为 $180°$，所以 $\angle POA = \angle POB = 90°$	通过练习，加深对定义的理解，进一步认识轴对称的本质。 在感性认识后逐渐上升到理性认识，体会几何表达，感受数学的严谨性。 从线段、角、等腰三角形的对称性中引导学生数学的思考，并用严谨的几何推理来说明其对称性。 在细节的处理上帮助学生攻克认知难点，从更高的角度理解新的概念，并纳入整个数学体系，渗透轴对称变换的思想，以一种新的视角认识研究图形，为以后的几何学习做好铺垫。

续表

教学阶段	教学过程	师生活动	设计意图
概念理解	【观察归纳】 （两个图形成轴对称的概念） 　观察下图中的每组图案，你发现了什么？ 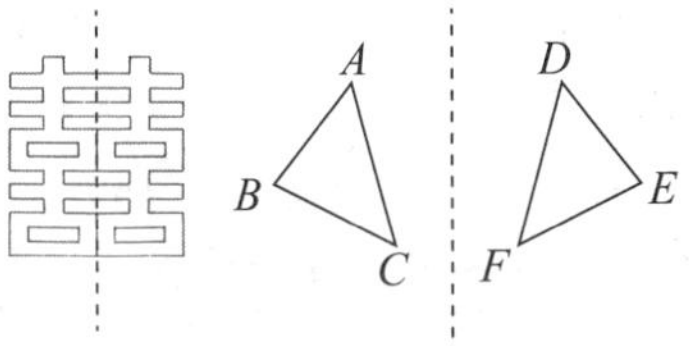 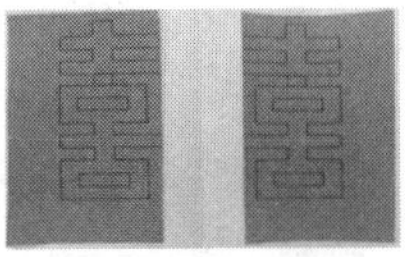 【活动3】辨析定义异同  （操作） （理解） 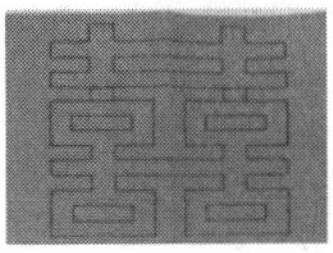	【生】学生发现，线段还有一条对称轴，是线段所在的直线，它与自身重合．进而引导学生理解轴对称图形中所有对称轴上的点的对称点是它本身． 　【师】引导学生观察图形，归纳共性．利用自制图形演示，帮助学生理解． 　【生】类比学习，归纳两个图形成轴对称的定义． 　把一个图形沿着某一条直线折叠，如果它能够与另一个图形完全重合，那么就说这两个图形关于这条直线（成轴）对称． 　这条直线叫作对称轴． 　折叠后重合的点是对应点，叫作对称点． 　【师生】辨析定义，指出两个定义的区别与联系，同时让学生体会两者的本质是相同的，两者是可以互相转化的． 　借助自制图形帮助学生理解两者之间的关系	培养学生运用类比思想进行学习的能力． 体会概念间的本质和联系，培养学生的抽象思维能力
性质探究	【活动4】自主探索性质 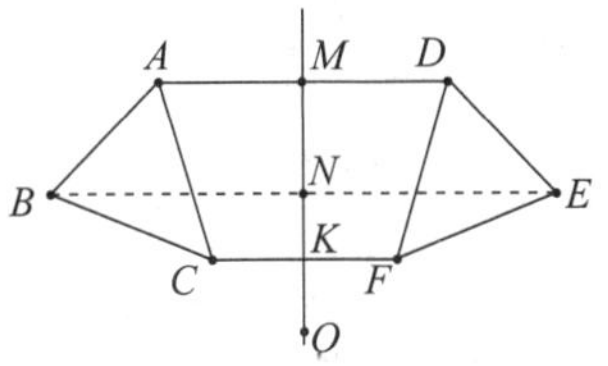 度量1　$AM = 4.02$ 厘米 　$MD = 4.02$ 厘米 　$\angle AMQ = 90.00°$ 　$\angle DMQ = 90.00°$ 度量2　$BN = 7.03$ 厘米 　$NE = 7.03$ 厘米 　$\angle BNQ = 90.00°$ 　$\angle ENQ = 90.00°$ 度量3　$KC = 2.57$ 厘米 　$KF = 2.57$ 厘米 　$\angle CKQ = 90.00°$ 　$\angle FKQ = 90.00°$	【师】在轴对称中我们需要关注哪些几何元素（对应点所连线段，对应的线段，对应的角等）？ 　需要研究哪些关系？ 　利用几何画板的测量功能，引导学生发现性质，并严格说理． 　【生】发现归纳性质，并运用所学的概念严谨说理，解释自己的发现． 　如果两个图形关于某条直线对称，那么对称轴是任何一对对应点所连线段的垂直平分线． 　轴对称图形的对称轴是任何一对对应点所连线段的垂直平分线	通过自主探索，培养学生的观察、归纳、总结的能力． 螺旋式培养学生关注研究对象的各元素及其之间的关系的研究方法，为以后的几何研究做好铺垫

教学阶段	教学过程	师生活动	设计意图
总结提升	【师生共同总结】 　　数学家赫尔曼·外尔所说："对称是一种思想，人们毕生追求，并创造秩序、美丽和完善！"	【生】请学生先总结．学生会从知识的角度罗列概念性质． 【师】教师引导学生将知识系统化，总结方法，在情感态度价值观方面进行提升	让学生不仅从知识的角度学会总结，更能理解轴对称是认识和研究几何图形的新视角、一种看待和研究问题的新方法
布置作业	布置相关作业 （充分利用教材资源）	1. 阅读教材相关内容； 2. 完成 60 页练习； 3. 利用轴对称设计美丽图案	运用所学知识，感受轴对称在数学和文化上的价值，将数学应用于生活中

板书设计

 （操作） ⇕ （理解） 	（电脑屏幕） 展示 PPT 几何画板	轴对称 **一、** 轴对称图形 $\underset{\text{合二为一}}{\overset{\text{一分为二}}{\Longleftrightarrow}}$ 两个图形成轴对称 　　如果一个平面图形沿一条直线折叠，直线两旁的部分能够互相重合，这个图形就叫作轴对称图形． 这条直线叫作对称轴． 折叠后重合的对应点，称为对称点． **二、两个图形成轴对称** 　　把一个图形沿着某一条直线折叠，如果它能够与另一个图形完全重合，那么就说这两个图形关于这条直线（成轴）对称． **三、轴对称的性质** 　　对称轴是任何一对对应点所连线段的垂直平分线

《列方程解应用题》教学设计

——从方程教学浅探课堂教学实验性

北京三帆中学　张慧艳

西城区一等奖　2006 年 5 月

一、指导思想与理论依据

新课标指出义务教育阶段的数学课程应突出体现基础性、普及性和发展性，使数学教育面向全体学生，实现人人学有价值的数学，人人都能获得必需的数学，不同的人在数学上得到不同的发展．

数学教学要体现数学的文化价值．数学是人类文化的重要组成部分：数学对推动社会发展的作用，数学的社会需求，社会发展对数学发展的推动作用，数学科学的思想体系，数学的美学价值，数学家的创新精神．所以数学课程应帮助学生了解数学在人类文明发展中的作用，逐步形成正确的数学观．

数学教学要注重信息技术与数学课程的整合．信息时代的到来，使数学得到了更加广泛的应用．"被人称颂的高科技本质上是一种数学技术"，这句话精辟地揭示了信息时代的本质特点．信息技术的整合充分体现了数学的科学先进性，符合时代发展的要求．

数学教学需要合理、科学的评价体系．课程内容的重大改变必然引起评价体系的深刻变化．中学数学课程应建立合理、科学的评价体系，包括评价理念、评价内容、评价形式和评价体制等．新课标提出应采用合理的评价体系，让学生的素质全面提高．

二、教学背景分析

这节课的教学中，如何让学生理解问题的实质，并能对所分析的具体实例找出相关量，利用等量关系列出方程，是教学的难点．按照新课标中"数学教学应该'返璞归真'，应该在数学课程中努力揭示数学的本质，数学教学'要讲推理，更要讲道理'，把数学的学术形态适当地转化为学生易于接受的教育形态"的理念，我选取了和学生生活密切相关的话费问题展开讨论，让学生体会方程在解决数学问题和实际问题中的作用．

这节课的授课对象是初一年级的学生，本班学生比较活跃，对新知识接受能力较强，反应灵活，课堂气氛融洽．

我所采用的教学方法是引导发现法和互动探究法．"学起于思，思源于疑．"学生的思维参与往往是从问题开始的，尽快提出适当的问题，并提出思维要求，让学生尽快投入到思维活动中来，是十分重要的．引入计算机辅助教学手段，主要使用了 PowerPoint 软件和 Internet 网络资源．

由于是初一的学生，怎样能在这么短的课堂教学时间内，让学生掌握分析实际问题并且将之转化为数学问题来解决是教学的难点，所以课堂的有效性很重要．根据学生的特点，我在教学准备时对于问题的设置和给学生的引导进行了精心的设计，让学生争取在"跳一跳，够得着"的情况下跟上课堂内容；问题情境的层层递进让学生在每一小节都能获得成就感，从而激发学生继续探究思考的兴趣，使得问题得以解决；问题的逐层加深又让学生的思维紧密围绕问题展开，课堂的实效性得以充分的落实．

三、本课教学目标设计

教学任务分析

教学目标	知识技能	1. 初步学会用一元一次方程解决实际问题； 2. 体会用一元一次方程解决实际问题的基本过程
	数学思考	1. 初步培养学生将实际问题转化为数学问题的能力； 2. 通过对具体实例的分析和问题的解决，体会数学的严谨与数学在生活中的应用价值
	解决问题	会在实际情境中找到等量关系，列方程解决实际问题
	情感态度	1. 培养学生主动思维和与同学合作交流的意识； 2. 让学生了解数学来源于生活而高于生活，激发学生学习数学的兴趣
教学重点		在实际背景中找到等量关系并列方程解决实际问题
教学难点		将实际问题转化为数学问题，根据具体情况分类讨论
教学方法		引导发现法和互动探究法相结合
教学手段		计算机课件演示

教学流程安排

活动流程图	活动内容和目的
活动 1　布境设疑，问题引入 活动 2　逐步解决问题 活动 3　继续深入，解决问题 活动 4　课堂的延伸 活动 5　归纳提高	1. 由问题引入，增强学生学习兴趣； 2. 引导学生学会解决问题的方法，让学生充分参与课堂； 3. 问题的层层深入，如加大学生课堂的思维量，并学以致用； 4. 进一步提出问题，在生活中发现问题，感受数学的应用价值； 5. 巩固知识、提高能力、渗透思想、授之以渔

教学流程安排

问题与情境	师生行为	设计意图
[活动1] 布境设疑，问题引入 情境一： 两种移动电话的计费方式表： |	全球通	CDMA | | --- | --- | --- | | 月租 | 50元 | 0元 | | 本地通话 | 0.4元/分 | 0.54元/分 | 哪一种计费方式更节省话费？	教师展示问题，解释图表帮助学生理解，引导学生完成话费计算公式． 　（1）全球通付费＝月租＋单价×通话时间； 　（2）CDMA的付费＝单价×通话时间	由学生熟悉的实例引入，激发热情，参与课堂． 　表格形式给出，非常直观．
[活动2] 逐步解决问题 问题： （1）一个月内，本地通话300分钟和400分钟，按两种计费方式各需交费多少元？ （2）对于某个本地通话时间，会出现两种计费方式收费一样的情况吗？ 　解：设累计通话 t 分钟，则用全球通要收费（$50+0.4t$）元，用CDMA要收费 $0.54t$ 元．如果两种计费方式的收费一样，则　　　　$0.54t=50+0.4t$， 　移项，得 $0.54t-0.4t=50$， 　合并，得 $0.14t=50$， 　系数化为1，得 $t=357\frac{1}{7}$． （3）你认为哪一种计费方式更省钱呢？	在已有话费计算公式的基础上，学生很容易得出第一问的结果．教师提问，对于同一个通话时间，你选择哪一种方式？学生可以根据数据，很容易找到话费较少的． 　这里费用是由通话时间来决定的，而通话时间未知；同时题中很明显给出相等关系，学生自然想到用方程解决． 　学生自己独立完成，请一位同学在黑板板书，巩固解方程． 　同学们分小组就第三个问题进行讨论，得出结论，并说明获得此结论的理由． 　教师引导，在讨论的基础上，归纳出结论． 　教师给出讲评和书写过程，并及时给以点拨，升华知识	适合初一学生初学方程应用，要通过具体的问题引导学生． 　理解题义，为下一步作铺垫． 　引导学生找到等量关系，列出方程是重点．由于解不是整数，需处理，这个问题可以留作思考题在课下讨论． 　学生参与，讨论互动．不确定性答案的出现，是学生学习的难点，可以从多方面考虑，让学生讨论得比较充分，也有利于下一个问题的解决
[活动3] 继续深入，解决问题 情境二： 移动和CDMA在普通计费方式的基础上，还推出一些优惠活动以吸引顾客，如：移动推出全球通"99套餐"；CDMA推出"随心定制"业务．	在前面的基础上，学生可以自己分步地完成，教师可以给予一定的引导．	根据具体情况可以分成小的问题继续引导学生．

问题与情境	师生行为	设计意图

<table>
<tr><td>方式</td><td colspan="2">全球通"99套餐"</td><td colspan="2">CDMA"随心定制"</td></tr>
<tr><td rowspan="2">套餐内</td><td>费用
（含月租）</td><td>通话
时间</td><td>费用
（含月租）</td><td>通话
时间</td></tr>
<tr><td>99</td><td>200</td><td>98</td><td>270</td></tr>
<tr><td>超出
时间</td><td colspan="2">按0.3元/分计费</td><td colspan="2">按0.4元/分计费</td></tr>
</table>

对于一个月内的某个本地通话时间，你认为上面两种计费方式哪一种更省钱呢？

师生行为：

解：设累计通话 t 分钟（$t>270$）时，两种计费方式的收费一样，则 $99+(t-200)\times0.3=98+(t-270)\times0.4$.

（移项，合并，系数化为1）

$t=490$.

当 $t<490$ 时，选择 CDMA；

当 $t=490$ 时，选择 CDMA，全球通均可；

当 $t>490$ 时，选择全球通

设计意图：

关键在于结论得出的理由，要让学生体会说话要有依据，并了解数学中分类讨论后的不确定性答案

[活动4] 课堂的延伸

情境三：（思考部分）

1. 对于全球通的两种不同的优惠套餐，就一个月内的某个本地通话时间，你认为以下两种计费方式哪一种更省钱呢？

<table>
<tr><td>方式</td><td>月基本费含月租费</td><td>本地区内通话分钟数</td></tr>
<tr><td rowspan="3">套餐内</td><td>（元/月）</td><td>（分钟/月）</td></tr>
<tr><td>99</td><td>200</td></tr>
<tr><td>199</td><td>550</td></tr>
<tr><td>超出
时间</td><td colspan="2">超出按照0.3元/分计费</td></tr>
</table>

2. 对于以下四种不同的优惠套餐，就一个月内的某个本地通话时间，你认为哪一种计费方式更省钱呢？

<table>
<tr><td>类型</td><td colspan="2">全球通"99套餐"</td><td colspan="2">CDMA"随心定制"</td></tr>
<tr><td rowspan="2">方式</td><td>月基本费包含月租费</td><td>本地区内通话分钟数</td><td>月基本费包含月租费</td><td>本地区内通话分钟数</td></tr>
<tr><td>（元/月）</td><td>（分/月）</td><td>（元/月）</td><td>（分/月）</td></tr>
<tr><td rowspan="2">月餐内</td><td>99</td><td>200</td><td>98</td><td>270</td></tr>
<tr><td>199</td><td>550</td><td>158</td><td>625</td></tr>
</table>

3. 实际生活中的情况可能更复杂，需要考虑的方面更多，关键是我们要将实际问题如何通过等量关系，转化为方程来解决

师生行为：

学生尝试求解，教师引导启发.

很多因素需要考虑，本题视情况留为思考题.

教师提示：如时间取整、手机本身的各种因素等

设计意图：

根据时间给出问题. 这是从纵向进行比较，实际上是一个很好解决的问题.

让学生体会生活中数学的多样和灵活.

横纵向结合的比较将问题的深度进一步加深，但对于不同程度的学生，要做出调整

[活动5] 归纳提高 1. 学生小结	请学生谈谈这节课学习的收获，各抒己见，不拘泥于形式. 教师对学生的回答给予帮助，让语言表达更准确.	尽量多地让学生参与发言，这是一个交流的过程.
2. 教师归纳	[教师归纳] 1. 我们要学会在生活中发现数学，并尝试用数学知识来解决实际问题.	由课堂自然延伸到学生的课下活动，同时借给学生一双数学的眼睛观察生活
3. 作业 （1）教材第 98 和 99 页的拓广探究 7,8；（2）调查现有的移动电话计费方式，询问家长的手机缴费方式及每月通话时间，用今天所学的知识给家长合理的建议，并将你的调查结论写下来	2. 体会分类讨论的思想，能根据具体的情况给出合理的结论. 3. 由特殊到一般是认识问题、解决问题的常用方法. 学生课下活动与课堂结合起来，用课上实例的延伸完成活动	

四、学习效果评价设计

这节是一元一次方程的应用课，通过教学，一方面使学生可以看到方程背景的生活化、数学的人文化；另一方面强化了全面考虑问题的数学方法，渗透分类讨论的思想、探索从特殊到一般的研究问题的方法等.

这次课后，我还组织学生进一步深入生活，充分发挥自己的优势，撰写《生活中的数学》小论文，学生们积极参与，有不少学生写出了非常理想的作品，例如关于买房贷款问题、汽车耗油问题、保险优化问题等. 本次课让每个学生学到了有价值的数学，在数学中领悟生活，真正实现了教学的有效性，与新课程标准的理念可谓交相辉映.

《商品销售利润问题》教案

北京三帆中学　乔建英

— 西城区一等奖　2006 年 5 月 —

教学任务分析

教学目标	知识技能	1. 理解商品利润问题，学会分析商品销售过程中的相等关系； 2. 会根据商品销售过程中的相等关系列出一元一次方程解应用题
	数学思考	1. 经历探索等量关系、列方程的过程； 2. 体验数学与日常生活密切相关，认识到许多问题可以用数学方法解决，体验实际问题"数学化"的过程
	解决问题	会在实际情境中找到等量关系，列方程解决实际问题
	情感态度	1. 培养学生主动思维和与同学合作交流的意识； 2. 让学生了解数学来源于生活而高于生活，激发学生学习数学的兴趣
教学重点		分析商品销售过程中的相等关系
教学难点		根据商品销售过程中的相等关系列一元一次方程解应用题
教学方法		引导发现法和互动探究法相结合
教学手段		计算机课件演示

教学流程安排

活动流程图	活动内容和目的
活动 1　布境设疑，问题引入 活动 2　逐步解决问题 活动 3　牛刀小试 活动 4　创设情境二 活动 5　拓展探究 活动 6　课堂小结	1. 由实际问题引入商品利润问题，增强学生学习兴趣； 2. 引导学生学会解决问题的方法，让学生充分参与课堂； 3. 通过反馈练习，学以致用，学会列方程解决问题； 4. 通过销售中的盈亏问题，进一步感受商品销售问题中的几个量之间的内在关系； 5. 巩固知识、提高能力、渗透设参思想、授之以渔； 6. 总结知识，归纳商品销售问题常用的等量关系

教学过程设计

问题与情境	师生行为	设计意图
[活动1] 布境设疑，问题引入 情境一： 例1 某商店出售一种玩具熊． （1）若进价为40元，标价为60元，按标价出售这种玩具熊，则所得的利润及利润率分别是多少？	教师展示问题，解释利润和利润率的概念，帮助学生理解，并引导学生完成利润和利润率的计算． 利润＝售价－进价 利润率＝$\dfrac{利润}{进价}×100\%$	由学生感兴趣的实例引入，激发热情，参与课堂
[活动2] 逐步解决问题 问题： （2）若进价为40元，利润率为50%，则出售这种玩具熊的利润和售价各为多少元？ （3）若这种玩具熊售价为60元，利润率为50%，则进价和销售利润各为多少元？ （用方程方法解决） （4）若进价为40元，标价为60元，店主为吸引顾客，把这种玩具熊的标价提高10%后，再贴出打八折的标语，则这种玩具熊的实际售价是多少元？ （5）若进价为40元，标价为60元，店主为了保住20%的利润率，请你帮他计算一下，标语上可写打几折． （用方程方法解决）	在已有利润和利润率计算公式的基础上，学生很容易得出第2问的结果． 教师提问（3），如果我们知道售价和利润率，能否求出进价和利润呢？ 因为在这里不容易直接求出进价和利润，而且要练习的是一元一次方程的应用，所以要求学生用方程方法去解决． 教师引导学生理解实际问题中标价、抬价、打折等名词，并会计算实际售价． 让学生去找等量关系列出方程，教师给出讲评和书写过程，并及时给以点拨，升华知识	熟练掌握利润和售价的公式以及它们的变式，为下一步作铺垫． 用方程方法解决，非常直观．引导学生找到等量关系，列出方程是重点． 了解打折问题，为下一个问题顺利列出方程作铺垫． 进一步熟悉进价、售价、利润、利润率四个量的关系，学会寻找商品销售问题中的等量关系
[活动3] 牛刀小试 练习1：某商场将彩电的进价抬高40%作为标价，然后在广告上写着"大酬宾，八折优惠"，结果每台彩电仍获利270元，求彩电的进价． 练习2：某商店先在福州以每件20元的价格购进某种电子元件100件，又到深圳以每件15元的价格购进同样的电子元件400件．已知这些电子元件以同样价格全部售出之后，获得20%的利润，你知道每件售价多少元吗？	学生自己独立完成，请一位同学在黑板板书，教师给予点评，重点强调其中的等量关系． 在前面的基础上，学生自己尝试解决并完成，教师可以给予一定的引导，师生一起完成解答． 解：设每件售价为x元，根据"总销售额＝总进价×（1＋利润率）"可列方程 $500x=(20×100+15×400)·(1+20\%)$ 解得$x=19.2$． 答：每件售价为19.2元	通过反馈练习，学以致用，学会寻找商品销售利润问题中的等量关系并列方程解决问题

问题与情境	师生行为	设计意图
[活动4] 创设情境二 通过创设情境二,引入例2 **例2** 某服装店在某段时间以每件60元的价格卖出两件衣服,其中一件盈利25%,另一件亏损25%,卖这两件衣服总的是盈利还是亏损,或是不盈不亏? 解:设盈利25%的那件衣服的进价为 x 元,根据进价+利润=售价,列方程得 $(1+25\%)x=60$,解得 $x=48$. 同理可设亏损25%的那件衣服的进价为 y 元,列方程得 $(1-25\%)y=60$,解得 $y=80$. 由于两件衣服的进价为 $48+80=128$ 元,售价为 $60+60=120$,故亏损了 $128-120=8$(元).	教师创设情境小故事,激发学生兴趣,进而展开思考. 先将实际问题抽象成数学问题,再利用数学知识将其归结为列一元一次方程,求出进价,进而解决问题. 学生自己列方程解答,从而做出判断.教师展示幻灯片,一起得出答案并思考回味,进一步理解进价、售价、利润、利润率之间的内在关系.	教师创设情境小故事,激发学生讨论和思考. 让学生体会用方程方法解决实际问题的便利. 通过销售中的盈亏问题,分析答案并思考回味,进一步理解进价、售价、利润、利润率之间的内在关系.
[活动5] 拓展探究 **例3** 某商场经销一种录音带,由于进货时价格比原进价降低了5%,使得利润率增加了8个百分点,那么经销这种录音带原来的利润率是多少? 解:设经销这种录音带原来的利润率是 x,原进价为 a 元,根据售价不变可列方程 $(1+x)a=(1-5\%)a\cdot(1+x+8\%)$, 解得 $x=52\%$. 答:经销这种录音带原来的利润率是52%. 思考:现对某商品降价20%促销,为了使销售总金额不变,销售量要比按原价销售时增加百分之几?	教师出示问题,学生分析其中的量.设利润率为未知数,寻找等量关系,通过分析问题发现进价未知,从而想办法解决.在教师的适时引导之下,设参加以解决. 问题解决之后,重温解答过程,诠释设参思想. 实际生活中的情况可能更复杂,需要考虑的方面更多,关键是我们将实际问题如何通过等量关系,转化为方程来解决. 请学生谈谈这节课学习的体会和收获,各抒己见,不拘泥于形式.教师对学生的回答给予帮助,让语言表达更准确.	巩固知识、提高能力、渗透设参思想、授之以渔. 进价和销售量都未知,因而需要设两个参数,这样问题的深度进一步加深. 尽量多地让学生参与发言,这是一个交流的过程.
[活动6] 课堂小结 总结知识,归纳在商品销售经营中,涉及的量和它们之间的关系式,归纳商品销售问题常用的等量关系,会列方程解决实际问题.	[教师归纳] 1. 在商品销售经营中,涉及的量之间的关系式. 2. 灵活运用这几个关系式,列方程解决实际问题.	结论提升

续表

问题与情境	师生行为	设计意图
	3. 销售中常用的等量关系： 售价－进价＝利润 售价＝进价×（1＋利润率） 　我们要学会在生活中发现数学，并尝试用数学知识来解决实际问题．	指引提高
布置作业 1.《学习·探究·诊断》 测试12——1，2，3，4 2. 通过调查，编一道与商品销售利润有关的应用题，并用方程方法解决	学生课下作业与课堂结合起来，让学生在调查中充分感受生活中的数学，应用课堂知识解决实际问题	课堂自然延伸到学生的课下活动，让学生进一步体验实际问题"数学化"的过程及用数学方法（方程思想）来解决问题的思路

附录　　　　　**教学设计说明**

　　在初一学生学习了列一元一次方程解应用题的基础上，对于商品销售这一生活中常见而又不太熟悉其中等量关系的问题，本节课将完整详细地去探究，让学生经历探索等量关系、列方程的过程，培养学生主动思维、分析问题、灵活运用等量关系的意识，让学生了解数学来源于生活而高于生活，激发学生学习数学的兴趣．

《全等的应用》活动课教学设计

北京三帆中学　李颖智

西城区一等奖　2006 年 5 月

本节课是在学生初步学习了三角形全等的定义、性质、判定之后的一节活动课，教学对象为八年级数学实验班的学生．在充分认知全等图形以及熟练判定图形全等的基础上，给定生活中的情境，设计探究活动，让学生讨论并具体操作，给出可行的解决问题的方法，使学生进一步体会全等的性质、判定以及转化思想在全等中的应用，发展学生的空间观念，培养学生的几何直觉，提升学生的逻辑思维能力，解决生活中的某些问题，培养学生应用数学的意识，更好地将数学知识还原到生活中去．

一、教学目标

1. 知识目标：通过全等的应用系列活动，让学生感受全等的"现象"无处不在，在观察、操作、想象、交流中发展空间观念，激发学生学习图形与空间的兴趣．通过平面测量湖泊宽度、空间测量旗杆高度的活动，让学生认识到全等的应用与转化思想息息相关，从而更深刻地了解全等的内涵；通过测量不规则物体体积的活动，使得学生认识到"全等"知识的外延，进而满足学生的知识需求，同时实现了数学与物理学科知识的整合．

2. 能力目标：通过对这些问题的讨论，让学生不仅对全等的定义、性质和判定有更深刻的理解，而且能将平面的全等关系和空间的全等关系对应，透过现象看本质，解决实际问题．

3. 情感目标：在教学中有意识地满足学生多样化的学习需求，激发学生探究知识的兴趣，为学生提供个性化学习的时间和空间．

二、教学设计

（一）回顾、复习，温故知新

通过观察图形，让学生切身认知全等图形，熟练对应元素，同时回顾全等三角形的定义、性质与判定，为全等的应用打下坚实的基础．

活动 1　图 1 和图 2 是两个根据全等形设计的图案，仔细观察每个图案，当中有哪些全等形？有几种全等三角形？

活动 2　图 3 是我们熟悉的"七巧板"，其中含有三个正方形，图中有几种全等三角形？每种各有几个？

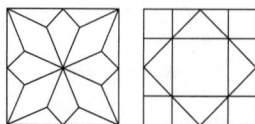

图1　　图2

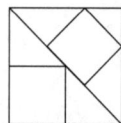

图3

这个活动来源于我们儿时经常接触的"七巧板"，因此容易将学生带入乐趣化的学习中，并且感受生活中的数学．

（二）转化、应用，探究解析

学生所学的全等三角形的性质和判定，认知水平还停留在平面的层次，因此通过完成活动 1，2 这两个有提示性的探究题目，易于将理论的知识转移到熟悉的生活情境中．题目本身是平面图形，也能够很好地将学生带入到全等的有形且直观的世界．同时学生可以通过观察，认知图形，利用性质与判定实现解决问题的目的．

活动 3　如图 4，把两根钢条的中点连在一起，可以做一个测量工件内槽宽的工具，在图中要测量工件的内槽，只要测量什么？为什么？

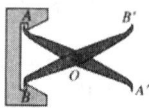

图 4

由活动本身的设计和引导，学生易于寻找全等的条件，并利用"边角边"判定 $\triangle AOB \cong \triangle A'OB'$，继而，由全等的性质可知，$AB$ 边与 $A'B'$ 边是两个全等三角形的对应边．于是，只要测量出 $A'B'$ 的长度，就可以直接得到 AB 即工件内槽宽的长度．

活动 4　如图 5，地质队员要测量鱼塘两岸相对的两点 A，B 的距离，但又不能跨过湖泊直接测量，你能帮助他们想到可行的测量 AB 长度的方法吗？

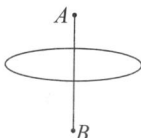

图 5

教学预案 1：如图 6，学生可以仿照活动 3 得到的问题解决方法：作线段 AO 和 BO 相交于点 O，并分别延长 AO 和 BO，得到 $CO = AO$，$DO = BO$，又可知 $\angle AOB = \angle COD$（对顶角相等），所以 $\triangle AOB \cong \triangle COD$（SAS），所以 $AB = CD$．（但是具体问题能否在现实中得以解决还依赖于鱼塘的宽度，是否容易找到点 O）

教学预案 2：如图 7，可以在 AB 的垂线 BF 上取两点 C，D，使 $BC = CD$，再作出 BF 的垂线 DE，使 A，C，E 在一条直线上．学生利用判定三角形全等的条件，可以判定 $\triangle CBA \cong \triangle CDE$（AAS），利用全等的性质可知 $DE = BA$（全等三角形对应边相等），这时测得 DE 的长就是 AB 的长．

教学预案 3：如图 8，作射线 BC，在 BC 边上取点 D，使 $\angle ADB = 45°$，构造等腰直角三角形 ABD，可通过直接测量 BD 长度即得到 AB 的长．

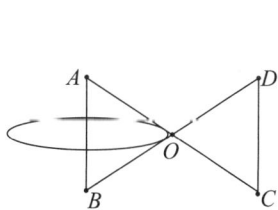

图 6

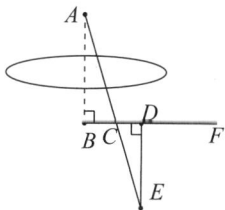

图 7

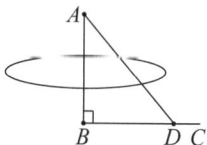

图 8

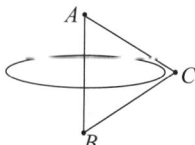

图 9

教学预案 4：由教学预案 3 利用特殊的三角形解决问题，是全等应用中转化思想的一个延续，本题也可以如图 9 构造等边三角形，直接测量 BC 的长度得到 AB 的长度．（现实中还依赖于鱼塘的宽度，是否容易找到点 C）

这便是全等知识在生活中的简单应用．学生透过全等，感受转化思想，灵活处理问题．在完成两个活动的同时感受到学有所用的愉悦．

解决空间的问题，对学生们是一个考验，也是学生要突破的一个难点，因此下面活动 5 的设计，将提升学生解决问题的综合能力，进一步体现转化的数学思想．它需要将空间的数量转化到平面上，进而在平面上构造全等的图形，再利用全等的性质解决问题.

活动 5 操场上有一根旗杆，你能利用一些简易工具，根据全等三角形的有关知识，测量出旗杆的高吗？

因不能直接测量，故必须将空间的旗杆的高适当转化到合理的位置或是便于测量的平面上来. 学生是如何把实际问题转化成抽象的数学问题，利用几何图形来表示旗杆问题的呢？（实地操作过程参见录像片段与照片材料）

图 10

教学预案 1：如图 11，利用三角尺使 $\angle ACB = 60°$，记下 C 点；在地面上过 B 点作射线 BE 同时垂直于 BC 和旗杆 AB（即垂直于 $\triangle ACB$ 所在平面），由 C 点出发作 $\angle BCD = 60°$，与射线 BE 交于 D 点. 由角边角的条件容易证得 $\triangle ABC \cong \triangle DBC$，这样就将原本空间的图形转化到平面上来. 所以 $AB = DB$. 因此，DB 的长就是旗杆 AB 的高度.（参见 flash 演示）

教学预案 2：与教学预案 1 类似，可以构造出 $\angle ACB = 45°$ 的等腰直角三角形，这就是我们利用特殊的图形对已知条件进行适当转化的例子.

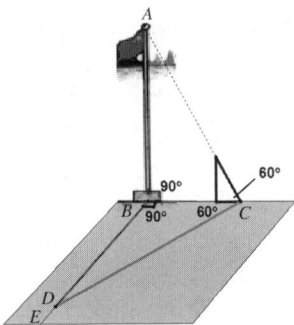

图 11

教学预案 3：如图 12，利用相似的知识.

$\text{Rt}\triangle ABC \backsim \text{Rt}\triangle EDC$. 可得 $\dfrac{AB}{ED} = \dfrac{BC}{DC}$.

上述方法，都是将原本空间的图形进行转化，利用构造全等三角形形成可直接测量的边长；或是利用比例的方法，计算出旗杆的高. 都比较有效且灵活地处理了这个棘手的问题.

以上活动的探究与解决，很好地诠释了全等三角形中元素的灵活转化，也是三角形全等知识在生活中应用的最好例证.

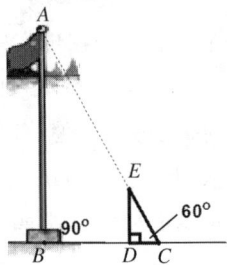

图 12

（三）联系实际，拓展外延

在学生获得了一定经验的基础上，结合实际问题对全等三角形的性质和判定的应用作适度拓展，开阔学生的视野，提高学生运用所学知识解决问题的能力.

活动 6 "阿基米德与王冠"给我们的启示

2000 多年前，叙拉古国王希罗请珠宝商制成了一顶美丽的王冠. 尽管王冠重量与国王给珠宝商的黄金一样重，但希罗还是怀疑王冠中掺进了白银. 希罗请阿基米德帮助鉴定. 阿基米德苦苦思索而束手无策. 一天早晨，阿基米德刚跨入浴缸，水溢出来了. 冥思苦想的阿基米德豁然开朗，急忙奔回家，"我找到了！"原来阿基米德将王冠浸没在水中，根据它排开水的体积可以知道王冠的体积. 由于白银密度比黄金密度小，若王冠中掺进白银，王冠的体积肯定大于同样重的黄金的体积. 阿基米德与王冠的故事给我们什么样的启示？

可以用水测量任意形状物块的体积，这也是转化思想在物理领域的应用和最好的体现. 通过这个活动能够感知数学与物理学科的相互渗透，知识的相互交融. 同时激发了不同层次学生的求知欲望，是"全等"概念的外延. 不仅是由平面到立体，由平面到空间，也是由数学到物理学科的综合.

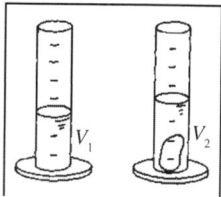

教学预案：找一个玻璃量筒，倒入适量清水，记下水面刻度 V_1，然后放入石块，使它完全浸没，记下这时量筒水面刻度 V_2，如图 13. 则石块体积 V 等于 V_2 与 V_1 的差值.

图 13

三、教学效果

这是一节在实验班讲授的活动课，学生表现出了很好的学习数学和应用数学的兴趣. 在能力上，学生能够应用全等的性质与判定，解决生活中的实际问题；在知识上，学生对全等概念本身的理解、转化思想的应用、全等概念的外延，也由了解达到熟练的程度.

四、课后反思

1. 因为授课的是数学实验班，所以活动课的内容和容量比较合适. 本次活动课较好地顺应了学生的需求，提升了学生的能力.

2. 活动课较为充实. 学生对全等从认知到应用，是不断学习并逐渐提升的过程.

3. 本次活动课将全等三角形的性质和判定自然地应用于生活问题，使不同程度的学生各有收获，逻辑能力，思维的深度和广度得到了较好的开发.

4. 但是转化思想的落实并不是一朝一夕即能完成的，由于准备的时间仓促，课堂容量有限，因此仍需在后续的轴对称一章中逐步提升.

学生对活动 5 补充的方法：用比例的方法，学生们可以在旗杆附近竖直放置一个与旗杆平行的 1 米高的木杆（如图 14），借助太阳光在地面形成的影子，可得

$$\frac{木杆的影子长}{木杆高} = \frac{旗杆的影子长}{旗杆高}.$$

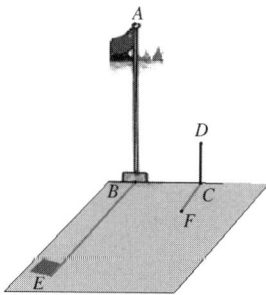

图 14

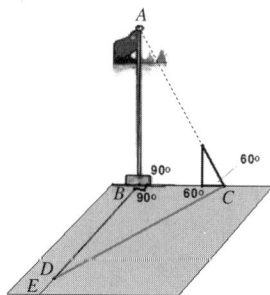

图 15

学生们在实地测量旗杆高度的过程中，感受到了活动 5 的教学预案 1 中"确定线段 CA"还是略有困难的，仅靠目测会产生很大的误差，最后选择使用激光笔放在三角尺一侧投影到旗杆的顶点，解决了这个困难.

五、设计特色

1. 既注重教材内容的落实，又开发课外不同学科的资源，同时符合学生的认知水平.

2. 注意活动设计的承接性，发掘知识的内涵外延，培养数学能力的拓展，并将"生活常识数学化，数学知识生活化".

3. 注重学科整合，让学生感知"学有所用".

《一次函数的图象与性质》教学设计

北京三帆中学　樊方园

西城区一等奖　2010 年 12 月

一、指导思想与理论依据

　　探究式教学模式在新课改中为各学科所推崇，但是是否所有的课题都适合探究？在中国的教学实践中，该教学模式的效率和有效性受到了一定质疑，其推广受到一定的阻力．

　　所谓效率，是指在探究式教学中学生探索规律的时间比讲授法等教授相应内容的时间要长，削减了练习时间．在我们课时有明显压力的教学进度中，这样的"牺牲"是否值得？若探究增加了学生对知识的理解程度，且不说什么科学探究与创新能力的培养，单论解题能力，如果收到比多练习更好的效果，那自令人欣喜，可是如果不是呢？这样的教学效率恐怕会给老师带来不小的压力吧！所谓有效性，是指在探究式教学中，利用有限的课堂容量，是否能够让学生真正地体会到科学研究的过程——还是我们和好了面，发酵好了，甚至揉好了馒头，上笼屉蒸上了，直等学生恰到好处地揭开锅盖，吃到嘴里就说他已经体验了蒸馒头的整个过程呢？就好比设计好的实验步骤，让他走一个过场就算体会到了吗？

　　我相信，在真正的探究式教学中，学生是学习的主体．在体验科学家对事物的研究过程中，学生的科学素养和创新精神都会得到提升．

二、教学背景分析

一、学习内容分析

　　作为中、高考的重点与难点之一，函数在整个中学数学学习中占有极其重要的地位．而正比例函数、一次函数的图象与性质的学习则是学生初次完整体验分析函数图象特征，并通过函数图象研究函数性质的过程，对后续的反比例函数、二次函数以及高中的三角函数、指数函数、幂函数等教学的影响不可小觑．通过在不同学习阶段对函数的研究，学生对函数思想的理解也不断深化．然而，通过观察函数图象特征来研究函数性质这个基本方法与流程基本一致，其中，对函数图象特征的分析尤为重要．所以，从第一次接触开始，我们就应该让学生充分地体验和理解这个研究流程，知道最终的结论，更要明确是如何观察（推理）的，观察谁得到的．又由于现阶段学生知识水平有限，无法严格证明函数解析式中常量取值与函数图象的特征间的对应关系，只能通过观察归纳来总结结论，在这个过程中就更要培养学生通过选取有代表性的例子来逐一分析的能力．

二、学情分析

　　本节课是给外语实验班的学生上的一节课，学生的数学基础较好，但是对于数学学习的兴趣存在较大差异．在课堂中，学生的思维深度也有很大差异．有一部分学生过于依赖老师，乐于把老师讲授的内容记录下来，而忽略老师分析问题的过程，更不喜欢自己思考问题，对于数学知识的积累更多是记忆和浅层理解．也有一部分学生，对数学学习兴趣浓厚，乐于思考，并且对问题的发掘有相当的深度．在本节课教学中，开放性的实验对于那些乐于思考的同学无疑是一个很好的舞台，同时对那些不喜欢思考的同学也是一个激励，对激发他们的思考兴趣也是一个很好的机会．

在知识、技能储备上，学生已经学习了一次函数解析式，知道一次函数是形如 $y=kx+b$（k，b 为常数且 $k\neq0$）的函数，其图象为一条直线，并能根据解析式利用两点法较迅速准确地画出一次函数图象．

三、教学方法的选取

基于教学内容分析和学情分析，我在本节课采用了探究式教学，其中借鉴了科学实验的思想、模式及其步骤．这里在一个相对比较开放的探究过程中，学生通过自己寻找合适的函数解析式，绘制一次函数图象来探索一次函数的图象特征，体会 k，b 的取值对函数图象的影响．

在整个教学过程中，由于我提供的思维平台是开放的，相信不同思维深度的同学可以获得不同层面的结论，而所有的学生都会在其中收获探索发现的快乐．

三、教学目标

1. 知识与技能

（1）能够根据一次函数解析式熟练绘制函数图象．
（2）理解 k，b 的取值对一次函数 $y=kx+b$（$k\neq0$）图象的影响．
（3）能够根据不同 k，b 的取值范围绘制出一次函数的 6 种基本图象．

2. 过程与方法

（1）学生能够在通过自己寻找并绘制一次函数图象的过程中，提高分类讨论意识．
（2）了解在多变量问题中通过"控制变量"将一个大问题划分为几个小问题，再逐一突破的方法．
（3）通过总结归纳一次函数的图象特征，学生初步体会由特殊到一般的归纳思想．

3. 情感态度与价值观

（1）在探究过程中，形成科学严谨的研究态度，对于通过特殊图象归纳得出的结论要谨慎对待，检验其普遍适用性．
（2）在探究过程中体会数学发现的乐趣．

四、教学过程

教学内容	学生活动	设计意图
【回顾】 （1）研究函数的一般过程是什么？ （2）一次函数的定义是什么？ （3）一次函数自变量的取值范围是什么？	学生回答问题． 再次明确研究函数的一般过程： 解析式——取值范围——函数图象的特征——函数的性质	每节课通过回顾之前的学习内容促进学生进行复习，同时起到承上启下的作用，明晰本节课的任务．

教学内容	学生活动	设计意图
本节课我们来研究一次函数的图象特征. 我们已经知道,一次函数自变量的取值范围是任意实数,一次函数的图象是一条直线.那么这条直线的位置有怎样的特点呢? 本节课我们来研究一次函数 $y=kx+b$(k,b 为常数且 $k\neq0$)中 k,b 值对函数图象的影响	学生在老师叙述的同时回顾关于一次函数的相关内容. 其中"k,b 为常数且 $k\neq0$"这个限制条件是通过学生集体回答补充的	点明本节课的课题. 回顾之前的相关内容,为下一步研究扫清障碍. 通过不断巩固,加强学生对一次函数概念的熟悉程度
【探究】 探究目的:探究一次函数 $y=kx+b$(k,b 为常数且 $k\neq0$)中 k,b 值对函数图象的影响. 用具:铅笔,三角板,刻度尺	学生填写《关于一次函数的图象特征的探究报告》,明确本节课的探究目的. 学生思考这个探究怎样开展	仿照生物、物理实验报告,一方面激发学生兴趣,另一方面也为后面应用科学实验中"控制变量"的思想解决问题做好铺垫
回忆在生物课堂上进行科学实验的方法,引入"控制变量"解决问题的思路. 探究步骤: (1)k 值相同时,不同的 b 值对函数图象的位置有何影响?请列举几个一次函数,并绘制相应的图象来印证你的猜想. A.猜想:b 决定函数图象与 y 轴交点的位置. B.探究过程:(略)列举若干 k 值相同,但 b 值不同的例子. C.结论:一次函数 $y=kx+b$($k\neq0$)的图象与 y 轴交于点(0,b).可见,b 值决定一次函数图象与 y 轴交点的位置. D.发现:(答案不唯一)k 值相同但 b 值不同的直线互相平行	学生了解通过"控制变量"化繁为简,逐一突破的想法. 学生根据探究步骤分别画出对应的函数图象,自己提出猜想,并通过绘制函数图象逐一解决,得出结论的同时,也写下在探究过程中的发现,体会到意外的惊喜	为学生搭建脚手架,让他明确自己要做的事情. 类比生物实验中的"控制变量"——要研究 b 值对函数图象的影响,就保证 k 值不变,反之亦然. 写下在探究过程中的发现,使不同思考深度的同学有不同收获,同时也让学生明确探究过程的重要性
(2)b 值相同时,不同的 k 值对函数图象有何影响?请列举几个一次函数,并绘制相应的图象来印证你的猜想. 思维深度1: A.猜想:k 值决定一次函数图象从左向右的趋势. B.探究过程:(略)列举若干 b 值相同,但 k 值正负性不同的例子.	在已有的对正比例函数图象特征研究的基础上,大部分学生已经掌握 k 的正负性决定了一次函数 $y=kx+b$ 的图象从左向右的趋势,绝大多数同学能达到思维深度1;而再次经历此探究过程的一部分同学则发现了 $|k|$ 的值与直线倾斜程度之间的关系.	承接之前教学中对正比例函数图象特征的探究,在此过程中,学生对"k 值决定一次函数图象从左向右的趋势"这一结论更加熟悉,在此过程中,深入思考.体会同

教学内容	学生活动	设计意图
C. 结论：k 值决定一次函数图象从左向右的趋势． 　$k>0$ 时，函数图象从左向右上升； 　$k<0$ 时，函数图象从左向右下降． 　D. 发现：$|k|$ 越大，函数图象越陡直；$|k|$ 越小，函数图象越平缓． **思维深度2：** 　A. 猜想：$|k|$ 的值决定了与对应一次函数图象的倾斜程度． 　B. 探究过程：（略）列举若干 b 值相同，但 $|k|$ 的值不同的例子． 　C. 结论：$|k|$ 越大，函数图象越陡直；$|k|$ 越小，函数图象越平缓． 　D. 发现：$|k|$ 与 1 之间的关系可以将直线的倾斜角分类……	部分同学在探索完 k 的正负性之后又开始研究 $|k|$ 对直线倾斜程度的关系，思维深度与获得的知识量都获得了一个提升．还有极个别同学开始研究 $|k|$ 与 1 之间的关系	一个问题再次接触，可能会有不同的收获． 　不同思维深度的学生都有了自己发挥的舞台，激发了学生探究的兴趣，也为学生将来的学习打下良好的基础
（3）请根据 k,b 的取值不同，分类绘制出一次函数的各种图象	学生根据（1）（2）步的结论，结合之前学习的正比例函数图象，绘制出一次函数的 6 种基本图象． 　学生分别叙述各图象从左至右经过的象限	通过学生自己总结，理解的程度和记忆效果都会更好
反思：如果已知一次函数的图象，你能否判断 k,b 的取值范围？ 练习1：已知一次函数 $y=kx+b$ 的图象如下图所示，则 $k<0，b>0$． 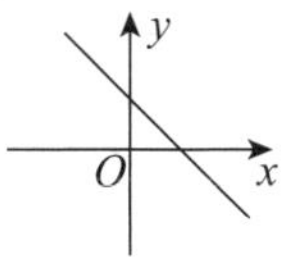 练习2：已知一次函数 $y=kx+b$ 的图象不经过第一象限，则 $k\leqslant0，b\leqslant0$	学生通过思考并做练习，初步掌握通过函数图象估计解析式的方法	提升学生的思考层次，使学生初步体会一次函数图象的特征与 k,b 的取值是一一对应的关系
【小结】两方面的小结 **一、方法上的小结** 1. 在遇到比较复杂的问题时，需要通过"控制变量"化繁为简，逐一突破． 2. 通过画出特殊的一次函数图象来归纳一次函数图象特征时，要注意结论是否具有普遍适用性．	学生总结： （语言摘录） 1. "控制变量"法和我们在生物中的实验是一致的，如果同时改变了光照强度和光照长度，植物的生长速度发生改变了，是不能判断到底受哪个因素的影响，所以逐一突破为好．	注意从方法和探究内容双方面小结，并且由学生总结他在探究过程中的收获，突出本节课探究的过程性．有时候，过程中的收获会远远大于结论中的收获．

教学内容	学生活动	设计意图
二、一次函数图象特征的小结即探究结论 1. k 值决定一次函数图象从左向右的趋势. 2. b 值决定一次函数图象与 y 轴交点的位置. 3. k, b 一起决定函数图象经过的象限	2. 通过举一个反例可以推翻一个命题, 但是仅仅通过列举一个或几个例子是不能证明一个命题的. 知识的总结中学生将自己探究发现的结果归纳整理. 有的学生将自己的个性化发现也写入其中	培养学生归纳整理的思维习惯
作业: 1. 整理探究报告. 2. (1) 画出 $y=-2x$ 的图象. (2) 请你在同一坐标系内绘制出 $y=-2x+3$ 的图象, 你有哪些方法?	课下完成	对本节课内容的巩固. 习题为之前探究结论的初步应用, 也为下节课作铺垫

五、学习效果评价

本节课的教学目的基本实现, 学生基于探究目的, 自己给出符合要求的函数解析式, 通过绘制函数图象发现 k, b 对函数图象的影响, 并进行了归纳总结. 部分学生学习热情高涨, 但是也有一部分习惯了老师给铺路搭桥, 自己只要"走过去"即可收获的学生有些不知所措, 所以有时我也需要给出一些具体的函数解析式帮助他们.

同时, 本节课的作业完成情况较好, 也有更多的学生在已有的结论基础上展开了更深入的思考, 比如关于任意直线成轴对称的两条直线解析式有什么关系等.

六、教学设计特色说明

在教学中, 我结合本节课内容的特点, 仿照科学课堂中的实验报告的形式 (在形式上略有不同), 让学生联想到生物实验. 同时, 在探究步骤上也同样应用了"控制变量"的方法来逐一讨论 k, b 值对函数图象的影响, 让学生了解分析较复杂问题时可以化繁为简, 逐一突破.

在探究中, 采用了半开放式探究, 不再是为学生做好一切准备 (找好函数解析式), 只欠东风 (按步骤画图即可得出结论) 的状态. 这样能够调动学生自主研究的能力, 让不同思维深度的学生获得不同的收获.

七、教学反思

在教学过程中, 最令我高兴的是, 因为给了学生更广阔的空间, 探究结论中, 有一些学生在 k 的取值对函数图象影响的探究中, 甚至给出了通过将 $|k|$ 与 1 进行比较, 加入了倾斜角度与 $45°$, $135°$ 的关系. 在探究方法上, 因为有学生通过一些过于特殊的例子得出错误论断——比如发现 $y=x+1$ 与 $y=-x+1$ 不仅仅相交, 而且垂直, 于是得出 b 值相同, 如果 k_1 与 k_2 互为相反数时, 两直线垂直的错误论断. 但是在后期对结论的初步验证中自己发现了这个问题, 让他初步体会到获得一个结论需要反复推敲, 多次实验, 最好能给出

严谨的证明，由特例推出的结论可能有误.

但是本节课中练习较少，在后续课程中仍需要补充.至于这次开放性探究教学的尝试，在短期内还难以反映出学生在其过程中收获究竟如何，其效果还有待进一步论证.

附录　关于一次函数的图象特征的探究报告

探究目的：

用具：

探究步骤：

（1）k 值相同时，不同的 b 值对函数图象位置有何影响？请列举几个一次函数，并绘制相应的图象来印证你的猜想.

A. 猜想：

B. 探究过程（在下方粘贴坐标纸）：

C. 结论：

D. 发现：

（2）b 值相同时，不同的 k 值对函数的图象有何影响？请列举几个一次函数，并绘制相应的图象来印证你的猜想.

A. 猜想：

B. 探究过程（在下方粘贴坐标纸）：

C. 结论：

D. 发现：

（3）请根据不同 k，b 的取值，分类绘制出一次函数的各种图象（画出示意图）.

k__0，且 b__0时	k__0，且 b__0时	k__0，且 b__0时
k__0，且 b__0时	k__0，且 b__0时	k__0，且 b__0时

反思：如果已知一次函数的图象，你能否判断出 k，b 的取值范围？

结论：k 值决定一次函数图象_____；b 值决定一次函数图象_____；k，b 一起决定一次函数图象_____.

练习：（1）画出 $y=-2x$ 的图象；（2）请你在同一坐标系内绘制出 $y=-2x+3$ 的图象，你有哪些方法？

《二次函数背景的三角形面积问题》教学设计

北京三帆中学　李颖智

西城区一等奖　2011 年 9 月

第一部分：教学分析

教材分析	二次函数是描述现实世界变量之间关系的重要数学模型，也是某些单变量最优化问题的数学模型，二次函数及其应用在将来的数学学习中有重要作用，在中考中也有显著地位．在近些年的中考和平时练习中，都出现了以二次函数为背景、结合其他知识的综合题，以考查学生的综合能力．这方面的综合题目非常繁多，本节课仅以二次函数背景的三角形面积为切入点，通过引导学生分析问题，渗透转化思想，使复杂问题简单化，复杂图形基本化，使学生掌握分析综合题的一般过程和方法
学情分析	通过前一阶段的学习，学生已经掌握二次函数的图象和性质，待定系数法求函数解析式，求函数图象的交点坐标，较熟练的运用函数知识解决实际问题；掌握三角形、四边形、圆等图形的性质、解直角三角形的方法，以及图形的变换和相似等知识．在初步的综合题练习中，一些学生对复杂题目和复杂图形无从下手，难以将题目条件和已学的知识建立联系，不能快速找出关键图形；有的学生在解题方法上不够灵活，因此部分学生对代数几何综合题的分析和解决有困惑．基于学生的以上情况，本节课的教学重心是结合二次函数背景，引导学生提炼三角形面积，并将其转化为基础知识
教学目标	知识和技能：进一步渗透转化的数学思想，数形结合解决问题
	过程和方法：引导学生剥离二次函数背景，转化为基本三角形面积问题，紧扣关键图形，选择适当方法灵活解题
	情感态度与价值观：体会解题过程中策略的调整，树立解决综合题的信心
教学重点	运用转化的数学思想方法，分解综合问题和复杂图形，呈现基本问题
教学难点	准确提炼三角形面积，将其转化为基本问题
教学环境及多媒体准备	黑板、笔记本电脑、几何画板软件、PPT 及实物投影仪

第二部分：教学基本结构

一、内容回顾

二、综合探究（课堂主体）

三、课堂小结

四、课后作业

第三部分：教学过程设计

教学环节	教师活动	学生活动	设计意图	多媒体及资源使用
内容回顾	1. 如图1，已知△ABC的一边及这边上的高，求 $S_{\triangle ABC}$. 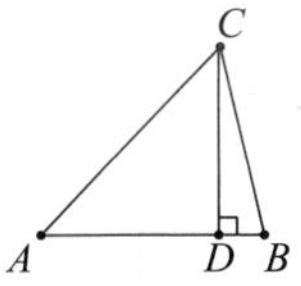 2. 如图2，已知△ABC，怎样在平面中作出与其面积相等且有公共底边AB的三角形？ 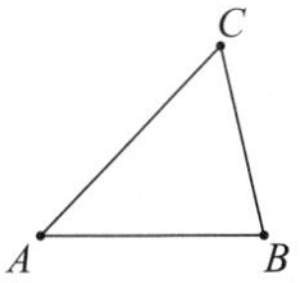 3. 如图3，图4，已知平面直角坐标系中的点A、点B、点C的坐标. 求 $S_{\triangle ABC}$. 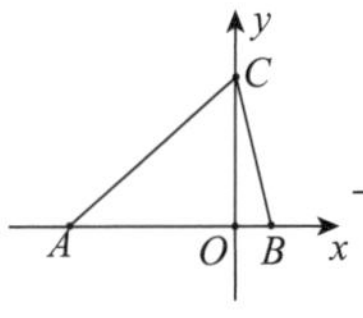 图1 图2 图3 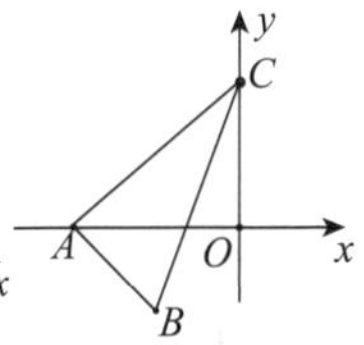 图4	回顾基本的三角形面积公式： $S_{\triangle ABC}=AB \cdot CD \div 2$. 等面积变换，同学们同时意识到分类讨论的数学思想. 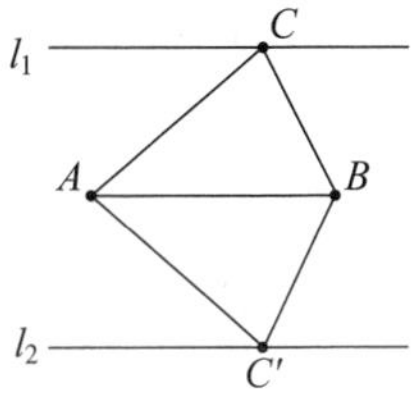 图5 同学们充分回答补形法、分割法、作差法、等面积变换等方法求平面直角坐标系下的三角形面积	回顾基本的三角形面积问题： （1）三角形的面积公式； （2）等面积变换； （3）平面直角坐标系中三角形面积. 为渗透转化思想，剥离二次函数背景，提炼几何问题打下基础	利用PPT给出内容回顾的题目，生动直观，再结合学生的回答，使用几何画板，尤其是内容回顾（3），方法灵活. 渗透转化思想，充分展示学生的方法，使课堂气氛活跃
综合探究活动1	如图6，在平面直角坐标系中，抛物线 $y=-x^2-4x+5$ 与 x 轴交于A，B两点（A在B左侧），与 y 轴交于点C. 设该抛物线的顶点为D，P为 y 轴上一点，若 $S_{\triangle ACP}=S_{\triangle ACD}$，求点 P 的坐标 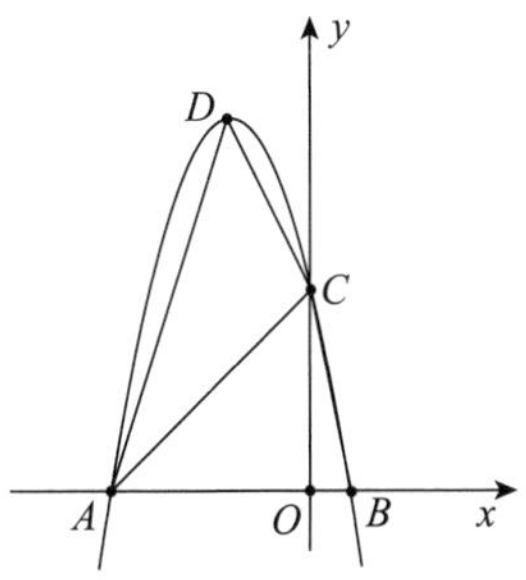 图6	学生分析二次函数背景等面积问题，先结合背景，求出各点坐标，再利用课前的内容回顾，转化问题，剥离二次函数背景，提炼关键三角形问题，利用等面积变换或方程思想解题的思路，产生几何或代数的解法，最后检验解的完备性	通过增加二次函数条件使题目复杂化，即综合题的生成过程. 其逆向就是剥离二次函数背景，提炼单一的三角形面积问题	利用几何画板，可以快速配合学生的解答，给出辅助线；也可以快速作出平行线，画出交点，有利于同学们直观解题

教学环节	教师活动	学生活动	设计意图	多媒体及资源使用
综合探究活动2	如图7，在平面直角坐标系中，抛物线 $y=-x^2-4x+5$ 与 x 轴交于 A，B 两点（A 在 B 左侧），与 y 轴交于 C 点． 在直线 AC 上方的抛物线上求点 Q，使得△ACQ 的面积最大，并求出最大面积 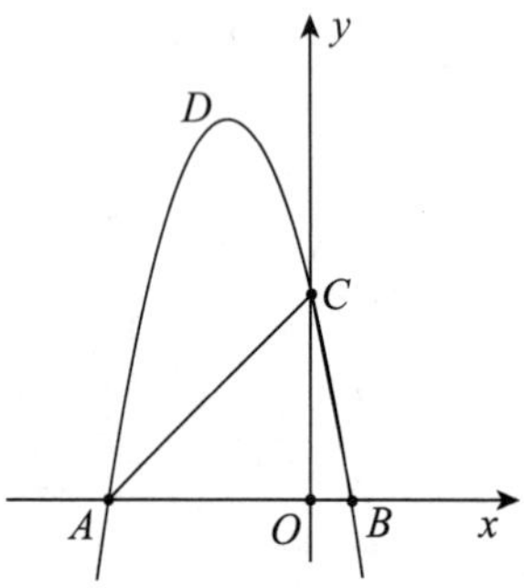 图7	二次函数背景面积最大问题．因为点 Q 是 AC 上方抛物线上的点，所以剥离函数背景之后，提炼关键的图形是三角形 ACQ 和一段抛物线，转化为面积最大问题，可以结合抛物线和过点 Q 的直线相切，计算判别式等于0，求出点 Q 坐标；或者采用代数的方法，设点 Q 坐标，表示面积，发现是关于字母的二次函数，可以求闭区间的二次函数最值	通过活动1和活动2引出解决二次函数背景的三角形面积问题的过程和方法：结合二次函数的背景，提炼三角形问题，实现转化，再依据题目的几何条件灵活解题	在学生提出该问题的几何方法时，利用几何画板的优越性，可以拖动平行线，使得学生直观观察三角形底边固定，什么时候高最大． 利用实物投影仪展示同学们好的作图方法，有助于同伴教育，站在学生的角度分析问题
综合探究活动3	如图8，已知二次函数 $y=-x^2+10$ 及 y 轴上一点 F（0，4），过点 F 作直线 l 交抛物线于 P，Q 两点，若 $S_{\triangle POF}:S_{\triangle QOF}=1:3$，求直线 l 的函数关系式 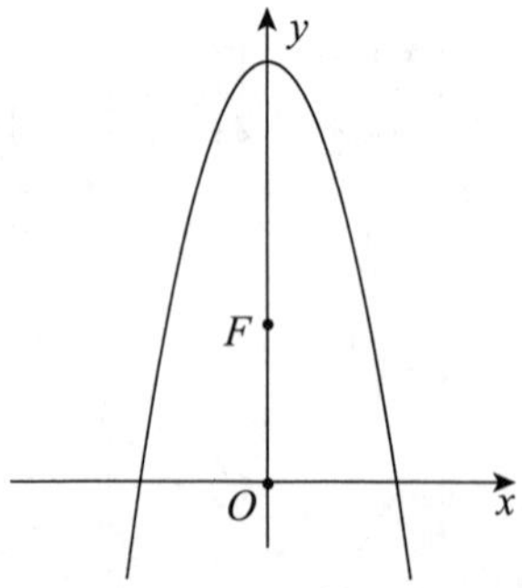 图8 图9	学生分析题目，这是一个面积比问题，由等底三角形的面积比等于高的比，把问题转化为线段的比，转化为相似三角形的相似比，利用相似三角形的判定和性质进行解题，最后依据对称性，得出共有两条满足题意的直线 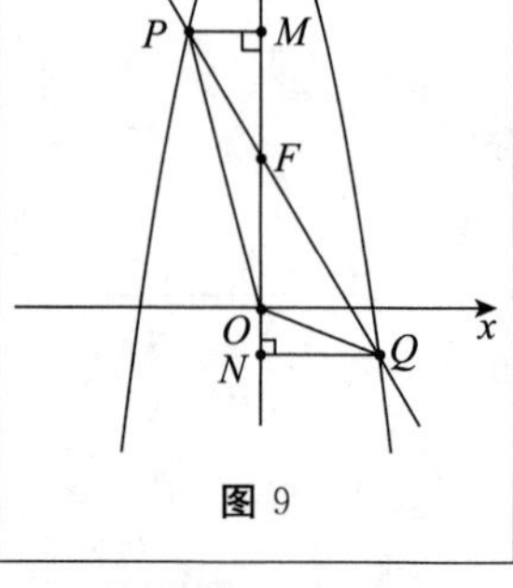	继续渗透转化思想，将面积比转化为线段的比，结合相似三角形的判定与性质解题	结合学生的回答和分析，作出高线，凸显关键图形，由高的比找到两个三角形的相似比，利用相似的判定和性质使问题得到转化

教学环节	教师活动	学生活动	设计意图	多媒体及资源使用
课堂小结	通过本节课的学习,你对二次函数背景的三角形面积问题,有怎样的解决方法?	学生得到解决二次函数背景的三角形面积问题的方法: (1)把握二次函数条件,准确计算; (2)剥离二次函数背景,提炼三角形面积的图形和问题; (3)选择适当方法灵活解题; (4)对解的全面性和合理性进行检验	提炼本节课的知识技能与解题步骤方法,并将此方法应用于今后的学习	
课后作业	1. 如图 10,在平面直角坐标系中,抛物线 $y=-x^2-4x+5$ 与 x 轴交于 A,B 两点(A 在 B 左侧),与 y 轴交于 C 点.设 P 是线段 OA 上的一点,过点 P 作 $PH \perp x$ 轴,与抛物线交于点 H,若直线 AC 把 $\triangle PAH$ 分成面积之比为 $2:3$ 的两部分,求点 P 坐标. 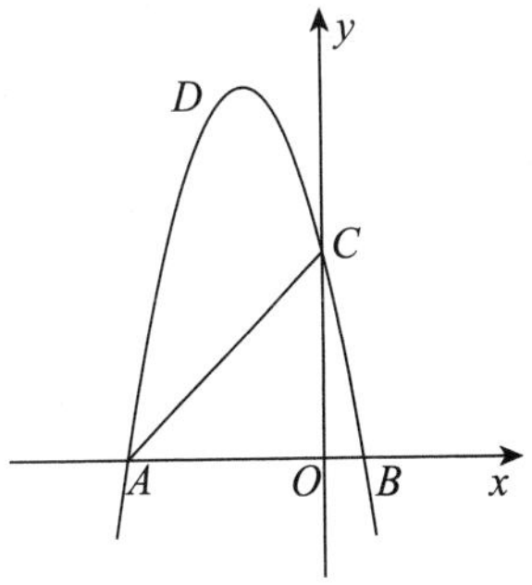 图 10 2. 请你对活动 3 进行改编,并对改编的题目给以解答		通过课后作业,让学生深入体会分析综合题的方法,数形结合、转化和分类与整合的数学思想,同时落实基础知识、基本技能、基本计算. 通过开放性问题的布置和探究,发散学生的思维,完善对本节知识的反思和提升	

第四部分：教学小结及反思

教学小结与反思	**课堂小结：** 1. 选题符合学生情况. 代数综合题、几何综合题的面很广，这节课的选题仅限于二次函数背景的三角形面积问题，以点带面，为学生解决综合题提供一点启发和方法，让学生体会转化思想灵活解题，希望学生能够树立解决综合题的信心. 2. 教学重点得到落实. 引导学生先结合题目条件准确计算，然后剥离二次函数背景，提炼三角形面积，转化为三角形面积的基础知识，再选择适当方法灵活解题. 3. 解题方法得以推广. 通过本节课让学生体会解决代数几何综合题的一般过程和方法. 以后的学习中，学生们还会接触代数几何综合题，背景会变，基础的图形、问题会变，但是探索思考和分析解决的方法不会变，学生们将继续体会并应用 **改进设想：** 1. 节奏可以再放慢一些，辅助多媒体应用将题目分析更透彻，让学生说的更充分. 2. 课堂上落实学生的计算能力. 3. 把握学生分析问题的亮点，培养学生优化解题的意识
多媒体应用反思	本节课有几个环节体现了多媒体在数学课堂应用的必要性： 1. 在教学设计和课堂教学过程中，应用 PPT 展示内容回顾和综合探究，有利于学生充分审题，并把握数学问题的关键信息. 2. 在配合学生分析问题和回答问题的过程中，辅助几何画板同步演示，获得很好的教学效果：一是较好地增加了课堂的容量和密度，二是让学生们直观感受到数学综合题中数和形的高度统一. 三是准确地作图可以获得充分的联想和猜想，有助于引导学生分析问题，形成解决问题的方法. 3. 在学生分析问题和解决问题过程中，使用实物投影仪，让学生向他人展示自己的探究成果，学生获得了较好的自信，也有益于同伴教育，同时增强了他人解决数学问题的信心. 当然，在多媒体应用的过程中，也出现了以下问题： 1. 落实学生计算的环节难以保证，需要后面几节课持续跟进. 2. 学生做题方法较多，在依靠多媒体展示解题过程时，有些学生有惰性，仅停留在自己的方法上，缺少比较学习的热情. 总之，在这节课上，多媒体应用于教学展示了优越性——有助于数学问题的解决，有益于学生数学思维的形成，有利于学生用发展的眼光应用数学

《探索二次函数的性质》教学设计

北京三帆中学 陈立雪

西城区一等奖 2012年3月

一、指导思想与理论依据

初中学生第一次接触函数的概念是在八年级，教材导语中说道："为了更深刻地认识千变万化的世界，人们经归纳总结得出一个重要的数学工具——函数．"

函数及其图象是人们基于研究和应用的需要而创造的数学工具，是人们用数学研究世界的思想结晶．所以，学生对函数的学习与研究不应停留在单方面的接受信息上，而应该让他们在了解函数的基本特性的基础上，逐步主导自己对函数的进一步认知，在一定程度上自主性地去研究函数．

事实上，函数原本就是人们在长期运用数学的过程中总结出来的经验方法，根据建构主义的学习理论，如果学生没有经历一定的自主研究过程和体验，只是机械进行概念、性质的识记，就很难从心理上摆脱隔阂、接受"函数"这一概念，自然也难以用函数的观点去分析和解决问题．因此，函数虽运用广泛，却始终是中学生学习数学的难点．

基于上述考虑，在学习一次函数、反比例函数时，笔者尝试过让学生在教师引导下自主探究函数性质，为培养学生的自主研究能力奠定基础．在本章的教学中，如何让学生继续"亲近"函数，了解新的一类函数——二次函数——是教学设计的关键．

二、教学背景分析

1. 学习内容分析

本课初步探究二次函数的定义与基本性质，这既是本章教学的重点，也是学生学习的难点．由于二次函数的性质非常丰富，一次课题学习的时间难以完成对所有性质的探索与总结归纳，故本课仅让学生根据兴趣与能力自选一个小课题进行研究，完成与二次函数的初步接触．

课堂上以学生自己提出问题、分析问题为主，教师起穿针引线的引导作用．

2. 学生情况分析

授课班学生的成绩属于中等水平，但经过两年多的培养，大部分学生具备发现问题的能力和提出问题的勇气，小部分学生能够自主分析问题，并提出解决问题的方案．

3. 教学方式与教学手段

在本课中，采取抛锚式教学方法，以一个一个的问题引领学生主动思考，不仅是"学数学"，更是"做数学"．

通过学生的自主探究，让他们在研究中"亲近"二次函数，把二次函数视作自己"创造"的工具，逐渐熟练并最终去解决更多的问题．

4. 技术准备

投影和 PPT 课件，几何画板软件，研究报告，学生可自备手提电脑．

5. 前期教学情况

在学习一次函数时，笔者尝试使用类似的教学模式，让学生自己提出问题、设计方案研究一次函数的图象与性质．学生曾在掌握了正比例函数相关性质的基础上，提出了以下问题：

（1）一次函数的图象是什么形状？

（2）一次函数 $y = kx + b$（$k \neq 0$）中，k，b 的取值对图象有什么影响？

（3）一次函数 $y = kx + b$（$k \neq 0$）和正比例函数 $y = kx$（$k \neq 0$）的图象有什么关系？

（4）一次函数 $y = kx + b$（$k \neq 0$）和 $y = -kx + b$（$k \neq 0$）的图象有什么关系？

……

在研究一次函数的图象与性质时，学生能够举出目的较明确、针对性较强的例子，并能通过观察得出结论．少数学生能够用解析的方法分析出一次函数的图象特征，从数的角度解决前面提出的问题．

三、教学目标设计

知识与技能	1. 让学生了解并识别二次函数； 2. 让学生了解二次函数图象的形状和抛物线的基本特征
过程与方法	1. 让学生通过绘制和观察函数图象，发现抛物线的形状和位置与二次函数解析式的联系，从中总结规律，并体会函数"数形结合"的特征； 2. 让学生在针对研究课题构造函数、观察图象的过程中，进一步探索和体会函数图象与解析式中各系数的关系，加深理解和思考
情感与态度	1. 在"提出问题——设计方案——得出结论"的过程中，让学生把握学习的主动性，提高学习兴趣和研究能力； 2. 在解决问题的过程中，让学生体验成功，增强信心和动力

四、教学过程与教学资源设计

1. 教学流程

教学流程	设计说明
【活动1】温故知新	回忆函数的分类、研究函数的方法．
【活动2】建构新知	根据已有知识体系，让学生自主建构二次函数的概念，并在相互补充、修改中完善概念．
【活动3】自主探究	先让学生口头提出一些问题、并设想方案，教师对选题、研究方法进行适当的归类与指导，再让学生分组进行研究．
【活动4】总结提升	课堂上选取1~2组进行阶段性汇报交流，教师点评、总结，以便学生在课后继续完善研究

2. 教学过程（师生行为）

教学环节	教师活动	学生活动	设计意图
【活动1】温故知新	提问： （1）我们已经学过哪些类型的函数？ （2）我们是怎样研究这些函数的？	思考并回答问题	回忆函数的知识、研究方法，让学生能够在已有知识的基础上构建新知
【活动2】建构新知	提问（下定义前）： （1）如果要定义一类函数为"二次函数"，你认为可以怎样下定义？ （2）你能写出符合上述定义的具体函数吗？ 提问（下定义后）： （1）写出一个二次函数； （2）你能写出一个容易与二次函数混淆的函数吗？ （3）你能写出不同形式的二次函数吗？	根据已有知识，尝试给二次函数下定义，并在相互补充、修改中完善定义. 列举出具体的二次函数，及易混反例	在探讨中，让二次函数概念在学生的认知过程中显得自然亲切、清晰深刻 通过举例子、反例，巩固概念，让学生能够识别二次函数
【活动3】自主探究	提问： （1）你想从哪些方面继续研究二次函数？ （2）你打算怎样进行研究？ 对学生进行选题、方法的全面指导和个别指导	由学生提出想要研究的问题以及研究的初步设想，经教师指导后各组确定研究的问题，组内合作研究. 完成研究报告	通过自主研究，激发学生的问题意识，保护学生的学习热情. 通过教师的全面指导与个别指导，让学生更加深入思考、优化问题、改进方案、增进理解
【活动4】总结提升	选取有代表性的1～2组进行阶段交流. 点评与总结	被选出来的小组进行阶段性汇报	通过交流，让学生相互借鉴、学习，继续完善自己的研究

3. 教学过程（教学内容）

教学内容	教学实情
【活动1】温故知新 (1) 我们已经学习过哪些类型的函数？ (2) 我们是怎样研究这些函数的？ 练习：下面的函数属于哪类函数？ ① $y=2x+1$；② $xy=-1$； ③ $y=-3(x+1)+3$；④ $y=2(1+3x)-6x$； ⑤ $y=\dfrac{1}{2x}$；⑥ $y=(x+2)^2-x^2$； ⑦ $y=kx^{-1}$；⑧ $y=x^2$. 小结：判断函数的类型，需要先将函数的解析式化简或整理成一般形式，再下结论	

教学内容	教学实情
【活动2】定义二次函数 （1）如果要定义一类函数为"二次函数"，你认为可以怎样定义？ （2）你能写出符合上述定义的具体函数吗？ **二次函数的定义：** 　　一般地，形如 $y=ax^2+bx+c$ （a，b，c 是常数，$a\neq0$）的函数，叫作二次函数． 　　**试一试**：你能否按下面的要求举出具体的例子？ （1）写出一个二次函数； （2）写出一个"貌似"却不是二次函数的函数； （3）写出不同形式的二次函数的解析式． 　　**例**：判断下列函数 y 是否是关于 x 的二次函数： （1）$y=1-3x^2$； （2）$y=x(x-5)$； （3）$y=2x^2+4x-6$； （4）$y=3x(2-x)+3x^2$； （5）$y=\dfrac{1}{3x^2+2x+1}$； （6）$y=\sqrt{x^2+5x+6}$； （7）$y=x^4+2x^2-1$； （8）$y=ax^2+bx+c$； （9）$y=2(x+3)(x-1)$； （10）$y=2(x+1)^2-8$． 　　**小结**：从（3）（9）（10）可以看出，同一个二次函数的解析式可以写成不同的形式． 　　**二次函数的解析式：** （1）$y=ax^2+bx+c$ （$a\neq0$） （2）$y=a(x-h)^2+k$ （$a\neq0$） （3）$y=a(x-m)(x-n)$ （$a\neq0$）	实际教学中，学生在定义二次函数时，能够很快找到描述性定义中的关键点，并从特殊到一般地举出了：$y=x^2$，$y=2x^2$，$y=2x^2+1$，$y=2x^2+3x+1$ 等例子，在相互补充中也能很快完善定义． 　　得到定义后，继续举例子的环节中学生的主动性也得到了较充分的体现． 　　此环节中，学生举出了如： 　　$y=(x+1)^2-x^2$， 　　$y=\dfrac{1}{x^2}+3x+1$， 　　$y=ax^2+x+1$ 　　等易错反例． 　　随后又举出了如： 　　$y=(x+1)^2$， 　　$y=(x+1)(x-1)$ 　　等不同形式的二次函数． 　　经过此环节的铺垫，在例题中，学生对二次函数的识别变得非常顺利
【活动3】探索二次函数的性质 （1）提出问题：你想从哪些方面继续研究二次函数？对于二次函数你还想了解什么？ （2）设计方案：你打算怎样进行研究？ （3）研究指导（对全体学生）： **指导1：以下论题可作为选题方向：** ・解析式中，字母参数对图象有何影响？ ・二次函数图象上的特殊点有哪些？怎样求其坐标？ ・将图象进行平移、对称或旋转等变换后，所得图象的解析式与原图象的解析式之间有什么关系？	教学中，学生提出的问题大多围绕图象展开，如：二次函数的图象形状及其与坐标轴的交点情形，三种解析式和图象的联系，a 的值对图象的影响． 　　但是二次函数中 a，b，c 三个字母对图象的影响是很复杂的，学生在提出问题时极易忽略其中的困难而把问题界定得过于宽泛，为研究埋下了困难．通过教师的指导，让学生能够及时调整和优化问题，缩小研究面、深入研究点．

续表

·建议: ①选择问题的一个小方面进行深入的研究; ②可利用不同形式的解析式丰富研究思路. **指导2:可供参考的研究方法:** ·观察图象——针对所要研究的问题,设计一组有代表性的函数,画出图象,观察规律,得出猜想; ·推理论证——从解析式出发,运用点的坐标、求解析式等方法进行推理或计算,得出结论. ·建议: ①从具体函数中找规律,再论证一般结论; ②从简单函数出发,逐步过渡到一般函数. **指导3:研究报告** 通过研究报告,帮助学生梳理研究思路、确定研究方法. (详见"学生资源") (4)学生分组研究,教师巡视、进行个别指导	比如,不少学生一开始希望研究"a,b,c 对抛物线的影响",经过自我尝试与教师指导,意识到这个问题太大,很难一步到位,于是将其调整为"a 对抛物线的影响"或"b 对抛物线的影响"等范围较小的问题. 在学生借助计算机绘图软件进行实际研究的过程中,也有一些小组发现了新的研究点.比如,有一个小组选取了抛物线系 $y=x^2+bx$ 来研究 b 的取值对抛物线的影响,发现这一系列抛物线的顶点都在新抛物线 $y=-x^2$ 上.虽然本节课上学生的能力还不能完成对此规律的论证,但这一插曲为后续教学提供了新的素材
【活动4】交流与总结 学生分组研究一段时间后,选取有代表性的小组进行阶段性汇报,促进学生的交流和思考,实现共同进步	实际教学中选取了两个研究不同问题的小组进行阶段性交流: 第1组研究"二次项系数 a 的值对函数图象的影响",得出结论:$a>0$ 时抛物线开口向上,$a<0$ 时抛物线开口向下;$|a|$ 越大,开口越小. 第2组研究"抛物线的平移",得出了抛物线 $y=ax^2$ 向上、下、左、右平移一定单位长度后的解析式特征
【活动5】课堂小结 这节课我们接触了一类新的函数——二次函数,了解了二次函数的解析式、自变量取值范围以及图象的基本特征.此外,同学们还分组对自己感兴趣的二次函数的问题进行了研究.可以说,我们初步了解了这一类函数的基本特征和一部分性质.其实,与二次函数相关的问题非常丰富,二次函数的性质也比一次函数和反比例函数更加复杂.希望同学们在课后更加深入地完成研究课题.相信只要我们有钻研问题的热情和毅力,就可以攻克难题、取得成功	

五、学习效果评价

1. 评价方式和评价量规

这堂课主要采用观察法对学生进行评价.

这堂课所设计的活动充分调动了学生的积极性,学生的表现活跃而自然,这极大地方便了笔者的观察记录.

此外,结合研究报告,对学生的自主探究情况进行评价,为此制定了具体的评价量规.

标准	一般(C)	良好(B)	优秀(A)
是否能提出有价值的问题	将自己的研究意向表述为具体的问题	优化问题,使其更有可行性与针对性	挖掘问题,使其更有深度和研究价值
研究方案是否得当	观察了大量具体函数的图象	选择出有针对性的一组函数进行深入研究	选取的具体函数有较强的针对性,又能避免片面性
研究过程是否完整	合理组织、呈现研究对象	从具体函数中发现规律,提出猜想	对一般情形进行论证,得出结论
对研究活动的反思	知道自己所进行的研究活动有什么亮点	发现研究的不足,及时调整、改进	能提出进一步的研究方向,使问题得以深入或拓展

2. 评价反馈

(1)研究报告评价汇总

课后共收到18个小组的研究报告,按照提出问题、研究方案、研究过程、研究反思、总评五个方面进行评价,结果如下:(组数,百分比)

标准	一般(C)	良好(B)	优秀(A)
提出问题	4,22.2%	11,61.1%	3,16.7%
研究方案	0,0.0%	11,61.1%	7,38.9%
研究过程	1,5.5%	14,77.8%	3,16.7%
研究反思	7,38.9%	5,27.8%	6,33.3%
总评	0,0.0%	14,77.8%	4,22.2%

(2)学生研究中的不足

经过学生自评和教师评价,发现学生的自主研究存在以下不足:

①局限性:很多小组的选题类似,其中研究"a的取值对函数图象的影响"的最多;

②片面性:举例片面,导致结果以偏概全.比如某组学生希望研究b的值对函数图象的影响,但举例所用的函数全部是$a>0$的情况,从而得出$b>0$时对称轴在y轴左侧,$b<0$时对称轴在y轴右侧,其实这一结论仅在$a>0$时成立,当$a<0$时恰好相反.

③语言表述不够严谨、规范.在学生的报告中有如"最小点为(0,0)""解析式的平移"等描述,这些语言需要在后续教学中进行纠正与规范.

(3)学生研究中的亮点

对于学生自评中提到的研究亮点归纳如下:

①独创性:自己的研究是别的同学没有想到的,或发现了别人没有发现的规律;

②发现性:在观察图象的过程中发现了规律(或结论);

③严谨性:研究思路清楚,或对结论做出了理论计算或论证;

④收获性：自己画出了二次函数的图象，了解了二次函数的某些特征或性质，经历了认真思考的过程．

从中可以看出，不同层次的学生都能从研究中获得成功的体验，有所收获．

根据教师评价，发现学生的研究具有以下亮点：

①创造性：学生不受课本知识的束缚，从自己的兴趣与能力出发选择研究课题，一些小组的研究超过了二次函数起始课的教学进度，还有一些小组的研究突破了课本知识的范畴．难得之处在于，这些"超越"并不是教师灌输的结果，而是学生自发学习的成就；

②互补性：一些小组选题接近，但观察角度各有侧重，形成了结论互补．比如研究"a 的值对函数图象的影响"一题的小组最多，但结论涉及了开口方向、开口大小、两个抛物线的对称性等不同方面；

③自省性：在研究报告中，一些小组能够发现自己研究的不足，这些不足包括：未完成对规律的论证，研究的例子还不够全面，研究的角度还不够丰富等．从某种意义上看，反思的过程也为他们后期的学习确定了目标．

六、教学设计特色说明

本节课中，最大特色是采取了抛锚式的教学方式，以问题促进学生的自我认知．其特点在学生与教师两个方面得以体现：

（1）学生的充分思考和实践

在概念教学中，以问题促使学生思考，在已有知识上主动建构新知．在探究性质时，学生不仅要提出问题，还要自己设计例子，整堂课充分体现学生的主体地位．面对"二次函数"这个新的概念，学生能够在探究的过程中逐步构建自己对它的认知，这种认知方式会比简单的接受、识记更丰富饱满．

（2）教师的引导和指导

教学中，看似没有固定的教学设计，却需要教师充分预设学生可能出现的想法，在课堂上恰当引导、及时指导．整个过程中，教师看似没有准备，却更需要充分准备，看似作为不多，却起着主导课堂的关键作用．

七、教学反思

1. 对本节课设计与实施的反思

（1）探究式教学方式

从课堂教学整体情况看，学生对自己"创造"的概念更有"感情"，相比于接受式的学习，学生的课堂积极性更高、专注力更强．

在探索性质环节，各小组学生能够根据自己的能力选取力所能及的课题，不同层次、不同特点的学生都能完成自己"个性化"的研究．

（2）课后自主研究情况

课后要求学生完成研究报告，从报告反馈来看，数学功底较好的学生能够完成对较复杂结论的推导、论证（比如有的小组从解析式的变形找到了顶点坐标公式），思维较开阔的学生利用计算机软件的演示发现了和抛物线相关的"隐藏"结论（比如有一个小组发现抛物线系 $y=x^2+bx$ 的顶点都在抛物线 $y=-x^2$ 上），学习较踏实的学生能够认真设计例子并从观察中找到规律，在研究中获得了成功的体验．

（3）教学媒体的使用

在实施教学前，曾在其他班级进行过相同内容的教学尝试．尝试发现：当学生每人使用一台独立的电脑时，由于学生之间缺乏交流探讨，教学效果并不理想．而在实际授课时为 2～4 人使用一台电脑，促进了小组内、小组间的交流探讨，更有利于学生拓展思维的广度．

此外，研究报告是本课使用的另一教学媒体．在教师进行研究指导后，再让学生一边研究一边完成报告，这种做法能让学生的研究思路更清晰、研究目的更明确，对同一问题的研究方法也更全面．

（4）对后续教学的影响

师生在交流、探讨中思维互补，为后续教学奠定了基础．

一方面，学生的学习热情高涨，对后续二次函数的学习不再畏首畏尾，研究中经过教师的指导，在思维的严谨性方面也有所受益．

另一方面，在自主探究中学生思维活泼、不受限制，迸发出很多思维的火花，教师从学生的思维中得到启发，得到一些新的教学素材，在教材、教法上可以继续做出突破．

2. 对初中阶段函数教学的反思

（1）变接受式为探究式，化被动为主动

在初中学段，函数是学生理解、接受、运用的难点内容之一，学生学习时容易处于被动接受、死记硬背的状态．针对以上问题，在函数教学中，我尝试改变教学策略，从"我要教什么"变成"你想学什么"，希望变被动为主动．

这一想法在一次函数教学中便开始尝试，到研究二次函数时学生已具备一定的研究基础．

（2）遵循认知规律，促进学生主动认知

引入二次函数的概念时，由于学生已经对函数、代数式、方程等知识形成了概念体系，不妨让学生自己提出二次函数的定义，一方面让学生完成对知识体系的自主构建，另一方面激发学生继续研究的积极性．

而在研究性质时，鉴于二次函数的图象和性质比一次函数复杂得多，学生在确定研究课题、研究方法时需要更加严谨，也需要更丰富的例子来支持研究，因此教师在进行研究指导、使用教学媒体等方面进行了更充分的考虑．

在对函数教学的尝试中，学生提出问题的勇气和能力得到了明显提升，由于课堂上大大突出了学生的主体地位，他们学习的积极性很高，学习效果也不错，以往靠死记硬背才能记住的知识变得亲切和生动．

《圆中的证明与计算》教学设计

北京三帆中学 李颖智

西城区一等奖 2012年9月

一、考试说明与知识点、考点简析

2012年中考考试说明指出了中考对圆这部分知识的C级要求："能运用圆的性质解决有关问题，能综合运用几何知识解决圆周角有关的问题，能解决与切线有关的问题."结合考试说明，2012年中考第21题，所凸显的考点有以下几个方面：一是证明，包含证明切线、等角、等线段、垂直、三角形相似等结论；二是计算，也是学生普遍反映的难点，包含求角度、线段长、线段比例关系等.

二、教学背景分析

1. 知识结构与复习进度安排

按照正常的教学进度和复习安排，第一轮的专题性复习工作已经结束，在圆这一章，我们备课组已经按照《西城区中考总复习》和2012年中考考试说明分别整理了知识点和考点，整理学生的易错点分类复习，取得了初步的效果. 就单一的知识点而言，80％以上的学生能够熟练掌握圆中的有关概念、性质，灵活地开展证明和计算. 但是，如果遇到较为综合的知识，将圆的有关知识与其他几何知识融合时，学生还是略显应接不暇，捉襟见肘.

2. 学生情况分析

我所教的一个班级学生，在全区一次考试中，暴露出来圆中证明与计算的问题. 39名学生，第21题圆中计算与证明，7人失5分，1人失3分，19人失2分，5人失1分，只有7人全对，很多学生因为平时练习就感觉此题难而引发心理作用，考试时候放弃第二问计算，还有部分学生在解题过程中由于图形的复杂而没有解题思路. 由此看出圆中证明与计算，尤其圆中计算是急需解决的困扰学生的问题. 针对学生现状，切实解决第21题二问给学生带来的困扰，我安排了这样的一节复习课，以及部分作业内容.

三、教学目标与教学重、难点

教学目标	知识技能	全面认识中考第 21 题的题型与知识结构、方法归纳，剥离常见几何图形和模型，开展具体计算，体会总结面对圆中证明与计算问题的一般步骤
	过程和方法	1. 通过题目展示，让学生总结常见的圆中证明与计算的题型，并形成一般的归纳方法； 2. 通过提炼题目图形的特点，优化图形，形成常见的几何模型，深入浅出地解决较为综合和复杂的圆中计算问题； 3. 形成对比，关注题目提出问题的背景，学生分析问题的过程，关注学生解决问题的经验和教训； 4. 通过课后巩固练习，关注不同学生思考问题的方法，在一题多解或多题同解中形成共识，达到熟能生巧的目的
	情感态度、价值观	在活动中培养学生探究归纳、总结反思的习惯，培养学生综合运用几何知识的意识和能力
	教学重点	在识图中分析问题，渗透基本方法，同时落实规范书写
	教学难点	挖掘背景、剖析问题，剥离基本图形，实现转化

四、教学过程设计

问题与情境	师生行为	设计意图
内容回顾： （1）常见证明切线的方法 （2）圆中计算的常见模型 （3）几何问题中其他常见列方程的方法	（1）"连半径，证垂直"与"作垂直，证半径"； （2）垂径定理模型、切线长定理模型、双垂直模型、"平行、等腰与角平分线"模型、侧面展开图模型； （3）全等、相似、三角函数、勾股定理等	对前期专题类复习做简单回顾，由分散开始，为下面综合类问题的集中奠定基础
题目展示： 例 1 如图 1，已知 AB 是 $\odot O$ 的弦，$OD\perp AB$ 于 M 交 $\odot O$ 于点 D，$CB\perp AB$ 交 AD 的延长线于 C. （1）求证：$AD=DC$； （2）过 D 作 $\odot O$ 的切线交 BC 于 E，若 $DE=2$，$CE=1$，求 $\odot O$ 的半径. 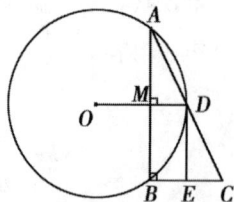 图 1	**提炼常见模型与方法：** 垂径定理＋A 字型相似（全等）	选一道较为熟悉的垂径定理背景题目．同学们易于着手，解决证明等线段和勾股定理计算问题

问题与情境	师生行为	设计意图
例 2 如图 2，$\triangle ABC$ 中，以 BC 为直径的 $\odot O$ 交 AB 于点 D，CA 是 $\odot O$ 的切线，AE 平分 $\angle BAC$ 交 BC 于点 E，交 CD 于点 F. （1）求证：$CE = CF$； （2）若 $\sin B = \dfrac{3}{5}$，求 $DF : CF$ 的值. 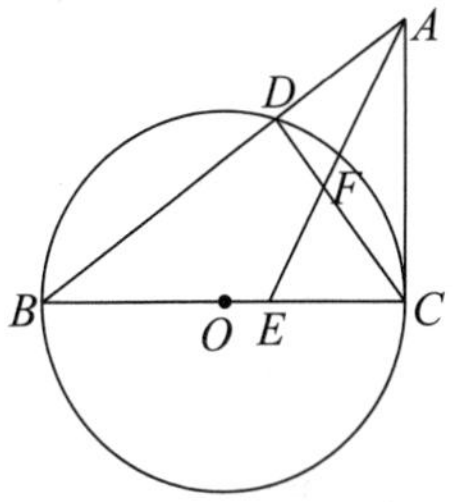 **图 2**	**提炼常见模型与方法：** 双垂直图形中角的关系；由角平分线性质转化比例线段，或者由相似关系得到线段之比. （1）双垂直图形背景； （2）求证：$\triangle ADF \backsim \triangle ACE$； （3）过点 F 作 $FH \perp AC$ 于 H，利用角平分线性质可以较快转化线段之比的问题 $\dfrac{DF}{CF} = \dfrac{FH}{CF} = \sin\angle ACF$.	切线性质与直径所对的圆周角，得到常见的双垂直模型. 在第二问的计算中，要熟练转化比例线段.
例 3 如图 3，已知 BD 为 $\odot O$ 的直径，点 A 是劣弧 BC 的中点，AD 交 BC 于点 E，连接 AB. （1）求证：$AB^2 = AE \cdot AD$； （2）过点 D 作 $\odot O$ 的切线，与 BC 的延长线交于点 F，若 $AE = 2$，$ED = 4$，求 EF 的长. 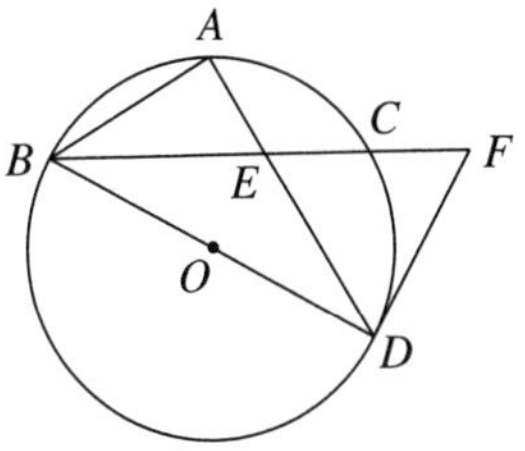 **图 3**	**提炼常见模型与方法：** 字母型相似＋特殊三角形	第一问是由图形中常见的字母型相似背景引出的证明；利用（1）中计算，点 A 是劣弧 BC 的中点，转化角，在 Rt$\triangle ABE$ 中得到特殊角.
例 4 如图 4，四边形 $ABCD$ 内接于 $\odot O$，BD 是 $\odot O$ 的直径，$AE \perp CD$ 于点 E，DA 平分 $\angle BDE$. （1）求证：AE 是 $\odot O$ 的切线； （2）如果 $AB = 4$，$AE = 2$，求 $\odot O$ 的半径. 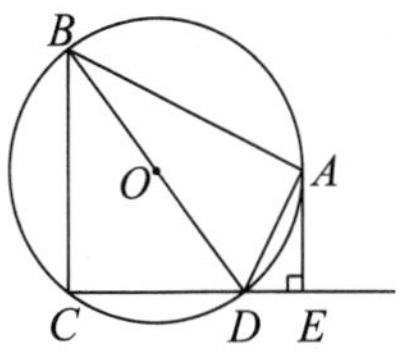 **图 4**	**提炼常见模型与方法：** 等腰＋角平分线推出平行	连接 OA，得到常见模型. 再利用三角形相似解决计算问题.

问题与情境	师生行为	设计意图
例5 如图5，⊙O的直径AB与弦CD（不是直径）相交于点E，且CE＝DE，过点B作CD的平行线交AD延长线于点F. （1）求证：BF是⊙O的切线； （2）连接BC，若⊙O的半径为4，$\sin\angle BCD＝\frac{3}{4}$，求CD的长. 图5	**提炼常见模型与方法：** 垂径定理＋双垂直图形	题目给出了垂径定理的背景，连接BD得到双垂直的常见模型.
例6 如图6，在△ABC中，AB＝BC，D是AC中点，BE平分∠ABD交AC于点E，点O是AB上一点，⊙O过B，E两点，交BD于点G，交AB于点F. （1）求证：AC与⊙O相切； （2）当BD＝6，$\sin C＝\frac{3}{5}$时，求⊙O的半径. 图6	**提炼常见模型与方法：** 等腰三角形三线合一＋A字型相似	连接OE，转化为A字型相似问题，或者用三角函数进行计算
作业布置： 1. 如图7，已知直线PA交⊙O于A，B两点，AE是⊙O的直径，C为⊙O上一点，且AC平分∠PAE，过点C作CD⊥PA于D. （1）求证：CD是⊙O的切线； （2）若AD∶DC＝1∶3，AB＝8，求⊙O的半径. 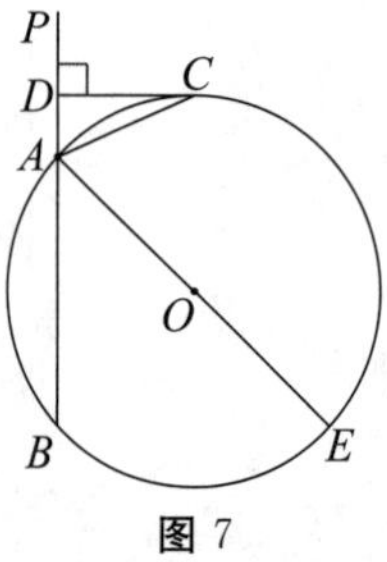 图7	**提炼常见模型与方法：** 垂径定理模型 构造矩形，转化到直角三角形中运用勾股定理进行计算	过点O作OH⊥AB，连接OC. 在直角三角形OAH中计算.

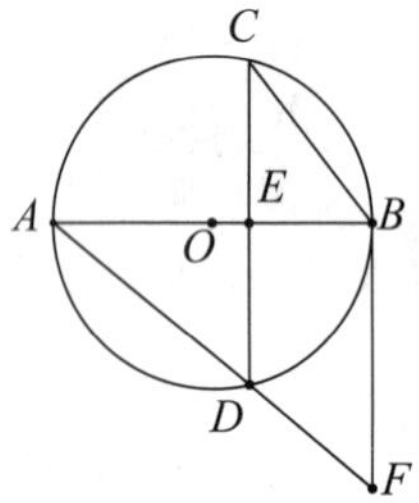

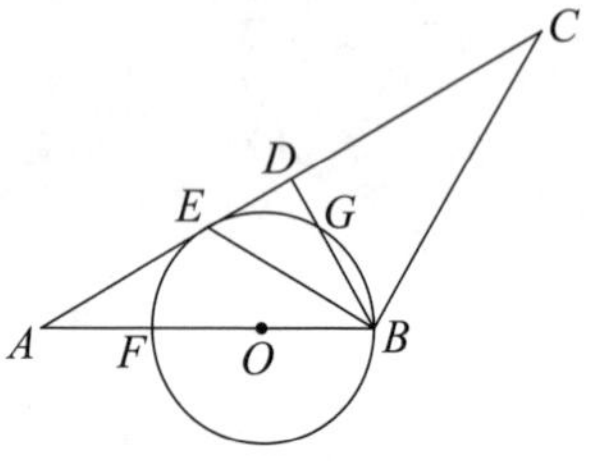

续表

问题与情境	师生行为	设计意图
2. 如图8，在△ABC中，$AB=AC$，以 AB 为直径的⊙O分别交 BC，AC 于 D，E 两点，过点 D 作 $DF \perp AC$，垂足为 F. （1）求证：DF 是⊙O的切线； （2）若 $\overarc{AE}=\overarc{DE}$，$DF=2$，求⊙O的半径. 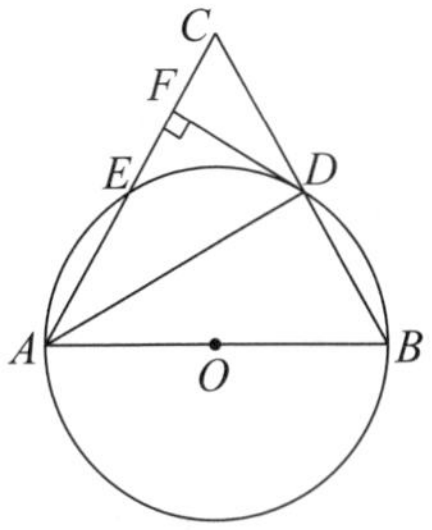 图8	**提炼常见模型与方法：** 等腰三角形性质＋双垂直图形	利用双垂直模型以及等弧，转化角，可以得到特殊的直角三角形，进行计算.
3. 如图9，AB 是⊙O的直径，弦 CD 与 AB 交于点 E，过点 A 作⊙O的切线与 CD 的延长线交于点 F，如果 $DE=\dfrac{3}{4}CE$，$AC=8\sqrt{5}$，D 为 EF 的中点. （1）求证：$\angle AFC=\angle ACF$； （2）求 AB 的长. 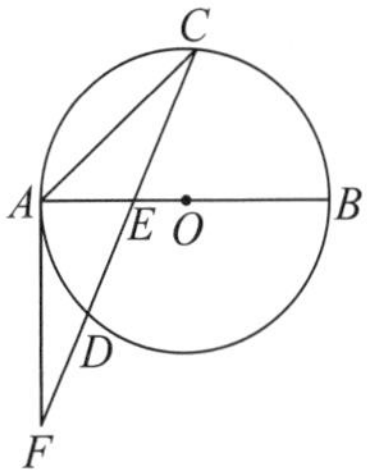 图9	**提炼常见模型与方法：** 圆周角转化＋圆中相似形	连接 AD，BD，由直角三角形斜边中线，及圆中相交弦产生的相似，展开计算求解.

五、课堂效果与教学反思

这节复习课是针对学生比较棘手的圆中证明与计算问题的一次加强性复习课，希望学生在认识图形的过程中提炼出常见的几何图形，作为模型整理记忆，以便平时练习和考试中能够快速形成思路，即便考试中遇到不常见的计算类型，也可以通过快速的调整，转化为常见模型，从而形成计算思路.

诚然，这种复习相当于将学生的思维模式化，将常见题型模型化，面对新课程改革的今天，可能会对学生的解题思路有所限制. 但是，在中考复习阶段，将常见题目进行整理，使得学生能够快速转化，熟能生巧，进而将所得经验，抑或是教训进行有效的迁移，也是值得玩味的一种复习形式.

这节复习课是否有效，我们等待二模考试的检验.

《解直角三角形》教学设计

北京三帆中学　樊方园

西城区一等奖　2012 年 9 月

教材分析

锐角三角函数是解直角三角形的基础之一——2012 年中考考试说明中要求了解锐角三角函数；知道 30°，45°，60°角的三角函数值；由某个锐角的一个三角函数值，会求这个角的其余两个三角函数值，会计算含有 30°，45°，60°角的三角函数式的值；能运用三角函数解决与直角三角形相关的简单实际问题．这些内容在之前的复习课中已经完成．

对于解直角三角形，要求知道直角三角形的含义；会解直角三角形，能根据问题的需要添加辅助线构造直角三角形；会解由两个特殊直角三角形构成的组合图形的问题；能综合运用直角三角形的性质解决有关问题．结合第一轮的复习目的，本节课主要解决"能根据问题的需要添加辅助线构造直角三角形，会解由两个特殊直角三角形构成的组合图形的问题"

学情分析

【知识储备】

作为普通班的学生，班级数学学习水平差异较大，虽然从初一以来，大部分学生对数学学习还是比较有兴趣的，但是部分学生基础薄弱，对之前的基础知识遗忘较多，对于基本方法的总结也缺乏系统性．

在中考数学第一轮复习中，我们的侧重点就是帮助学生复习巩固基本的知识、方法．对于解直角三角形这一章，学生除了要理解并记忆锐角三角函数的定义，特殊角的三角函数值之外，更要掌握利用锐角三角函数解三角形，其中最主要的是能否根据题意，添加适当的辅助线，构造直角三角形，进一步求出题目要求的边或角．

之前的复习课，学生对于锐角三角函数及解直角三角形的概念已经得到巩固，然而对于"添加辅助线"这些他们一直视为比较"高深"——能否添加正确且含有"随机"因素的问题而言，还是"很怵"．虽然在新课教学时也不断接触此类问题，教师也曾给出总结，但是当多个几何知识结合起来时，学生往往摸不清解题方向；另由于之前学生自己做的总结水平较低，辅助线添加也多是记录老师的总结，因此在中考综合复习实施时就更不能"得心应手"．但是还是有部分同学基于以前学习的内容，能够"凭感觉"添加出正确的辅助线，少数同学能够"有理有据"分析辅助线的添加方法，本节课希望这两类学生的人数都尽可能地增加，让"凭感觉"的同学"会分析"，让"没感觉"的同学"有感觉"．

【学习习惯】

学生在数学课堂中思考的积极性比较高，而且部分同学能够积极发言，分享自己的想法．学习中等及以下的同学也能认真思考，但是从别人的回答中提炼主要思路的能力较差，这就需要老师及时重复，协助提炼主要步骤，写在黑板上．学生乐于思考，讨论，但是总结提升能力仍旧较差，在适当时候，需要教师提示，对于比较难的问题，需要教师先给出示范．

之前我在班级内也进行过说题教学，学生在说题过程中，通过彼此的交流，寻找几何题目的解题思路，突破思维卡点，通过讨论得到解决一类题目较为通用的方法，收获了比较好的效果．

基于此，本节课采取讲授式结合"学生说题"的教学模式，通过几何思路的展示，提炼出"解直角三角形"中添加辅助线的一般方法和原则．

续表

教学重点和难点		

【教学重点】

1. 能根据问题的需要添加辅助线构造直角三角形；
2. 根据已知条件利用锐角三角函数解直角三角形；
3. 总结提炼解直角三角形问题中一般的辅助线添加方法．

【教学难点】 能根据问题的需要添加辅助线构造直角三角形

设计思路

【回顾】 基于对教学内容和学生情况的分析，本节课先给出需要学生掌握的一些基本几何图形，唤醒学生的记忆，同时也为本节课的展开做铺垫．

【热身】 给出一个不需要添加辅助线的解直角三角形的基本题，巩固解直角三角形的基本题型及解题思路．

【例题】 难度递增的组题，需要添加辅助线构造直角三角形，通过解直角三角形解题．

【小结】 总结归纳解直角三角形类题目中添加辅助线的基本方法．

【练习】 巩固所学方法．

【为专题课铺垫】 分类讨论思想在解直角三角形中的应用

教学资源、教学手段和主要教学方法

【教学资源】

《2012 年初三数学中考总复习》

《学习·探究·诊断—数学（九年级）基础与综合》

北京市历年中考题和各区中考模拟题

【教学模式】

本节课采取讲授式结合"学生说题"的教学模式，通过几何思路的展示，提炼出"解直角三角形"中添加辅助线的一般方法和原则

教学过程

教学环节	教师活动	学生活动	设计意图	时间安排
回顾	展示"解直角三角形"中的基本图形． 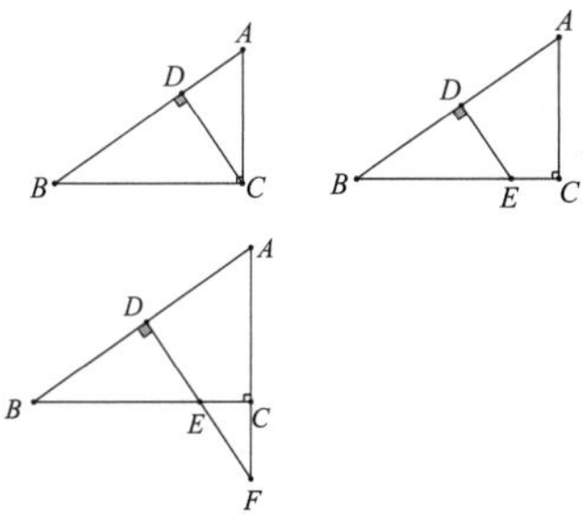	（前一天的作业，已经课下完成）巩固记忆基本图形，明确遇到此类问题时基本的解决方法	给出与直角三角形有关的基本图形，为本节课做铺垫	3 min

教学环节	教师活动	学生活动	设计意图	时间安排
热身	（西城总复习 P106 例 3）如图，在 $\triangle ABC$ 中，$\angle C = 90°$，$\angle A = 30°$，E 为 AB 上一点，且 $AE:EB = 4:1$，$EF \perp AC$ 于点 F，连接 FB，求 $\tan \angle CFB$ 的值. 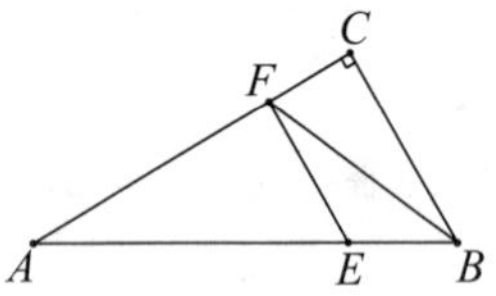	寻找解题思路，叙述. 根据要求的角，选定 $\triangle BCF$ 为研究对象，求 FC 和 BC 的关系. （教师提示：求角，有时候需要考虑等角的转化，比如之前的基本图形，但是在本题中，角的转化的方法并不好用）	从简单的解直角三角形的题目入手，让学生熟悉根据已知条件和要求的条件选定要研究的直角三角形	4 min
例题说题	（学探诊 P58－12）如图，在 $\triangle ABC$ 中，D 是 BC 边中点，若 $\angle BAD = 90°$，$\tan B = \dfrac{2}{3}$，则 $\sin \angle DAC = $ 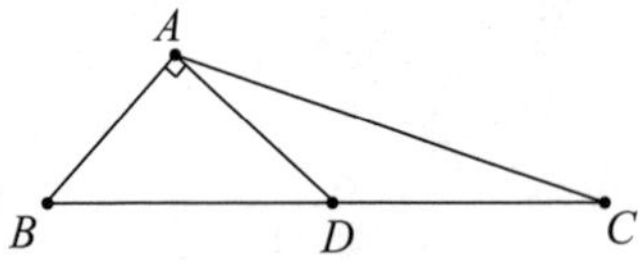 _____. 在学生思考遇到困难时，提醒学生通过再次审题关注"中点"	分析：将 $\angle DAC$ 嵌入直角三角形中. 【思路1】过点 D 作 $DE \perp AC$ 于 E，和已知条件无法建立联系——失败！ 再审题：由中点想到了哪些内容？ 【思路2】中点——中线——倍长中线——形成直角三角形 ACE（如下图）. 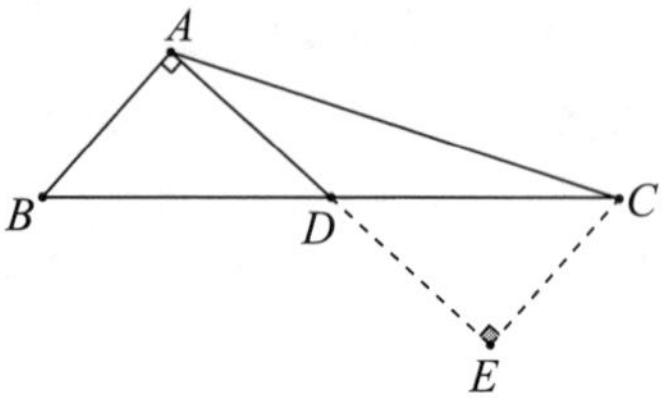 和已知条件建立联系——成功！ 【小结】构造的辅助线是"桥"，联系起已知条件和未知条件	根据已知条件，画辅助线，构造直角三角形. 将已知条件和未知条件建立联系	8 min
例题说题	（西城总复习 P110－15）如图，在四边形 $ABCD$ 中，$\angle B = \angle D = 90°$，$AB = BC$，$AD = 7$，$\tan A = 2$，求 CD 的长. 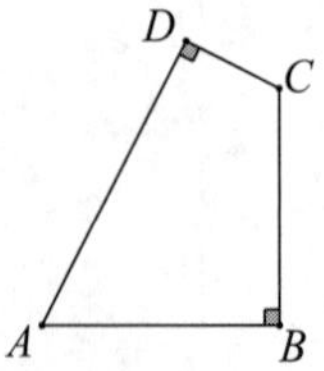 鼓励学生发散思维，给出多种方法.	【思路1】连 AC——仅关注了构造直角三角形，破坏 $\angle A$，失败！ 分析：$\angle A$ 大小已知，构造与 $\angle A$ 相关的直角三角形，同时建立起 $\angle A$ 与 CD 的联系. 【方法1】延长 AD 交 BC 的延长线于 E. 研究对象：Rt$\triangle ECD$ 和 Rt$\triangle EAB$	根据已知条件，选定要研究的直角三角形	10 min

续表

教学环节	教师活动	学生活动	设计意图	时间安排
		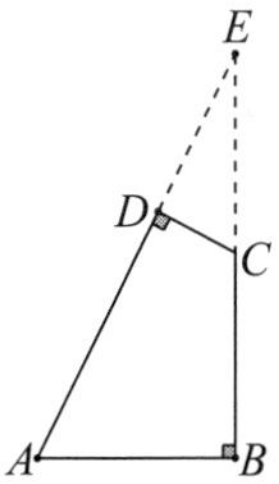 【方法 2】研究对象：Rt△ADF 和 Rt△CDG 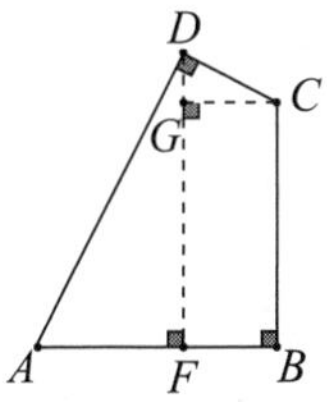 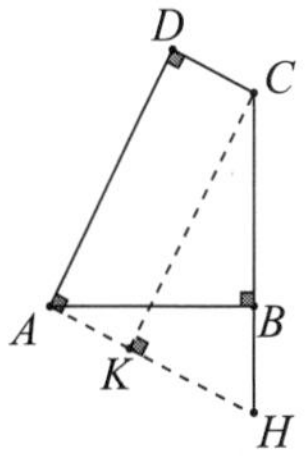 【方法 3】研究对象： Rt△ABH 和 Rt△CKH 【小结】构造的辅助线不能破坏题目中的已知条件		
总结方法	观察之前的图形，你能发现什么？ 引导学生通过之前的例题进行总结，同时，要鼓励学生自己在日后做题时及时总结	解直角三角形问题中添加辅助线的方法： 1. 构造直角三角形，且构造的直角三角形和已知条件、要求的条件有关系． 2. 构造的辅助线不能破坏题目中的已知条件． 3.（在巩固练习中再进行补充）如果题目中的角具有特殊性（30°，45°，60°，75°，135°等），将已知角分解为特殊角（30°，45°，60°），根据特殊角的三角函数求出各边关系	对解直角三角形这类问题总结出添加辅助线的一般方法	7 min
练习巩固	（西城总复习 P108 例 9）如图，在四边形 $ABCD$ 中，$\angle C=120°$，$\angle B=75°$，$CD=4$，$BC=2\sqrt{3}-2$，$\cos A=\dfrac{3}{5}$．求 AD 的长	根据添加辅助线的基本原则，给出解题思路． 特殊角——$\angle C$ 及余角，$\angle B=45°+30°$ 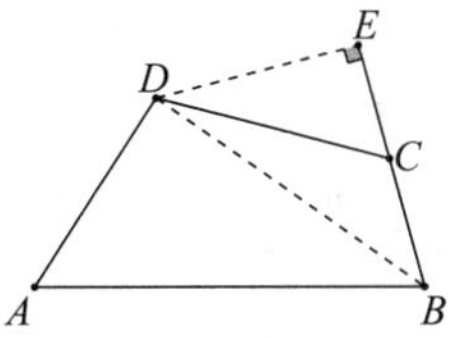 		8 min

教学 环节	教师活动	学生活动	设计意图	时间 安排
		选定第一步研究对象：△BDE 已知 BD，求 AD. 特殊角——∠A 及∠DBA 第二步研究对象：△ABD 分解为两个直角三角形 【小结】如果题目中的角具有特殊性（30°，45°，60°，75°，135°等），将已知角分解为特殊角（30°，45°，60°），根据特殊角的三角函数求出各边关系		
作业	【课后巩固】完成西城总复习 P110－111 【为后续课程铺垫】 （西城总复习 P106 例 4） (1) 在△ABC 中，∠ACB＝105°，∠A＝30°，AC＝8，求 AB 和 BC 的长. (2)（分类讨论思想）在△ABC 中，∠B＝135°，∠A＝30°，AC＝8，求 AB 和 BC 的长. (3) 在△ABC 中，AC＝17，AB＝26，锐角 A 满足 $\sin A = \dfrac{12}{13}$，如何求 BC 的长及△ABC 的面积. 若 AC＝3，其他条件不变呢？			

板书设计

解直角三角形 基本图形	解题策略： 已知条件 ⎫ ⎬ 直角三角形 未知条件 ⎭ 构造辅助线原则

……

课后反思

在授课中基本达到了教学目标，学生发言比较积极，整体效果较为理想．程度中等及以上的学生在课堂上思维积极，通过自己对辅助线添加方法总结的练习，在处理新问题时入手更快，做题效率更高．但是对于基础薄弱的学生，提高的效果并不明显，这也是本节课有待改进的地方，对于这部分学生，在后续应该给出同一添加辅助线类型题目的补充训练，以求达到更好的效果．

《角的计算》教学设计

北京三帆中学 李颖智

西城区一等奖 2012 年 11 月

一、学生情况分析

本节课的教学对象为七年级（1）班的 41 位学生，他们具有较浓的学习兴趣和较好的数学基础，有一定的合作意识和钻研精神；经历了初中以来的三个月的数学学习，我们彼此之间互相了解，师生之间初步形成了较强的信任感，学生养成了较好的学习习惯．通过对各章的学习，他们具备了较强的计算能力、较好的操作实践能力和逻辑思维能力．但本章内容为中学数学几何知识的第一部分，"万事开头难"，我在教学过程中还是稳步培养学生的规范书写、积极思考、操作实践、归纳推理的习惯，培养学生的兴趣，让学生感受有用的数学．

本节课内容为角的计算，所有题目均没有给出图形，需要学生自己画图，并且在画图中注意分类讨论，注意计算结果与图形是否一致．

二、教学重难点

教学重点是角的定义的理解，画图能力的培养，分类讨论思想的渗透和逻辑推理能力的培养；教学难点是分类讨论的完备性和合理性．

三、教学目标

1. 知识和能力：通过对已学角的知识和角的比较与计算，在分类讨论中完成逻辑推理和计算；

2. 过程和方法：通过比较学习，观察思考、实践操作，完成画图和计算，渗透方程的思想，转化的思想，数形结合解决实际问题；

3. 情感态度价值观：在探究和应用过程中，培养数学分析的能力、钻研的品质，在合作探究中，感受提出问题和解决问题的愉悦．

四、教学模式

合作探究式

五、教学辅助设备

计算机，PPT 演示文稿

六、教学过程与设计说明

教学过程	设计意图
一、探究学习 **例1** 已知∠AOB = 80°，过点O作射线OC，满足∠AOC : ∠BOC = 3 : 5. 求∠AOC的大小. 解: (1) 射线OC在锐角∠AOB内部时, 如图1，建立方程 $5x + 3x = 80°$, 易得∠AOC = 30°; (2) 射线OC在锐角∠AOB外部时, 如图2，建立方程 $5x - 3x = 80°$, 易得∠AOC = 120°. 纠正解法(2): (3) 射线OC在锐角∠AOB外部时，如图3，建立方程 $5x + 3x + 80°= 360°$, 易得∠AOC = 175°. **例2** 已知∠AOB = 32°，∠BOC = 24°，∠AOD = 15°. 求∠COD的度数. **例3** 已知∠AOB = 80°，∠BOC = 30°，若OM是∠AOB的角平分线，ON是∠BOC的角平分线. 求∠MON的度数. **例4** 已知∠AOB是钝角，∠AOC = 90°，OD平分∠AOB，OE平分∠BOC. 求∠DOE的度数. **二、课堂小结** 知识上:角的计算、逻辑推理过程 方法上:画图能力，结论的完备性和合理性的思考 数学思想:分类讨论、数形结合、方程的思想 **三、课后作业** 1.思考题 (1) OC是∠AOD的平分线，OE是∠BOD的平分线. ①如果∠AOB = 130°，那么∠COE = _____; ②若∠COE = 65°，∠COD = 20°，则∠BOE = _____. (2) 已知∠AOB = 80°，作射线OC，若OE是∠AOC的角平分线，OF是∠BOC的角平分线. 求∠EOF的度数. 2.《学习·探究·诊断》P104—106	通过学生自己画图解决问题，培养学生探究的能力，同时要求学生提出解题思路，再规范书写. 给学生留出足够的时间思考，让学生发现问题. 学生们很容易得到两个答案. 如果就这样随意地画了图，建立了方程，得到答案，也分类讨论了，不再追究些什么，那么这道题就成为一个遗憾. 亮点就在第二个答案. 事实上，若∠AOC = 120°，则∠BOC = 200°，这是不符合实际的. 产生这一问题有两个根源，一是画图的随意性，二是对超过180°角的理解和把握. 给学生留充足的时间，就是让学生体会结论的完备性与合理性，由学生提出∠AOC = 120°不合理的地方，由此引出对画图与解答的深层思考，提出对解的合理性的检验. 引入三个角的计算，在画图中使学生会画图的步骤，先确定什么，再由于什么的不确定性引发分类讨论，逐步使学生探究摸索出规律，对分类讨论不再生疏，而是树立一定的信心，既不漏解又不重复，而且其解合理. 依然是画图中结合分类讨论，使学生熟练掌握角平分线的定义，体会方程的思想. 在画图中体会分类讨论的数学思想，数形结合解决问题. 总结——收获——感想 分层作业:巩固——熟练——提高

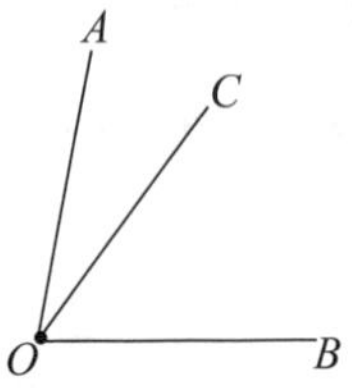

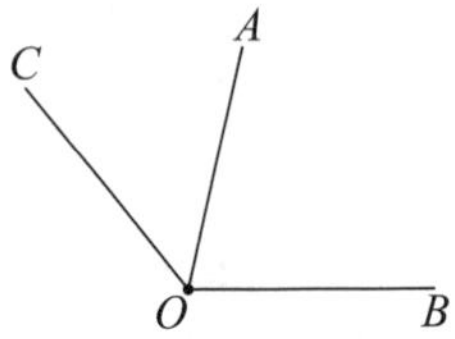

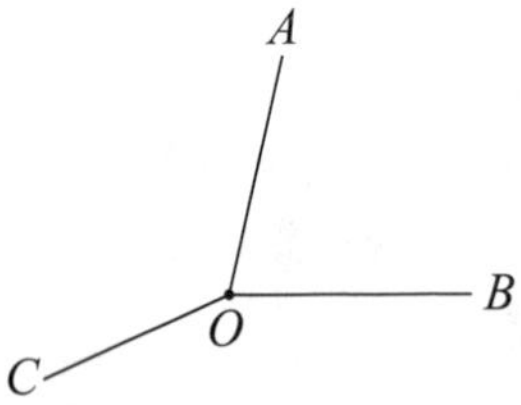

七、教学反思

1. 优点：本节课以角的计算为载体，渗透分类讨论、数形结合的思想，围绕学生画图实践、操作检验，很好地体现了新课标下学生动手能力的培养，从学生的探究到发现问题，整个教学过程全部基于学生主体实践，培养了学生的实践操作能力；在教学过程中，遵循学生的认知规律，符合学生从形象思维到抽象思维，注重对分类讨论思想的渗透、理解和应用，注重对学生的指导和点评，注重规范书写、有效落实；关注学生活动，有益于学生数学思维能力的养成．尤其是课堂上给学生留足了思考时间，让学生充分审题、充分检验，发挥了学生的主体地位．总之，这是一节规范的课，也是一节扎实、有序、高效的数学课．

2. 发现的问题和改进措施：

（1）个别学生在画出 $80°$ 角时，如果脱离了半圆仪，就会出现画图不准确的情况，因此要在平时多训练学生徒手画示意图的技能；

（2）以后的教学中更应该给优秀的学生留白，以便他们能更好地去思考、探索，主动发现问题．

《余角和补角》教案

北京三帆中学　李颖智

西城区一等奖　2012年12月

教学重难点	教学重点是余角和补角定义的理解，性质的证明过程，以及余角和补角的应用；教学难点是在应用过程中对逻辑思维能力的培养和训练
教学目标	1. 知识和能力：通过对已学角的知识和角的比较与计算，由简单到复杂，从特殊到一般，归纳余角和补角的定义，并证明其性质，掌握定义和性质的应用； 　　2. 过程和方法：通过比较学习，观察、实践，归纳探究余角和补角的性质，渗透方程的思想，化归的思想，数形结合解决实际问题； 　　3. 情感态度价值观：在探究和应用过程中，培养数学分析的能力、钻研的品质，在合作探究中，感受提出问题和解决问题的愉悦

教学模式	合作探究式	教学辅助设备	计算机、PPT演示文稿

教学过程	设计意图
一、合作探究 **探究 1.** （1）一副三角尺，每个三角尺的两个锐角之和为多少度？ （2）已知$\angle 1 = 32°$，$\angle 2 = 58°$，$\angle 3 = 40°$，$\angle 4 = 50°$，$\angle \alpha = 25°17'$，$\angle \beta = 64°43'$. 　　求$\angle 1 + \angle 2 = $ _____ ；　$\angle 3 + \angle 4 = $ _____ ； 　　$\angle \alpha + \angle \beta = $ _____ . 特点：两角之和为$90°$ **探究 2.** （1）一副三角尺中两个直角之和为多少度？ （2）已知$\angle 1 = 32°$，$\angle 5 = 148°$，$\angle 3 = 40°$，$\angle 6 = 140°$，$\angle \alpha = 25°17'$，$\angle \gamma = 154°43'$. 　　求$\angle 1 + \angle 5 = $ _____ ；　$\angle 3 + \angle 6 = $ _____ ； 　　$\angle \alpha + \angle \gamma = $ _____ . 特点：两角之和为$180°$ **二、归纳定义** 1. 余角定义 　　如果两个角的和等于$90°$（直角），就说这两个角互为余角（简称为两个角互余），即其中每一个角是另一个角的余角. 　　练习1.（1）下列各角中哪些角互为余角？ 　　若$\angle 1 + \angle 2 = 90°$，则$\angle 1$与$\angle 2$ _____ ，若$\angle 1 = 20°$，则$\angle 2 = $ _____ ，$\angle 1$是$\angle 2$的 _____ 角，$\angle 2$也是$\angle 1$的 _____ 角. 　　练习2.（2）另一方面，若$\angle 1$与$\angle 2$互余，则$\angle 1 + \angle 2 = $ _____ ，若$\angle 1 = 20°$，则$\angle 2 = $ _____ . 2. 补角定义 　　如果两个角的和等于$180°$（平角），就说这两个角互为补角（简称为两个角互补），即其中每一个角是另一个角的补角.	观察最常用的文具，再计算两角之和，既让学生回顾了旧知识，又培养了他们观察、发现和提出问题的能力. 　　探究过程由特殊到一般，归纳出余角和补角的严格定义，"引导——合作——探究——归纳"的过程，是教师和学生在合作互动中发现问题，提出问题的过程. 　　通过严谨的定义，让学生体会数学定义的科学性，同时通过及时的练习，让学生充分领会和掌握基本概念，为后续学习做好铺垫.

教学过程	设计意图
练习3. 下列各角中哪些角互为补角？ 观察体会，分析余角和补角的区别与联系，并引导学生注意： ①互为余角和互为补角均表示两个角之间的关系； ②互为余角和互为补角只考虑两个角的度数关系，与两个角所处的位置无关． 练习4. 已知∠1与∠2互补，且∠1＝127°，求∠2的度数． **三、深入探究** （1）若∠1与∠2互余，∠1与∠3也互余，则∠2和∠3有什么关系？ （2）若∠1与∠2互余，∠3与∠4也互余，且∠1＝∠3，则∠3和∠4有什么关系？ **四、推理证明** 1. 余角性质 同角（等角）的余角相等． 2. 补角性质 同角（等角）的补角相等． **五、应用实践** 1. 仅用一副三角尺，你最多能拼出几个不同度数的角（0°与180°除外）？有没有互余或互补的角？ 2. 将一副三角尺按以下位置摆放，探究∠1与∠2的关系． （1）　　（2）　　（3）　　（4） 3. 一个角与50°角之和的七分之一等于65°角的余角，求这个角的度数． 4. 如下图，已知 O 是直线 AB 上的点，∠AOC＝∠EOD＝90°，图中互余的角有哪些？相等的角有哪些？ **六、课堂小结** 1. 余角和补角的定义 2. 余角和补角的性质 3. 余角和补角的应用 **七、家庭作业** （1）《学习・探究・诊断》P109—110 （2）自主学习"方位角"	通过比较学习，分析余角和补角的区别和联系．及时指出互为余角和互为补角的两个特点，避免产生受角的位置影响而产生的对定义的错误理解． 通过练习4中补角定义的应用，渗透概念教学，培养学生规范书写的习惯． 通过深入的探究，让学生挖掘余角和补角的性质，并且板书规范的证明，渗透逻辑推理的严谨性． 呼应本节课的开始，回归到学生常见的三角尺，从学生的操作入手，展开新知识的应用，尝试使用一副三角尺感受"拼"的过程，从而体验数学活动，再数形结合解决问题，使学生将定义、性质、推理紧密结合，规范书写，合理猜想并严谨证明，在解决问题中体会成功的愉悦． 使学生不断探究开发工具尺所能直观展示的数学问题，并且渗透应用工具的意识，同时应用了余角和补角的知识，提高分析问题的能力，挖掘动态的变化过程中不变的角度关系，体现了化归的数学思想，并解决问题． 方程思想在解决余角和补角问题中的体现． 余角和补角性质与定义的结合使用，是对学生应用数学知识的较高能力的要求． 总结——收获——感想 分层作业：巩固——熟练——提高

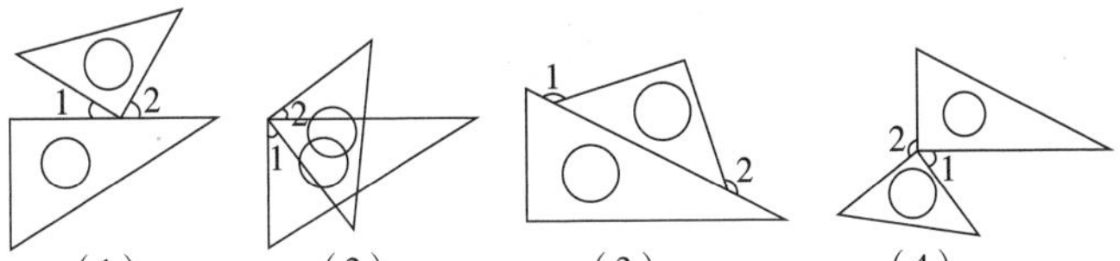

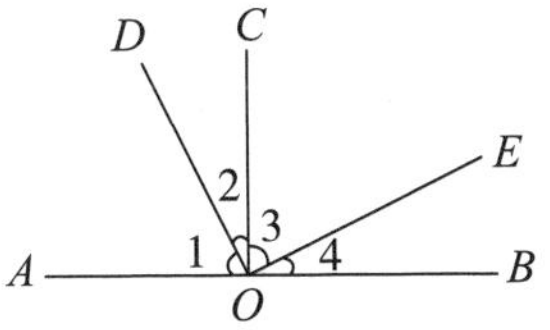

教学反思

1. 优点：本节课较好地体现了新课标下应用数学的意识的培养．从学生的探究到发现问题，再到归纳，最后到应用，整个教学过程全部基于实践，培养了学生的实践操作能力；在教学过程中，遵循学生的认知规律，符合学生从形象思维到抽象思维的认知特点，注重概念的理解和应用，注重性质的归纳和探究，注重应用实践．关注学生活动，同时规范了学生的书写，提高了学生的数学思维能力．

2. 教学效果：首先，本节课是教材中的一节常规教学课，从引入到归纳概念，再到探究、证明、应用实践无不渗透数学思维和学生个体有意识的操作，学生思维积极，双基得到有效落实；其次，在学生主动充分的思考过程中，教师的引导和规范使得本节课生动灵活，学生的解题技能得到提升；再次，教师对学生思考问题的启发、书写的要求都比较到位，对学生回答的问题能给以及时的点评和鼓励，能与学生进行及时的沟通，情感交流顺畅；最后，课堂结合比较学习的方法，对余角和补角进行类比，同时恰当地运用和渗透了数形结合、分类讨论、方程等数学思想，是规范的数学课，也是一节扎实、有序、高效的数学课．

《相交线》说课稿

北京三帆中学 张 炜

西城区一等奖 2014年9月

各位老师：

你们好！

我是三帆中学的张炜.

我说课的内容是人教版义务教育教科书《数学》七年级下册第五章第5.1.1节《相交线》.

下面我将根据编写的教案，从教学背景分析、教学目标和教学重难点确定、教学方法和教学用具说明、教学过程设计和教学特点五个方面对这节课进行说明.

一、教学背景分析

1. 教材分析

本节课在学生已经学习了直线、射线、线段和角的有关知识的基础上，进一步研究平面内不重合的两条直线的一种位置关系——相交，研究相交线所形成的邻补角、对顶角的位置和数量关系. 从邻补角、对顶角的概念出发，推出"对顶角相等"这一重要性质，为学生提供了一种通过简单推理得到数学结论的方法，培养学生"言之有据"的数学学习习惯.

作为这一章的起始课，本节内容是学习本章知识的基础，体现了人们研究几何图形的思路和方法，即从位置关系和数量关系两方面进行研究. 同时这节课对于进一步培养学生的识图能力，激发学生学习几何的兴趣具有促进作用.

2. 课标要求

新课标提出，在数学课程中，应当注重发展学生的几何直观和推理能力. 几何直观可以帮助学生直观地理解数学，在整个数学学习过程中都发挥着重要作用. 而推理是数学的基本思维方式，也是人们学习和生活中经常使用的思维方式.

《义务教育数学课程标准（2011年版）》中对这节课的要求：理解邻补角、对顶角的概念，探索并掌握"对顶角相等"的性质.

3. 学情分析

（1）知识水平：学生在小学阶段结合生活情境了解了平面内两条直线的平行和相交；在七年级上册，学生已初步接触简单的平面图形，学习了直线、射线、线段和角的相关知识，知道了余角、补角的概念和同（等）角的余角（补角）相等的性质；

（2）能力水平：学生初步具备了画出图形辅助思考问题的能力，但在几何知识的准确表达上，尤其是图形语言、符号语言和文字语言三种表述方式的相互转化上，还存在一定的困难.

（3）学生特点：我所教班级的学生学习态度积极，思维活跃，喜欢探究活动，但在书写表达上需要进一步规范.

二、教学目标和教学重难点确定

基于以上多方面的分析，我确定了本节课的教学目标和教学重难点，具体如下：

1. 教学目标

（1）理解邻补角和对顶角的概念，能够从图中识别出邻补角和对顶角；

（2）掌握"对顶角相等"的性质，并能运用它解决一些简单的几何问题；

（3）经历观察、猜想、归纳等数学探究活动，培养说理能力；

（4）在探究问题过程中，体会数学的严谨性，感受生活中的数学，提高数学学习兴趣．

2. 教学重点、难点

（1）教学重点：邻补角、对顶角概念和对顶角性质；

（2）教学难点：对顶角性质的演绎推理过程．

三、教学方法和教学用具说明

本节课采用的是教师设问启发，学生自主探究的教学方法．选择这种教学方法是考虑到学生在小学阶段已经初步接触了相交线，使学生能够在原有经验的基础之上实现知识的自我建构，从而体现新课标中"学生是数学学习的主体，教师是数学学习的组织者、引导者与合作者"的指导思想．

为了让几何图形更为直观，我运用了计算机（PPT 课件）辅助教学．

四、教学过程设计

为了达成以上教学目标，我将这节课分成了"创设情境，归纳概念""深入探究，推出性质""巩固新知，学以致用"和"课堂小结，布置作业"四个环节．下面我将对每一个教学环节的设计进行说明．

1. 创设情境，归纳概念

首先我运用计算机展示一张图片（图1），请学生观察图片并回答问题：你能从中发现哪些线？这些线之间有什么关系？

图1   图2

通过这个问题，让学生借助已有知识从生活中发现数学，从实物中抽象出相交线和平行线，引出课题．

接着我展示剪刀的图片（图2），让学生将剪刀的构造抽象成几何图形，并在纸上画出来．希望学生从常见的物件中抽象出几何图形，培养学生"根据物体特征抽象出几何图形"的能力和画图能力．

接下来，我让学生观察刚才所画的图形，并回答以下几个问题：如图3所示，两条直线相交所形成的四个角中，∠1 和 ∠2 的顶点有什么关系？∠1 和 ∠2 的边有什么关系？

∠1 和∠2 有什么样的位置关系？

通过一系列的问题，教师引导学生从角的概念出发，尝试用几何语言进行表达，归纳得到邻补角的概念：如果两个角有一条公共边，它们的另一边互为反向延长线，那么这两个角互为邻补角．并让学生从图中辨识还有哪些角互为邻补角．

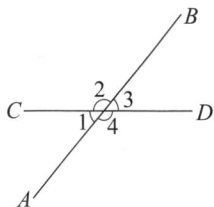

图 3

接着我将引导学生利用类比的数学方法，仿照邻补角概念的探究过程，从位置关系观察对顶角的特点，归纳对顶角的概念，并能根据概念识别图中其他的对顶角．

在这里，我设置了这样一道例题：

例 1

①下列各图中（图 4－6），∠1 和∠2 是邻补角吗？为什么？

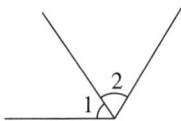 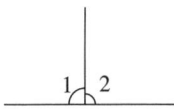 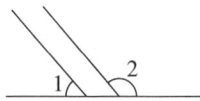

图 4　　　　　　　　图 5　　　　　　　　图 6

②下列各图中（图 7－9），∠1 和∠2 是对顶角吗？为什么？

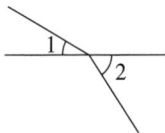 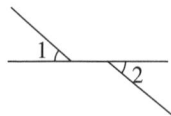

图 7　　　　　　　　图 8　　　　　　　　图 9

通过这个例题的辨析，帮助学生巩固邻补角和对顶角的概念．

2. 深入探究，推出性质

在研究了邻补角和对顶角的位置关系之后，我们将继续研究它们的数量关系．为此，我设置了如下几个活动：

活动一：观察所画的图形，∠1 和∠2 作为邻补角，它们有怎样的数量关系？

课堂上，学生根据已有知识，分析邻补角的顶点和边的位置关系，得到邻补角的数量关系是邻补角互补，同时教师给出邻补角互补的符号表达：

∵直线 AB（已知），

∴∠1＋∠2＝180°（邻补角概念）．

在这个活动中，学生利用已有知识解答新问题，培养学生的分析归纳能力；教师帮助学生建立图形语言、符号语言和文字语言三种表述方式之间的联系，在整个过程中将几何符号语言表达逐渐渗透，分散本节课难点．

活动二：观察所画的图形，层层设问，尝试依次解答：∠1 和∠3 作为对顶角，它们有怎样的数量关系？你是如何得到这个结论的？能否证明你的结论？

师生合作依次回答问题并完成如下推理过程：

∵∠1 和∠2 互为邻补角，∠3 和∠2 互为邻补角（已知），

∴∠1＋∠2＝180°，∠3＋∠2＝180°（邻补角概念），

∴∠1＝∠3（同角的补角相等）．

得出结论：对顶角相等，并呈现这条性质所对应的图形语言、文字语言和符号语言三

种表述方式.

在这个活动中,通过层层设问及师生合作证明,让学生充分经历猜想——分析——证明的探究过程,渗透从特殊到一般的研究问题的方法,体会从合情推理到演绎推理的过程.

3. 巩固新知,学以致用

我在这一环节中设置了如下两道例题:

例 2 判断下列说法是否正确:

①有公共顶点且相等的两个角是对顶角;

②两条直线相交所构成的四个角中若有一个是直角,则其余三个也是直角;

③有一条公共边和公共顶点,且互补的两个角是邻补角.

通过对这个例题中三句话的辨析,引导学生从位置关系和数量关系两方面进行考虑,加深对邻补角、对顶角的概念和性质的理解,培养画图思考问题的习惯.

接下来我又呈现了这样一道例题:

例 3 如图 10,直线 a,b 相交,

①若∠1=40°,求∠2,∠3,∠4 的度数;

②若∠2 是∠1 的 3 倍,求∠3;

③若∠2-∠1=40°,求∠4.

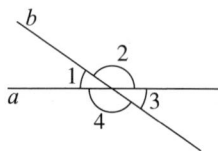

图 10

这个例题是在基本图形中通过添加不同条件,让学生灵活运用知识来解决问题.

第一问,学生很快得出答案,在询问了求解依据之后,教师给出规范的推理过程.

后两问因涉及方程思想,难度明显加大,学生在尝试求解的过程中巩固邻补角和对顶角的性质,同时在教师的引导和讲解过程中,进一步规范几何推理的书写过程.

4. 课堂小结,布置作业

教师引导学生通过回答如下两个问题巩固本节课所学内容:

①什么是邻补角?它和补角有什么区别?

②什么是对顶角?对顶角有什么性质?

为了巩固本节课所学内容,我有针对性地布置了以下习题作为课后作业:

《学习·探究·诊断》测试 1 的 1～5 题.

五、教学特点

1. 通过精心设计的层层设问,引导学生进行探究活动,例如在对顶角的探究过程中,引导学生从角的位置关系和数量关系两方面进行探究,体现了研究几何图形的一般思路和方法.

2. 在得到邻补角、对顶角的概念和性质后,有针对性地设置例题并即时进行演练,巩固知识,深化理解,确保教学效果.

3. 遵循新课标所倡导的理念,在几何内容的教学中让学生经历从生活到数学、从直观到抽象的过程.

以上是我对这节课的一些认识,恳请各位老师批评、指正!谢谢!

《用全等三角形研究"筝形"》活动课教学设计

北京三帆中学　黄　静

西城区一等奖　2015年3月

　　本节课源于人教版数学教科书第十二章"全等三角形"第53页的数学活动2——用全等三角形研究"筝形".本节课的目的是让学生独立研究一种图形（筝形）的性质.为了达到"独立研究"这个目的,我设计了主要由学生完成的四个教学环节:"观察风筝特征""抽象图形定义""合作探究猜想""推理验证结论".这样的独立研究过程,就是建立数学模型,解决实际问题的过程.通过这样的学习体验,让学生认识了数学的价值,认识了所学数学知识的运用方式,认识了数学在生活中的应用和重要作用.为了更好地激发学生主动研究的积极性,我设计了引入环节,通过历史知识、历史人物,引起学生的研究兴趣.为了解决有的学生动手能力强,有的学生动手能力弱,有的学生归纳能力强,有的学生归纳能力弱的问题,我在动手操作、归纳猜想环节采取了小组合作学习的方式——组员间取长补短、分工合作.在"推理验证结论"环节,我带领学生运用本章所学的全等三角形的性质和判定方法,规范严谨地完成论证,在不知不觉中复习了本章的主要知识,并运用知识解决了新的问题.在这个过程中,还可以让学生体会数学语言的简练、准确,数学推理的周密、严谨等科学精神.最后的总结和布置作业环节,也是本着"从生活中来,到生活中去"的数学应用思想,让学生动手做风筝,让学生去体会抽象出的数学知识反过来帮助指导生活实践的道理.

　　本节课这样设计是我的一点探索,还有很多不足之处,请多提宝贵建议.

教学背景分析
学情分析:学生为北京三帆中学八年级分层后的数学B班的学生,数学基础较好,绝大部分学生有主动探究的意识和思考的习惯. 　　从内容上看,学生已有全等三角形的性质及判定的知识储备,这为本节课的学习奠定了较好的理论基础.本节课作为全章最后的数学活动课,旨在重视学生已有的生活经验,让学生体验从实际背景中抽象出数学问题,构建数学模型,寻求结果、解决问题的过程

教学目标
知识技能:体验从具体情境中抽象出数学符号的过程;掌握全等三角形性质及判定的综合应用;探索"筝形"的性质. 　　数学思考:经历观察、实验、猜想、证明的过程. 　　问题解决:初步学会从数学的角度发现和提出问题,综合运用数学知识解决简单的实际问题,增强应用意识,提高实践能力.与他人合作共同解决问题. 　　情感态度:积极参与数学活动,经历探索"筝形"的性质的过程,培养初步的模型思想,提高学习数学的兴趣和应用意识,体会数学的特点,了解数学的价值

教学重点和难点			

（一）教学重点
通过动手操作，探究归纳出"筝形"的基本性质，并运用已有知识证明猜想出的结论．

（二）教学难点
"筝形"基本性质的归纳和证明．

教学方法			

本节课让学生经历观察、实验、猜想、验证、证明的数学问题解决过程，帮助学生积累数学学习经验，培养学生初步的模型思想．

教学环节	教师活动	学生活动	设计意图
引入	情境1.观察生活中的风筝，了解风筝的历史． 情境2.让学生动手操作：从造型简单的风筝中抽象出它的几何图形，归纳学生的操作方法． 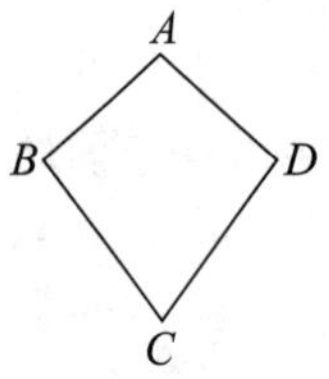 $$\begin{array}{c} A \\ B \diamond D \\ C \end{array}$$ 情境3.启发学生归纳"筝形"的图形特征，尝试给出"筝形"的定义．然后教师明确"筝形"定义的图形语言、文字语言、符号语言三种表达方式． 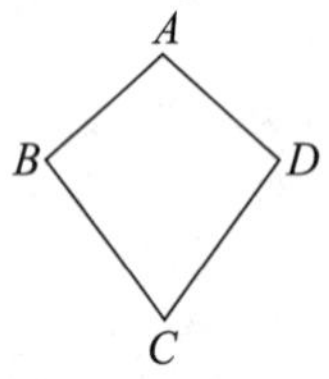 $$\begin{array}{c} A \\ B \diamond D \\ C \end{array}$$ "筝形"的定义： 在四边形 $ABCD$ 中，$AB=AD$，$BC=DC$，我们把这种两组邻边分别相等的四边形叫作"筝形"． 用符号语言表示： 用法一：∵在四边形 $ABCD$ 中，$AB=AD$，$BC=DC$， ∴四边形 $ABCD$ 是筝形．	观察、了解风筝 独立思考，体验观察、猜想、动手操作的过程，发表自己的想法． 通过观察，归纳图形的主要特征，试着给"筝形"下定义．认真记录和体会三种"筝形"定义的呈现方式．	简单介绍风筝的相关历史，引发学生对风筝的兴趣，为学生探究"筝形"的性质做铺垫． 培养学生细致的观察能力，敢于猜想的创新精神和积极动手的操作能力．为学生通过折叠和测量验证"筝形"特征做准备． 体验从具体情境中抽象出数学符号的过程．进一步理解几何定义既可作为判定又可当作性质的作用．

续表

教学环节	教师活动	学生活动	设计意图
引入	用法二：∵四边形 $ABCD$ 是"筝形"，且 $AB=AD$，∴ $BC=DC$. 情境 4. 小组合作用测量、折纸等方法猜想"筝形"的其他特征. 教师引导：能否从构成"筝形"的基本元素——边、角、对角线去猜想"筝形"的特征？（可以利用几何画板帮助学生验证某些不易判断出来的结论） 探究"筝形"的性质： 1. $AB=AD$，$BC=DC$ 2. $\angle ABC=\angle ADC$ 3. AC 平分 $\angle BAD$ 和 $\angle BCD$ 4. $AC\perp BD$，且 AC 平分 BD，即 $BO=DO$ 5. $S=\dfrac{1}{2}BD\cdot AC$ 情境 5. 对学生猜想出来的"筝形"特征进行推理论证，从而得到"筝形"的性质.（教师板书） 小结： 1. 对于前面整个探究"筝形"性质的过程进行梳理. 培养学生的建模思想. 2. 鼓励学生课后实践，并提出建议. 3. 表扬学生探索求真的精神	小组合作，通过测量、折纸等方法，猜想出"筝形"的图形特征，并互相讨论，形成统一的小组结论. 用简练的语言表述自己的猜想. 运用掌握的数学知识对猜想出的结论进行推理论证，对通过论证的猜想记为性质. 回顾和总结本节课的学习过程，巩固课堂学习效果	经历从不同角度寻求分析问题和解决问题的方法的过程；在与他人合作和交流过程中能较好理解他人的思考方法和结论；能针对他人所提问题进行反思，初步形成评价与反思的意识. 进一步培养对全等三角形性质及判定的综合运用能力；体会通过合情推理探究数学结论的过程. 建立符号意思，体会模型思想；认识数学具有抽象、严谨的特点，体会数学的价值，养成严谨求实的科学态度

板书设计

数学活动课——筝形

一、"筝形"的定义

在四边形 $ABCD$ 中，$AB=AD$，$BC=DC$，我们把这种两组邻边分别相等的四边形叫作"筝形".

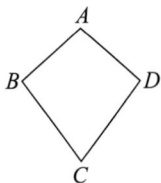

二、"筝形"的性质

1. $AB=AD$，$BC=DC$
2. $\angle ABC=\angle ADC$
3. AC 平分 $\angle BAD$ 和 $\angle BCD$
4. $AC\perp BD$，且 AC 平分 BD，即 $BO=DO$
5. $S=\dfrac{1}{2}BD\cdot AC$

附录 ░░░░░░░░░░░░ 　　　　　　**教学反思**　　　　　　

　　处于不同发展阶段的儿童，其思维水平、思维方式与思维特征有显著差异，而处于同一发展阶段的儿童则具有较为明显的一致性，这种匹配性是客观存在的．小学高年级至初中的学生开始有比较强烈的自我和自我发展的意识，因此对与自己的直观经验相冲突的现象，对"有挑战性"的任务很感兴趣．这使得我们学习素材的选取与呈现以及学习活动的安排上除了关注数学的用处以外，也应当设法给学生经历"做数学"的机会（探究性问题、开放性问题），使他们能够在这些活动中表现自我、发展自我，从而感觉到数学学习是很重要的[1]．

　　在新课程标准理念指导下，根据本班学生实际情况，我设计了《用全等三角形探究"筝形"》这一节数学活动课．从实施情况来看，整堂课学生情绪高涨、兴趣盎然．在教学中，教师一改往日教学的枯燥、抽象之貌，借用学生已有的知识经验和生活实际，有效地体验了观察、猜想、推理、总结建立数学模型解决问题的过程．

　　1．数学知识尽管表现为形式化的符号，但它可视为具体生活经验和常识的系统化，它可以在学生的生活背景中找到实体模型．现实背景常常为数学知识的发生发展提供情境和源泉，这使得同一个知识对象可以有多样化的载体予以呈现．另一方面，数学知识的形成过程又是可以在教师的引导下，通过学生自主来体验和把握的．"学习共同体"的形成以及对课堂社会环境和情境的营建成为获得数学学习成效的重要途径[1]．

　　在《用全等三角形探究"筝形"》这一数学活动前，我选用了大量的色彩鲜艳的实体风筝布置了教室四周墙面．让学生在实体模型中抽象几何图形，感受现实背景为数学知识发生发展提供情境和源泉的过程，为学生有效学习做好准备．

　　2．建构主义学习理论对指导数学学习有多方面的意义：首先，应该用建构主义观点看数学．数学本身也是主体建构的产物，它应该是活的、动态的、开放的、表现多维度的、并非绝对正确的数学活动．其次，应强调知识学习是一个构建过程，必须突出学习者的主体作用．教师的讲解并不能直接将知识传输给学生，教师只能通过组织者、合作者和引导者的身份，使学生主动参与到整个学习过程中去[1]．

　　在教学过程中除了让学生观察生活中的风筝，我并没有让学生直接动笔画出抽象出来的简单的风筝几何图形，而是给每个学生准备工具——A4 的彩纸和剪刀，让学生自己动手把体会到的几何图形裁剪出来．这是一个把抽象图形具体化的过程，整个过程学生们表现得很专注，独立思考，积极动脑，用了多种裁剪方法做出了自己理解的"筝形"．其中有①直接把矩形彩纸沿对角线剪了以后拼接的；②对折两次后剪裁的；③对折四次折叠出来的．在具体操作的过程中，学生也猜想到了"筝形"的某些相关的性质，为学生下一步研究"筝形"性质做好了铺垫．

　　3．从数学的发展来看，它本身也是充满着观察与猜想的活动．在数学教学中，必须通过学生主动的活动，包括观察、描述、操作、猜想、实验、收集整理、思考、推理、交流和应用等，让学生亲眼目睹数学的"再创造"，并从中感受到数学的力量，促进数学的学习．教师在学生进行数学学习的过程中应当给他们留有充分的思维空间，使得学生能够真正地从事思维活动，并表达自己的理解，而不只是模仿与记忆[1]．

在学生探究"筝形"的性质这一环节中，我鼓励和引导学生利用自己制作好的几何模型，采取测量、折叠、合作交流的方式探究"筝形"的性质，并且鼓励学生积极发言，到黑板上画图，充分表达自己对"筝形"的理解，这对培养学生的创造力有非常重要的意义．通过教师与学生共同合作对学生总结出来的知识的整理，我发现学生对"筝形"的性质理解到位．接下来我引导学生利用本章全等的知识对"筝形"性质的各种猜想进行了严谨的推理论证并得出了结论．让学生经历一个从"非正规化"到"正规化"的过程，使其有机会运用自己的经历表达对知识的理解．

4. 培养学生的数学应用意识和能力是一件很不简单的事情，它绝不是知识学习的附属参评．为了培养应用意识，必须使学生受到必要的数学应用实际训练，否则强调应用意识就会成为空洞的说教，这是一项并不容易的任务，它牵扯到转变观念、改变课程安排等多方面因素，需要认真研究和推行[1]．

课后我并没有一贯地布置书上相应的练习题，而是让学生根据自己所学制作一个能放飞的风筝．

就本堂课而言，还存在以下问题：

1. 教师语言应精练、规范化．

2. 课后有个别学生告诉我"老师这是我上的最没意思的一节课！""为什么？""因为没有难度"．这段对话也许提醒我，应该不限于书上给出的关于"筝形"性质的研究，也许可以进一步合理引导，发掘一下其他的性质．

注：[1] 教育部基础教育课程教材专家工作委员会．义务教育数学课程标准（2011 年版）解读［M］．北京：北京师范大学出版社，2012.

《正切函数的图象和性质》教案

北京师大二附中　陈龙清

西城区二等奖　2003 年 4 月

教学目标	1. 理解并掌握正切函数的图象和性质； 2. 体会"类比"的学习方法，培养学生独立探求新知识的能力以及科学地、系统地、严谨地研究问题的方法； 3. 渗透数形结合、换元等基本的数学思想方法
教学重点、难点	重点：正切函数的图象形状及其主要性质． 难点：利用正切线画出函数 $y = \tan x$，$x \in \left(-\dfrac{\pi}{2}, \dfrac{\pi}{2}\right)$ 的图象，并使直线 $x = \pm\dfrac{\pi}{2}$ 成为此图象的两条渐近线
教学模式	教师指导下的自主探究

教学过程	设计说明
一、复习引入 　提问：前面我们学习了 $y = \sin x$ 和 $y = \cos x$ 的图象和性质，我们是从哪几个方面来研究正、余弦函数的图象和性质的？ 　（答：定义域、值域、周期性、奇偶性、单调性等） 　今天大家来研究 $y = \tan x$ 的图象和性质 　（书写课题）	为今天研究 $y = \tan x$ 起到类比联想的作用
二、探索图象和性质 　让学生就近分组探索 $y = \tan x$ 的图象和性质，并记录研究结果，然后全班汇报．最后师生一起归纳整理如下： 　解析式：$y = \tan x$ 　定义域：$\left\{ x \mid x \neq k\pi + \dfrac{\pi}{2},\ k \in \mathbf{Z} \right\}$（或写成 $\left(k\pi - \dfrac{\pi}{2},\ k\pi + \dfrac{\pi}{2} \right),\ k \in \mathbf{Z}$） 　周　期：$T = \pi$ 　图　象：见右图 　渐近线：$x = k\pi + \dfrac{\pi}{2}$（$k \in \mathbf{Z}$） 　奇偶性：奇函数 　单调性：在 $\left(k\pi - \dfrac{\pi}{2},\ k\pi + \dfrac{\pi}{2} \right),\ k \in \mathbf{Z}$ 的每一个开区间上单调递增 　对称性：有对称中心 $\left(\dfrac{k\pi}{2},\ 0 \right),\ k \in \mathbf{Z}$	内容难度不大，正好培养学生自主学习的能力． 　在这个过程中，学生可以使用 TI 图形计算器，也可以动手画图．对于直接用 TI 作图的，要求能解释计算器为什么会显示这样的图象、竖线是什么作用；对于有困难的学生给予相应指导，在学生归纳过程中教师要注意学生语言表达的准确性

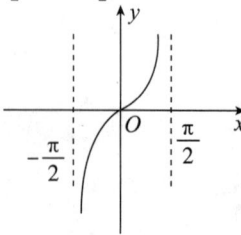

续表

教学过程	设计说明
三、巩固练习 **例1** 比较大小： （1）$\tan\dfrac{\pi}{5}$ _____ $\tan\dfrac{2}{5}\pi$； （2）$\tan\left(-\dfrac{2}{3}\pi\right)$ _____ $\tan\left(-\dfrac{\pi}{3}\right)$. **例2** 解不等式： （1）$\tan x>1$；（2）$\sqrt{3}\tan 2x\leqslant 1$. **例3** 已知函数 $y=f(x)=3\tan\left(2x-\dfrac{\pi}{3}\right)$，求： （1）$f(x)$ 的定义域、值域； （2）$f(x)$ 的最小正周期； （3）$f(x)$ 的单调区间	马上巩固知识，这是本节的重点. 例1主要强调使用单调性时要关注单调区间. 例2是图象的应用，强调"渐近线". 例3是类比 $y=A\sin(\omega x+\varphi)$ 来处理
四、小结，并启发学生提出新的问题，师生共同解决 （1）小结本节课的知识要点. （2）启发学生提出新问题，比如为什么 $y=\tan x$ 的最小正周期为 π？怎么证明它的单调性？ （3）师生共同解决上述问题	再次抓住本节重点，培养学生提问的习惯
五、作业 （1）教材P72：1，4，5 （2）选做：探索 $y=\cot x$ 的主要性质	

附录 教案设计说明

一、关于教学目标的确定

从教材的内容看，无论是知识的理解、性质的掌握、应用的技巧，难度都不大，大纲对此处的要求也不高. 准备这节课，在教学目标的确定时，主要考虑了以下几个方面.

从知识上看，了解（利用正切线）画出正切函数图象的方法. 从形的角度认识、了解正切曲线的特征；从数、式的角度了解正切函数的性质.

从能力训练上看，理解并掌握作正切函数图象的方法. 通过交流，使学生对三种不同的作法（利用正切线、列表描点、利用图形计算器）有所理解并掌握. 通过一定的训练使学生正确了解图象性质并能用其解决一些简单问题.

从渗透德育教育上看，掌握"类比"的学习方法，努力培养学生独立探求新知识的能力以及科学地、系统地、严谨地研究问题的方法. 利用正弦函数的研究方式，类比地迁移到正切函数的研究过程中来. 特别是教材内容本身的难度不大时，更有利于我们实现这一目标. 让学生体会独立研究问题的乐趣和成就感.

二、关于教学过程的设计

基于以上分析，我希望能让学生从以往的只参与微观的例题、习题的解题探究，上升到让学生参与知识系统框架的探究；渗透给学生独立探求新知识的能力，以及科学地、系统地、严谨地研究问题的方法；努力使学生由"学会"向"会学"转变．同时注意以人为本的原则，结合学生的能力基础（建构理论）、结合教材的特点（难易度），设计有层次、有价值的问题以帮助学生独立探索．

适用对象：基础较好的重点校学生．

适用条件：具有现代化设备的学校．

适合教师：开放性的研究需要教师具有一定的教学经验，对教材的理解与掌握较为熟练，控制组织教学的能力较强，了解学生．

一般程序：提出课题——学生研究——学生汇报——教师释疑——练习巩固——小结提高——作业．

三、本节课的特点

本节课教学内容难度不大，所有学生基本上能做到当堂掌握．可以考虑结合学生不同的基础及特点，渗透不同程度的能力培养．我校的生源较好，因此确立以培养学生体验、感受、掌握独立研究问题的能力．其中水平较高的学生可以达到掌握的层次，也有基础不好的学生，要求他们能够达到感受、体验的水准，为下一次的学习探究打下良好的基础．

一节课的优劣，不仅在于华丽的包装，还取决于教学内容的落实与掌握．我们在这节课的设计过程中，没有忘记知识的掌握，努力摆正知识的掌握与能力培养的关系．力求使这两者在这节课中的比例趋于合理．对图象及性质的认识层层递进，从数和形两个不同角度来认识，并配备恰当的例题，巩固掌握知识，足以说明教师对于知识掌握的重视程度．

《四边形》说课稿

北京三帆中学 李 燕

西城区二等奖 2004 年 4 月

各位老师：

大家好！

我说课的内容是《四边形》，取材于人教版《几何》第二册第四章．今天我说课的内容是第 1 课时——"矩形、菱形的性质"．

一、对教学内容和教材的认识

作为两类特殊的平行四边形，相对于平行四边形来说，研究的内容增加了邻边的关系．由于研究的对象增多，性质较为复杂，学生在学习和应用时不容易弄清楚．本节内容的讲授通常是将矩形和菱形分开的，这样考虑主要是怕学生把图形搞混，把性质张冠李戴，但同时却难以将它们之间以及与平行四边形的联系、区别对比清楚．因此，将两种图形放在一起讲，重点突出它们与平行四边形之间的联系以及它们性质的差异，力图使学生对两种图形的认识更全面，更深刻．

二、教学目标和重点、难点

（一）教学目标

1. 掌握矩形和菱形的定义，了解它们与平行四边形的联系与区别；

2. 掌握矩形和菱形的性质定理；

3. 通过矩形与菱形的对比，加深学生对其图形、定义及性质的理解，并激发学生的探索精神；

4. 培养严谨的逻辑思维能力．

（二）教学重点

矩形、菱形的性质定理．

（三）教学难点

矩形、菱形性质的联系与区别，并引出正方形．

三、教学方法与教学手段

借助多媒体，让学生在观察、对比、猜想中完成对矩形、菱形的性质研究．发散思维、合作探究．

四、教学过程设计

(一) 复习回顾，引入课题

1. 复习平行四边形的概念与性质

以学生自己设计表格的形式回忆概念．

结合学生的回忆，教师进行适当总结分析．

2. 问题的提出

平行四边形边角变化过程中，会不会出现我们身边经常看到的图形呢？

通过这个问题引出本节课的研究内容．

(二) 给出概念，探究性质

1. 给出矩形、菱形的概念（结合学生的发言）

有一个角是直角的平行四边形叫矩形；

有一组邻边相等的平行四边形叫菱形．

练习 1

判断题：

(1) 一组邻边相等的四边形是菱形．　　　　　　（　　　）

(2) 一组邻边互相垂直的平行四边形是矩形．（　　　）

(3) 菱形是平行四边形．　　　　　　　　　　　（　　　）

(4) 平行四边形是矩形．　　　　　　　　　　　（　　　）

2. 揭示矩形、菱形与平行四边形的关系（课件演示动画）

3. 探究矩形、菱形的性质

对照下面矩形、菱形的图形，请找出它们的性质，并填写到下表中．通过得出的结论，归纳矩形和菱形的性质．

名称	矩形	菱形

问题：

1. 你所得出的结论中，哪些是平行四边形已具有的性质，哪些是一般平行四边形不具备的性质？

2. 你所推断出的这些一般平行四边形所不具备的性质，你能证明它成立吗？

说明：这个过程让学生自主探索，并将探索结果填入表格，然后师生一起归纳整理，得出矩形、菱形的特殊性质并进行证明．

矩形性质定理 1　矩形的四个角都是直角

证明：（略）

矩形性质定理 2　矩形对角线相等

已知：在矩形 $ABCD$ 中，对角线 AC，BD 相交于点 O，

求证：$AC=BD$.

证明：略

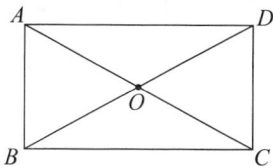

菱形性质定理 1　菱形四条边都相等

证明：略

菱形性质定理 2　菱形的对角线互相垂直，并且每一条对角线平分一组对角

已知：在菱形 $ABCD$ 中，对角线 AC，BD 相交于点 O，

求证：$AC \perp BD$，AC 平分 $\angle BAD$ 和 $\angle BCD$，BD 平分 $\angle ABC$ 和 $\angle ADC$.

证明：略

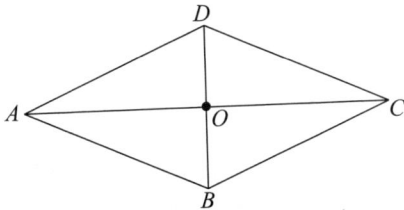

3. 矩形和菱形的部分特征结合在一起，你能联系到什么样的几何图形呢？（让学生画出图形）

练习 2（给学生学案）

(三) 小结与拓展

1. 认识矩形、菱形的概念，了解它们与平行四边形的关系.

2. 区别矩形与菱形的性质.

3. 对矩形、菱形的进一步研究.

问题探究：

（1）矩形被对角线划分的小三角形具有什么性质？

（2）菱形被对角线划分的小三角形具有什么性质？

（3）矩形、菱形的周长和面积求法.

说明：这个过程可以使学生对基本图形的认识更深刻，同时为后面性质的应用做铺垫. 如果时间不太够，可以将这个内容放在下节课.

(四) 作业布置

《立体图形与平面图形》教学设计

北京三帆中学　徐　康

══════ 西城区二等奖　2006 年 5 月 ══════

一、指导思想与理论依据

数学课程标准指出"有效的数学学习活动不能单纯地依赖模仿与记忆，动手实践、自主探索与合作交流是学习数学的重要方式"。为了体现数学课程标准的这一要求，同时，也为了满足学生强烈的好奇心，培养学生动手实践能力，合作交流意识，发展空间观念，积累丰富的数学活动经验，本节课以学生活动为主，给学生充分的展示机会，在学生活动过程中，逐步渗透审美意识、爱国主义教育，培养学习数学的兴趣，为学生今后的学习和可持续发展奠定一个良好的基础。

二、教学背景分析

本节课作为"图形认识初步"这一章的起始课，也是中学几何学习的起始课，是学生对图形的进一步认识和了解。既是小学学习的延伸，又是初中学习的基础。在小学和初中的几何学习中起到承上启下的作用。学习本节内容可以激发学生想学几何，学好几何的热情和兴趣，为将来几何知识的学习打下基础。因此，本节课在本章中起到抛砖引玉的作用。教参对本节课的要求是让学生通过大量的实例，体验、感受和认识以生活中的事物为原型的几何图形，认识一些简单几何体（长方体、正方体、圆柱、圆锥、棱柱、棱锥、球等）的基本特征，能识别这些几何体。初步了解从具体事物中抽象出几何概念的方法。本节课采取学生活动为主的教学方式，学生在课前收集了多姿多彩的图片，教师备课时准备了课件和几何模型等教具，这些为学生在感官上充分地认识几何图形做好了准备。

三、教学目标设计

教学目标	知识技能	1. 通过欣赏丰富多彩的图片，初步了解立体图形和平面图形； 2. 能从具体事物中抽象出常见的立体图形和平面图形； 3. 能举出与常见立体图形和平面图形相对应的物体实例
	数学思考	在探索实物与立体图形和平面图形关系的活动过程中，对具体图形进行概括，培养几何直觉
	解决问题	能从具体事物中抽象出立体图形和平面图形，并用常见立体图形和平面图形描述一些现实生活中的物体
	情感、态度与价值观	1. 让学生充分经历实践、探索、交流的过程，获得成功的体验，培养主动探究的意识； 2. 培养学生合作交流的意识，并在与同伴交流的过程中培养学习数学的兴趣； 3. 培养学生的审美情趣及爱国主义精神

教学重点	认识立体图形，发展几何直觉
教学难点	从丰富多彩的图形世界中抽象出立体图形
教学方法	活动式教学法
教学手段	实物演示、计算机演示

课前准备

教具	学具
电脑课件及相关设备，几何模型等	收集的图片

四、教学过程与教学资源设计

问题与情境	师生行为	设计意图
[活动1] 教师引入 欣赏图片与实物（"神舟六号"模型）	教师展示图片，学生欣赏图片，初步感受我们生活在一个多姿多彩的图形世界中	教师创设问题情境，渗透爱国主义教育，调动学生的情感
[活动2] 赏一赏 学生分组展示图片	学生分组展示所收集的图片，教师引导学生从不同角度进行欣赏： （1）审美； （2）情感	通过师生共同欣赏图片： 1. 初步培养学生合作交流的意识，并在与同伴交流的过程中培养学习数学的兴趣； 2. 初步渗透审美意识； 3. 激发学生的学习兴趣； 4. 渗透爱国主义教育
[活动3] 找一找 从图形世界中抽象出常见的立体图形和平面图形． 1. 找一找刚才播放的图片中哪些是你熟悉的图形？ 2. 你能将这些常见的图形按一定的标准进行分类吗	教师回放图片，并提出问题．学生积极思考，回答相关问题． 教师关注学生： （1）对三角形、正方形、长方形、平行四边形、菱形、梯形、圆、圆环等图形的认知程度； （2）对正方体、长方体、球、圆柱、圆锥、棱柱、棱锥等图形的认知程度	联系学生的生活现实与数学现实（小学已学过部分几何图形），在已有的认知水平和知识经验基础上，通过经历具体实物抽象成几何图形的过程，逐步建构实物与几何图形之间的关系，从而发展学生的空间观念和对几何图形的直觉
[活动4] 互动游戏 1. 一名学生描述指定平面图形的特征，另一名学生从箱子中摸出相应的图形． 2. 在箱子中摸一个立体模型，并说出该模型的几何名称	教师介绍游戏规则，学生参与游戏． 教师需要关注： （1）学生对平面图形的理性认识（特征描述）； （2）学生对立体图形的感性认识； （3）参与程度与情感态度	激发学生对已学知识的回忆与重新认识，在轻松愉快的课堂氛围中进行学习，培养学生学习数学的积极性

问题与情境	师生行为	设计意图
[活动5] 赛一赛 1. 请把图中相应的物体和图形连接起来. 2. 写出几何体的名称,并进行分类. 3. 列举一些生活中与给定典型物体形状相似的物体. 4. 用几何图形作为构件,拼出有趣的图形	教师提出问题,学生思考并完成问题. 教师需要关注: (1) 学生对实物与几何体之间的对应转换; (2) 学生对几何体名称的掌握和分类; (3) 学生从具体实物到几何体、再到实物的对应转换; (4) 学生的创造力	联系实际生活,夯实基本知识,培养学生的空间想象、转换能力和创造能力
[活动6] 谈一谈 通过本节课的学习,谈一谈你对图形的认识和体会.	教师提出问题,学生回答.教师引导学生相互补充、完善.	通过学生畅谈体会,将知识内化,为今后的学习打下基础
[活动7] 做一做 1. 请你制作一副七巧板,拼出一些你喜爱的图案,并配上相关的解说词或编一个小故事. 2. 教材习题3.1第2,3题	教师布置作业,学生记录作业	1. 让学生通过几个基本的平面图形,拼出丰富多彩的图案,把现实生活与数学联系起来,从而体验成功的乐趣,提高学习数学的兴趣. 2. 让学生通过课后作业巩固、加深立体图形与平面图形的认识

《三角形的内角和等于180°》说课稿

北京三帆中学 徐 康

西城区二等奖 2006年5月

各位评委老师：

你们好！

我是北京三帆中学的徐康．

这次我说课的内容是七年级《三角形的内角和等于180°》的教学．

我所用的教材是义务教育课程标准实验教科书《数学》（人教版）七年级下册．

下面我根据自己编写的教案，把我对本节课的认识作一个说明．

说明分为四个部分：

一、关于教材内容的分析

本节课的内容是探索和运用"三角形的内角和等于180°"．这个结论学生在前两个学段已经知道，但当时只是通过实验得出的，本节要用平行线的性质与平角的定义来说明它．"三角形的内角和等于180°"是从"数量关系"上来揭示三角形内角之间的关系，这个结论是任意三角形都具有的一个重要性质，它是学习后续知识的基础．在研究多边形的内角和时可以转化为三角形的内角和来求解，同时它还是计算角的度数的方法之一．此外，本节课所涉及的辅助线的作法、转化的数学思想、用方程的方法解决几何问题，都将为学生以后的学习打下基础．

二、关于教学目标和教学重点、难点的确定

基于以上的认识，同时结合学生的实际情况，我确定了本节课的教学目标和教学重点、难点．

1. 教学目标

知识上，探索并发现三角形的内角和等于180°，并能运用这个结论解决与求角有关的问题．

能力上，通过经历实践、探究、推理等过程，初步培养学生的分析推理能力，初步学会添加辅助线，并了解转化的数学思想．

情感上，引导学生经历动手实践、观察思考、合作交流的过程，感受数学活动中的探索性和创造性，从中获得成功的体验，提高学习数学的兴趣．

2. 教学重点、难点

重点是掌握三角形的内角和等于180°，并能解决相关问题．

难点是说明三角形的内角和等于180°．

三、关于教学方法和教学用具的说明

根据本节课教学内容的特点和学生的实际情况，为了能够充分发挥学生的主动性和创造性，体现"学生是数学学习活动的主体"，本节课采用了探究发现的教学方法．我在教学过程中创设问题情境，引导学生自主探究，启发学生积极思考，并寻找推理说明的方法．

在教学过程中，使用三角板、量角器等工具帮助学生动手实践，并借助计算机演示，增强学习内容的直观性．

四、关于教学过程的设计

为了达到以上教学目标，在具体教学过程中，我把这节课分为三个阶段："创设情境，引导探究""学以致用，巩固提高"和"课堂小结，布置作业"．下面我对这三个阶段分别进行说明．

（一）创设情境　引导探究

为了激发学生的学习兴趣，使其尽快投入到课堂中来，我设计了如下情境（如图1—3）：

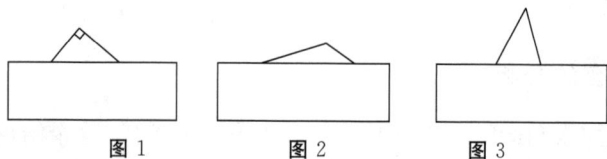

图1　　　图2　　　图3

用纸板挡住三角形的两个角，只露出一个角，让学生判断这个三角形的类型．

当露出的是一个直角或钝角时，学生能迅速判断出三角形的类型；当露出的是一个锐角时，有两种不同的意见：有的学生认为是一个锐角三角形，有的则认为不能确定．通过简单讨论后，学生都认为不能确定．

接着，我将这个三角形的另一个锐角展示给学生（如图4—5）．通过观察，学生表示还是难以确定．

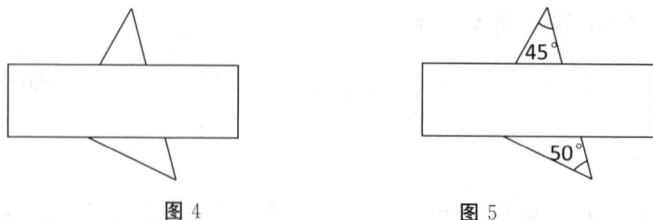

图4　　　　　　图5

当我将这两个角的度数展示出来时，学生就能迅速确定这个三角形的类型．这时我提出问题：你是如何确定这个三角形的类型的？

由于学生在小学已经了解三角形的内角和等于180°，他们能说出用180°减去已知两个角的度数可以得出第三个角的度数，进而确定三角形的类型．在肯定学生的答案之后，我接着提出问题：三角形的内角和等于180°，你是怎么发现的？由此引入新课，明确本节课要研究和解决的问题．

我提出问题后，学生们共给出两种动手操作的方法：

1. 测量法　测量三角形三个内角的度数，然后求和，可以发现三角形的内角和等于

180°. 这时，老师展示课件，通过计算机的测量说明任意三角形的内角和都等于 180°（如图 6），课件的展示增加了学习内容的直观性和课堂的趣味性.

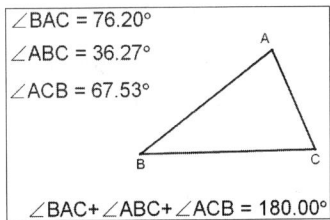

$\angle BAC = 76.20°$

$\angle ABC = 36.27°$

$\angle ACB = 67.53°$

$\angle BAC + \angle ABC + \angle ACB = 180.00°$

图 6

2. 拼合法　先剪下三角形的内角，然后拼合成一个平角，从而得出三角形的内角和等于 180°（如图 7—8）. 此时，我继续提问：怎么说明你这样拼合后得到的是平角呢？

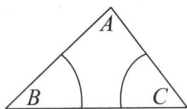

图 7

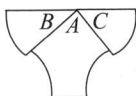

图 8

通过思考讨论，学生们认为先画出一条直线，将一个角的一边与直线重合，依次将另两个角与它拼合在一起. 如果第三个角的一边也与这条直线重合，就能说明这个三角形的内角和等于 180°. 我对学生的这种方法大加赞赏，肯定了学生思考问题的严密性. 为了提高学生的思维能力，我进一步引导学生用推理的方法来说明三角形的内角和等于 180°.

我用计算机展示学生刚才拼图的过程（如图 9），引导学生寻找推理说明的方法. 学生通过观察，首先想到了下面这个方法.

图 9

方法 1：如图 10，过 A 作 $EF /\!/ BC$. 利用"两直线平行，内错角相等"这一性质，把图中的 $\angle B$，$\angle C$ 分别转化为 $\angle 1$，$\angle 2$. 再由 $\angle EAF$ 是一个平角，得出三角形的内角和等于 180°.

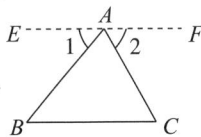

图 10

通过对方法 1 的分析总结，我肯定了学生的这种想法，并鼓励他们去探索其他推理方法. 学生在这种思路的启发下，又找到了下列方法.

方法 2：如图 11，延长 BC 到 D，过 C 作 $CE /\!/ BA$. 利用"两直线平行，内错角相等，且同位角相等"得出结论. 而这种方法也为后面说明"三角形的一个外角等于与它不相邻的两个内角的和"提供了一种思考方法.

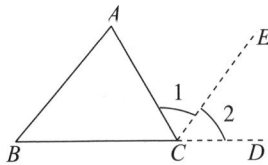

图 11

方法 3：如图 12，过 C 作 $CE /\!/ BA$. 利用"两直线平行，内错角相等且同旁内角互补"得出结论.

学生提到的这几种推理方法，都很好地利用了平行线的性质. 这个过程也让学生初步了解了添加辅助线的一些方法. 在以上方法的推理过程中，学生主动参与课堂活动，思维活跃，敢于发表自己的见解. 我对学生的表现给予充分的肯定和鼓励，使学生从中获得成功的

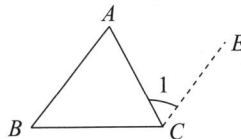

图 12

体验，提高学习数学的兴趣．我注意要求学生能够清晰有条理地表达自己的思考过程，做到言之有理，提高分析推理的能力．

（二）学以致用　巩固提高

练习 1．在 $\triangle ABC$ 中，$\angle A=35°$，$\angle B=43°$，则 $\angle C=$ _____．

练习 2．在 $\triangle ABC$ 中，$\angle A:\angle B:\angle C=2:3:4$，则 $\angle A=$ _____，$\angle B=$ _____，$\angle C=$ _____．

练习 3．如图 13，AB 与 CD 相交于点 O，$\angle A=70°$，$\angle C=30°$，$\angle D=60°$，求 $\angle B$ 的度数．

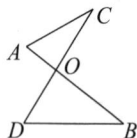

图 13

第一个练习是"三角形的内角和等于 $180°$"的直接运用，第二个练习需要再利用原有的代数知识来帮助求解，而第三个练习则将"对顶角相等"和"三角形的内角和等于 $180°$"这个结论结合使用．通过完成这三个练习，使得学生能够灵活运用新旧知识来解决问题．

为了更好地落实基础知识和基本技能，我又设计了下列三个例题．

例 1 求出图 14～16 中 x 的值．

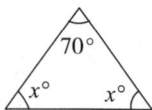
图 14

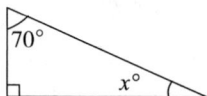
图 15

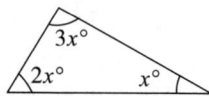
图 16

这个例题让学生进一步体会和运用"三角形的内角和等于 $180°$"这个结论，学会用方程的方法解决几何问题．

例 2 如图 17，在 $\triangle ABC$ 中，$\angle A=80°$，$\angle ABC$，$\angle ACB$ 的角平分线相交于点 D，求 $\angle BDC$ 的度数．

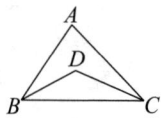
图 17

本题需要学生寻找已知和未知之间的联系，利用"三角形的内角和等于 $180°$"得出 $\angle BDC=180°-\dfrac{1}{2}$（$\angle ABC+\angle ACB$），虽不能求出 $\angle ABC$ 和 $\angle ACB$ 的具体度数，但可以在 $\triangle ABC$ 中再次利用所学结论求出它们的和，并作为一个整体代入式子中求解，体现了整体代入的思想．

例 3 如图 18，C 岛在 A 岛的北偏东 $50°$ 方向，B 岛在 A 岛的北偏东 $80°$ 方向，C 岛在 B 岛的北偏西 $40°$ 方向．从 C 岛看 A，B 两岛的视角 $\angle ACB$ 是多少度？

这个问题是学生所学知识的综合运用，它可以帮助学生复习方位角的相关知识，同时还可以用到三角形的内角和等于 $180°$．另外，这个问题也可以一题多解，学生根据自己的经验以及能力寻求不同的解题方法．

比如，方法 1：（如图 18）可用"两直线平行，同旁内角互补"来求出 $\angle ABC$，进而用"三角形的内角和等于 $180°$"求出 $\angle ACB$．

也可以添加辅助线来求解．

方法 2：（如图 19）过点 C 作 AD 的垂线，交直线 AD 于点 M，交直线 BE 于点 N，可得 $\angle AMC=\angle BNC=90°$，进而求出 $\angle ACB$．

方法 3：（如图 20）过点 C 作 $CF\parallel AD$，利用"两直线平行，内错角相等"也可以求出∠ACB.

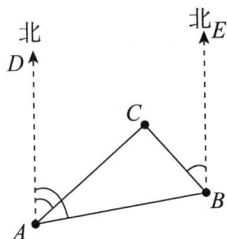

图18

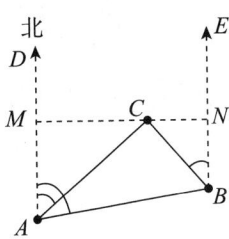

图19

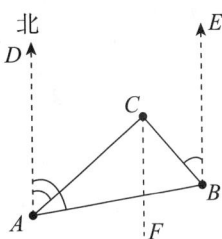

图20

通过对不同方法的交流和比较，使学生获得一种多角度思考问题的学习方法，在深入思考中真正掌握基础知识和基本技能．

（三）课堂小结　布置作业

1. 课堂小结采用师生共同小结的方式进行

让学生回顾本节课通过动手实践和推理说明，探索并发现了三角形的内角和等于180°的过程，并学会了运用这个结论解决与求角有关的问题．此外，还初步了解了添加辅助线的方法和转化的数学思想．

通过师生共同小结，发挥学生的主体作用，培养学生归纳、概括的能力．

2. 布置作业

为了尊重学生的个体差异，满足多样化的学习需求，我设计了分层作业．

①必做题：阅读教材相应部分的内容，并完成80页练习1，2.

②选做题：结合课上所学的知识，探索推理说明"三角形的内角和等于180°"的其他方法．

必做题是让学生巩固课堂所学的内容，反馈学生掌握知识情况，落实基础知识和基本技能．选做题给学有余力的学生提供了一个发挥他们数学能力的空间．

结束语

本节课以学生已有的知识为基础，通过创设问题情境，激发学生探索问题的兴趣，引导学生积极动手实践，主动探究．对推理方法展开的充分讨论，使学生在合作交流中培养了自己的思维能力．通过多层次的练习和例题，使学生落实基础知识和基本技能．一题多解给学生提供了广阔的思考空间，展示了学生思维的多样性，增强了学生的创新能力．通过分层作业，使得每个学生都获得自己必需的数学知识，不同的学生在数学上得到不同的发展．

以上是我对本节课的教学设计，其中尚有不足之处，恳请各位专家、老师批评指正．谢谢！

《二元一次方程组的应用》教案

北京三帆中学　张慧艳

西城区二等奖　2006年5月

教学目标	知识技能	运用二元一次方程组解决实际问题
	数学思考	在运用二元一次方程组解决实际问题过程中体会数学建模思想，培养学生的数学应用意识
	解决问题	能根据具体问题列出二元一次方程组，清楚地表达解决问题的过程，并解释解的合理性
	情感态度	1. 在用方程组解决实际问题的过程中，体验数学的实用性，提高学生学习数学的兴趣； 2. 在探讨解决问题的过程中，敢于发表自己的见解，理解他人的看法并与他人交流； 3. 培养学生的人文意识，让环境保护和节约能源的意识进入数学课堂
教学重点		让学生经历和体验把实际问题转化为二元一次方程组的过程，用二元一次方程组解决实际问题
教学难点		把实际问题转化为二元一次方程组
教学模式		互动探究式
教学手段		计算机课件演示

教学流程安排

活动流程图	活动内容和目的
活动1　问题背景 活动2　对水资源问题的探讨 活动3　对电资源利用方案的讨论 活动4　课堂小结	由资源缺乏的实际背景引入，让学生感受研究问题的必要性 　引导学生对实际问题进行分析，提高分析能力 　解决问题能力的进一步提高 　巩固知识、提高能力、渗透思想、授之以渔

教学过程设计

问题与情境	师生行为	设计意图
[活动1]　了解问题背景	展示一些资源短缺的现有数据，让学生关注资源问题，产生解决问题的愿望	由资源缺乏的实际背景引入，让学生感受研究问题的必要性

问题与情境	师生行为	设计意图
[活动2] 对水资源利用方案的讨论 中国政府一直在缓解水资源缺乏的问题上作出不懈努力：到 2000 年有效灌溉面积达到 5330 万公顷，2010 年将达到 5670 万公顷左右，2030 年达到 6670 万公顷以上，分别占耕地面积的 56%，60% 和 70%； ——摘自中华人民共和国国务院新闻办公室文件. 某市为更有效地节约水资源，准备出台新的用水标准：如果每月用水量不超过 M 吨，水费按每吨 3.0 元计算；如果超过 M 吨，超过部分每吨增加 N 元费用，其余仍按每吨 3.0 元计算. （1）小红一家，1 月用水量超过标准 3 吨，共支付水费 36 元；2 月用水量超过标准 7 吨，共支付水费 52 元. 问该市制定的用水标准 M 为多少？每吨增收多少水费？ （2）如果每家原来平均用水为 13 吨，现在提高节约意识，每月的用水量均不超过用水标准，那么每家一个月至少可以节约水资源多少吨？按照每家三口来计算，全国约 13 亿人口一年可以节约多少吨的水资源？ （3）按上述结果，将这些水资源用于增加有效灌溉面积，2005 年要达到预期目标需要在东西部各增加多少万公顷？ 中国预期有效灌溉面积数据表 <table><tr><td>年份</td><td>2004</td><td>2005</td></tr><tr><td>面积（万公顷）</td><td>5370</td><td>5420</td></tr></table> 增加 1 万公顷灌溉面积所需水资源 <table><tr><td>东部</td><td>西部</td></tr><tr><td>3.8 亿吨</td><td>6.3 亿吨</td></tr></table>	渗透资源匮乏，节约能源的意识. 分析其中的数量关系. 学生自己动手完成，教师演示. 学生口答即可. $(13-8)\div 3 \times 13 \times 12 = 260$（亿吨）. 读懂表格内容是关键. 同学可以互相讨论，读取表中信息. 解：设需要在东西部分别增加 x 万公顷、y 万公顷有效灌溉面积，依题意得 $$\begin{cases} x+y=50, \\ 3.8x+6.3y=260, \end{cases}$$ 解得 $\begin{cases} x=22, \\ y=28. \end{cases}$ 答：需要在东西部分别增加 22 万公顷、28 万公顷有效灌溉面积	使学生在探究如何用二元一次方程组解决实际问题的过程中，进一步提高分析问题中的数量关系、设未知数、列方程组并解方程组、检验结果的合理性等能力. 检验不仅要检查求得的解是否适合方程组中的每一个方程，更重要的是要考察所得的解是否符合实际问题的要求. 实际是一个分段函数问题，增强学生考虑实际问题的全面性. 简单的计算，目的在于体会数据中体现的节约意识. 关注国情. 培养学生从大局出发，热爱祖国的情操

问题与情境	师生行为	设计意图
[活动3] 对电资源问题的探讨 　据国家电网公司数据显示，2004年全国用电量达到20910亿千瓦时，年增长速度为11％左右，净增用电量约2070亿千瓦时．由于电力需求继续高速增长，电量供应严重短缺． 　据电力部门统计，每天8：00至21：00时用电高峰期，简称"峰时"；21：00至次日8：00时用电低谷，简称"谷时"．为了缓解供电需求紧张的矛盾，某市电力部门拟逐步统一换装峰谷分时表，对用电实行峰谷分时电价的新政策．	请学生阅读材料． 　用数据让学生感觉到资源问题的迫切性． 　关键是带领学生理解题意，掌握"峰时""谷时"等含义，找到数量关系．	电是学生所熟悉的能源，以此作为选题更加接近学生生活． 　一方面通过实际生活中的问题，进一步突出方程组这种数学模型应用的广泛性和有效性；另一方面使学生能在解决实际问题的情境中运用所学数学知识，进一步提高分析问题和解决问题的综合能力．

时间	换表前	换表后	
		峰时	谷时
电价	0.52元/度	x元/度	y元/度

问题与情境	师生行为	设计意图
已知每度峰时价比谷时价高0.25元．小明家对换表后最初使用的100度用电情况进行统计分析，峰时用电量占80％，谷时用电量占20％，与换表前相比，电费下降了2元． 　(1) 求表中 x，y 的值． 　(2) 小明希望通过调整用电时间，使以后每使用100度的电费与换表前相比下降10元至15元．假设小明家今后峰时用电量占整个家庭用电量的 k％，k 应该在什么范围内	表格的形式给出，利于学生整理数据，也是一种解决应用问题的好方法． 　教师指导学生分析问题，找到两个相等关系，由学生自己列出方程组． 　学生独立完成，可演示学生的解答． 　学生在前面基础上列出方程，求出两个边界的 k 值． 　教师要适时引导学生思考，说明范围如何确定	引导学生对实际问题进行分析，提高分析能力． 　关键在于理解题意，其实是一个简单的一元一次方程
[活动4] 课堂小结 　1. 学生小结 　2. 教师归纳 　3. 布置作业	请学生谈谈这节课学习的感受，特别是对于资源问题的看法． [教师归纳] 　1. 知识：运用二元一次方程组解决实际问题； 　2. 思想：转化思想； 　3. 意识：用数据说话，节约能源	对解决问题的过程反思，获得解决问题的方法和经验． 　不断地渗透方法和思想

《相似三角形》复习课教学设计

北京三帆中学　曾妍华

西城区二等奖　2006 年 5 月

一、指导思想与理论依据

本节课的指导思想与理论依据主要来自全日制义务教育数学课程标准（实验稿）："……义务教育阶段的数学课程应突出体现基础性、普及性和发展性，使数学教育面向全体学生，实现——人人学有价值的数学；人人都能获得必需的数学；不同的人在数学上得到不同的发展……""……学生的数学学习内容应当是现实的、有意义的、富有挑战性的，这些内容要有利于学生主动地进行观察、实验、猜测、验证、推理与交流等数学活动．内容的呈现应采用不同的表达方式，以满足多样化的学习需求．有效的数学学习活动不能单纯地依赖模仿与记忆，动手实践、自主探索与合作交流是学生学习数学的重要方式……""……数学教学活动必须建立在学生的认知发展水平和已有的知识经验基础之上．教师应激发学生的学习积极性，向学生提供充分从事数学活动的机会，帮助他们在自主探索和合作交流的过程中真正理解和掌握基本的数学知识与技能、数学思想和方法，获得广泛的数学活动经验．学生是数学学习的主人，教师是数学学习的组织者、引导者与合作者……""……对数学学习的评价要关注学生学习的结果，更要关注他们学习的过程；要关注学生数学学习的水平，更要关注他们在数学活动中所表现出来的情感与态度，帮助学生认识自我，建立信心……"．

二、教学背景分析

本节课是初三数学中的一节复习课，主要复习相似三角形．前面已经复习了三角形、四边形以及比例、成比例线段的一些相关知识，教学上由浅入深，层层递进，让每个层次的学生都能有所收获，追求课堂教学的实效性．从帮助学生夯实知识基础到提高逻辑思维、推理论证能力和在生活中应用几何的意识、规范书写格式等方面，都作了努力的尝试，使一些思维较为灵活的学生得到不同程度的提高，也使一部分对几何曾经感到困难的学生消除了心理上的一些恐惧，建立了自信．

本节课授课对象是实验班的学生，相对而言，这些学生基础比较扎实，对新知识接受能力较强，反应灵活，在课堂上表现活跃．

本节课采用引导启发式为主的多种教学方式，引入计算机辅助教学手段，主要使用了 PowerPoint97 软件和《几何画板》软件．

三、教学目标及内容框架设计

教学目标：知识与技能上，复习巩固相似三角形的相关概念和定理，运用相似三角形的知识进行有关的证明和计算；过程与方法上，对已有知识进行整合并利用这些知识分析问题、解决问题，熟悉并运用转化、分类讨论等数学思想方法来解决问题；情感与价值观上，在自主探索和合作交流的过程中体验学习的快乐，学习严谨的科学精神．

基本知识和灵活应用相结合的内容设计，让学生在巩固基础知识的基础上有所拓展．经过一些实例的分析，让学生学会灵活应用相关知识，以达到课堂教学有实效的目的．

四、教学过程与教学资源设计

（一）创设情境，温习知识

回顾相似三角形的有关概念——相似三角形和相似比的定义．（请学生回答）

思考题1：如图1，在 $\triangle ABC$ 中，若 D，E 分别是边 AB，AC 上的点，请你添加一个条件，使 $\triangle ABC$ 与 $\triangle AED$ 相似．你添加的条件是_____．

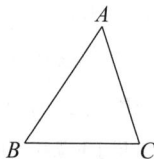

（思考题1以一个开放性的问题，引出相似三角形判定定理的复习，学生积极思考，得到多种答案．既达到了复习的目的，又避免了枯燥的背诵式的复习，激发学生对这节课的兴趣）

思考题2：如果两个三角形相似，那么这两个三角形有什么性质呢？（请学生回答）

思考题3：如图2，在 Rt$\triangle ABC$ 中，$\angle C=90°$，$CD\perp AB$ 于 D．（1）请写出图中所有的相似三角形：_____；（2）请找出图中常用的成比例线段（可以写成乘积的形式）：_____．

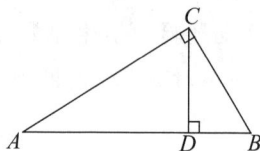

（思考题3重点对双垂直图形进行总结，得到" $CD^2=AD\cdot DB$ ；$AC^2=AD\cdot AB$ ；$BC^2=BD\cdot BA$ ；$CD\cdot AB=AC\cdot BC$ "的结论，并强调在应用射影定理解题时的书写格式）

基础拓展：

（目的在于复习了基础知识之后，通过一组由易到难的习题帮助学生进一步理解和掌握基本定理）

1. 如图3，在 □$ABCD$ 中，E 是 AB 延长线上一点，连接 DE，交 AC 于 G，交 BC 于 F．那么图中相似三角形（不包括全等三角形）共有（   ）．

A.6 对 　　　　 B.5 对 　　　　 C.4 对 　　　　 D.3 对

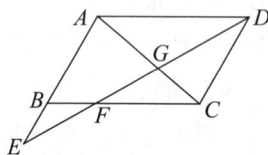

（训练学生在相对复杂的图形中能判定相似三角形，温习相似三角形中的常见的"A"字型和"8"字型，夯实基础．其中 $\triangle ADE$∽$\triangle CFD$ 不属于"A"字型和"8"字型相似，由学生口头简单证明相似）

2. 如图 4，$DE /\!/ BC$，CD 和 BE 相交于点 O，$S_{\triangle DOE} : S_{\triangle COB} = 4 :$ 9，那么 $AE : EC =$（　　）．

A. 5：4　　　　 B. 4：9　　　　 C. 2：3　　　　 D. 2：1

（本题是一个相似三角形判定、相似三角形性质以及平行线分线段成比例定理的小综合题，训练学生灵活运用的能力）

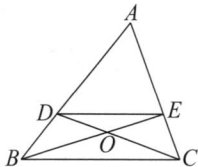

3. 如图 5，把菱形 $ABCD$ 沿着对角线 AC 的方向移动到菱形 $A'B'C'D'$ 的位置，它们的重叠部分（图中的阴影部分）的面积是菱形 $ABCD$ 的面积的 $\dfrac{1}{2}$．若 $AC = \sqrt{2}$，则菱形移动的距离 AA' 是（　　）．

A. $\dfrac{1}{2}$　　　 B. $\dfrac{\sqrt{2}}{2}$　　　 C. 1　　　 D. $\sqrt{2} - 1$

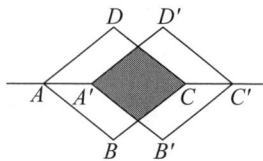

（本题形式比较新颖，利用转化的思想，把菱形转化成三角形的问题来解决，渗透转化的思想）

（二）知能综合，指导应用

例 1　如图 6，$\triangle ABC$ 中，$AD \perp BC$ 于 D，$DE \perp AB$ 于 E，$DF \perp AC$ 于 F．求证：$\angle AFE = \angle B$．

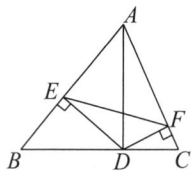

（例 1 中包含了特殊三角形（直角三角形）相似和一般三角形相似，一道题中融合了射影定理和一般三角形相似的判定方法．要求书写规范，培养学生严谨的科学态度）

牛刀小试：

1. 如图 7，AD 是 $\odot O$ 的直径，BC 和 $\odot O$ 相切于点 D，AB，AC 与 $\odot O$ 的另一个交点分别是 E，F．

求证：$EF \cdot AB = AF \cdot BC$．

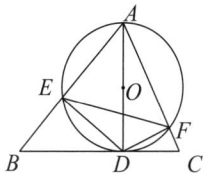

（本题实际上是例 1 的一个变式，是将相似三角形放到了圆的背景下，应用了一些圆的知识，是几何的一个小综合，提示学生要学会从复杂的图形分解出基本图形，并且在复习时要注意知识之间的联系和综合．本题除了沿用例 1 的思路之外，还可以用弦切角的知识来解决．启发学生尝试用不同方法来解决同一个问题，训练创新思维．课堂时间有限，留作选做题课后完成．课后作为课堂的延伸，可以继续用来增强课堂的实效性）

2. 点 P 是 $\triangle ABC$ 中 AB 边上的一点，过点 P 作直线（不与直线 AB 重合）截 $\triangle ABC$，使截得的三角形与原三角形相似．满足这样条件的直线最多有（　　）．

A. 2 条　　　　 B. 3 条　　　　 C. 4 条　　　　 D. 5 条

（本题让学生讨论完成，目的在于引出相似三角形因顶点对应关系产生的分类讨论问题，为例 2 作铺垫）

例2 如图8，正方形 $ABCD$ 的边长为2，$AE=EB$，$MN=1$. 线段 MN 的两端在 CB，CD 上滑动. 当 $CM=$ _____ 时，$\triangle AED$ 与以 M，N，C 为顶点的三角形相似.

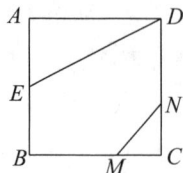

（例2是一个关于相似三角形顶点对应不确定引起的分类讨论问题，所涉及的分类讨论思想正是中考需要考查的一类重要的数学思想方法）

例3 如图9，在平面直角坐标系中，$\odot M$ 与 x 轴相切于点 A，与 y 轴相交于 B，C 两点，且 A，B 两点的坐标分别是 $(2,0)$，$(0,1)$.

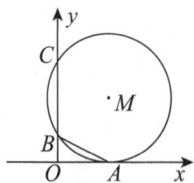

（1）求点 C 的坐标和 $\odot M$ 的半径；

（2）设点 P 在 x 轴的负半轴上，连接 PB 并延长，交 $\odot M$ 于点 D，若 $\triangle ABD$ 与 $\triangle ABO$ 相似，求 $PB:PD$ 的值.

（例3综合了直角坐标系、圆和相似三角形的知识，对学生的能力提出了更高的要求，体现了中考数学试题中代数、几何综合题的命题特点，也因此提醒学生中考数学总复习中应注意各章节知识的联系与综合，融会贯通）

（三）引导小结，归纳知识

（四）布置作业，巩固提高

《中考数学总复习》

必做：P145 1，P146 2，3，4，6

选做：P147 10

教学流程图如下：

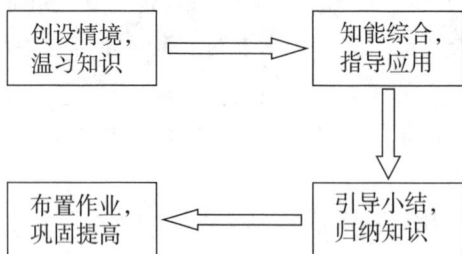

《一次函数（二）》教学设计

北京三帆中学　曾妍华

西城区二等奖　2011年12月

一、指导思想与理论依据

《义务教育数学课程标准（2011年版）》指出："数学教学活动必须建立在学生的认知发展水平和已有知识经验的基础之上．教师应激发学生的学习积极性，向学生提供充分从事数学活动的机会，帮助他们在自主探索和合作交流的过程中真正理解和掌握基本的数学知识与技能、数学思想和方法，获得广泛的数学活动经验．"数学教学除了要求学生获得适应未来社会生活和进一步学习与发展所必需的知识技能外，还要多关注学生学习的过程和方法，注重对学生的数学意识、数学思维等能力及情感态度等方面的培养，要着眼于学生的全面发展与可持续发展．随着课堂教学的改革，教师的角色由课堂的权威者、主宰者变为组织者、促进者，相应学生在课堂中的地位不断在提升，由被动的接受者变为课堂中的主人，这样就要求教师要引导学生积极参与课堂教学．本节课正是基于以上理念，根据数学教学的自身特点，遵循八年级学生学习数学的规律，进行教学设计．

二、教学背景分析

1. 教学内容分析

世界是运动变化的，函数是研究运动变化的重要数学模型．本套教科书将代数函数的学习分为三章，即八年级上学期学习一次函数，八年级下学期学习反比例函数，九年级下学期学习二次函数．而《一次函数》是学习函数的第一阶段，重点在于初步认识函数概念，并具体讨论最简单的初等函数——一次函数．本节课的教学内容是在研究了正比例函数的图象及性质、学习了一次函数的概念及如何画一次函数图象的基础上，进一步研究一次函数图象及性质．从回顾正比例函数图象及性质入手，加深学生对已有知识的认知和理解，引导学生类比研究正比例函数的方法，数形结合地研究一次函数图象及性质，并用表格形式呈现（帮助学生将知识条理化、系统化，便于理解记忆），并能应用一次函数性质解决相关数学问题．

2. 学情分析

本节课为一次函数的第二节课，是在学生掌握了正比例函数的图象及性质、学习了一次函数的概念及如何画一次函数图象的基础上展开的．学生已学习了由特殊到一般和数形结合的方法来研究正比例函数的图象及性质，可以尝试用类比的研究方法来研究一般的一次函数的图象及性质．授课班的学生相对基础较好，具备了一定的基础知识和能力，对数学学习的积极性较高．

3. 教学方式与教学手段、技术准备

本节课采用启发探究式，引导学生对一次函数图象及性质进行研究，并给学生提供了表达想法、相互交流的机会．在教学手段上运用幻灯片、几何画板动态演示及实物展示等，为学生创设有效的教学情境，提高学生的学习兴趣．引导学生从已有的知识出发，通过画图、观察，运用归纳、类比的方法得出结论．

4. 前期教学状况、问题与对策

本节课内容与正比例函数的图象及性质有许多相似之处，学生在学习正比例函数的图象及性质时，主要还是在数形相互转化过程出现问题．

对策：在教学中，加强对数形结合的理解，由一次函数图象总结相关性质的过程求稳不求快，根据课堂上学生的反馈随时调节课堂节奏．

三、教学目标设计

（一）理解一次函数 $y=kx+b$ 图象的位置、趋势及函数的变化规律等性质，并能根据一次函数解析式画出函数示意图、说出函数的性质，能由函数图象得到解析式中待定系数的取值范围．

（二）经历一次函数图象及性质的探究、归纳过程，体会数形结合思想的应用；体会用类比思想研究一次函数；体会研究数学问题的常用方法：由特殊到一般．

（三）在探究一次函数性质的过程中，乐于探究，善于交流．

（四）教学重点：一次函数图象及性质．

（五）教学难点：观察一次函数图象，归纳一次函数的性质．

四、教学过程与教学资源设计

教学流程安排

活动流程图	活动内容和目的
[活动1] 回顾旧知，类比铺垫	从回顾正比例函数图象及性质入手，加深学生对已有知识的认知和理解，为引导学生类比研究正比例函数的方法来研究一次函数图象及性质作铺垫．
[活动2] 探究新知，系统呈现	通过画一次函数图象，引导学生通过观察图象，归纳一次函数的性质，并用表格形式呈现，帮助学生将知识条理化、系统化，便于理解记忆．
[活动3] 小试牛刀，步步为营	通过一组简单的应用习题，帮助学生理解和记忆一次函数图象及性质，为后续较复杂的应用打好基础．
[活动4] 登高望远，深化认识	上一个环节的基础上，逐步提高应用的难度，进一步深化学生对一次函数图象及性质的认识，渗透数形结合的数学思想．
[活动5] 课堂小结，布置作业	反思总结课堂所学的知识和方法，落实四基，为后续学习打好知识及能力的基础

教学过程设计

问题与情境	师生行为与指导策略	设计意图
[活动1] 请完成下列表格：	教师请学生填写表格，复习正比例函数图象及性质. 教师重点关注： 学生能否真正建立数与形之间的联系？能否看图识性，有数形结合、数形转化的意识	活动1 本着"温故而知新"的原则，从回顾正比例函数图象及性质入手，加深学生对已有知识的认知和理解，为引导学生类比研究正比例函数的方法来研究一次函数图象及性质做铺垫，同时再次向学生渗透数形结合的数学思想，并为下一步利用数形结合来研究一次函数图象及性质做准备
[活动2] 请学生类比研究正比例函数图象及性质的方法，对一次函数图象及性质进行探究. 每个学生任意写出一个具体的一次函数解析式，并作出该函数的图象. 学生观察自己所作的图象，进行分析、讨论，归纳出一次函数的性质，并设计完成表格.	1. 学生回顾：一次函数解析式、自变量取值范围及一次函数图象的形状，并设计、填入表格. 2. 每个学生任意写出一个具体的一次函数解析式，并作出该函数的图象. 学生作图过程中，教师巡视，之后请两个所写函数解析式满足一次项系数 $k>0$，常数项 $b>0$ 的学生代表展示他（她）画的图象，并汇报经过哪几个象限，图象从左向右具备什么趋势，以及函数的变化规律，从而由特殊到一般，得到一次项系数 $k>0$，常数项 $b>0$ 的一次函数示意图，并归纳这一类一次函数的性质，进而研究其他几种类型的一次函数的性质，并设计、完成表格.	活动2 主要是引导学生类比研究正比例函数图象及性质的方法，对一次函数图象及性质进行探究，让学生学会用类比的方法来研究同一类数学问题. 1. 让学生自行给 k,b 赋值，得到不同的一次函数，一方面能激发学生的主动性和积极性，另一方面也为下一步的总结归纳提供更多的具体实例，让特殊到一般的研究方法更具说服力. 让学生画出自己写出的一次函数图象，进一步巩固落实画一次函数图象这一基本能力，然后观察自己画的图象，总结图象经过哪几个象限，图象从左向右有什么趋势，以及函数的变化规律，体会数形结合的思想. 请不同的学生发言，分享他们探究的成果，让学生

活动1表格：

正比例函数解析式		
自变量取值范围		
	形状	
	k 的取值	$k>0$	$k<0$
图象	示意图		
	位置	经过第____象限	经过第____象限
	趋势	从左向右_____	从左向右_____
函数变化规律	y 随 x 的增大而_____	y 随 x 的增大而_____

活动2表格：

一次函数解析式						
自变量取值范围						
	形状					
	k,b 的取值	$k>0$			$k<0$		
		$b>0$	$b<0$	$b=0$	$b>0$	$b<0$	$b=0$
图象	示意图						
	位置	经过第___象限	经过第___象限	经过第___象限	经过第___象限	经过第___象限	经过第___象限
	趋势	从左向右_____			从左向右_____		
函数变化规律	y 随 x 的增大而____			y 随 x 的增大而____		

问题与情境	师生行为与指导策略	设计意图
结合几何画板的动态演示，对表格内容进行梳理．通过改变 k，b 的取值，引导学生观察 k，b 对一次函数图象及性质的影响，加深对表格内容的理解．	3.几何画板演示，让学生直观地、动态地感知 k，b 对一次函数图象及性质的影响，加深理解． 　　教师重点关注： 　　1.学生对于上一节学习过的一次函数图象的画法是不是完全掌握？ 　　2.是不是所有的学生能参与课堂，按照老师的要求完成作图？ 　　3.学生是不是能根据自己画的图象回答经过哪几个象限，图象从左向右有什么趋势，以及函数的变化规律，是不是能完成从形到数的转化？ 　　4.学生能不能主动由具体的例子归纳一般的规律？ 　　5.督促学生完成一次函数图象及性质的表格内容	敢于表达自己的想法，学会倾听和交流． 　　2.引导学生应用由具体到抽象、由特殊到一般的思想方法，归纳一次函数性质． 　　3.通过类比正比例函数的研究方法，让学生明确需要研究函数的哪些性质，为后续研究反比例函数和二次函数打好基础；学生通过画图，探究一次函数的性质，并类比正比例函数性质的表格，尝试探究、设计表格；观察图象，归纳出一次函数的相关性质，完善表格内容．一次函数图象及性质用表格形式呈现，能帮助学生将知识条理化、系统化，便于理解记忆． 　　4.结合几何画板的动态演示，对表格内容进行梳理．通过改变 k，b 的取值，引导学生观察 k，b 对一次函数图象及性质的影响．直观的印象能加深学生对前面讨论得到相关结论的理解和记忆，是之前研究过程的有益补充
[活动3] 小试牛刀 　　练习1.一次函数 $y=-5x+3$ 的图象经过第（　　）象限． 　　A.一、二、三　　　　B.二、三、四 　　C.一、二、四　　　　D.一、三、四 　　练习2.已知函数： 　　①$y=0.2x+6$；②$y=-x-7$；③$y=4-2x$；④$y=-x$；⑤$y=4x$；⑥$y=-(2-x)$，其中，图象从左到右上升的函数是＿＿＿＿＿＿	请学生根据归纳的一次函数的图象及性质，完成练习1~3.并请几个学生给出自己的答案，简单地分享一下解题的思路和方法，教师适时给出点评	这一组题都是一次函数的图象及性质的简单应用，设计的目的就在于帮助学生理解和记忆刚才归纳的内容，为后续较复杂的应用做铺垫

问题与情境	师生行为与指导策略	设计意图
练习3. 点 A（1，y_1）和点 B（2，y_2）在同一直线 $y=2x+3$ 上，则 y_1，y_2 的关系是（　　） A. $y_1>y_2$　　　　B. $y_1<y_2$ C. $y_1=y_2$　　　　D. 无法确定	教师重点关注： 学生是否理解一次函数的性质	前一个环节归纳一次函数的性质，主要用了从特殊到一般的研究方法，练习1～3则要求学生能将一般规律应用到具体的、特殊的情境中
［活动4］登高望远 **例1** 点 A（x_1，y_1）和点 B（x_2，y_2）在同一直线 $y=kx+b$ 上，且 $k<0$. 若 $x_1<x_2$，则 y_1，y_2 的关系是（　　） A. $y_1>y_2$　　　　B. $y_1<y_2$ C. $y_1=y_2$　　　　D. 无法确定 **例2** 关于 x 的一次函数 $y=kx+k^2+1$ 的图象可能是（ 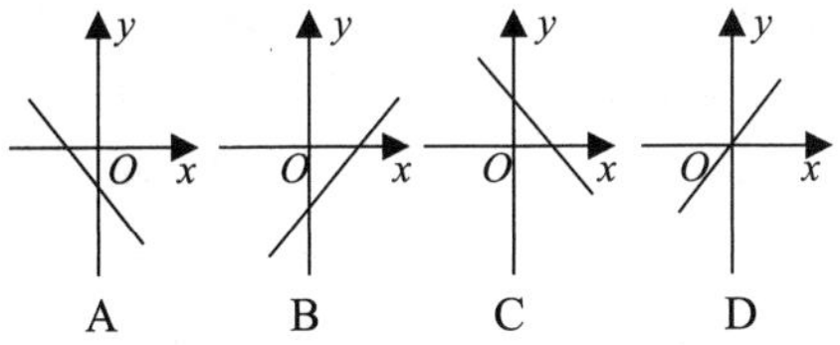　　） 　　A　　　B　　　C　　　D **例3** 已知一次函数 $y=mx-n$ 的图象如图所示，则 m，n 的符号是（　　） A. $m>0$，$n>0$ B. $m>0$，$n<0$ C. $m<0$，$n>0$ D. $m<0$，$n<0$ 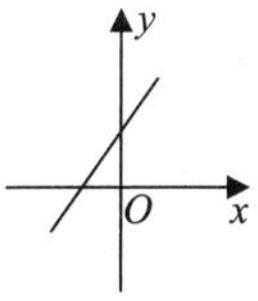 	教师引导学生通过分析例题，对解题方法进行归纳. 练习的设计在于巩固对例题的理解. 教师重点关注： 1. 一定请学生联系一次函数的图象及性质来解题，教师强调说明具体用了哪条性质. 2. 注意数形结合，学生是不是能自觉进行数形之间的转化	在上一个环节的基础上，这一组题引进了字母系数，形式上稍显复杂，逐步提高应用的难度，进一步深化学生对一次函数图象及性质的认识，培养学生的数形结合的数学思想. 在上一环节练习3的基础上设计例1，可以见数想形，先依据题意画出示意图，再由图识性，将图象从左到右的趋势转化为函数的变化规律，对数形结合的能力要求又提高了一个层次. 当然也可以直接根据表格的结论答题（其实，表格结论也不要求学生死记硬背，主要也是做到见数想形，心中有图，数形结合）. 例2给出了函数解析式，考查了 k^2 的非负性，判断出 $k^2+1>0$，再见数想形，得到图象与 y 轴交于正半轴，答案很容易就确定了. 承接例2见数想形的思路，设计例3，看图识性，从而判断出 m，n 的符号. 例2、例3相结合，进一步培养学生数形结合的思想

问题与情境	师生行为与指导策略	设计意图
[活动5] 1. 课堂小结 2. 布置作业： (1) 复习一次函数图象及性质； (2)《学习·探究·诊断》第十四章 测试4：4，5，7，13，14； 测试5：6. 选做题： 测试4：8； 测试5：5	学生回顾，总结归纳： 1. 一次函数的图象及性质； 2. 用类比的方法研究函数； 3. 数形结合的数学思想. 教师重点关注： 1. 学生能否很好地对本节课进行反思、总结？ 2. 作业当中学生出现错误率最高的是在哪个部分？针对问题及时集体讲评或者个别辅导，使应知应会的知识得到落实	1. 引导学生从知识和数学思想方法等方面回顾总结这节课，培养学生课堂学习以及作业之后反思的好习惯. 2. 课后的作业是帮助学生巩固课堂所学、落实四基的重要手段，也是检验课堂学习效果的重要途径. 由于《学习·探究·诊断》中《一次函数》这一章的内容都比较综合，不是针对某一节课的内容设置的，所以教师需要提前根据课堂教学进度把习题规划好，尽量保证学生作业与课堂内容能有很好的呼应. 选做题是本节课内容的延伸，给学有余力的同学一个提升能力的空间，培养学生的探究精神

所需要的教学资源

使用 PowerPoint、几何画板等软件制作教学演示课件，使用实物投影展示学生画的函数图象，增强学生与教师间的互动.

五、学习效果评价设计

(一) 学生学习效果评价分析

1. 通过本堂课的学习，学生应理解一次函数图象及性质；

2. 学生能够体会数形结合思想在由函数图象归纳函数性质的过程中的作用；

3. 绝大多数学生能应用函数的图象、性质及数形结合思想解决相关数学问题；

4. 学生学会用类比思想研究函数，为后面反比例函数和二次函数的学习奠定基础；体会研究数学问题的常用方法：由特殊到一般，由简单到复杂；

5. 在学习数学的过程中，培养学生探究精神，培养与他人交流的意识和能力.

(二) 教师自身教学效果评价

1. 教师应充分了解学生前期的学习状况，作出恰当的教学设计，并能适时调控教学过程；

2. 对于本节课的难点——由一次函数图象归纳一次函数性质，由形到数的转化过程要让学生用充分的时间去体会和理解；

3. 对于应用一次函数的图象、性质及数形结合思想解决相关数学问题，精心设计了 3 个环节，希望从简单起步，层层递进，使不同程度的学生都能有收获；

4. 本节课留给学生足够的积极思考、探究的时间，鼓励交流.

六、教学设计特色说明与教学反思

（一）教学设计特色说明

本节课从回顾正比例函数图象及性质入手，加深学生对已有知识的认知和理解，引导学生类比研究正比例函数的方法，数形结合地研究一次函数图象及性质，并用表格形式呈现，帮助学生将知识条理化、系统化，便于理解记忆. 在此基础上，指导学生应用一次函数图象及性质解决相关数学问题.

本节课针对学生在数形结合思想的理解和应用上存在一些困难这一情况，在由函数图象归纳函数性质和利用数形结合思想解题过程中，求稳不求快. 在练习和例题的安排上，有层次、有梯度地设计了两个环节，让学生层层深入地理解一次函数图象及性质.

本节课在引导学生共同探究、归纳一次函数性质的过程中，调动学生积极性，培养学生的探究精神和与他人交流的意识及能力.

本节课有两处设计较好：一是类比研究正比例函数的方法，数形结合地研究一次函数图象及性质，并引导学生将得到的函数性质设计成表格的形式呈现，帮助学生将知识条理化、系统化，便于理解记忆；二是让学生根据要求自行给 k，b 赋值，得到不同的一次函数，一方面能激发学生学习的主动性和积极性，另一方面也为下一步的总结归纳提供更多的具体实例，让特殊到一般的研究方法更具说服力.

（二）教学反思

总结本节课的教学，我感觉基本完成了教学任务，尤其是学生对一次函数图象及性质的探究活动很充分，对相关性质的理解和记忆落实得较好. 但也正由于探究活动很充分，时间花得比较多，所以应用一次函数图象及性质和数形结合思想来解决比较复杂的问题这个环节没能按设想的全部完成，后续的教学中还需继续完成. 此外，在探究一次函数的性质时，学生画出满足"一次项系数 $k<0$，常数项 $b>0$"的具体的一次函数图象的只有一个人. 为避免全班没人画出满足"一次项系数 $k<0$，常数项 $b<0$"的具体的一次函数图象的尴尬，我临时变换思路，请同学尝试直接画出满足这个条件的一次函数示意图，再引导学生从正比例函数图象平移得到相应的一次函数图象这个角度去理解.

教学是教与学相互碰撞的、相互交融的过程. 任何一个好的教学设计，一定是从学生的角度出发，在实施教学的过程中，根据实际情形灵活应变，用老师的热情点燃学生的热情，用老师的智慧激发学生的智慧. 我希望我能做一个学生心目中热情而且有智慧的好老师.

《数形结合解决方程问题》教学设计

北京三帆中学　樊方园

西城区二等奖　2011 年 12 月

学情分析	学生之前学习了二次函数的图象与性质，用函数观点看一元二次方程，待定系数法求二次函数解析式，二次函数的实际应用，能比较熟练地应用二次函数的相关概念和方法．在二次函数的图象与性质学习中，学生自己探索过二次函数 $y=ax^2+bx+c$ 中 a，b，c 及由 a，b，c 组成的简单代数式的符号对函数图象的影响；在用函数观点看一元二次方程中，也初步体会了应用二次函数及其图象解决问题，总体对用数形结合解决二次函数及相关问题有一定的认识． 　　在初一、初二的教学过程中，我也在不断渗透数形结合的思想方法．提及数形结合，大部分学生可以联想到——数轴与有理数，直线与一次函数，反比例函数与双曲线……面对二次函数图象问题，大部分学生已经可以较好地进行观察，提炼信息，完成从形到数的转化，故本课仅对此点作复习．但是在给出函数解析式，要把代数信息恰当地反映到函数图象中来时，学生还显薄弱；在遇到描述函数增减性等问题时，部分同学可以立即想到画函数图象辅助解决，但是在面对一些其他类型的代数问题时——比如在一些方程问题中，需要自己构造函数，之后再利用函数图象解题时，学生就显得无从下手，有时即使构造出函数，画出图象也不知如何来用——整体上还缺少数形结合的思想，尤其是从数到形的转化方面比较薄弱． 　　基于此，本节课的教学重点是落实将代数信息恰当地转化到二次函数图象中；在遇到一元二次方程问题时，能够有意识地构造函数，适时利用函数图象来解决方程问题

教学目标	知识与技能	1. 理解二次函数各项系数及由系数组成的代数式与函数图象之间的对应关系． 2. 能够建立二次函数与一元二次方程之间的联系，在必要时能根据方程构造出函数． 3. 能够根据二次函数中的代数信息，恰当地画出函数图象，辅助解题
	过程与方法	体会利用图象解决问题的方法，初步形成利用数形结合解决方程问题的意识
	情感态度与价值观	了解代数几何之间的联系，体会到数学的整体美

教学重点	能够将二次函数中的代数信息恰当地反映到二次函数的图象中， 在遇到一元二次方程问题时，能够适时构造函数，有意识地利用函数图象来解决问题
教学难点	在遇到一元二次方程问题时，能够适时构造函数，有意识地利用函数图象来解决问题

教学过程设计

教学过程	设计意图
温故知新 二次函数图象特征与二次函数解析式中各系数的对应关系．	回顾如何根据图象读出二次函数解析式中各项系数的符号及一些特殊代数式的取值范围．

教学过程	设计意图
二次函数 $y＝ax^2＋bx＋c$ 的图象如下图所示： （1）请判断 a，b，c 和 $b^2－4ac$ 的符号． （2）你还能得到哪些信息？ 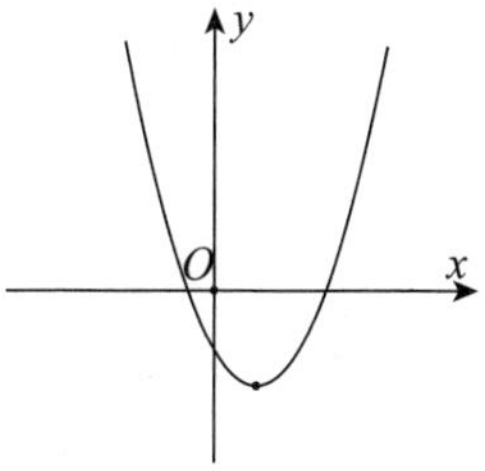 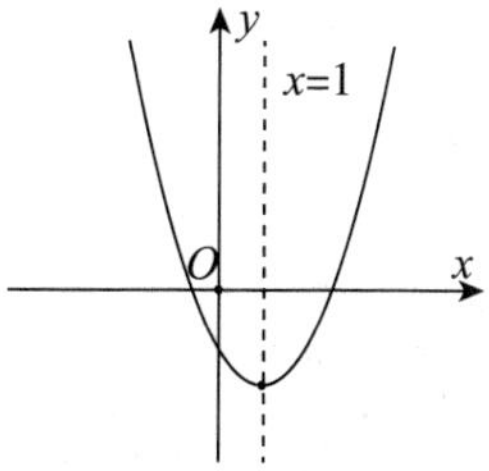 （3）根据（2）中的图象，判断下列命题的正误： ①$4a＋2b＋c<0$；②$9a＋3b＋c<0$；③$a＋c>b$；④方程 $ax^2＋bx＋c＝0$ 有两个不等实根 x_1 和 x_2（$x_1<x_2$），其中 $2<x_2<3$． 小结：如何看二次函数的图象？关注哪些信息	在此基础上明确"如何看图"
数形结合解决方程问题 **例 1** 已知二次函数 $y＝ax^2＋bx＋c$，有下列命题： ①若 $b^2－4ac>0$，则二次函数的图象与坐标轴有 3 个公共点；②若 $b>a+c$，则一元二次方程 $ax^2＋bx＋c＝0$ 有两个不相等的实数根；③若 $a＋b＋c＝0$，则 $b^2－4ac≥0$．正确的是_____	体会利用函数图象解决代数问题——注意将题目中的代数信息反映到函数图象中
例 2 已知关于 x 的一元二次方程 $ax^2＋bx＋c＝0$ 有两个不等实根 m，n（$m<n$），$ax^2＋bx＋c＋2＝0$ 有两个不等实根 p，q（$p<q$）．若 $a>0$，则 m，n，p，q 从小到大排列为_____	分析题目信息，构造二次函数，再利用函数图象解决问题
例 3 已知关于 x 的一元二次方程 $x^2－2x＋n＝0$ 的两个不等实根在 0 和 2 之间（不包括 0 和 2），则 n 的取值范围是_____	能够构造二次函数，并利用函数图象解决问题． 初步形成利用函数图象解决方程问题的意识．能够将代数信息恰当地反映到图象中来
小结 数形结合解决方程问题： 根据方程构造出相应的函数； 根据数的结构特征，绘制出相应的函数图象； 利用图象的特征，解决方程的问题	小结利用数形结合解决方程问题的步骤
【思考】1. 已知关于 x 的一元二次方程 $x^2－2x＋n＝0$ 有两个不等实根，其中有且只有一个实根在 0 和 3 之间（不包括 0 和 3），则 n 的取值范围是_____． [注意本题与"抛物线与 x 轴有且只有一交点在 0 和 3 之间的区别"] 2.（选做）实数 a，b，c 满足 $(a＋c)(a＋b＋c)<0$，试判断 $(b－c)^2$ 与 $4a(a＋b＋c)$ 的大小	初步形成利用函数图象解决方程问题的意识．能够将代数信息恰当的反映到图象中来． 联想到一元二次方程根的判别式，构造二次函数，借助函数图象的连续性解决问题
作业：1. 补充完成学案 2. 完成思考题	本课学习的巩固与提升

《代数式求值中的常用方法》教学设计

北京三帆中学　张慧艳

西城区二等奖　2012年2月

指导思想与理论依据
《义务教育数学课程标准（2011年版）》规定了初中数学的教学要求：使学生获得适用未来社会生活和进一步发展所必需的重要数学知识，以及基本的数学思想方法和必要的应用技能．中学数学教学已将培养学生数学素养作为教学目标之一，而实现这一目标的重要途径是注重在教学中渗透数学思想方法．本节课尝试通过问题解决方式使学生掌握重要的数学方法：整体代入法，设参数法，了解降次的方法，体会重要的数学思想：转化与化归的思想，尤其是整体代换——换元法的初级阶段，换元法的实质就是将一部分视为一个整体进行代换，为今后的换元法做了铺垫．中考考试要求中，代数式求值这一内容要求为掌握，即能在理解的基础上，把对象运用到新的情境中去．整体代入法作为重要的数学方法不只在初中阶段应用较多，在后续的高中学习中也是重要的解题方法

教学背景分析
教学内容：本节是整式加减基础内容完成后的一个小专题课，对于常见代数式求值的方法进行归纳提升，让学生能更好地解决相关问题． 　　学生情况：学生基础较好，但是升入中学后规范书写的能力不够，需要通过教师的引导和训练达到较好的目标，课上要求教师规范板书，学生认真完成学案． 　　教学方式：启发引导式

教学目标
1. 综合应用整体代入和设参法解决代数式求值的相关问题，进一步巩固有理数、整式的运算； 2. 引导学生积极探索已知与所求的联系，进一步培养学生发现、探索、归纳的能力； 3. 使学生在不断解决问题的过程中体验成功的快乐，增强数学学习的自信心． 教学重点、难点分析： 通过观察对代数式进行恰当变形，灵活运用整体代入法及设参法求代数式的值

教学过程设计

教学内容	师生活动	设计意图
一、复习及课题引入 已知 $\dfrac{a-b}{a+b}=3$，求代数式 $\dfrac{2(a+b)}{a-b}-\dfrac{4(a-b)}{3(a+b)}$ 的值	教师提问，学生解答	利用一道作业题回忆基本代数式求值的解题方法，并提出本节课的课题
二、方法展示，层层递进 例1　当 $m=2\pi$ 时，多项式 am^3+bm+1 的值是0，求多项式 $4\pi^3 a+\pi b+5\dfrac{1}{2}$ 的值	学生分享想法、做法，教师规范板书．提出"整体代入"法	使学生在不断分析已知条件，并结合已知条件对所求代数式进行恰当变形的过程中领会整体代入的方法

教学内容	师生活动	设计意图
练习1. 已知 $(x+5)^2+\|y^2+y-6\|=0$，求代数式 $y^2-\dfrac{1}{5}xy+x^2+x^3$ 的值. **例2** 已知 $x^2=2x+3$，求代数式 $7x^3-8x^2-33x+15$ 的值. 练习2. 已知 $x^2-3x-1=0$，求代数式 $2x^3-3x^2-11x+8$ 的值. **例3** 已知 $abc\neq0$，且 $\dfrac{a}{2}=\dfrac{b}{3}=\dfrac{c}{5}$，求代数式 $\dfrac{6a-2b-3c}{3a+2b+c}$ 的值. 练习3. 若 $\dfrac{x}{3}=\dfrac{y}{4}=\dfrac{z}{5}$，且 $4x-5y+2z=10$，求 $2x-5y+z$ 的值	学生练习，交流，完成书写. 学生仔细观察、探索、尝试. 学生讲述解题思路、解题过程，教师点评、归纳. 课堂上由学生综合运用所学解决问题. 学生思考，教师引导并讲解对于成比例关系的"设参法"，规范板书	强化学生规范书写的意识. 对已知条件以及代数式的变形提出了更高的要求，要学生在不断观察和尝试中找到突破口. 方法的灵活运用，整体代入起到降次的目的，从而求值. 条件的适当调整，让学生会将未知的问题向自己熟悉的知识转化. 积极探索，独立完成. 利用"设参法"解决代数式求值问题
三、师生小结 本节课你有哪些收获？ 说一说你的解题心得和体会	学生梳理所学内容，交流解题感受，教师适当评价、补充	加深认识，增强数学学习的信心
四、作业 复习、整理学案上的课堂例题，完成课后练习	学生独立完成，第二天上交完整的表述过程	通过作业进一步巩固所学

学习效果评价设计

评价方式   通过课堂提问、学案完成以及日后阶段检测来检验学生的掌握情况
评价量规   1. 学案的书写情况   2. 思考题的完成情况   3. 阶段检测的完成情况

本教学设计与以往或其他教学设计相比的特点

本节是整式加减基础内容完成后的一个小专题课，对于代数式求值中的常见方法进行巩固提升，综合应用整体代入和设参法解决代数式求值的相关问题，进一步巩固有理数、整式的运算；课上利用启发引导式，引导学生积极探索已知与所求的联系，进一步培养学生发现、探索、归纳的能力；通过观察对代数式进行恰当变形，灵活运用整体代入法及设参法求代数式的值. 由于是初一新生，课上要求教师规范板书，学生认真完成学案. 在例题的设计上，环环相扣，螺旋式上升，例题与练习交织，既有讲也有练. 在实际教学中学生的思维能力得到充分的发挥，学生参与度极高，教学目标基本实现. 通过本节课的教学，能使学生在不断解决问题的过程中体验成功的快乐，增强数学学习的自信心

《线段与角的求解》教案

北京三帆中学 樊方园

西城区二等奖 2012 年 12 月

教学目标	知识技能	1. 理解图形的不确定性会引发分类讨论. 2. 能够根据题意绘制图形来解决较为简单的线段与角的求解问题. 3. 能够在必要时利用代数的知识来辅助几何问题的解决
	数学思考	1. 根据题意逐步绘制图形来体会由图形位置的不确定性会引发分类讨论, 了解"不确定性"是分类讨论的主要原因之一, 并且初步理解分类的方法. 2. 能够将几何中的分类讨论问题转化为代数问题解决, 在这个过程中使得学生意识到代数与几何之间的联系及方法上的共性
	问题解决	在遇到图形不确定时能够根据题意绘制图形求解线段或角
	情感态度	体会代数与几何的联系, 进而体会数学的整体美
教学重点		对于线段或角的求解问题, 在遇到图形不确定时能够不重不漏的绘制图形, 必要时进行分类讨论
教学难点		1. 在遇到多层分类的问题时, 能根据题意逐步画图解决或者转化为代数问题解决. 2. 在角的分类讨论中, 对于大于 $180°$ 的角的处理与转化问题

教学过程

教学环节	教师活动	学生活动	设计意图	时间安排
引入	请续写一段话——我突然睁开眼睛, 看了看表, 12 点…… [严格控制两分钟时间, 掌控学生讨论方向] 由于中午, 晚上, 周末, 平时等因素的不确定性, 会引发我们多种猜想, 好, 这也是我们这节课要讨论的问题——线段与角的求解——分类讨论	【讨论】"完了, 今天爸爸不在家, 我上学迟到了……", "看看外面天还黑着, 原来是半夜, 看来我做了一个噩梦……", "怎么办啊, 迟到了, 正急得满头大汗, 呃, 今儿周末啊……"	由一个非数学问题引入, 激发学生的兴趣. 体会不确定性会引发分类讨论	2 min
图形不确定性——分类讨论	例1 (1) 已知 A, B, C 三点共线, $AB=2$, $BC=3$, 则 $AC=$_____.	(1) 1. (2) 1 或 5. 为什么? 没有图形——结果不唯一了. $\overset{\bullet}{A}\quad\overset{\bullet}{B}\qquad\overset{\bullet}{C}\ \overset{\bullet}{C}\ \overset{\bullet}{A}\qquad\overset{\bullet}{B}$ 关于这个问题, 还有哪些想法?	有图到无图使学生理解图形的不确定性会引发分类讨论.	5 min

教学环节	教师活动	学生活动	设计意图	时间安排
	（2）已知 A，B，C 三点共线，$AB=2$，$BC=3$，则 $AC=$ ___. 【思考】已知 $AB=2$，$BC=3$，求 AC. 	可能性 1：提出去掉"A，B，C 三点共线" → 思考题，课后研究. 可能性 2：联想到"数轴" → 之后的方法，例题引入可略	多个教学预案，尊重学生的思考，根据学生的思路设计教学	
看题画图	图形位置的不确定可能会导致需要分情况来讨论，那么我们如何来求解这些问题呢？ **例 2** 已知 A，B，C，D 四点共线，$AB=2$，$BC=3$，$CD=4$，则 $AD=$ ___	【讨论】引导学生根据题意画图： （1）画出直线 AB； （2）先确定点 C 相对于点 B 的位置——以 B 为圆心，3 为半径画图； （A）C 在线段 AB 的延长线上 （B）C 在线段 BA 的延长线上 （3）确定点 D 相对于点 C 的位置——以 C 为圆心，4 为半径画图； （A1）D 在线段 AC 的延长线上 （A2）D 在线段 AB 上 （B1）D 在线段 AB 的延长线上 （B2）D 在线段 BC 的延长线上 （若有学生提及用数轴的思想转化为代数问题解决，则先讲代数的方法）	学生面对较为复杂的分类讨论问题，体会根据题意画图寻找思路的方法	10 min
几何——代数	【引导题】在数轴上，点 A 对应数 1，$AB=3$，则点 B 对应的数为 ___	如果学生之前已经提出过这个方法，则不需要出引导题	引导学生利用数轴解决线段的分类讨论问题	1 min
	【温故知新】 **例 2** 已知 A，B，C，D 四点共线，$AB=2$，$BC=3$，$CD=4$，求 AD.	【代数方法】 （A1）$AB+BC+CD=2+3+4$ （A2）$AB+BC-CD=2+3-4$ （B1）$AB-BC+CD=2-3+4$ （B2）$\lvert AB-BC-CD\rvert=$ $\lvert 2-3-4\rvert$	使学生了解利用代数的方法可以解决几何分类讨论的问题	5 min

教学环节	教师活动	学生活动	设计意图	时间安排
	例2配套练习 （1）在同一平面上，$\angle AOB=20°$，$\angle BOC=30°$，$\angle COD=40°$，则$\angle AOD=$ _____． （2）在同一平面上，$\angle AOB=70°$，$\angle BOC=80°$，$\angle COD=90°$，则$\angle AOD=$ _____	类比之前的例题1解决问题． 通过现场改变角度，使得学生意识到线段与角的区别——"角一般指不超过180°的角"，所以（1）与（2）就不仅仅是数据上的区别了	使得学生把线段求解的方法迁移到角的求解中	3 min
角平分线与线段中点	例3 在同一平面上，$\angle AOB=60°$，过O作一条射线OC，射线OD平分$\angle BOC$，射线OE平分$\angle AOC$，则$\angle DOE=$ _____	（1）射线OC在$\angle AOB$内． （2）射线OC在$\angle AOB$外OA，OC在OB同侧． 这两种情况下，都有$\angle DOE=\dfrac{\angle AOB}{2}=\dfrac{60°}{2}=30°$． （3）射线$OC$在$\angle AOB$外，$OA$，$OC$在$OB$两侧，有$\angle DOE=150°$	关于角的分类讨论——进一步理解角与线段的区别	10 min
角平分线与线段中点	例3配套练习 请你把例3改编为一道线段的练习题	已知A，B，C三点共线，$AB=6$，E，F分别平分BC，AC. 则$EF=$ _____.	学生自己编题，进一步体会线段与角的联系	3 min
小结	【小结】线段与角的求解——分类讨论 　1. 根据题意画图——线段长，看左右；要转角，分顺逆． 　2. 几何问题——代数问题处理．			4 min

续表

课后练习	《线段与角的求解》课后练习 抄题、画图写在作业本上，解答题需要写过程. 1. 已知 A，B，C 三点在同一条直线上，$AB=7$，$BC=3$，点 M，N 分别为线段 AB，BC 的中点，则 $MN=$ _____. 2. 在直线 AB 上任取一点 O，过点 O 作射线 OC，OD，使 $\angle COD=90°$，当 $\angle AOC=30°$ 时，$\angle BOD=$ _____. 3. 已知 A，B，C 三点在同一条直线上，且线段 $AB=7$ cm，线段 $BC=3$ cm，点 M，N 分别为线段 AB，BC 的中点，求线段 MN 的长. 4. 已知 $AB=2$，$BC=3$，求 AC. 5. 同一直线上 A，B，C，D 四点，已知 $AD=\dfrac{3}{5}DB$，$AC=\dfrac{5}{3}CB$，且 $CD=12$ cm，求 AB 的长. 6. 点 M 是线段 AB 的中点，点 N 在直线 AB 上．探索 AN，BN 与 $2MN$ 的数量关系，并说明理由	对所学知识进行巩固与提升，并且要求书写解题过程——本课为了避免冲淡主题，所有例题都是填空题，但是让学生练习严谨的几何推理书写过程是一个需要持续坚持的事情，我在后续教学中也会坚持这一点
板书设计	线段与角的求解——分类讨论 原因：图形的**不确定性**→分类讨论 方法：根据题意逐步画图 确定——不确定 线段长，看左右；要转角，分顺逆 例2 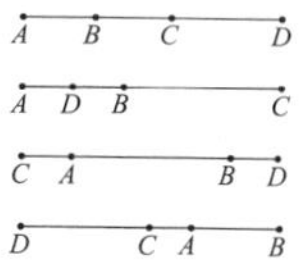 $AB+BC+CD=2+3+4$ $AB+BC-CD=2+3-4$ $AB-BC+CD=2-3+4$ $|AB-BC-CD|=|2-3-4|$ 技巧：几何问题→代数问题 右/顺时针＋，左/逆时针－	
教学反思与前测后测对比	1. 在前测中，发现 80% 的学生对于简单的分类讨论问题如"若 A，B，C 三点共线，$AB=5$，$BC=3$，则 $AC=?$"，可以自己解决，但是对于多个不定因素的问题，比如"若 A，B，C，D 四点共线，$AB=5$，$BC=3$，$CD=11$，则 $AD=?$"，全班只有不到 20% 的同学可以讨论完全．因为学生在绘图前缺乏分析，而是凭借自己的感觉，想到哪个画哪个，所以在本课的教学中，不重不漏地进行分类讨论是我的教学重点，在后测中，全班有 87.5% 的同学能够较好地完成多变量问题的分类讨论，基本达到我的预期目标. 2. 在前测中，我有意设置了线段与角的类比问题，让学生注意到线段与角的问题之间的联系与区别，但是有部分学生完全没有意识到．两者联系——比如有 50% 的学生在线段（角）问题回答正确但是在对应的角（线段）的求解问题上回答错误，所以在教学中设置了类比学习的环节，让学生将角的问题改编为线段的问题以巩固认识．在后测中，有 90% 的学生没有再出现两者对应关系的问题；学生对于两者的区别——"角具有不大于 180° 的规定"虽然知道，但是几乎没有建立与问题的联系，在画图时也缺乏意识，所以在教学中进行角与线段的对比时，应用"（1）在同一平面上，$\angle AOB=20°$，$\angle BOC=30°$，$\angle COD=40°$，则 $\angle AOD=?$，（2）在同一平面上，$\angle AOB=70°$，$\angle BOC=80°$，$\angle COD=90°$，则 $\angle AOD=?$"，在现场改变数据，让学生注意到对于超过 180° 角的处理方案．这个问题在前测中只有 7.5% 的同学能正确处理，在后测中上升到了 62.5%，但是还是有待后期巩固．同时，更高层次，利用例3"在同一平面上，$\angle AOB=60°$，过 O 作一条射线 OC，射线 OD 平分 $\angle BOC$，射线 OE 平分 $\angle AOC$，则 $\angle DOE=?$"让学生在自己画图中进一步体会对于角的分类与线段的不同之处．不过作为学生的一个难点，在后测中同样的题目，还是有 25% 的学生出错，在后续教学中还要持续渗透.	

> 3. 本课在教学中还要渗透代数与几何方法的共性，利用代数技巧来解决几何分类讨论问题，能够让学生的知识建立起网络．在课堂中显示，有部分同学已经能联想到数轴，但是表述不清楚，结果还是应用了铺垫题目，学生才能够立刻建立起联系，因此在这些地方的点拨还是必要的，但是后续效果还有待长期的观察

前测

姓名：_____   学号：_____

1. 若 A，B，C 三点共线，$AB=5$，$BC=3$，则 $AC=$_____.

2. 若 A，B，C，D 四点共线，$AB=5$，$BC=3$，$CD=11$，则 $AD=$_____.

3. 若 A，B，C 三点共线，$AB=5$，E 是 AC 中点，D 是 BC 中点，则 $DE=$_____.

4. 若在同一平面上，$\angle AOB=50°$，$\angle BOC=30°$，则 $\angle AOC=$_____.

5. 若在同一平面上，$\angle AOB=50°$，$\angle BOC=30°$，$\angle COD=110°$，则 $\angle AOD=$_____.

6. 若在同一平面上，$\angle AOB=50°$，$\angle BOC=30°$，射线 OM 平分 $\angle AOB$，ON 平分 $\angle BOC$，则 $\angle MON=$_____.

7. 如图，射线 OB 是正北方向，射线 OA 是正西方向．按逆时针方向，射线 OA 和射线 OB 之间还顺次有两条射线 OC，OD．作 $\angle AOC$ 的角平分线 OM，作 $\angle BOD$ 的角平分线 ON．若 $\angle MON=160°$，则 $\angle COD=$_____.

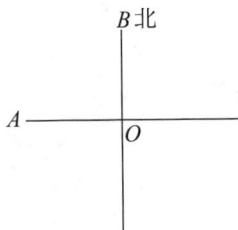

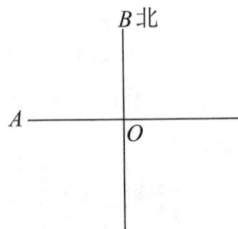

后测

姓名：_____   学号：_____

1. 若 A，B，C，D 四点共线，$AB=6$，$BC=3$，$CD=11$，则 $AD=$_____.

2. 若 A，B，C 三点共线，$AB=6$，$BC=3$，M，N 分别是 AB，BC 中点，则 $MN=$_____.

3. 若在同一平面上，$\angle AOB=60°$，$\angle BOC=30°$，$\angle COD=110°$，则 $\angle AOD=$_____.

4. 若在同一平面上，$\angle AOB=60°$，过 O 作一条射线 OC，射线 OE 平分 $\angle AOC$，射线 OD 平分 $\angle BOC$，则 $\angle DOE=$_____.

5. 如图，射线 OB 是正北方向，射线 OA 是正西方向．按逆时针方向，射线 OA 和射线 OB 之间还顺次有两条射线 OC，OD．作 $\angle AOC$ 的角平分线 OM，作 $\angle BOD$ 的角平分线 ON．若 $\angle MON=160°$，则 $\angle COD=$_____.

《有序数对》教学设计

北京三帆中学　张　炜

西城区二等奖　2014 年 6 月

指导思想与理论依据

皮亚杰的建构理论认为，我们认识到知识必须由主体自我建构，因此课堂中为学生创设学习情境，促进学生主动参与，主动思考，使学生自主探究学习显得尤为重要．

同时，《义务教育数学课程标准（2011 年版）》中指出：学生学习应当是一个生动活泼、主动的和富有个性的过程．认真听讲、积极思考、动手实践、自主探索、合作交流都是学习数学的重要方式，新课标倡导积极主动、勇于探索的学习方式，学生的学是中心，会学是目的，把课堂交给学生．

因此，本节课采用图片展示引入的方式，引导学生进行大胆猜想、自主探索、合作交流，使他们成为学习的主人，建构起自己的知识．色彩斑斓的图片展示是学生喜闻乐见的形式，让学生从发现探究开始进入学习，有利于学生主动参与教学活动的全过程，激发他们的学习兴趣，加深对知识的理解，培养学生的探索、创新意识，不仅符合学生的年龄特点，而且也可以让学生在探究的过程中体验学习的快乐

教学背景分析

教学内容：

本节课的教学内容是义务教育课程标准实验教科书数学七年级下册第 7 章《平面直角坐标系》中的第一节《有序数对》．

平面直角坐标系是学生在初中阶段学习函数的基础，而本节课的内容又是学习平面直角坐标系的前提．建立平面直角坐标系以后才能建立实数与平面内的点之间的对应关系，可以说平面直角坐标系是"数"与"形"结合的基本工具，也是学生学习函数及其图象的基础．所以本节课中，要让学生通过实例，体会"数"与"形"的关系．

学生情况：

在小学阶段，学生对"用数对表示具体情境中物体的位置"有一定的了解，而且通过半年的初中学习，学生初步形成了合作交流、勇于探索和实践的良好学风，师生之间、学生之间能够积极有效的互动．学生思维活跃，具有一定的逻辑推理能力．

初一年级的学生，逐渐从具体形象思维向抽象思维过渡，因此这节课从具体事例出发，从具体到抽象，降低难度．结合学生的实际生活经验，通过大量实例的介绍和分析，吸引学生注意力，提高学生学习热情，积极参与课堂讨论，加深学生理解．

教学方式：问题探究式教学

教学手段：教学中使用 PPT 展示图片等信息

技术准备：PPT 课件

教学目标及重难点

教学目标:

1. 知识与技能:

(1) 理解有序数对的意义;

(2) 能用有序数对表示实际生活中物体的位置.

2. 过程与方法:

通过用有序数对确定位置,经历建立数学模型解决实际问题的过程,体会数形结合的思想.

3. 情感、态度与价值观:

(1) 强化交流意识和探索精神;

(2) 体验数学来源于实践及应用于实践的应用意识.

教学重点:有序数对的概念及平面内确定点的方法.

教学难点:对有序数对中的"有序"的理解,会利用有序数对表示平面内的点

教学流程示意

1. 创设情境　引入课题

2. 分析特征　归纳定义

3. 深入探究　巩固概念

4. 课堂小结　布置作业

教学阶段	教生活动	设计意图
创设情境 引入课题	活动1 1. 通过展示残缺的电影票,提问学生能否准确找到位置,引导学生理解"数对"的含义. 2. 进一步对比展示两张完整的电影票,引导学生理解"有序"意义. 3. 请学生尝试总结:要在电影院中准确找到座位,需要哪些信息? 活动2 请学生思考,生活中还有哪些地方会用到有序数对来表示物体位置呢?有序数对有哪些应用呢?	从学生熟悉的实际例子出发,结合学生的生活经验进行判断,帮助学生理解"有序"和"数对"两个要素. 通过对比相同数对,不同顺序的例子,让学生避免出现"先入为主"的问题,进一步理解有序的意义. 通过前面的具体分析,让学生根据自己的理解进行总结. 引导学生结合生活经验和所学知识,举出实际例子,进一步体会有序数对的应用.

续表

教学阶段	教生活动	设计意图
创设情境 引入课题	教师引导学生共同给出实例：地球经纬度、北京奥运会击缶而歌、十字绣、棋盘等	
分析特征 归纳定义	1. 根据前面举出的生活实例，归纳有序数对的定义： （1）有顺序的两个数 a 与 b 组成的数对，叫作有序数对（ordered pair），记作（a，b）. （2）结合电影票问题中（9，7）和（7，9）的差异，提出注意事项：（a，b）和（b，a）是不同的有序数对. 2. 根据定义，请学生尝试对北京的经纬度进行表示. 3. 巩固练习： 如图，已知 B 对应的有序数对是（5，2），写出表示其余各点的有序数对 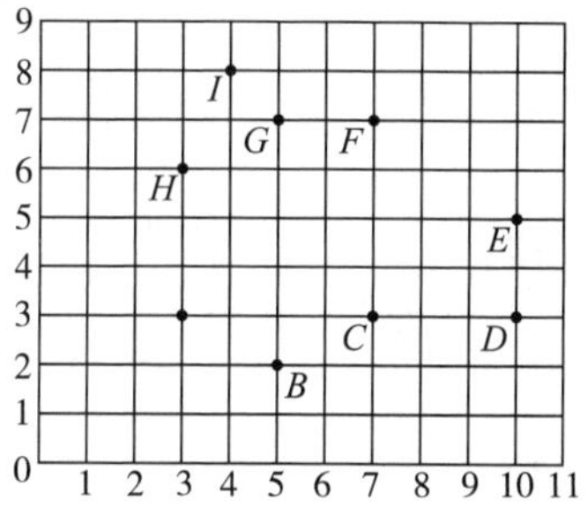 	让学生立即对定义进行理解应用，加深理解
深入探究 巩固概念	例1 如图，棋盘上马所处的位置为（2，3）. 1. "象"的位置为_____； 2. "马"走"日"，则它下一步可以到达的位置有哪些？ 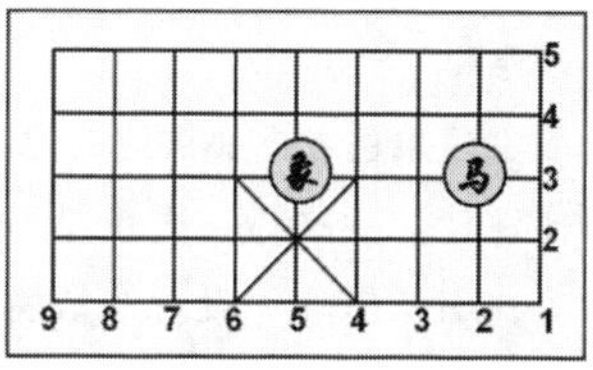 例2 如图是某次海战中敌我双方舰艇对峙示意图，对我方潜艇3来说： 1. 东北方向上有哪些敌舰？要想确定敌舰 B 的位置，需要什么数据？ 2. 要确定每艘敌舰的位置，各需要几个数据？ 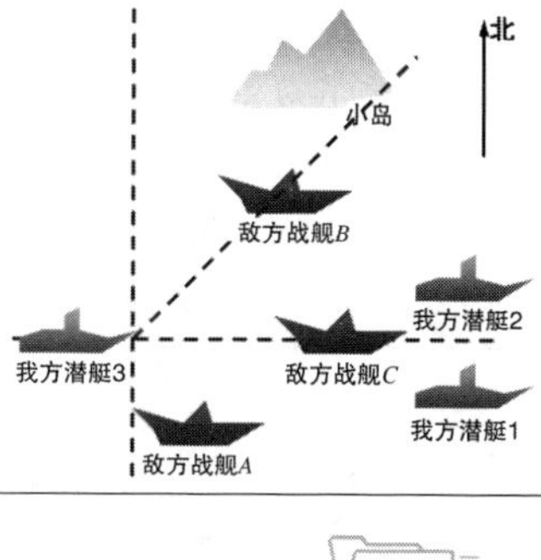 	通过直角坐标和极坐标的两种方式，一方面加深对有序数对概念的理解，另一方面引导学生归纳在平面内表示点的位置的两种不同方法.

教学阶段	教生活动	设计意图
深入探究 巩固概念	例3 右图是一台雷达探测相关目标得到的结果,若记图中目标 C 的位置为 (4,240°),则其余各目标的位置分别是多少? 引导学生总结在平面上确定点的位置的常用方法: (1) 以某一点为原点 (0,0) 将平面分成若干个小正方形的方格,利用点所在的行和列的位置来确定点的位置; (2) 以某一点为观察点,用方位角(或方向角)、目标到这个点的距离这两个数来确定目标所在的位置. 课堂练习 (1) 如果一类有序数对 (x,y) 满足方程 $y=5-x$,则下列数对不属于这类的是( ). 　A. (3,2)　B. (2,3)　C. (6,1)　D. (-1,6) (2) 某人在车间工作的时间 t 与工作总量 y 组成有序数对 (t,y),若工作效率不变,其中两组数对分别为 (4,80),(7,y),则 $y=$ _____	让学生自己尝试归纳,回顾例题,提升归纳概括能力
课堂小结 布置作业	1. 为什么要用有序数对表示点?没有顺序可以吗? 2. 已知两个数,要在平面上找到对应的点,还需要哪些信息? 3. 平面上表示点的位置,常用的方法有哪些	回顾整节课内容,系统总结

教学设计说明

一、摒弃旧的教学观念,建立全新的教学理念

在教学中,改变了自己以往在课堂教学中的主角角色:把要讲述的内容当作"剧本",然后自己在讲坛上尽情演绎,将知识灌输给学生.而是尽可能地让学生去做、去想,并从中探索规律和发现规律.通过学习经验共享,培养学生的交流、表达能力.在引入阶段,设置好情境,让学生去发现并归纳有序数对的特征,进而达到加深理解的目的.

二、教师角色的转变

教师应从知识的传授者转变为学习的组织者、引导者、合作者与共同研究者,要让学生演好主角的角色,就必须为学生设计好适合学生演绎的剧本.教学过程以学生自主探索为主,训练学生的自学能力,激发学生的求知欲.

三、尊重个体差异,面向全体学生

这是新课标努力提倡的目标,要求教师要及时了解和尊重学生的个体差异,承认差异,要尊重学生在解决问题的过程中所表现出来的差别,不挖苦、不讥讽,相反在问题情境的设置、教学过程的展开、练习的安排中,都要尽可能让全体学生能主动参与.每个人的生活经验不同,接触到的东西也不同,所以让学生自己举例子,既能引起大家的兴趣,又能培养学生的表达能力

《平面向量数量积的应用》教学设计

北京师大二附中　黄　悦

西城区三等奖　2006年6月

指导思想与理论依据

新课标要求：在形成概念、发现规律、获取知识和理解内化的数学学习过程中，应发展数学能力和一般能力，学会数学学习和应用的基本方法．因此，对于向量数量积的应用的教学，不能只满足于结论的证明与应用，而应鼓励学生通过分析综合、归纳抽象、类比猜想、思辨批判，去发现规律、探求真知、体验创新．

平面向量是一个解决数学问题的好工具，它具有良好的运算性质和清晰的几何意义．在数学的各个分支和相关学科中有着广泛的应用．向量不仅具有数的特征，而且具有形的特征，因此它是重要的数学模型．它可以解决许多几何问题，也是解决许多物理问题的重要模型．

本节课以学生为主体，运用"引导—探究"模式进行教学．在课堂上鼓励学生主动参与、主动探究、主动思考、主动实践，在教师合理、有效的引导下进行高效率学习，充分体现探究的过程和实现对学生探究能力培养的过程

教学背景分析

教学内容：本节课是在学生已经学习了向量数量积的有关性质和有关运算律之后的一节向量数量积的应用课．在教学中启发学生逐步理解向量数量积的运算特点，掌握向量数量积的运算规律和有关方法；引导学生注意向量数量积性质相关问题的特点，以熟练地应用向量数量积的性质．

学生情况以及教学方式：利用向量的数量积处理有关长度、角度和垂直问题是要求学生重点掌握的，所以我考虑从平面向量数量积这个内容入手来启发学生研究一些相关的问题．

我教的是高一普通班，学生层次比较明显，也存在两极分化的现象．针对这种现状，我在授课时比较注意结合已有知识组织教学，多对学生加以启发引导，让不同程度的学生都能有所收获

教学目标

1. 回顾向量数量积的定义及其相关性质．

2. 转变常规视角，引导学生应用向量的数量积解决实际问题，充分体现利用向量解决问题的优越性，提高学生应用数学的能力．

3. 激发学生的参与和探索数学问题的兴趣，提升思维能力，发展创新意识，培养学生独立思考的良好习惯

教学重难点

教学重点：向量数量积的应用

教学难点：将向量数量积的简单计算升华为思想方法去解决实际问题

续表

教学过程	设计说明
一、回顾 向量的数量积的定义、性质以及运算律. **二、引入** 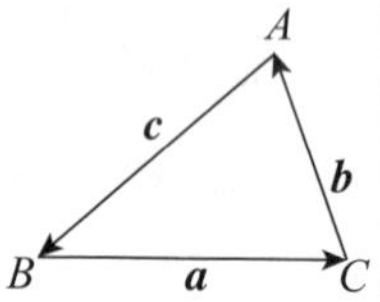 根据三角形的图形特征，如图，在 $\triangle ABC$ 中，满足 $\overrightarrow{AB}+\overrightarrow{BC}+\overrightarrow{CA}=\mathbf{0}$（设 $|\overrightarrow{AB}|=c$，$|\overrightarrow{BC}|=a$，$|\overrightarrow{CA}|=b$）. 1. 设 j 是与 $\overrightarrow{BC}$ 垂直的单位向量，等式的左右两边同时与 j 作点积，得到 $j\cdot(\overrightarrow{AB}+\overrightarrow{BC}+\overrightarrow{CA})=0$，可证明： $c\sin B-b\sin C=0$（正弦定理）； 2. 也可由 $\overrightarrow{BA}=\overrightarrow{BC}+\overrightarrow{CA}$，两边同时平方后，根据向量的数量积的定义，可证明：$c^2=a^2+b^2-2ab\cos C$（余弦定理）. 借助向量的数量积，我们曾经证明过三角形中的正弦定理和余弦定理，下面我们来看看向量的数量积还有什么其他的作用. **三、新问题的探索** 例 1 利用向量证明：$\triangle ABC$ 的三条高线交于一点. 例 2 已知，如图，等腰 $\triangle ABC$ 中，BB'，CC' 是两腰上的中线，且 $BB'\perp CC'$，求顶角 A 的余弦值. 例 3 已知，$a\sqrt{1-b^2}+b\sqrt{1-a^2}=1$，利用向量求 a^2+b^2 的值. 例 4 已知 $(x-3)^2+(y+2)^2=25$，求 $6x-8y$ 的取值范围. **三、小结** 1. 正确理解数量积的定义，包括它的几何意义和坐标形式； 2. 学会将几何和代数问题转化成向量，优化解题过程，体会向量的数量积的作用. **四、课后思考** 1. 证明不等式 $(a_1b_1+a_2b_2)^2\leqslant(a_1^2+a_2^2)(b_1^2+b_2^2)$. 2. 求函数 $f(x)=\sqrt{x^2+3x+3}+\sqrt{x^2-3x+3}$ 的最小值	向量知识引入后，因"向量"具有几何形式和代数形式的"双重身份"，它可作为联系代数与几何的纽带. 向量的数量积是平面向量中非常关键的内容，借此引导学生用数量积证明相关结论，通过掌握向量与三角形知识之间内在的联系，把感知上升到理解和应用. 三角形的"四心"中内心、外心、重心，都可以较容易地借助平面几何证明其存在. 这个问题可以由平面几何知识结合数量方法计算得到结果. 如果选择将"形"转化为数，借助向量的数量积来解决，更加简洁明了，显示出向量方法的优越性，也可以锻炼学生更高层次的思维水平. 进一步促进学生对代数与向量关系的理解，将代数问题转化成向量，再通过向量数量积的计算回归代数方法，从新的角度处理问题，意在培养学生多角度思维的能力. 给学有余力的学生留下空间继续完成

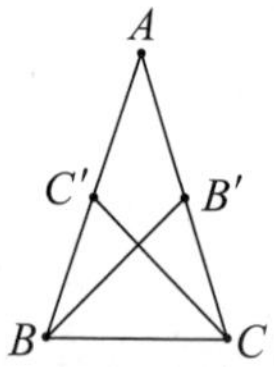

学习效果评价设计

学生在学习解三角形时已经了解了如何用向量证明正弦定理和余弦定理，所以在这个基础之上，我进一步引入了平面几何的一个结论——三角形的三条高交于一点，让学生从向量数量积和两个非零向量垂直的关系上来入手完成证明，并且从向量形式和坐标形式两个角度加以比较，使向量的数量积在这个问题中显示出了明显的优越性，避免了平面几何方法证明此结论不好想的困惑. 第二道平面几何问题借助向量的数量积也得到较为简洁的处理.

代数求值的两个题目，用三角代换或是解析几何知识也能解决，但是对于高一的学生来说暂时不会，所以也可以借助构造向量去体会，尤其是和向量的数量积的坐标形式比较后，会较为容易地联想到设计成向量数量积的形式，再求解. 当然，从代数形式到向量形式需要一个老师引导的过程，这也是本节课的重点难点.

学习效果评价设计

　　课后思考问题的设计主要是能够让学有余力的学生继续去挑战难度更大的应用，符合尖子学生的需要．学生在本节课堂上收获的是一种新的思维方法，从只是明白数量积的定义到用向量的数量积解决实际问题，对于大部分学生来讲，对能力训练提出了较高的要求，但是只要老师引导适当，学生也能比较快地获得解题思路

评价量规：

评价指标	优秀	中等	一般
	(8—10)	(4—7)	(0—3)
・体现基本学习需要 ・遵循学生生理、心理特征，注重个性差异，符合学生认知规律（权重：0.1）			
・符合教学大纲、教材要求 ・强调知识与能力、过程与方法、情感与价值观等方面的目标要求 ・强调对学生进行实践与创新能力的培养（权重：0.2）			
・内容结构清晰 ・内容科学准确，体现不同知识之间的联系（权重：0.1）			
・创设的学习情境利于学生主动学习 ・学习的导航性能好，方便学习者自主学习（权重：0.2）			
・注重学习情境的合理设置 ・注重学习方法设计 ・师生在学习活动中的地位关系安排合适（权重：0.2）			
・学习过程中的各要素安排合理，衔接好 ・学习流程清晰、流畅（权重：0.1）			
・合理安排学习评价环节，评价指标合理准确 ・注重学习者自我评价，鼓励学习者创新（权重：0.1）			

本教学设计与以往或其他教学设计相比的特点

　　学生在本节课堂上收获的是一种新的思维方法，从只是明白数量积的定义到用向量的数量积解决实际问题，对于大部分学生来讲，对能力训练提出了较高的要求．但是只要老师引导适当，学生也能比较快地获得解题思路．因此，这个教学设计最突出的特色是：强化知识之间的联系，以温故知新的方式引入；在熟悉的问题中体现应用向量数量积的优势；充分引导学生体验、发现、感悟数学知识间的联系和变化

《复合函数的性质》教学设计

北京三帆中学　冉红霞

西城区三等奖　2006 年 10 月

数学课程标准明确指出："教材为学生的学习活动提供基本线索，是实现课程目标、实施教学的重要资源．"因此，教师应该重新认识教材的功能，明确教材只是达到目的的材料，教学时应该根据教材提供的丰富教学资源进行再创造，而不是照本宣科成为教材的机械执行者．随着教育改革的不断深入，探究性学习越来越多地被中学数学教师引入课堂．探究性学习的主要目的在于培养学生的创新精神，敢于质疑、提问、反思、推广，初步经历数学发现、数学探究、数学创造的过程，从而亲身体验数学探究的激情和愉悦．

复合函数的有关知识是高中数学学习的一个难点，对复合函数的值域与增减性的分析更让高一学生感到困难．我以"复合函数的性质"为课题，利用 TI 图形计算器辅助教学，进一步探索"探究性学习"的教学模式．

一、教学准备

1. 知识方面．在本节课之前，学生已经学习了以下三方面的知识：函数的相关知识，指数函数与对数函数的定义及性质，复合函数的概念．这些知识为学生建立复合函数模型和研究复合函数性质做了很好的铺垫．

2. 技术方面．我校是 TI 数理教学技术试验校，经过此前两个多月的课堂实践与培训，学生已经初步掌握 TI－Voyage 200 图形计算器的一些基本操作方法．

二、教学目的

1. 借助复合函数这个载体让学生对函数的一般性质及一般研究方法进行体会、实践、归纳和总结；探究并掌握复合函数单调性的一般规律．

2. 提高学生观察、猜想、从特殊到一般的归纳总结能力；培养学生用数形结合的思想解决问题的意识．

3. 培养学生的探索精神．数学思维能力的培养是有效提高学生学习自然科学所具备素质的必修课．同时，在研究一个新问题时，能够借助各种工具和资料来获取信息并进行分析也是现在教学的目的之一．

4. 培养学生的协作意识，发扬团队精神．

三、教学设计

教学过程由五个环节构成．

1. 问题引入

这一环节通过让学生自己举出复合函数的具体实例，让学生从直观上感受复合函数的形式特征，并复习复合函数的概念．

2. 学生研究

此环节以学生为主体，由学生自主设计复合函数，通过具体试验研究函数的性质，并填写试验报告．既然是让学生通过试验发现、总结规律，就要为他们提供较为充足的时间做大量、充分的试验，这样才能让他们发现并研究复合函数性质的一般规律．教学中我采取了由两个同学组成一个研究小组，每一个小组至少设计并研究三个复合函数的性质．教师在此过程中走到学生中间答疑，或给予适当的指导．时间控制在二十分钟以内．

3. 交流成果

这一环节由学生展示自己的研究成果．教师用投影仪将学生利用 TI 图形计算器作出的函数图象展示到大屏幕上，并板书学生的研究成果，以便学生进一步发现复合函数性质的一般规律．例如：

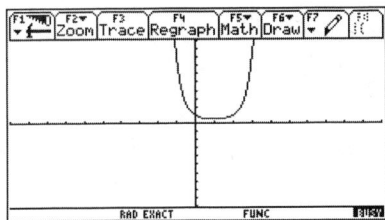

(1) $y=2^{x^2-2x}$　　　　　(2) $y=\log_{\frac{1}{2}}(x^2+x+1)$

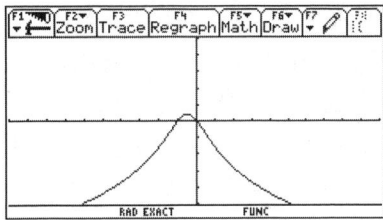

4. 归纳总结

水到渠成，通过前面三个环节的实践，学生总结出研究复合函数性质的一般方法：换元法和复合函数增减性的一般规律——"同增异减"，并给予证明．

5. 课堂练习

注重落实，利用前面总结出的研究复合函数性质的一般方法和规律解决具体问题．

四、对于复合函数单调性的教学考虑

对于高一学生而言，如果通过几道例题用常规逻辑推理的方法给他们讲解复合函数单调性规律，很多学生往往感到难以理解，只能死记硬背复合函数单调性的规律，结果常常是只知其然，不知其所以然，对自己不理解的知识势必难以灵活运用．而借助 TI 图形计算器直观展示函数图象，使学生"眼见为实"，就容易发现和接受复合函数单调性"同增异减"的规律．同时在教学中，又不让学生仅仅停留在"发现"阶段，以一种情况（内增外减）为例让学生对增减性规律给予严格证明，回到逻辑分析，由前面的感性认识上升到理性分析，强调数学学科的严谨性．

五、教学细节

1. 在学生设计函数模型的过程中，教师对学生选择的复合函数模型给予适当的意见和建议，使得学生设计的函数模型更具有代表性、多样性、可操作性．同时，在研究复合函数性质时，一些逻辑思维能力较强的同学采用了直接进行逻辑分析函数性质的方法，之后再利用 TI 进行检验，这种方法也应给予鼓励．

2. 学生提出的一个问题. 在交流研究成果这一环节中，一个学生展示了他研究函数 $y=\log_3(x+1)^2$ 的性质时得到的结论：

定义域：$(-\infty,-1)\cup(-1,+\infty)$

值　域：$[-8,+\infty)$

……

显然，在以上结果中，函数的值域是不对的. 那么他是如何得到的呢? 通过观察函数图象（见右图）：

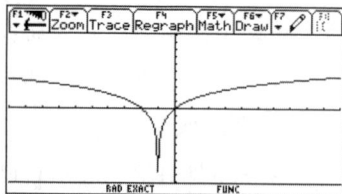

我在课上给他提供了两个解决办法. 一是通过 Window 调整坐标轴的单位长度或利用几何画板重新绘制函数图象可以发现该结果有误，$x=-1$ 是该函数图象的渐近线. 二是通过"换元法"，严格推导出该函数的值域为 **R**（这也是最根本的求解办法）. 通过此例说明"数形结合"作为一种重要的数学思想方法，主要是借助形的直观性来阐明数之间的联系，其次是借助数的精确性来阐明形的某些属性，二者密不可分，相辅相成. 数形结合的思想，其实质是将抽象的数学语言与直观的图象结合起来，关键是代数问题与图形之间的相互转化.

3. 课上没有进一步研究复合函数奇偶性的规律，主要有如下原因：

第一，课时比较紧张.

第二，在总结出复合函数增减性的规律后，学生容易类比得到复合函数奇偶性的规律.

第三，在研究复合函数奇偶性的规律时，对设计复合函数模型的要求较高，而目前高一学生所学过的函数类型比较有限，不易举出实例.

附录　北京师大二附中教案

教学目标	1. 掌握研究函数性质的一般方法和过程；探究并掌握复合函数的单调性的一般规律. 2. 培养学生观察、猜想、从特殊到一般的归纳总结能力；提高学生用数形结合的思想解决问题的意识. 3. 培养学生热爱数学的情感；培养学生科学严谨的学习态度
教学重、难点	重点：以复合函数为背景，研究函数的一般过程和方法 难点：复合函数单调性
教学方法	启发探究与学生自主探索相结合
教学手段	计算机课件演示、TI 图形计算器操作
教学模式	问题解决的教学模式

教学过程	设计意图
一、问题引入 我们已经研究了指数函数和对数函数，今天我们来研究复合函数. 问题 1：什么样的函数是复合函数?（学生举例） （复习）复合函数的定义：（幻灯片演示） 一般地，如果函数 $y=f(u)$ 的定义域为 M，值域为 N， 函数 $u=g(x)$ 的定义域为 P，值域为 Q，若 $M\cap Q=S\neq\varnothing$， 则由 $y=f[g(x)]$ 所确定的函数 y 叫作 x 的复合函数.	回顾复合函数的形式、定义.

教学过程	设计意图
通常把 $g(x)$ 称作内函数，把 $f(u)$ 称作外函数，u 称作中间变量． 问题2：对于一个函数我们通常要研究它的哪些方面呢？ 定义域、值域、单调性、奇偶性、反函数等． 这节课我们就通过研究几个具体的复合函数，探索、归纳复合函数的相关性质及研究这些性质的一般方法．	提出问题并明确所要研究的问题．
问题3：选择什么样的函数作为研究对象呢？ 1. 构成复合函数的函数应该是我们熟悉的简单函数． 2. 只需选择两层的复合函数即可． 根据这些原则，我们从刚才同学们举的例子中选取四个复合函数进行研究． 明确了这些问题，同学们就可以开始自己的研究了，研究过程中同学们注意体会研究复合函数与研究简单函数有什么相同和不同之处，研究复合函数主要采用什么方法，需要注意什么问题．	由于复合函数的形式多种多样，为了更好地实现教学目标，在选择函数时，给予学生适当的指导，以便学生能够独立探究．
二、学生研究	这个环节学生自主探究复合函数的性质．

	复合函数 $y=f[g(x)]$
解析式	
内层函数	
外层函数	
定义域	
值域	
草图	
内层函数单调性	
外层函数单调性	
复合函数单调性	
奇偶性，反函数（是否存在）	

学生的研究方法可以是不同的：很多学生会利用图形计算器画出函数图象进行直观的分析、研究；有些逻辑思维能力较强的学生，可能会直接通过解析式进行研究，之后利用图形计算器进行验证．

三、交流成果

选取具有代表性的设计方案，请学生展示并讲解自己的研究成果．

教师小结：

1. 定义域、值域等性质：

①复合函数值域问题通常用换元的方法．

②研究函数常用数形结合的方法．

2. 复合函数单调性的规律：

①总结复合函数单调性规律：同增异减．

②注意外层函数在定义域上的单调性不一致时，如何利用外层函数的单调性确定复合函数的单调区间．

总结利用数形结合的思想研究函数性质的一般方法．

教学过程	设计意图
③要注意函数的单调区间是函数定义域的某个区间. 复合函数单调性的规律是通过观察图象再结合解析式分析得到的,能否进行严格的证明?	归纳复合函数单调性的规律.体现归纳、猜想、证明的思路.培养学生从特殊到一般的猜想、归纳能力.

$y=f(x)$	$u=g(x)$	$y=f[g(x)]$
增函数	增函数	增函数
减函数	减函数	增函数
增函数	减函数	减函数
减函数	增函数	减函数

以上规律,你能给予证明吗?

以上表第4行为例,(由学生说明之后,幻灯片演示)

求证:若函数 $u=g(x)$ 在区间 A 上是增函数,且在 A 上的值域为 B,函数 $y=f(u)$ 在区间 B 上是减函数,则复合函数 $y=f[g(x)]$ 在区间 A 上为减函数.

证明:设 x_1,x_2 为区间 A 上的任意两个变量,且 $x_1<x_2$,

∵ $u=g(x)$ 在区间 A 上是增函数,

∴ $g(x_1)<g(x_2)$ 且 $g(x_1)$,$g(x_2)\in B$.

又∵函数 $y=f(u)$ 在区间 B 上是减函数,

∴ $f[g(x_1)]>f[g(x_2)]$,

即函数 $y=f[g(x)]$ 在区间 A 上为减函数.

利用函数单调性的定义证明复合函数的单调性,从感性认识上升到理性分析论证.培养学生科学严谨的治学态度.

四、总结

1. 研究函数的一般过程和方法:

①主要从函数的定义域、值域、单调性、奇偶性等方面来研究.

②数形结合,解析式和图象相辅相成.

2. 研究复合函数的性质主要用了换元的方法.

3. 研究的副产品:复合函数单调性的规律.

五、思考

1. 复合函数奇偶性与内、外层函数奇偶性的关系,并对结论进行证明.

2. 已知函数 $y=\log_a(2-ax)$ 在 $[0,1]$ 上是 x 的减函数,那么 a 的取值范围是_____

利用已经总结出的复合函数性质解决具体问题